国家出版基金项目
NATIONAL PUBLICATION FOUNDATION

中華博物通考

總主編 張述錚

漁獵卷

本卷主編
王勇

上海交通大學出版社

圖書在版編目（CIP）數據

中華博物通考. 漁獵卷 / 張述錚總主編；王勇本卷
主編.—上海：上海交通大學出版社, 2024.1
ISBN 978-7-313-24704-9

Ⅰ.①中… Ⅱ.①張… ②王… Ⅲ.①百科全書—中
國—現代②捕撈—文化史—中國③狩獵—文化史—中國
Ⅳ.①Z227②S97③S8

中國國家版本館CIP數據核字(2023)第243564號

責任編輯：高文川　王化文
裝幀設計：姜　明

中華博物通考・漁獵卷

總　主　編：張述錚
本卷主編：王勇
出版發行：上海交通大學出版社　　　　　地　　址：上海市番禺路951號
郵政編碼：200030　　　　　　　　　　電　　話：021-64071208
印　　製：蘇州市越洋印刷有限公司　　經　　銷：全國新華書店
開　　本：890mm×1240mm　1／16　　印　　張：21
字　　數：425千字
版　　次：2024年1月第1版　　　　　　印　　次：2024年1月第1次印刷
書　　號：ISBN 978-7-313-24704-9
定　　價：248.00元

《中華博物通考》編纂委員會

名譽主任： 匡亞明

主　　任（按姓氏筆畫排序）：王春法　　張述錚

副主任： 和　龑　　韓建民　　顧　鋒　　張　建　　丁鵬勃

委　　員（按姓氏筆畫排序）：

丁鵬勃	丁艷玲	王　勇	王元秀	王午戌	王立華	王青梅	王春法
王素芳	王栩寧	王緒周	文啓明	孔令宜	石　磊	石永士	白建新
匡亞明	任長海	李　淳	李西寧	李延年	李紅霞	李峻嶺	吳秉鈞
余志敏	沈江海	宋　毅	武善雲	林　彬	和　龑	周玉山	胡　真
侯仰軍	俞　陽	馬　巖	耿天勤	華文達	徐建林	徐傳武	高毅清
高樹海	郭砥柱	唐桂艷	陳俊强	陳益民	陳萬青	陳聖安	黃笑山
盛岱仁	婁安良	崔淑雯	康戰燕	張　越	張　標	張小平	張太龍
張在德	張述錚	張維軍	張學鋒	董　巍	焦秋生	谢冰冰	楊秀英
賈秀麗	賈貴榮	路廣正	趙卜慧	趙宗來	趙連賞	鄭小寧	劉世敏
劉更生	劉景耀	賴賢宗	韓建民	韓品玉	鍾嘉奎	顧　鋒	

《中華博物通考》總主編

張述錚

《中華博物通考》副總主編

韓品玉　　陳益民　　俞　陽　　賴賢宗

《中華博物通考》編務主任

康戰燕　　盛岱仁

《中華博物通考》學術顧問

（按姓氏筆畫排序）

王　方	王　釗	王子舟	王文章	王志强	仇正偉	孔慶典	石雲里
田藝瓊	白庚勝	朱孟庭	任德山	衣保中	祁德樹	杜澤遜	李　平
李行健	李克讓	李德龍	李樹喜	李曉光	吳海清	佟春燕	余曉艷
邸永君	宋大川	苟天林	郝振省	施克燦	姜　鵬	姜曉敏	祝逸雯
祝壽臣	馬玉梅	馬建勛	桂曉風	夏興有	晁岱雙	晏可佳	徐傳武
高　峰	高莉芬	陳　煜	陳茂仁	孫　機	孫　曉	孫明泉	陶曉華
黃金東	黃群雅	黃壽成	黃燕生	曹宏舉	曹彥生	常光明	常壽德
張志民	張希清	張維慎	張慶捷	張樹相	張聯榮	程方平	鈕衛星
馮　峰	馮維康	楊　凱	楊存昌	楊志明	楊華山	賈秀娟	趙志軍
趙連賞	趙榮光	趙興波	蔡先金	鄭欣淼	寧　強	熊遠明	劉　静
劉文豐	劉建美	劉建國	劉洪海	劉華傑	劉國威	潛　偉	霍宏偉
魏明孔	聶震寧	蘇子敬	嚴　耕	羅　青	羅雨林	釋界空	釋圓持
鐵付德							

《中華博物通考·漁獵卷》編纂委員會

主　　編：王　勇
副 主 編：王濟洲
撰 稿 人：王　勇　　王濟洲　　丁源勇　　龐美鳳

導　論

——縱論中華博物學的沉淪與重建

引　言

在中國當代，西方博物學影響至巨，自鴉片戰争以來，屈指已歷百載。何謂"西方博物學"？"西方博物學"是以研究動植物、礦物等自然物爲主體的學科，但不包含社會領域的社會生活，至 19 世紀後期已完成學術使命，成爲一種保護大自然的公益活動，但國人却一直承襲至今。中華久有自家的博物學，已久被忘却，無人問津，這一狀况實是令人不安。前日偶見《故宫裏的博物學》問世，精裝三册，喜出望外，以爲我中華博物學終得重生，展卷之後始知，該書是依據清乾隆時期皇室的藏書《清宫獸譜》《清宫鳥譜》《清宫海錯圖》（"海錯"多指海中錯雜的魚鱉蝦蟹之類）繪製而成，其中一些并非實有，乃是神話傳説之物。其内容提要稱"是專爲孩子打造的中華文化通識讀本"，而對博物院内琳琅滿目的海量藏品則隻字未提。這就是説，博物院雖有海量藏品，却與故宫裏的博物學毫不相干，或曰并不屬於博物學的研究範圍。此書的編纂者是我國的著名專家，未料我國這些著名專家所認定的博物學仍是西方的博物學。此書得以《故宫裏的博物學》的名義出版，又證我國的出版界對於此一命題的認同，竟然不知我中華久有自家的博物學。此書如若改稱《故宫裏的皇室動物圖譜》，則名正言順，十分精彩，不失爲一部别具情趣的兒童讀物，但原書名却無意間形成一種誤導，孩子們可能會據此認定：唯有鳥獸蟲魚之類才是中華文化中的大學問，故而稱之爲"博物學"，最終會在其幼小心靈裏留下西方博物學的深深印記。

何以出現這般狀況？因爲許多國人對於傳統的中華博物及中華博物學，實在是太過陌生！那麼，何謂"博物"？本文指稱的"博物"，是指隸屬或關涉我中華文化的一切可見或可感知之物體物品。何謂"中華博物學"？"中華博物學"的研究主體是除却自然界諸物之外，更關涉了中國社會的各個方面各個領域，進而關涉了我中華民族的生息繁衍，關涉了作爲文明古國的盛衰起落，足可爲當代或後世提供必要的藉鑒，是我國獨有、無可替代的學術體系。故而重建中華博物學，具有歷史的、現實的多方面實用價值。我中華博物學起源久遠，至遲已有兩千年歷史，祇是初始没有"博物學"之名而已。時至明代，始見"博物之學"一詞。如明楊士奇《東里續集》卷一八評述宋陸佃《埤雅》曰："此書於博物之學蓋有助焉。"此一"博物之學"，可視爲"中華博物學"的最早稱謂。又，《四庫全書總目提要》卷一三六評清陳元龍《格致鏡原》曰："〔此書〕分三十類：曰乾象，曰坤輿，曰身體，曰冠服，曰宮室，曰飲食，曰布帛，曰舟車，曰朝制，曰珍寶，曰文具，曰武備，曰禮器，曰樂器，曰耕織器物，曰日用器物，曰居處器物，曰香奩器物，曰燕賞器物，曰玩戲器物，曰穀，曰蔬，曰木，曰草，曰花，曰果，曰鳥，曰獸，曰水族，曰昆蟲，皆博物之學。"此即古籍述及的"中華博物學"最爲明確、最爲全面的定義。重建的博物學於"身體"之外，另增《函籍》《珍奇》《科技》等，可以更全面地融匯古今。在擴展了傳統博物學天地之外，又致力於探索浩浩博物的淵源、流變，以及同物異名與同名異物的研究，致力於物、名之間的生衍關係的考辨。"博物學"本無須冠以"中華"或"中國"字樣，在當代爲區别於西方的"博物學"，遂定名爲"中華博物學"，或曰"中華古典博物學"。"中華博物學"，國人本當最爲熟悉，事實却是大出所料，近世此學已成了過眼雲烟，少有問津者，西方博物學反而風靡於中國。何以形成如此狀況？何以如此本末倒置？這就不能不從噩夢般的中國近代史談起。

一、喪權辱國尋自保，走投無路求西化

清王朝自鴉片戰争喪權辱國之後，面對列强的進逼，毫無氣節，連連退讓，其後又遭

甲午戰爭之慘敗，走投無路，於是由所謂"師夷之長技"，轉而向日本求取西化的捷徑，以便苟延殘喘。日本自 19 世紀始，城鄉不斷發生市民、農民暴動，國内一片混亂。1854年 3 月，又在美國鐵艦火炮脅迫之下，簽訂《神奈川條約》。四年後再度被迫與美國簽訂通商條約。繼此以往，荷、俄、英、法，相繼入侵，條約不斷，同百年前的中國一樣，徹底淪爲半封建半殖民地社會，當權的幕府聲威喪盡。1868 年 1 月，天皇睦仁（即明治天皇）下達《王政復古大號令》，廢除幕府制度，但值得注意的是仍然堅守"大和精神"，并未全部廢除自家原有傳統。同年 10 月，改元明治，此後的一系列變革措施，即稱之爲"明治維新"。維新之後，否定了"近習華夏"，衝決了"東亞文化圈"，上自天皇，下至黎民，勠力同心，在"富國强兵、置産興業"的前提之下，遠法泰西，大力引入嶄新的科學技術，從而迅速崛起，廢了與列强的一切不平等條約，成爲令人矚目的世界强國之一。可見"明治維新"之前，日本内憂外患的遭遇，與當時的中國非常相似。在此民族存亡的關鍵時刻，中國維新派代表人物不失時機，遠渡東洋，以日本爲鏡鑒，在引進其先進科技的同時，也引進了日本人按照英文 natural history 的語意翻譯成的漢語"博物學"，雖并不準確，但因出於頂禮膜拜，已無暇顧及。況且，自甲午戰爭至民國前期，日源語詞已成爲漢語外來語詞庫中的魁首，遠超英法俄諸語，且無任何外來語痕迹，最難識別。如"民主""科學""法律""政府""美感""浪漫""藝術界""思想界""無神論""現代化"等，不勝枚舉。國人曾試圖自創新詞，但敗多勝少，祇能望洋興嘆。究其原因，并非民智的高下，也并非語種的優劣，實則是國力强弱的較量，國强則國威，國威則必擁有强勢文化，而强勢文化勢必涌入弱國，面對强勢文化，弱國豈有話語權？西方的"博物學"進入中國，遒勁而又自然。

　　那麼，西方博物學源於何時何地？又經歷了怎樣的發展變化？答曰：西方博物學發端於古希臘亞里士多德（公元前 384—前 322）《動物志》之類著述，又經古羅馬老普林尼（公元 23—79）的《自然史》，輾轉傳至歐洲各國。其所謂博物除却動植物外，更有天文、地理、人體諸類。這是西方的文化背景與知識譜系，西人習以爲常，喜聞樂見。在歐洲文藝復興和美洲地理大發現之後，見到別樣的動物、植物以及礦物，博物學得到長足發展。至 19 世紀前半期，博物學形成了動物學、植物學和礦物學三大體系，達於鼎盛。至 19 世紀後期，動物學、植物學獨立出來，成爲生物學，礦物學則擴展爲地質學，博物學已被架空。至 20 世紀，博物學已不再屬於什麼科學研究，而完全變成一種生態與環境探索，以供民衆休閑安居的社會活動。其時，除却發端於亞里士多德的"博物學"之外，也有後起的"文化博物學"（Cultural Museology），這是一門非主流的綜合性學科，旨在研究人類一切文化遺產，試圖展示并解釋歷史的傳承與發展，但在題材視野、表達主旨等方面與中華傳統博物學仍甚有差异。面對此類非主流論説，當年的譯者或視而不見，或有意摒弃，其志在振興我中華。

在尋求救國的路途中，仁人志士們目睹了西方先進文化，身感心受，嚮往久之。"試航東西洋一游，見彼之物質文明，莊嚴燦爛，而回首宗邦，黯然無色，已足明興衰存亡之由，長此以往，何堪設想？"（吴冰心《博物學雜誌》發刊詞，1914年1月，第1～4頁），此時仁人志士們滿腔熱血，一心救國。但如何救國，却茫茫然，如墮五里霧中。這一救國之路從表象上觀察似乎一切皆以日本爲鏡鑒，實則迥别於"明治維新"之路，未能把握"富國强兵、置産興業"之首要方嚮，而當年的執政者却祇顧個人權勢的得失，亦無此遠大志嚮。仁人志士們雖振臂疾呼，含泪吶喊，祇飄摇於上層精英之間，因一度失去民族自信、文化自信，而不知所措，矛頭直指孔子及千載儒學，進而直指傳統文化。五四運動前夜，北京大學著名教授錢玄同即正告國人"欲驅除一般人之幼稚的野蠻的頑固的思想"，就必須要"廢孔學"，必須要"廢漢文"（錢玄同《中國今後的文字問題》，載1918年4月15日《新青年》第4卷第4號）。翌年，五四運動爆發，仁人志士們高舉"德謨克拉西"（民主）、"賽因斯"（科學）兩面大旗，掀起反帝反封建的狂濤巨瀾，成爲中國近現代史上的偉大里程碑，中國人民自此視野大開。這兩面大旗指明了國家强弱成敗的方嚮。但與此同時，仁人志士們又毫不猶豫，全力以赴，要堅决"打倒孔家店"。於是，孔子及其儒家學説成了國弱民窮的替罪羊！接踵而至的就是對於漢字及其代表的漢文化的徹底否定。偉大革命思想家魯迅也一直抨擊傳統觀念、傳統體制，1936年10月，在他逝世前夕《病中答救亡情報訪員》一文中，竟然斷言："漢字不滅，中國必亡！"而新文化運動的主要人物之一胡適更是語出驚人："我們必須承認我們自己百事不如人，不但物質機械上不如人，不但政治制度不如人，并且道德不如人，知識不如人，文學不如人，音樂不如人，藝術不如人，身體不如人。"中華民族是"又愚又懶的民族"，是"一分像人，九分像鬼的不長進民族"（胡適《介紹我自己的思想》，1930年12月亞東圖書館初版《胡適文選》自序）。這是五四運動前後一代精英們的實見實感，本意在於革故鼎新，但這些通盤否定傳統文化的主張，不啻是在緊要歷史關頭的一次群情失控，是中國文化史中的一次失智！在這樣的歷史背景、這樣的歷史氣勢之下，接受西方"博物學"就成了必然，有誰會顧及古老的傳統博物學？

在引進西方博物學之後，國人紛予效法，試圖建立所謂中華自家的博物學，於是圍繞植物學、動物學兩大方面遍搜古今，窮盡群書，着眼於有關動植物之類典籍的縱橫搜求，但這并非我中華的博物全貌，也并非我中華博物學，況且在中華古典博物學中，也罕見西方礦物學之類著作，可見，試圖以西方的博物學體系，另建中華古典博物學，實在是削足適履、邯鄲學步。自 1902 年始，晚清推行學制改革，先後頒布了"壬寅學制""癸卯學制"。1905 年，根據《奏定學堂章程》，已將西方博物學納入中學的課程設置。其課程分爲植物、動物、礦物、人體生理學四種，分四年講授。1912 年中華民國成立後，江浙等地出現過博物學會和期刊，稍後武昌高等師範學校設立了博物學系，出版過《博物學雜誌》，主要研究動物學、植物學及人體生理學，隨後又將博物學系改稱生物學系，《博物學雜誌》也相應改稱《生物學雜誌》，重走了西方的老路。北京高等師範學校也有類似經歷，甚爲盲目而混亂。至 30 年代，發現西方博物學自 20 世紀始，已轉型爲生態與環境探索，國人因再無興趣，對西方博物學的大規模推廣、學習在中國遂告停止，但因影响至深，其餘風猶存。

二、中華典籍浩如海，博物古學何處覓？

應當指出，中國古代典籍所載之草木、鳥獸、蟲魚之類，亦有別於西方，除卻其自身屬性特徵外，又常常被人格化，或表親近，或加贊賞，體現了另一種精神情愫。如動物龜、鶴，寓意長壽（其後，龜又派生了貶義）；豺、狼、烏鴉、猫頭鷹，或表殘忍，或表不祥；其他如十二生肖，亦各有象徵，各有寓意。而那些無血肉、無情感的植物，同樣也被賦予人文色彩。如漢班固《白虎通·崩薨》載："《春秋含文嘉》曰：天子墳高三仞，樹以松；諸侯半之，樹以柏；大夫八尺，樹以欒；士四尺，樹以槐；庶人無墳，樹以楊、柳。"足見在我國古老的典制禮俗中，松、柏、欒、槐、楊、柳，已被賦予了不同的屬性，被分爲五等，楊、柳最爲低賤；就連如何埋葬也分爲五等，嚴於區別，從墳高三仞到無墳，成爲天子到庶人的埋葬標志。實則墳墓分爲等級，早在公元前 3300 年至公元前 2300 年的良渚古城遺址已經發現。這些浩浩博物，廣泛涉及了古老民族和古老國度的典制與禮俗，我國學人也難盡知，西方的博物學又當如何表述？

　　可見西方博物學絕難取代中華古典博物學，中華古典博物學的研究範圍，遠超西方博物學，或可說中華古典博物學大可包容西方博物學。如今，這一命題漸引起國內一些有識之士、專家學者的關注。那麼，中華古典博物學究竟發端於何時何地？有無相對成型的體系？如何重建？答曰：若就人類辨物創器而言，上古即已有之，環宇盡同。若僅就我中華文獻記載而言，有的學者認爲當發端於《周易》，因爲"易道廣大，無所不包"（《四庫全書總目提要》卷九），或認爲發端於《書·禹貢》，因爲此書廣載九州山河、人民與物產。《周易》《禹貢》當然可以視爲中華博物學的源頭。而作爲中華博物學體系的領銜專著，則普遍認爲始於晉代張華《博物志》。而論者則認爲，中華博物學成爲一門相對獨立的學科體系，當始於秦漢間唐蒙的《博物記》，此書南北朝以來屢見引用，張華《博物志》不過是續作而已。對此，前人久有論述。如《四庫全書總目提要》卷一四二曰："劉昭《續漢志》注《律曆志》引《博物記》一條，《輿服志》引《博物記》一条，《五行志》引《博物記》二條，《郡國志》引《博物記》二十九條……今觀裴松之《三國志》注（《魏志·太祖紀》《文帝紀》《吳志·孫賁傳》等）引《博物志》四條，又於《魏志·凉茂傳》中引《博物記》一條，灼然二書，更無疑義。"再如宋周密《齊東野語·野婆》曰："《後漢·郡國志》引《博物記》曰：'日南出野女，群行不見夫，其狀矗且白，裸袒無衣襦。'得非此乎？《博物記》當是秦漢間古書，張茂先（張華，字茂先）蓋取其名而爲《志》也。"再如明楊慎《丹鉛總録》卷一一："漢有《博物記》，非張華《博物志》也，周公謹云不知誰著。考《後漢書》注，始知《博物記》爲唐蒙作。"如前所述，此書南北朝典籍中多有引用，如僅在南朝梁劉昭《續漢志》注中，《博物記》之名即先後出現了三十三次之多。據有關古籍記載，其内包括了律曆、五行、郡國、山川、人物、輿服、禮俗等，盡皆實有所指，無一虛幻。故在明代有關前代典籍分類中，已將唐蒙《博物記》與三國魏張揖《古今字詁》、晉吕静《韻集》、南朝梁阮孝緒《古今文詁》、唐顏元孫《干禄字書》、宋洪适《隸釋》等字書、韵書并列（見明顧起元《説略》卷一五），足見其學術地位之高，而張華《博物志》則未被録入。

　　至西晉已還，佛道二教廣泛流傳，神仙方士之説大興，於是張華又衍《博物記》爲《博物志》，其書内容劇增，自卷一至卷六，記載山川地理、歷史人物、草木蟲魚，這些當是紀要考訂之屬，合乎本文指稱的名副其實的博物學系統。此外，又力仿《山海經》的體例，旨在記載异物、妙境、奇人、靈怪，以及殊俗、瑣聞等，諸多素材語式，亦幾與《山海經》盡同，若"羽民國，民有翼，飛不遠……去九嶷四萬三千里"云云，并非"浩博實物"，已近於"志怪"小說。張華自序稱其書旨在"博物之士覽而鑒焉"，張序指稱的"博物之士"，義同前引《左傳》之"博物君子"，其"博物"是指"博通諸種事物"，虛虛實實，紛紛紜紜，無所不包。此類記述，正合世風，因而《博物志》大行其道，《博物記》則漸被冷落，南北朝之後已失傳，其殘章斷簡偶見於他書，可輯佚者甚微。後世輾轉相引，又常與《博物志》混同。《博物志》至宋代亦失傳，今本十卷爲采摭佚文、剽掇他書而成，真僞雜糅，亦非原作。其後又有唐人林登《續博物志》十卷，緊接《博物志》之後，更拓其虛幻内容，以記神异故事爲主，多是叙述性文字，其條目篇幅較長，宋代之後也已亡佚。再後宋人李石又有同名《續博物志》十卷，其自序稱："次第仿華書，一事續一事。"實則并不盡然，華書首設"地理"，李書改增爲"天象"，其他内容，間有與華書重複者，所續多是後世雜籍，宋世逸聞。此書雖有舛亂附會之弊，仍不失爲一部難得的繼補之作。李書之後，又有明人游潛《博物志補》三卷，仍係補張華之《志》，旨趣體例略如李石之《續志》，但頗散漫，時補時闕，猥雜冗濫。李、游一續一補，盡皆因仍張《志》，繼其孑遺。以上諸書之所謂"博物"，一脉相承，注重珍稀之物而外，多以臚列奇事异聞爲主旨，同"浩博實物"的考釋頗有差异。游潛稍後，明董斯張之《廣博物志》五十卷問世，始一改舊例，設有二十二類，下列子目一百六十七種，所載博物始於上古，達於隋末，不再因仍張《志》而爲之續補，已是擴而廣之，另闢山林，重在追溯事物起源，其中包括職官、人倫、高逸、方技、典制，等等。其後，清人陳逢衡著有《續博物志疏證》十卷、《續博物志補遺》一卷，對李石《續志》逐條研究探索，并又加入新增條目，成爲最系統、最深入的《續》説。其後，徐壽基又著有《續廣博物志》十六卷，繼董《志》餘緒，於隋代之後，逐一相繼，直至明清，頗似李石之續張華。但《廣志》《續廣志》之類，仍非以專考釋"浩博實物"爲主旨。我國第一部以"博物"命名而研究實物的專著，當爲明末谷應泰之《博物要覽》。該書十六卷，惜所涉亦不過碑版、書畫、銅器、窰器、瑪瑙、珊瑚、珠玉、奇石等玩賞之器物，皆係作者隨所見聞，摭録成帙；所列未廣，其中碑版書畫，尤爲簡陋，難稱浩博，其影響遠不及前述諸《志》，但所創之寫實體例，則非同尋常。而最具權威者，當是明末黄道周所著《博物典彙》，該書共二十卷，所涉博物，始自遠古，達於當朝，上自天文地理，下至草木蟲魚，盡予囊括，并以其所在時代最新的觀點、視野，對歷代博物著述進行了彙總研究。如卷一關於"天文"之考釋，下設"渾天""七曜"，"七曜"下又設"日""月""五星"，再後又有"經星圖""緯星圖""二十八宿"。又如卷七關於"后妃"，下設"宮闈內外之分""宮闈預政之誠"，緊隨其後的即教育"儲貳"之法，等等，甚爲周嚴。

以上諸書就是以"博物"命名的博物學專著。在晚清之前，代代相繼，發展有序，并時有新的建樹。

與這些博物學專著相并行，相匹配，另有以"事"或"事物"命名，旨在探索事物起源的博物學專著。初始之作爲北魏劉懋《物祖》十五卷，稍後有隋謝昊《物始》十卷，是對《物祖》的一次重大補正。《物始》之後，有唐劉孝孫等《事始》三卷，又有五代馮鑑《續事始》十卷，是對《事始》的全面擴展與開拓。《續事始》之後，另有宋高承《事物紀原》十卷，此書分五十五個類目，上自"天地生植"，中經"樂舞聲歌""輿駕羽衛""冠冕首飾""酒醴飲食"，直至"草木花果""蟲魚禽獸"，較《物祖》《物始》尤爲完備，遂成博物學的百代經典。接踵而來者有明王三聘《古今事物考》八卷，效法《紀原》之體，自古至今，上至天文地理，下至昆蟲草木，中有朝制禮儀、民生器用、宮室舟車，力求完備，較之他書尤得要領，類居目列，條理分明，重在古今考釋，一事一物，莫不求源溯始，考核精審。此書載錄服飾資料尤爲豐富，如卷一有上古禮制之種種服式，非常全面，卷六所載後世之巾冠、衣、佩、帶、襪、履舄、僧衣、頭飾、妝飾、軍服等百餘種，考證多引原書原文，確然有據，甚爲難得。就全書而言，略顯單薄。明徐炬又有《古今事物原始》三十卷，此書仿高承《紀原》之體，又參《事物考》之章法，以考釋制度器物爲主，古今上下，盡考其淵源，更有所得，凡日月星辰、山川草木，亦必確究其淵源流變，但此與天地共生之浩浩博物，四百餘年前的一介書生，豈可臆測而妄斷？爲此而輾轉援引，頗顯紛亂。且鳥獸花草之起首，或加偶語一聯，或加律詩二句，而後逐一闡釋，實乃蛇足。其書雖有此瑕疵，却不掩大成。與王、徐同代的還有羅頎《物原》二卷（《四庫》本作一卷），羅氏以《紀原》不能黜妄崇真，故更訂爲十八門，列二百九十三條，條條錘實。如，刻漏、雨傘、鋦子（用於連合破裂器物的兩腳釘）、酒、豆腐之類的由來，多有創見。惜違《紀原》明記出典之體，又背《事物考》之道，凡有考釋，則溷集衆説爲一。如，烏孫公主作琵琶，張華作苔紙，皆茫然不知所本。不過章法雖有差失，未臻完美，但其功業甚巨，《物原》成爲一部研究記述我國先民發明創造的專著。時至清代，陳元龍又撰

《格致鏡原》一百卷。何謂"格致鏡原"？意即格物致知，以求其本原。此書的子目多達一千七百餘種，明代以前天地間萬事萬物盡予羅致，一事一物，必究其原委，詳其名號，廣博而精審，終成中華古典博物學的巔峰之作。

以上兩大系列專著，自秦漢以來，連續兩千載，一脉相承，這并非十三經、二十六史之類的敕編敕修，無人號令，無人支持，完全出自一種無形的力量，出自文化大國、中華文脉自惜自愛的傳承精神，從而構成浩大的博物學體系。在我國學術研究史中，在我國圖書編纂史中，乃至於世界文化史中，當屬大纛獨立，舉世無雙！本當如江河之奔，生生不息，終因清廷喪權辱國、全盤西化而戛然中斷。

三、博物古學歷磨難，科技起落何可悲！

回顧我國漫長的文化史可知，中華博物學是在傳統的"重道輕器"等陳腐觀念桎梏下，以强大的民族自覺精神、民族意志爲推動力，砥礪前行，千載相繼，方成獨立體系，因而愈加難得，愈加可貴。

"重道輕器"觀念是如何出現的？何謂"道器"？兩者究竟是何關係？《周易·繫辭上》曰："形而上者謂之道，形而下者謂之器。"何謂"道"？所謂道乃"先天地生"，無形無象、無聲無色、無始無終、無可名狀，爲"萬物之所然也，萬理之所稽也"（見《韓非子·解老》），是指形成宇宙萬物之本原，是形成一切事理的依據與根由。何謂"器"？器即宇宙間實有的萬物，包括一切科技發明，至巨至大，至細至微，充斥天地間，而盡皆不虛，或有實物可見，或有形體可指。器即博物，博物即器。"道器關係"本是一種有形無形、可見與不可見的生衍關係，并無高下之分，但在傳統文化中卻另有解釋。如《周禮·考工記序》曰："坐而論道，謂之王公；作而行之，謂之士大夫；審曲面埶，以飭五材，以辨民器，謂之百工。"又曰："智者創物，巧者述之，守之世，謂之百工。百工之事，皆聖人之作也。"此文突顯了"道"對於"器"的指導與規範地位。"坐而論道"，可以無所不論，民生、朝政、國運、天下事，當然亦在所論之中。"道"實則是指整體人世間的一種法則、一種定律，或説是我古老的中華民族所創造的另一種學説。所謂"論道者"，古代通常理解爲"王公"或"聖人"，實則是代指一代哲人。《考工記序》卻將論道與製器兩者截然分開，明確地予以區別，貶低萬眾的創造力，旨在維護專制統治，從而確定人們的身份地位。坐而論道者貴爲王公，親身製器者屬末流之百工（"審曲面執，以飭五材、以辨民器"，謂觀察金、木、皮、玉、土之曲直、性狀，據以製造民人所需之器物）。《考工記序》所記雖名爲"考工"，實則是周代禮制、官制之反映，對芸芸衆生而言，這種等級關係之誘惑力超乎尋常，絶難抵禦，先民樂於遵從，樂於接受，故而崇敬王公，崇敬聖人，百代不休。因而在中國古代，科學技術大受其創。

"重道輕器"的陳腐觀念，在中國古代影響廣遠，"器"必須在"道"的限定之下進行，不得隨意製作，不得超常發揮，"道"漸演化爲統治者實施專政的得力手段。"坐而論道"，似乎奧妙無盡。魏晋時期，藉儒入道，張揚"玄之又玄"，乃至於魏晋人不解魏晋文章，本朝人爲本朝人作注，史稱"玄學"。兩宋由論道轉而談理，一代理學宗師應運而生，闡理思辨，超乎想象，就連虛幻縹緲的天宫，亦可談得妙理聯翩，後世道家竟繪出著名的《天宫圖》來。事越千載，五四運動時期，那些新文化運動主將們聯手痛搗"孔家店"，却不攻玄理，"論道""崇道""樂道""惜道"，滚滚而來，遂成千古"道"統，已經背離《易》《老》的本義。出於這樣的觀念，如何會看重"形而下"的博物與博物學？

那麽，古代先民又是如何看待與博物學密切相關的科學技術？《書·泰誓下》載，殷紂王曾作"奇技淫巧，以悦婦人"，爲百代不齒，萬世唾罵。何謂"奇技淫巧"？唐人孔穎達釋之曰："奇技謂奇異技能，淫巧謂過度工巧……技據人身，巧指器物。"所謂"奇技淫巧"，今大底可釋爲超常的創造發明，或可直釋爲科學技術。論者認爲，"百代不齒，萬世唾罵"者并不在於"奇技淫巧"這一超常的創造發明，而在於紂王奢靡無度，用以取悦婦人的種種罪孽。至於紂王是否奢靡無度，"以悦婦人"，今學界另有考證。紂王當時之所以能稱雄天下，正是由於其科技的先進，軍事的强大，其失敗在於大拓疆土，窮兵黷武，導致内外哀怨，決戰之際又遭際叛亂。所謂"以悦婦人"之妲己，祇是戰敗國的一種"貢品"而已，對於年過半百的老人并無多大"媚力"。關於殷商及妲己的史料，最早見於戰國時期成書的《國語·晋語一》，前後僅有二十七字，并無"酒池肉林""炮烙之刑"之類記載，後世史書所謂紂王對妲己的種種寵愛，實是一種演繹，意在宣揚"紅顔禍水"之説（此説最早亦源於前書。"紅顔禍水"，實當稱之爲"紅顔薄命"）。在中國古代推崇"紅顔禍水"論，進而排斥"奇技淫巧"，從而否定了科技的力量，否定了科技强弱與國家强弱的關係。時至周代，對於這種"奇技淫巧"，已有明確的法律限定："作淫聲、異服、奇技、奇器以疑衆，殺！"（見《禮記·王制》）這也就是説，要杜絶一切新奇的創造發明，連同歌聲、服飾也不得超乎常規，否則即犯殺罪！此文自漢代始，多有注疏，今擇其一二，以見其要。"淫聲"者，如春秋戰國時鄭、衛常有男女私會，謳歌相引，被斥爲淫靡之聲；"奇技"者，如年輕的公輸班曾"請以機窆"，即以起重機落葬棺木，因違反當時人力牽挽的埋葬禮節，被視爲不恭。一言以蔽之，凡有違禮制的新奇科技、新奇藝術，皆被視爲疑惑民衆，必判以重罪。這就是所謂"維護禮制"，其要害就是維護統治者的統治地位，故而衣食住行所需器物的質材及數量，無不在尊卑貴賤的等級制約之中。如規定平民不得衣錦綉，不得鼎食，商人、藝人不得乘車馬，就連權貴們娛樂時選定舞蹈的行列亦不可違制，違制即意味着不軌，意味着僭越。杜絕"奇技淫巧"，始自商周，直至明清而未衰。我國著名的四大發明，千載流傳，未料却如同國寶大熊猫一樣，竟由後世西方科學家代爲發現，實在可悲！四大發明、大熊猫之類，或因史籍隱冷，疏於查閱，或因地處山野，難以發現，姑可不論，但其他很多非常具體的發明創造，雖有群書連續記載，也常被無視，或竟予扼殺。如漢代即有超常的"女布"，因出自未嫁少女之手而得名（見《後漢書·王符傳》），南北朝時已久負盛名，稱"女子布"（見南朝宋盛弘之《荆州記》）。宋代又稱"女兒布"，被贊爲"布帛之品……其尤細者也"（見宋羅濬《寶慶四明志·郡志四》）。其後歷代製作，不斷創新，及至明清終於出現空前的妙品"女兒葛"。"女兒葛"爲細葛布的一種，其物纖細如蟬翼紗，又如傳說中的"蛟女絹"，僅重三四兩，捲其一端，整匹女兒葛便可出入筆管之中，精美絕倫，明代弘治之後曾發現於四川鄰水縣，但却被斷然禁止。明皇甫錄《下陣記談》卷上："女兒葛，出鄰水縣，極纖細，必五越月而後成，不減所謂蟬紗、魚子纈之類，蓋十縑之力也。予以爲淫巧，下令禁止，無敢作者。"對此美妙的"女兒葛"，時任順慶府知府的皇甫錄，并沒給予必要的支持、鼓勵，反而謹遵古訓，以杜絕"奇技淫巧"爲己任，堅決下達禁令，并引以爲榮。皇甫錄乃弘治九年（1496）進士，爲官清正，面對"奇技淫巧"也如此"果斷"！此後清代康熙年間，"女兒葛"再現於廣東增城縣一帶，其具體情狀，清屈大均《廣東新語·貨語·葛布》中有翔實描述，但其遭遇同樣可悲，今"女兒葛"終於銷聲匿迹。在中國古代，類似的遭遇，又何止"女兒葛"？杜絕"奇技淫巧"之風，一脉相承，何可悲也。

但縱觀我華夏全部歷史可知，一些所謂的"奇技淫巧"之類，雖屢遭統治者的禁弃，實則是禁而難止，况統治者自身對禁令也時或難以遵從，歷代帝王皇室之衣食住行，幾乎無一不恣意追求舒適美好，爲了貪圖享樂，就不得不重視科技，就不得不啓用科技。如

"被中香爐"（爐内置有炭火、香料，可隨意旋轉以取暖，香氣縷縷不絕。發明於漢代）、"長信宮燈"（燈内裝有虹管，可防空氣污染。亦發明於漢代）的誕生，即明證。歷代王朝所禁絕的多是認定可能危及社稷之類的"奇技淫巧"，并未禁止那些有利於民生的重大發明，也没有壓抑摧殘黎民百姓的靈智（歷史中偶有以愚民爲國策者，祇是偶或所見的特例而已）。帝王們爲維護其統治地位，以求長治久安，在"重道輕器"的同時，也極重天文、曆算、農桑、醫藥等領域的研究，凡善於治國的當權者，爲謀求其國勢得以强盛，則必定大力倡導科技，《後漢書·和熹鄧皇后紀》所載即爲顯例。和熹皇后鄧綏（公元81—121），深諳治國之道，兼通天文、算數。永元十四年（102），漢和帝死後，東漢面臨種種滅頂之災，鄧綏先後擁立漢殤帝和漢安帝，以"女君"之名親政長達十六年，克服了有史以來最嚴重的十年天灾，剿滅海盜，平定西羌，收服嶺南三十六個民族，將九真郡外的蠻夷夜郎等納入版圖，恢復東漢對西域的羈縻，征服南匈奴、鮮卑、烏桓等，平息了内憂外患，使危機四伏的東漢王朝轉危爲安。正是在這期間，鄧綏大力發展科技，勉勵蔡倫改進造紙術，任用張衡研製渾天儀、地動儀等儀器，并製造了中尚方弩機，這一可以連續發射的弩機，其射程與命中率令時人驚嘆，成爲當時世界上最具殺傷力的先進武器（此外，鄧綏又破除男女授受不親的陳腐觀念，創辦了史上最早的男女同校學堂，并通過支持文字校正與字詞研究，推動了世界第一部字典《説文解字》問世）。這就爲傳統的博物研究提供了巨大的空間，因而先後出現了今人所謂的"四大發明"之類。實際上何止是"四大發明"？天文、曆算等領域的發明創造，可略而不論。鄧綏之前，魯班曾"請以機窆"的起重機，出現於春秋時期，早於西方七百餘年。徐州東洞山西漢墓出土的青銅透光鏡，歐洲和日本人稱其爲"魔鏡"，當一束光綫照射鏡面而投影在墙壁上時，墙上的光亮圈内就出現了銅鏡背面的美麗圖案和吉祥銘文。這一"透光鏡"比日本"魔鏡"早出現一千六百餘年，而歐洲的學者直到19世紀纔開始發現，大爲驚奇，經全力研究，得出自由曲面光學效應理論，將其廣泛運用於宇宙探索中。今日，國人已能够恢復這一失傳兩千餘載的原始工藝，千古瑰寶終得重放异彩！鄧綏之後，又創造了"噴水魚洗"，亦甚奇妙，令人大開眼界。東漢已有"雙魚洗"之名（見明梅鼎祚《東漢文紀》卷三二引《雙魚洗銘》），未知當時是否可以噴水。"噴水魚洗"形似現今的臉盆。盆内多刻雙魚或四魚，盆的上沿兩側有一對提耳，提耳的設置，不祇是爲了便於提動，同時又具有另外一個功用，即當手掌撫摩時，盆内還能噴射出兩尺高的水柱，水面形成一片浪花，同時會發出樂曲般的聲響，十分神奇。今可確知，"噴水魚洗"興起於唐宋之間（見宋王明清《揮麈前録》卷三、宋何薳《春渚紀聞》卷九），當是皇家或貴族所用盥洗用具。魚洗能够噴水，其道理何在？美國、日本的物理學家曾用各種現代科學儀器反復檢測查看，試圖找出其導熱、傳感及噴射發音的構造原理，雖經全力研究，但仍難得以完整的解釋，也難以再現其效果。面對中國古代科技創造的這一奇迹，現代科學遭遇了空前挑戰，祇能"望盆興嘆"。

中華民族，中華博物學，就是在這樣複雜多變的背景之下跌宕起伏，生存發展，在晚清之前，兩千餘年來，從未停止前進的步伐，這又成爲中華民族的民族性與中華博物學的一大特點。

四、西化流弊何時休，誰解古老博物學？

自晚清以還，中華博物學沉淪百年之久，本當早已復蘇，時至今日，幸逢盛世，正益修典，又何以總是步履維艱？豈料經由西學東漸之後，在我國國内一些學人認定科學決定一切，無與倫比，日積月纍，漸漸形成了一種偏激觀念——"唯科學主義"，即以所謂是否合於科學，來判定萬事萬物的是非曲直，科學擁有了絶對的話語權。"唯科學主義"通常表現爲三種態度：一、否認物質之外的非物質。凡難以認知的物質，則稱之爲"暗物質"。這一"暗"字用得非常巧妙，"暗"，難見也！於是"暗物質"取代了"非物質"；二、否認科學之外的其他發現。凡是遇到無從解釋的難題，面對別家探索的結論，一律斥爲"僞科學"。三、否認科學範圍以外的其他一切生産力，唯有科學可以帶動社會發展，萬事萬物必須以科學爲推手。

何謂"科學"？中國古代本有一種認識論的命題，稱之爲"格致"，意謂"格物致知"，指深究事物原理以求得知識，從而認識各種客觀現象，掌握其變化規律。這種哲學我國先秦諸子久已有之，雖已歷千載百代，但却未得應有的重視，終被西方科學所取代。自16世紀始，歐洲由於文藝復興，掙脱了天主教會的長期禁錮，轉向於對大自然的實用性的探索，其代表作即哥白尼的"日心説"與伽利略天文望遠鏡的發明，同時出現牛頓的力學，這是西方的第一次科技革命。這一時期已有"科學"其實，尚無後世"科學"之名，起始定名爲英語science一詞，源於拉丁文，本意謂人世間的各種學問，隸屬於古希臘的哲學思想，是一種對於宇宙間萬事萬物的生衍關係的一種想象、一種臆解，原本無甚稀奇，此時已反響於歐洲，得以廣泛流傳。至 18 世紀，新興的資産階級取得政權，爲推行資本主義，又大力發展科學，西方科學已處於世界領先地位。時至 19 世紀 60 年代後期及 20 世紀初，歐洲發生了以電力、化學及鋼鐵爲新興産業的第二次科技革命，英語 science 一詞迅速擴展於北美和亞洲。日本明治維新時期，赴歐留學的日本學者將 science 譯成"科學"，學界認爲是藉用了中國科舉制度中"分科之學"的"科學"一詞，如同將英文 natural history 的語意翻譯成漢語"博物學"一樣，也并不準確，中國的變法派訪日時，對之頂禮膜拜，欣然接受，自家固有的"格致"一詞，如同國學中的其他語詞一樣被弃而不用，"科學"一詞因得以廣泛流傳。"科學"當如何定義？今日之"科學"包括了自然科學、社會科學、思維科學以及交叉科學。除却嚴謹的形式邏輯系統之外，本是一種具體的以實踐爲手段的實證之學。實踐與實證的結果，日積月纍，就形成了人類關於自然、社會和思維的認知體系，成爲人類評斷事物是非真僞的依據。但科學不可能將浩渺無盡的宇宙及宇宙間的萬事萬物盡皆予以實踐、實證，能够實踐、實證者甚微，因而科學總是在不斷地探索，不斷地補正，不斷地自我完善之中，其所能研究的領域與功能實在有限。當代科學可以在指甲似的晶片上，一次性地裝載五百億電晶體，可以將重達六噸以上的太空船射向太空，并按照既定指令進行各種探索，但却不能造出一粒原始的細胞來，因爲這原始細胞結構的複雜神秘，所藴含的奇妙智慧，人類雖竭盡全力，却至今無法破解。細胞來自何處？是如何形成的？科學完全失去了話語權！造不出一粒原始的細胞，造一片樹葉尤無可能，造一棵大樹更是幻想，遑論萬千物種，足證"科學"并非萬能的唯一學問。況且，"暗物質"之外，至少在中國哲學體系中尚有"非物質"。何謂"非物質"？"非物質"是與"物質"相對而言，區別於"暗物質"的另一種存在，正如前文所述，它"無形無象、無聲無色、無始無終、無可名狀"，在中國古代稱之爲"道"。"道"可以不遵循因果關係，可以無中生有，爲"萬物之所然也，萬理之所稽也"，可以解釋萬物的由來，可以解釋宇宙的形成。今以天體學的的視野略加分析，亦可見"唯科學主義"的是非。人類賴以生存的地球，其直徑約爲 12 742 公里，是太陽系中的第三顆小行星。太陽系的直徑約爲 2 光年，太陽是銀河系中數千億恒星之一，銀河系的直徑約爲 10 萬光年，包括 1 千億至 4 千億顆恒星，而宇宙中有一千至兩千億銀河系，宇宙有 930 億光年。一光年約等於 9.46 萬億公里。地球在宇宙中祇是一粒微塵，如此渺小的地球人能創造出破解一切的偉大科學，那是癡人説夢！中華先賢面對諸多奧妙，面對諸多不可思議的現象，提出這一"無可名狀"之"道"，當然并非憑空想象，自有其觀測與推理的依據，這顯然不同於源自西方的科學，或曰是西方科學所包容不了的。先賢提出的“無可名狀”的“道”，已超越物質的範圍，或曰“道”絕非“暗物質”所能替代的。這一“無可名狀”的“道”，在當今的別樣的時空維度中已得到初步驗證（在這非物質的維度中滿富玄機）。論者提出這一古老學説，旨在證明“唯科學主義”排斥其他一切學説，過分張揚，不足稱道，絕無否定或輕忽科學之意。百年前西學東漸，尤其是西方科學的傳入，乃是我中華民族思維與實踐領域的空前創獲，是實踐與思維領域的一座嶄新的燈塔，如今已是家喻户曉，人人稱贊，任誰也不會否認科學的偉大，但却不能與偏激的“唯科學主義”混同。後世“科學”一詞，又常常與“技術”連稱爲“科學技術”，簡稱“科技”。何謂“技術”？“技術”一詞來源於希臘文“techs”，通常指個人的技能或技藝，是人類利用現有實物形成新事物，或改變原有事物屬性、功能的方法，或可簡言之曰發明創造。科學技術不同於科學，也不同於技術，也不是科學與技術的簡單相加。科學技術是科學與技術的有機結合體系，既是人類認識世界和改造世界的成果或産物，又是人類認識世界和改造世界最有力的工具或手段，兩者實難分割。某些技術本身可能祇是一種技法，而高深技術的背後則必定是科學。

出於上述“唯科學主義”偏激觀念，重建中華博物學就遭致了質疑或否定，如有學者認爲，中國古代祇有技術而没有科學，哪有什麼中華博物學？中華博物學被看作“前科學時代的粗糙的知識和技能的雜燴”，是一種“非科學性思考”，没有什麼科學價值，當然也就没有重建的必要，因爲西方博物學久已存在，無可替代。中國古代當真“祇有技術而没有科學”麼？前文已論及“科學”與“技術”很難分割，在中國古代不祇有“技術”，同樣也有“科學”。回眸世界之歷史長河，僅就中西方的興替發展脉絡略作比較，就可以看到以下史實：當我中華處於夏禹已劃定九州、建有天下之際，西方社會多處於尚未開化的蠻荒歲月；當我中華已處於春秋戰國鋼鐵文化興起之際，整個西方尚處於引進古羅馬文明的青銅器時代；當我宋代以百萬册的印數印刷書籍之際，中世紀的西方仍然憑藉修士們成年纍月在羊皮卷上抄寫複製；著名的火藥、指南針等其他重大發明姑且不論，單就中國歷朝歷代任何一件發明創造而言，之於西方社會也毫不遜色，直至清代中葉，中國的科技一直處於世界領先地位。英國科學家李約瑟主編的七卷巨著《中國科學技術史》，即認爲西方古代科學技術85%以上皆源於中國。這是西方人自發的没有任何背景、没有任何色彩的論斷，甚爲客觀，迄今未見异議。此外又有學者指出，中華傳統博物學不祇擁有科技，又超越了科技的範疇，它是"關於物象（外部事物）以及人與物的關係的整體認知、研究範式與心智體驗的集合"，"這種傳統根本無法用科學去理解和統攝"，中華古典博物學"給我們提供的'非科學性思考'，恰恰是它的價值所在"（余欣《中國博物學傳統的重建》，載《中國圖書評論》，2013 年第 10 期，第 45～53 頁）。這無疑是對"唯科學主義"最有力的批駁！是的，本書極重"科技"研究，又不拘泥於"科技"，同樣重視"非科學性思考"。

中華古典博物學的研究主體是"博物"，是"博物史"，通過對"博物""博物史"的探索，而展現的是人，是人的生存、生活的具體狀況，是人的直觀發展史。中華傳統博物學構成了物我同類、天人合一的博大的獨立知識體系，是理解和詮釋世界的另一視野，這種視野中的諸多"非科學性思考"的博物，科學無法全面解讀，但却是真真切切的客觀存在。所謂傳統博物學是"前科學時代的粗糙的知識和技能的雜燴"，是"非科學性思考"的評價，甚是武斷，祇不過是一種不自覺的"唯科學主義"觀念而已。另將"科學"與"技術"分割開來，強調什麼"科學"與否，這一提法本身就不太"科學"。對此，本書前文已論及，無須複述。我國作爲一個古老國度，在其漫長的生衍過程中，理所當然地包容了"粗糙的知識和技能"。這一狀況世界所有古國盡有經歷，并非中國獨有。"粗糙的知識"的表述似乎也并不恰當，"知識"可有高下深淺之分，未聞有粗糙細緻之別。這所謂"粗糙"，大約是指"成熟"與否，實際上中華傳統博物學所涉之"知識和技能"，并非那麼"粗糙"，常常是合於"科學"的，有些則是非常的"科學"。英國科學家李約瑟等認定古代中國涌現了諸多"黑科技"。何謂"黑科技"？這是當前國際間盛行的術語，即意想不到的超越科技之科技，可見學界也是將"科學"與"技術"連體而稱，而并非稱"黑科學"。認定中國古代"祇有技術而沒有科學"，傳統博物學是"前科學時代的粗糙的知識和技能的雜燴"之説，頗有些"粗糙"，準確地説頗有些膚淺！這位學者將傳統博物學統稱爲《前科學時代》的産物，亦是一種妄斷，也頗有些隨心所欲！何謂"前科學時代"？"前科學時代"是指形成科學之前人們僅憑五官而形成的一種感知，這種感知在原始社會時有所見，但也并非全部如此，如鑽木取火、天氣預測、曆法的訂立、灸砭的運用等，皆超越了一般的感知，已經形成了各自相對獨立的科學。看來這位學者并不怎麼瞭解中國古代科技史，并不太瞭解自家的傳統文化，實屬自誤而誤人。

中華博物學的形成及發展歷程，與西方顯然不同。西方博物學萌生於上古哲人的學説，其後則以自然科學爲研究主體，遍及整個歐洲，全面進入國民的生活領域。在這樣的文化背景之下，西方日益强大，直接影響和推動了社會的發展，因而步入世界前列。我中華悠悠數千載，所涉博物，形形色色，浩浩蕩蕩，逐漸形成了中華獨有的博物學體系，但面臨的背景却非常複雜，與西方比較是另一番天地，那就是貫穿數千載的"重道輕器"觀念與排斥"奇技淫巧"之國風，這一觀念、這一國風，其表現形式就是重文輕理，且愈演愈烈。如中國久遠的科舉制度，應試士子們本可"上談禮樂祖姬孔，下議制度輕儺玄"（見明高啓《送貢士會試京師》詩），縱論古今國事，是非得失，而朝廷則可藉此擇取英才，因而國家得以强盛。時至明代後期，舉國推行的科舉制度竟然定型爲千篇一律的八股文，泯滅了朝廷取才之道，一代宗師顧炎武稱八股之禍勝似"焚書坑儒"（見《日知録·擬題》）。清代後期爲維護其獨裁統治，手段尤爲專横强硬，又向以"天朝"自居，哪裏會重視什麼西方的"科學技術"？"科學技術"的落伍最終導致文明古國一敗塗地，這也就是"李約瑟難題"的答案！"科學"之所以成爲"科學"，是因爲其出自實踐、實證，實踐、實證是科學的生命。實踐、實證又必須以物質爲基礎，這正與我中華博物學以浩浩博物爲研究主體相合！但中華博物學，或曰博物研究，始終被置於正統的國學之外，這一觀念與國風，極大地制約了中華博物學的發展。制約的結果如何？可以毫不誇張地説，直接阻礙了中國古代社會的歷史進程。

五、中華博物知多少，皓首難解千古謎

中華博物如繁星麗天，難以勝計，其中有諸多別樣博物，可稱之爲"黑科技"者，令人百思不得其解。如八十餘年前四川廣漢西北發現的三星堆古蜀文化遺址，距今約四千八百年至三千年左右，所在範圍非常遼闊，遠超典籍記載的成都平原一帶，此後不斷探索，不斷有新的發現，成爲 20 世紀人類最偉大的考古發現之一。該遺址内三種不同面貌而又連續發展的三期考古學文化，以規模壯闊的商代古城和高度發達的青銅文明爲代表的二期文化最具特點。二期文化中青銅器具占據主導地位，極爲神奇。衆多的青銅人頭象、青銅面具，千姿百態。還有舉世罕見的青銅神樹，該樹有八棵，最高者近 4 米，共分三層，樹枝上栖息有九隻神鳥，應是我國古籍所載"九日居下枝"的體現；斷裂的頂部，當有"一日居上枝"的另一神鳥，寓意九隻之外，另一隻正在高空當班。青銅樹三層

九鳥，與《山海經·海外東經》中所載"扶桑""若木""九日居下枝，一日居上枝"正同。上古時代，先民認爲天上的太陽是由飛鳥所背負，可知九隻神鳥即代表了九個太陽。其《南經》又曰："有木，其狀如牛，引之有皮，若纓、黃蛇。其葉如羅，其實如欒，其木若蘆，其名曰建木。"何謂"建木"？先民認爲"建木"具有通天本能，傳說中伏羲、黃帝等盡皆憑藉"建木"來往神界與人間。由《山海經》的記載可知，這神奇物又來源於傳統文化，大量青銅文化明顯地受到夏商文明、長江中游文明及陝南文明的影響。那些金器、玉器等禮器更鮮明地展現出華夏中土固有的民族色彩。如此浩大盛壯，如此神奇，這一古蜀國究竟是怎樣形成的？又是怎樣突然消失的？詩人李白在《蜀道難》中曾有絕代一問："蠶叢及魚鳧，開國何茫然？"意謂蠶叢與魚鳧兩位先帝，是在什麼時代開創了古蜀國？何以如此茫茫然令人難解？今論者續其問曰："開國何茫然，失國又何年？開失兩難知，千古一謎團。"三星堆的發掘并非全貌，僅占遺址總面積的千分之一左右，只是古蜀文化的小小一角而已，更有浩瀚的未知數，國人面臨的將是另一個陌生的驚人世界。中華民族襟懷如海，廣納百川，中外文化相容并包，故而博大精深。這些百思不得其解的神奇之物，向無答案，確屬於所謂"非科學性思考"，當代專家學者亦爲之拍案。"唯科學主義"面臨這些"黑科技"的挑戰，當然也絕難詮釋。以下再就已見出土，或久已傳世之實物爲例。上世紀 80 年代，臨潼始皇陵西側出土了兩乘銅車馬，其物距今已有兩千二百餘年，造型之豪華精美，被譽爲世界"青銅之冠"，姑且不論。兩輛車的車傘，厚度僅 0.1 ~ 0.4 厘米，一號車古稱"立車"或"戎車"，傘面爲 1.12 平方米，二號車傘面爲 2.23 平方米，而且皆用渾鑄法一次性鑄出，整體呈穹隆形，均勻而輕薄，這一鑄法迄今亦是絕技，無法超越。而更絕的是一號立車的大傘，看似遮風擋雨所用，實則充滿玄機，此傘的傘座和手柄皆爲自鎖式封閉結構，既可以鎖死，又可以打開，同時可以靈活旋轉 180 度，隨太陽的方位變化而變化，亦可取下插入野外，遮烈日，擋風雨，賞心隨意。令人尤爲稱奇的是，打開傘柄處的雙環插銷，傘柄與傘蓋可各獨立，傘柄就成了一把尖銳的矛，傘蓋就成了盾，可攻可守。這一 0.1 ~ 0.4 厘米厚的盾，其抗擊力又遠勝今人的製造技術，令今人望塵莫及，故國際友人贊之爲罕見的"黑科技"。此外分存於西安與鎮江東西兩方的北宋石刻《禹迹圖》，尤爲奇異。此圖參閱了唐賈耽《海內華夷圖》，并非單純地反映宋代行政區劃及華夷之間的關係，而是上溯至《禹貢》中的山川、河流、州郡分布，下至北宋當世，已將經典與現實融爲一體。此圖長方約 1 平方米，宋朝行政區劃即達三百八十個之多，五個大湖，七十座山峰，更有蜿蜒數千里的長江、黃河等江川八十餘條；不祇是中原的地域，尚有與之接壤的大理、吐蕃、西夏、遼等區域，這些區域的山野江河亦有精準的繪製。作爲北宋時代的製圖人，即使能够遍踏域内、域外，也絕難僅憑一己的目力俯瞰全景。此圖由五千一百一十個小方格組成，每一小方格皆爲一百平方公里，所有城市、山野江河的大小距離，盡包容在這些格子裏，全部可以明確無誤地測算出來，其比例尺與今世幾無差异。如此細密精準，必須具有衛星定位之類的高科技纔能繪製出來，九百年前的宋人是憑藉什麽儀器完成的？此一《禹迹圖》較之秦陵銅車馬，更超乎想象，詭异神奇，故而英國學者李約瑟評之爲"世界上最神秘、最杰出的地圖"，美國國家圖書館將一幅19世紀據西安圖打製的拓本作爲館藏珍品。中國古代"黑科技"，又何止臨潼銅車馬與《禹迹圖》？

　　除却上述文獻記載與出土及傳世之物外，另一些則是實見於中華大地的奇特自然景觀，這些百思不得其解的神奇之物，散處天南海北，自古迄今，向無答案，亦屬於所謂"非科學性思考"，當代專家學者亦爲之拍案。"唯科學主義"面臨這些"黑科技"的挑戰，當然也絕難詮釋。我中華大地這些神奇之物，在當世尤應引起重視，國人必須迎接"超科技時代"的到來。如"應潮井"，地處南京市東紫金山南麓定林寺前。此井雖遠在深山之間，却與五公里外的長江江潮相應，江水漲則井水升，江水退則井水降，同處其他諸井皆無此現象。唐宋以來，已有典籍記載，如《江南通志·輿地志·江寧府》引唐段成式《酉陽雜俎》："蔣山有應潮井，在半山之間，俗傳云與江潮相應，嘗有破船朽板自井中出。"《景定建康志·山川志三·井泉》："應潮井在蔣山頭陑寺山頂第一峰佛殿後。《蔣山塔記》云：'梁大同元年，後閣舍人石興造山峰佛殿，殿後有一井，其泉與江潮盈縮增减相應。'"何以如此，自發現以來，已歷千載，迄今無解。以上的奇特之物，多有記載，名揚天下，而另一些奇物，却久遭冷落，默默無聞。如"靈通石"，亦稱"神石""報警石"，俗稱"猪叫石"。該石位於太行大峽谷林縣境内高家臺輝伏巖村。石體方正，紫紅色，裸露於地面約4立方米，高寬各3米，厚2米，象是一頭體積龐大的卧猪，且能發聲如猪叫。傳聞每逢大事（包括自然灾害、重大變革等）來臨之前，常常"鳴叫"不止，大事大叫數十天，小事則小叫數日，聲音忽高忽低，一次可叫百餘聲，百米之内清晰可聞。但其叫聲祇能現場聆聽，不可録音。何以如此怪异？同樣不得而知！中華博物浩浩洋洋，漫漫無涯，可謂無奇不有，作爲博物之學，亦必全力探究，這也正是中華博物學承担的使命。

六、中華博物學的研究範圍與狀況，新建學科的指嚮與體式如何？

中國當代尚未建立博物學會，也没有相應的報刊，人們熟知的則是博物院館，而博物院館的職責在於收藏、研究并展出傳世的博物，面對日月星辰、萬物繁衍以及先民生息起居等數千年的古籍記載（包括失傳之物），豈能勝任？中華博物全方位研究的歷史使命衹能由新興的博物學承擔。古老中華，悠悠五千載，博物浩茫，疑難連篇，實難解讀，而新興的博物學却不容迴避，必須做出回答。

本書指稱的博物，包括那些自然物，但并不限於對其形體、屬性的研究，體現了博物古學固有的格致觀念，且常常懷有濃厚的人文情結，可謂奧妙無窮，這又迥别於西方博物學。

如“天宇”，當做何解釋？在中國傳統文化中是與“宇宙”并存的稱謂，重在强調可見的天體和所有星際空間。前已述及，天體直徑可達 930 億光年以上，實際上可能遠超想象。這就出現了絶世難題：究竟何謂天體？天體何來？戰國詩人屈原在其《天問》篇中，曾連連問天：“上下未形，何由考之？”“馮翼惟象，何以識之？”“明明闇闇，惟時何爲？”千古之問，何人何時可以作答？天宇研究在古代即甚冷僻，被稱爲“絶學”。中國是天宇觀測探索最爲細密的文明古國之一，天象觀測歷史也最爲悠遠，殷墟甲骨、《書》《易》諸經，盡有記載，而歷代正史又設有天文、曆律之類專志，皇家設有司天監之類專職機構，憑此“觀天象、測天意”，以決國策。於是，天文之學遂成諸學之首。天宇研究的主體是天空中的各種現象，這些現象又以各種星體的位置、明暗、形狀等的變化爲主，稱之爲星象。星象極其繁複，難以辨識。於是，在天空位置相對穩定的恒星就成爲必要的定位標志。在人們目力所及的範圍内，恒星數以千計，簡單命名仍不便查找和定位，我華夏先民又將天空劃分爲若干層級的區域，將漫天看似雜亂無章的恒星位置相近者予以組合并命名，這些組合的星群稱之爲星宿。古人視天上諸星如人間職官，有大小、尊卑之分，故又稱星官，因而就有了三垣二十八宿，成爲古天宇學最重要理論依據，這一理論西方天文學絶難取代。

再如古代類書中指稱的“蟲豸”，當代辭書亦少有確解。何謂“蟲豸”？舉凡當今動物學中的昆蟲綱、蛛形綱、多足綱，以及爬行動物中的綫形動物、扁形動物、環節動物、軟體動物中形體微小者，皆爲蟲豸之屬。蟲豸形雖微小，然其生存之久、種類之繁、分布之廣、形態之多、數量之巨，從生物、生態、應用、文化等角度，其意義和價值都大异於其他各類動物，或説是其他各類動物所不能比擬的。蟲豸之屬，既能飛於空，亦能游於水，既能潜於土，亦能藏於山，形態萬千，且各具靈性，情趣互异，故古代典籍遍見記叙，不僅常載於詩文，且多見筆記、小説中。先民又常憑藉其築穴或搬遷之類活動，以預測氣象變化或靈异别端，同樣展現了一幅具體生動的蟲文化畫卷，既有學術價值，又充滿趣味性。自《詩》始，就出現了咏蟲詩，其後歷代從蝶舞蟬鳴、蟻行蛇爬中得到靈感者代不乏人，或以蟲言志，或以蟲抒懷，或以蟲爲比，或以蟲爲興，甚至直以蟲名入於詞牌、曲牌，如僅蝴蝶就有“蝴蝶兒”“玉蝴蝶”“粉蝶兒”“蝶戀花”“撲蝴蝶”“撲粉蝶”等名類。唐歐陽詢《藝文類聚》收集有關蟬、蠅、蚊、蝶、螢、叩頭蟲、蛾、蜂、蟋蟀、尺蠖、螳、蝗等蟲類的詩、賦、贊等數量浩繁，後世仿其體例者甚多，如《事物紀原》《五雜俎》《淵鑑類函》《古今圖書集成·禽蟲典》等，洋洋大觀。不僅詩詞歌賦，在成語、俗語中，言及蟲豸者，亦不可勝數，如莊周夢蝶、螓首蛾眉、金蟬脱殼、螳螂捕蟬、螳臂當車、蚍蜉撼樹、作繭自縛、飛蛾撲火（詞牌名爲“撲燈蛾”）等；不僅見諸歷代詩文，今世辭章以蟲爲喻者，仍沿襲不衰，如以蝸喻居、以蝶喻舞、以蟬翼喻輕薄、以蛇蠍喻狠毒等，比比皆是，不勝枚舉。

本博物學所指稱博物又包括了人類社會生活的各方面、領域，自史前達於清末民初，有的則可直達近現代，至巨至微，錯綜複雜。而對於某一具體實物，必須從其初始形態、初始用途的探討入手，而後追逐其發展演變過程，這樣纔能有縱橫全面的認定，從而作出相應的結論，這正是新興博物學的使命之一。今僅就我中華民族時有關涉者予以考釋。今日，國人對於古代社會生活實在太過陌生，現當代權威工具書所收録的諸多重要的常見詞目，常常不知其由來，遭致誤導。如“祭壇”一詞，《漢語大詞典·示部》釋文曰：

　　祭壇：供祭禮或宗教祈禱用的臺。劉大傑《中國文學發展史》第一章三：“無論藝術哲學都得屈服於宗教意識之下，在祭壇下面得着其發展生命了。”艾青《吹號者》詩：“今日的原野呵，已用展向無限去的暗緑的苗草，給我們布置成莊嚴的祭壇了。”亦指上壇祭祀。侯寶林《改行》：“趕上皇上齋戒忌辰，或是皇上出來祭壇，你都得歇工（下略）。”

以上引用的三個書證全部是現代漢語，檢索此條的讀者可能會認定“祭壇”乃無淵源的新興詞，與古漢語無關。豈不知《晉書·禮志下》《舊唐書·禮儀志三》《明史·崔亮傳》

諸書皆有"祭壇"一詞，又皆爲正史，并不冷僻。《漢語大詞典》爲證實"祭壇"一詞的存在，廣予網羅，頗費思索，連同侯寶林的相聲也用作重要書證。侯氏雖被贊爲現代語言大師，但此處的"祭壇"，并非"供祭禮或宗教祈禱用的臺"，"祭"與"壇"爲動賓語結構，并非名詞，不足爲據。還應指出，"祭壇"作爲人們祭祀或祈禱所用實體的臺，早在史前即已出現，初始之時不過是壘土爲臺罷了。

此外，直接關涉華夏文化傳播形式的諸多博物更是大异於西方。如"文具"初稱"書具"，其稱漢代大儒鄭玄在《禮記・曲禮上》注中已見行用。千載之後，宋人陶穀《清異錄・文用》中始用"文具"一詞。文具泛指用於書寫繪畫的案頭用具及與之相應的輔助用具。國人憑藉這些文具，創造了最具特色的筆墨文化、筆墨藝術，憑藉這些文具得以描述華夏五千載的燦爛歷史。中華傳統文具究有多少？國人最爲熟悉的莫過於"文房四寶"，實際又何止"文房四寶"？另有十八種文房用具，定名爲"十八學士"，宋代林洪曾仿唐韓愈《毛穎傳》作《文房職方圖贊》（簡稱《文房圖贊》，即逐一作圖爲之贊）。實際上遠超十八種，如筆筒、筆插、筆搋、筆洗、墨水匣、墨床、水注、水承、水牌、硯滴、硯屏、印盒、帖架、鎮紙、裁刀、鉛槧、算袋、照袋、書床、筆擱、高閣，等等，已達三十種之多。

"文房四寶""十八學士"之類中華獨具的傳統文化，今國人熟知者已不甚多，西方博物又何從涉及？何可包容？

七、新興博物學的表述特點，其古今考辨的啓迪價值

當代新興博物學所展現的是中華博物本身的生衍變化以及其同物异名、同名异物等，其主旨之一在於探尋我古老的中華民族的真實歷史面貌，溫故知新，從而更加熱愛我们偉大的中華文明。

偉大的中華民族，在歷史上產生过許多杰出的思想觀念，比如，我中華民族風行百代的正統觀念是"君爲輕，民爲本，社稷次之"（見《孟子・盡心下》），這就是强调人民高於君王，高於社稷（猶"國家"），人民高於一切！古老的中華正統對人民如此愛護，如此尊崇，在當今世界也堪稱難得。縱觀朝代更迭的全部歷史可知，每朝每代總有其興起及消亡的過程，有盛必有衰。在這部《通考》中，常有實例可證，如有關商代都城"商邑"的

記載，就頗具代表性。試看，《詩·商頌·殷武》："商邑翼翼，四方之極。"鄭玄箋："極，中也。商邑之禮俗翼翼然……乃四方之中正也。"孔穎達疏："言商王之都邑翼翼然，皆能禮讓恭敬，誠可法則，乃爲四方之中正也。"《詩》文謂商都富饒繁華，禮俗興盛，足可爲全國各地的學習楷模。"禮俗"在上古的地位如何？《周禮·天官·大宰》曰："以八則治都鄙：一曰祭祀，以馭其神……六曰禮俗，以馭其民。"這是説周代統治者以禮俗馭其民，如同以祭祀馭鬼神一樣，未敢輕忽怠慢，禮俗之地位絶不可等閑視之。古訓曰："倉廩實而知禮節，衣食足而知榮辱。"（見《史記·管晏列傳》）此處的"禮節"是禮俗的核心内容，可見禮俗源於"倉廩實"。"倉廩實"展現的是國富民強，而國富民強，必重禮俗，禮俗展現了國家的面貌。早在三千年前的商代，已如此重視禮俗。"商邑翼翼"所反映的是上古時期商都全盛時期的繁華昌明，其後歷代亦多有可以稱道的興盛時期，如"漢武盛世""文景盛世"、唐"貞觀盛世""開元盛世"、宋"嘉祐盛世"、明"永宣盛世"、清"康乾盛世"等，其中更有"夜不閉户，路不拾遺"的佳話。盛世總是多於亂世，或曰温飽時代總是多於飢寒歲月。唐代興盛時期，君臣上下已萌生了甚爲隨和的禮儀狀態，不喜三拜九叩之制，宋元還出現了"衣食父母"之類敬詞（見宋祝穆《古今事物類聚别集》卷二〇、元關漢卿《竇娥冤》第二折），這正體現了"王者以民爲天，民以食爲天"（見《漢書·酈食其傳》）的傳統觀念。中國歷史上的黎民百姓并非一直生活在水深火熱之中，在漫長的歲月中也常有温飽寧静的生活，因而涌現了諸多忠心報國的詩詞。如"但使龍城飛將在，不教胡馬度陰山"（唐王昌齡《出塞二首》之一）；"忘身辭鳳闕，報國取龍庭"（王維《送趙都督赴代州得青字》）；"僵卧孤村不自哀，尚思爲國戍輪臺"（宋陸游《十一月四日風雨大作》）；"奇謀報國，可憐無用，塵昏白羽"（宋朱敦儒《水龍吟·放船千里凌波去》）。

久已沉淪的傳統博物學今得重建，可藉以知曉我中華兒女擁有的是何樣偉大而可愛的祖國！偉大而可愛的祖國，江山壯麗，蘭心大智，光前裕後，莘莘學子尤當珍惜，尤當自豪！回眸古典博物學的沉淪又可確知，鴉片戰争給中華民族帶來的是空前的傷害，不衹是漢唐氣度蕩然無存，國勢極度衰微，最爲可怕的是傷害了民族自信，爲害甚烈。傷害了民族自信，則必會輕視或否定傳統文化，百代信守的忠義觀念、仁義之道，必消失殆盡，代之而來的則是少廉寡恥，爾虞我詐，以崇洋媚外爲榮，這一狀況久有持續，對青少年的影響尤甚，怎不令人痛心！時至當代，正全力弘揚中華優秀傳統文化，全力推行科技創新，踔厲奮發，重振國風，這又怎不令人慶幸！

新興博物學在展現中華博物本身的生衍變化進而展現古代真切的社會生活之外，又展現了一種獨具中華風采的文化體系。如常見語詞“揚州瘦馬”，其來歷如何？祇因元馬致遠《天净沙・秋思》中有“西風古道瘦馬”之句。自 2008 年山西吕梁市興縣康寧鎮紅峪村發現元代壁畫墓以來，其中的一首《西江月》小令：“瘦藤高樹昏鴉，小橋流水人家，古道西風瘦馬，夕陽西下，已獨不在天涯。”在學界引發了關於《天净沙・秋思》的爭論熱議。由《西江月》小令聯想元代的另一版本：“瘦藤老樹昏鴉，遠山流水人家，古道西風瘦馬，夕陽西下，斷腸人去天涯。”於是有學人又認爲此一“瘦馬”當指“揚州藝妓”，意謂形單影隻的青樓女子思念遠赴天涯的情郎——“斷腸人”，但這小令中的“瘦馬”之前，何以要冠以“古道西風”四字？則不得而知。通行本狀寫天涯游子的冷落凄凉情景，堪稱千古絶唱，無可置疑。那麼何以稱藝妓爲“瘦馬”？“瘦馬”一詞，初見於唐白居易《有感》詩三首之二：“莫養瘦馬駒，莫教小妓女。後事在目前，不信君看取。馬肥快行走，妓長能歌舞。三年五年間，已聞换一主。”金董解元《西厢記諸宮調》中的《仙吕・賞花時》又載：“落日平林噪晚鴉，風袖翩翩吹瘦馬。”此處的“瘦馬”無疑確指藝妓。稱妓女爲人人可騎的馬，後世又稱之爲“馬子”，是一種侮辱性的比擬。何以稱“瘦”？在中國古代常以“瘦”爲美，“瘦”本指腰肢纖細，故漢民歌曰：“楚王好細腰，宫中多餓死。”“細腰”强調的是苗條美麗。“好細腰”之舉，在南方尤甚，揚州的西湖所以稱之爲“瘦西湖”，不祇是因其狹長緊連京杭大運河，實則是因湖邊楊柳依依，芳草萋萋，又有荷花池、釣魚臺、五亭、二十四橋，美不勝收，較之杭州西湖有一種别樣的美麗。國人何以推崇揚州？《禹貢》劃定九州之中就有揚州，今之揚州已有兩千五百餘年的歷史。其主城區位於長江下游北岸，可追溯至公元前 486 年。春秋時期，吴王夫差在此開鑿了世界最早的運河——邗溝，建立邗城，孕育了唯一與邗溝同齡的運河城；因水網密布，氣候温潤，公元前 319 年，楚懷王熊槐在此建立廣陵城（今揚州仍沿稱“廣陵”），遂成爲中華歷史名城之一。此後歷經魏晋等朝代多次重修，至隋文帝開皇九年（589），廣陵改稱揚州。揚州除却政治地位顯赫之外，又是美女輩出之地，歷史上曾有漢趙飛燕、唐上官婉兒及南唐風流帝王李煜先後兩任皇后周薔、周薇，號稱“四大美女”。隋煬帝楊廣又在此開鑿大運河，貫通至京都洛陽旁連涿郡，藉此運河三下揚州，尋歡作樂。時至唐代，揚州更是江河交匯，四海通達，成爲全國性的交通要衝，故有“故人西辭黄鶴樓，煙花三月下揚州。孤帆遠影碧空盡，唯見長江天際流"的著名詩篇（唐李白《黃鶴樓送孟浩然之廣陵》，今之揚州已遠離長江）。揚州在唐代是除却長安之外的最爲繁華的大都會，商旅雲聚，青樓大興，成爲文壇才士、豪門公子醉生夢死之地。唐王建《夜看揚州市》詩贊曰："夜市千燈照碧雲，高樓紅袖客紛紛。"詩人杜牧《遣懷》更有名作："落魄江湖載酒行，楚腰纖細掌中輕。十年一覺揚州夢，贏得青樓薄幸名。"此"楚腰纖細掌中輕"之用典，即直涉楚靈王好細腰與趙飛燕的所謂"掌中舞"兩事。杜牧憑藉豪放而婉約的詩作，贏得百世贊頌，此詩實是一種自嘲、以書懷才不遇之作，却曾遭致史家"放浪薄情"的詬病。大唐之揚州，確是令人嚮往，令人心醉，故而詩人張祐有"人生只合揚州死"（見其所作《縱游淮南》）之感嘆。元代再度大修的京杭大運河弃洛陽直達北京，揚州之地位愈加顯赫。總之，世界這一最古最長的大運河歷代修建，始終離不開揚州。時至明清，揚州經濟依然十分繁盛，仍是達官貴人喜於擇居之地，兩淮鹽商亦集聚於此，富甲一方，由此振興了園林業、餐飲業，娛樂中的色情業也應運而生，養"瘦馬"就是其中的一種，一些投機者低價買進窮苦人家的美麗苗條幼女，令其學習言行禮儀、歌舞繪畫及其他媚人技能技巧，而後以高價賣至青樓或權貴豪門，大發其財。除却"揚州瘦馬"之外，又催生了著名的"揚州八怪"，文化藝術色彩愈加分明。

"揚州瘦馬"本是一種當被摒弃的陋習，不足爲訓，但這一陋習所反映出的却是關聯揚州的一種別樣的文化，反映了揚州古今社會的經濟發展與變化，這當然也是西方博物學替代不了的。

結　語

綜上所述可知，中華博物學是學術研究中的另一方天地，無可替代，必須重建，且勢在必行。如何重建？如何展現我中華博物獨有的神貌？答曰：中華博物絕非僅指博物館的收藏物，必須是全方位的，無論是宮廷裏，無論是山野間，無論是人工物，無論是天然品，無論是社會中，無論是自然界裏，皆應廣予收錄考釋。考釋的主旨，乃探索我中華浩浩博物的淵源、流變。此一博物學甚重"物"的形體、屬性及其淵源流變，同時又關注其得名由來，重視兩者間的生衍關係。通常而言（非通常情况當作別論），在人類社會中有其物必當有其名，有其名亦必有其物。此外，更有同物異名，或同名异物之別。探究"物"本體的淵源流變并釐清名物關係，這就是中國古典博物學的使命，這也正是最爲嚴密的格物致知，也正是最爲嚴肅的科學體系。但中國古典博物學，又必須體現《博物記》以還的國學傳統，必須體現博大的天人視野及民胞物與情懷，有助於我中華的再度振起，乃至於世界的安寧和諧。而那些神怪虛無之物，則不得納入新的博物學中，祇能作爲附錄以備考。如何具體裁定，如何通盤布局，并非易事，遠超想象。因我中華民族是喜愛并嚮往神話的古老民族，又常常憑藉豐富的想象對某種博物作出判斷與解讀，判斷與解讀的結果，除却導致無稽的荒誕之外，又時或引發別樣的思考，常出乎人們的所料，具有別樣的價值。如水族中的"比目魚"，亦稱"王餘魚""兩鮒""拖沙魚""鞋底魚""板魚""箬葉"，俗稱"偏口魚"，爲鰈形目魚類之古稱。成魚身體扁平而闊，兩眼移於頭的另一端，習慣於側臥，朝上的一面有顏色鮮明的眼睛，朝下一面似無眼睛，先民誤以爲祇有一眼，必須相互比并而行。此一判斷與解讀，始自漢代《爾雅·釋地》："東方有比目魚焉，不比不行。"郭璞注："狀似牛脾……一眼，兩片相合乃得行。今水中所在有之，江東又稱爲王餘魚。"事過千載，直至明代李時珍《本草綱目》問世，盡皆認定比目魚僅有一隻眼，出行必須各藉他魚另一眼（見《本草綱目·鱗四·比目魚》）。傳統詩文中用比目魚以比喻形影不離的情侶或好友，先民爭相傳頌，百代不休，直至 1917 年徐珂的《清稗類鈔》問世，始知比目魚兩眼皆可用，不必兩兩并游（《清稗類鈔·動物篇》）。古人憑藉想象，又認爲尚有與比目魚相對應的"比翼鳥"，見於《爾雅·釋地》："南方有比翼鳥焉，不比不飛。"這一"比翼鳥"，僅一目一翼，須雌雄并翼飛行，如同比目魚一樣，亦用以比喻形影不離的情侶或好友。"比目魚""比翼鳥"之類虛幻者外，後世又派生了所謂"連理枝"，著名詩作有唐白居易《長恨歌》曰："在天願爲比翼鳥，在地願爲連理枝。"何謂"連理枝"？"連理枝"是指自然界中罕見的偶然形成的枝和幹連爲一體的樹木。"連理枝"之外，又出現了"并蒂蓮"之類。"并蒂蓮"亦稱"并頭蓮""合歡蓮"等，是指一莖生兩花，花各有蒂，蒂在花莖上連在一起的蓮花。這種"連理枝""并蒂蓮"，難以納入下述的世界通行的階元系統，也難依照林奈創立的雙名命名法命名，但却又是一種不可忽視的實物，是大自然所形成的另一種奇妙的實物。此一"并蒂蓮"如同"比目魚""連理枝"一樣，亦用以喻情侶或好友，同樣廣見於傳統詩文。歲月悠悠，始於遠古，達於近世，先民對於我中華博物的無限想象以及與之并行的細密觀察探索，令人嘆爲觀止，凡天地生靈、袞袞萬物，無所不及，超乎想象，從而構成了一幅文明古國的壯闊燦爛畫卷。

　　這當是歷經百年沉淪、今得復蘇的我國傳統的博物學，這當是重建的嶄新的全方位的中華博物學。

　　中華博物學除却遵循發揚傳統的名物學、訓詁學、考據學及近世的考古學之外，也廣泛汲取了當代天文、地理、生物、礦物、農學、醫學、藥學諸學的既有成就，其中動植物的本名依照世界通行的階元系統，分爲界、門、綱、目、科、屬、種七類。又依照瑞典卡爾·馮·林奈（瑞文Carl von Linné）創立的雙名命名法命名。"連理枝""并蒂蓮""比目魚""比翼鳥"之屬旁及龍、鳳、麒麟、貔貅等傳説之物，則作爲附録，劃歸相應的動物或植物卷中。這樣的研究章法，這樣的分類與標注，避免了傳統分類及形狀描述的訛誤或不確定性，即可與國際接軌。綜合古今中外，論者認爲《中華博物通考》的研究主體，可劃歸三十六大類，依次排列如下：

　　《天宇》《氣象》《地輿》《木果》《穀蔬》《花卉》《獸畜》《禽鳥》《水族》《蟲豸》《國法》《朝制》《武備》《教育》《禮俗》《宗教》《農耕》《漁獵》《紡織》《醫藥》《科技》《冠服》《香奩》《飲食》《居處》《城關》《交通》《日用》《資産》《珍奇》《貨幣》《巧藝》《雕繪》《樂舞》《文具》《函籍》。

　　存史啓智，以文育人，乃我中華千載國風。新時代習近平總書記甚重民族自信、文化自信，極力倡導"舊邦新命"，明確指出要"盛世修文"，怎不令人振奮，令人鼓舞！今日，我輩老少三代前後聯手、辛苦三十餘載、三千餘萬言的皇皇巨著——《中华博物通考》欣幸面世，并得到國家出版基金資助。這就昭示了沉淪百載的中華傳統博物學終得復蘇，這就是重建的全新中華博物學。"舊邦新命""盛世修文"，重建博物學，旨在賡續中華文脉，發揚優秀傳統文化，汲取生生不息的精神力量，再現偉大民族的深邃智慧，展我生平志，圓我强國夢！

張述錚

乙丑夾仲首書於山東師範大學映月亭
甲辰南吕增補於歷下龍泉山莊東籬齋

總　説

——漫議重建中華博物學的歷史意義與現實價值

緣　起

《中華博物通考》（下稱《通考》）是一部通代史論性的華夏物態文化專著，係"九五""十五""十四五"國家重點出版物專項規劃項目，并得到 2020 年度國家出版基金資助。全書共三十六卷，另有附録一卷，其中有許多卷又分上下或上中下，計有五十餘册，逾三千萬字。《通考》的編纂，擬稿於 1990 年夏，展開於 1992 年春，迄今已歷三十餘載，初始定名爲《中華博物源流大典》，原分三十二門類（即三十二卷）。此後，歷經斟酌修補，終成今日規模。三十餘載矣，清苦繁難，步履維艱，而大江南北，海峽兩岸，衆多學人，三代相繼，千里聯手，任勞任怨，無一退縮，何也？因本書關涉了古老國度學術發展的重大命題，足可爲當今社會所藉鑒，作者們深知自家承擔的是何樣的重任，未敢輕忽，未敢怠慢。

何謂中華物態文化？中華物態文化的研究主體就是中華浩博實物。其歷史若何？就文字記載而言，中華物態文化史應上溯於傳說中的三皇五帝時期，隸屬於原始社會。"三皇五帝"究竟爲何人，我國史家多有不同見解，大抵有三説：一曰"人間君主説"，"三皇"分別指天皇、地皇、人皇，"五帝"分別指炎帝烈山氏、黄帝有熊氏、顓頊高陽氏、帝堯陶唐氏和帝舜有虞氏；二曰"開創天下説"，三皇分别指有巢氏、燧人氏、伏羲氏，"五帝"分别指炎帝烈山氏、黄帝有熊氏、顓頊高陽氏、帝堯陶唐氏和帝舜有虞氏；三曰"道治德化説"，認爲"三皇以道治，五帝以德治"，"三皇"是遠古三位有道的君主，分别指太昊伏羲氏、炎帝神農氏及黄帝軒轅氏，五帝則是少昊金天氏、顓頊高陽氏、帝嚳高辛氏、帝堯陶唐氏和帝舜有虞氏。有關三皇五帝的組合方式，典籍記載亦不盡相同，大抵有四種，在此不予臚列。"三皇五帝"所處時間如何劃定，學界通常認爲有巢、燧人、伏羲屬於舊石器時代，有巢、燧人爲早期，伏羲爲晚期，其餘皆屬新石器時代，炎帝、黄帝、少昊、顓頊等大致同時，屬仰韶文化後期和龍山文化早期。"三皇五帝"後期，已萌生并逐步邁進文明史時代。

　　中華文明史，國際上通常認定爲三千七百年（主要以文字的誕生與城邑的出現等爲標志），國人則認定爲逾五千年，今又有九千年乃至萬年之説。後者可以上溯至新石器時代，如隸屬裴李崗文化的河南省舞陽縣賈湖村出土了上千粒碳化稻米，約有九千年歷史，是世界最早的栽培粳稻種子。經鑒定其中百分之八十以上不同於野生稻，近似現代栽培稻種，可證其時已孕育了農耕文化。其中發現的含有稻米、山楂、葡萄、蜂蜜的古啤酒也有九千年以上的歷史，可證其時已掌握了釀造術。賈湖又先後出土了幾十支骨笛，也有七千八百年至九千年的歷史，其中保存最爲完整者，可奏出六聲音階的樂曲，反映了九千年前，中華民族已具有相當高度的生産力與創造力、具有相當高度的文化藝術水準與審美情趣。有美酒品嘗，有音樂欣賞，彼時已知今人所稱道的"享受生活"，當非原始人所能爲。賈湖遺址的發現并非偶然，近來上山文化晚期浙江義烏橋頭遺址，除却出土了古啤酒之外，又發現諸多彩陶，彩陶上還繪有伏羲氏族所創立的八卦圖紋飾，故而國人認爲這一時期中華文明已開始形成，至少連續了九千載。中華文明的久遠，當爲世界四大文明古國之首，徹底否定了中華文明西來之説。九千載之説雖非定論，却已引起舉世關注。此外，江西省上饒市萬年縣大源鄉仙人洞遺址發現的古陶器則産生於一萬九千至兩萬年前，又遠超前述的出土物的製作時間。雖有部分學界人士認爲仙人洞遺址隸屬於舊石器遺址，并未進入文明時代，但其也足可證中華博物史的久遠。

一、何謂“博物”與《中華博物通考》？《通考》的要義與章法何在？

何謂“博物”？“博物”一詞，首見於《左傳·昭公元年》：“晋侯聞子産之言，曰：‘博物君子也。’”其他典籍也時有記載，如《漢書·楚元王傳贊》：“自孔子後，綴文之士衆也，唯孟軻、孫況、董仲舒、司馬遷、劉向、揚雄此數公者，皆博物洽聞，通達古今。”《周書·蘇綽傳》：“太祖與公卿往昆明池觀魚，行至城西漢故倉地，顧問左右莫有知者。或曰：‘蘇綽博物多通，請問之。’”以上“博物”指博通諸種事物，一般釋爲“知識淵博”。此外，《三國志·魏書·國淵傳》：“《二京賦》博物之書也，世人忽略，少有其師可求。”唐釋玄奘《大唐西域記·摩臘婆國》：“昔此邑中有婆邏門，生知博物，學冠時彥，内外典籍，究極幽微，曆數玄文，若視諸掌。”明王禕《司馬相如解客難》：“借曰多識博物，賦頌所託，勸百而風一。”這些典籍所載之“博物”，即可釋爲今義之“浩博實物”。這一浩博實物，任一博物館盡皆無法全部收藏。本《通考》指稱的“博物”既可以是天然的，也可以是人工的；既可以是静態的，也可以是動態的；既可以是斷代的，也可以是歷時的，是古今并存，巨細俱備，時空縱横，浩浩蕩蕩，但必須是我中華獨有，或是中土化的。研究這浩蕩博物的淵源流變以及同物異名或同名异物之著述即《博物通考》，而爲與西方博物學相區别，故稱之爲《中華博物通考》。

在中國古代久有《皇覽》《北堂書鈔》等類書、《儒學警語》《四庫全書》等叢書以及《爾雅》《説文》等辭書，所涉甚廣，却皆非傳統博物典籍。本書草創之際，唯有《中國學術百科全書》《中華百科全書》《中國大百科全書》之類風行於世，這類百科全書亦皆非博物學專著。專題博物學著作甚爲罕見，僅有今人印嘉祥《物源百科辭書》，俞松年、毛大倫《生活名物史話》，抒鳴、鋭鏵《世界萬物之由來》等幾種，多者收詞約三千條，少者僅一百八十餘款，或洋洋灑灑，或鳳毛麟角，各有千秋，難能可貴。《物源百科辭書》譽稱“我國第一部物源工具書”（見該書序），此書中外兼蓄，虚實并存，堪稱廣博，惜略顯雜蕪。本《通考》則另闢蹊徑，别有建樹，可稱之爲當代第一部“中華古典博物學”。

《通考》甚重對先賢靈智的追踪與考釋。中華民族是滿富慧心的偉大民族，極善觀察探索，即使一些不足挂齒的微末之物也未忽視，且載於典籍，十分翔實生動。如對常見的鳥類飛行方式即有以下描述：鳥學飛曰翎，頻頻試飛曰習，振翅高飛曰翯，向上直飛曰翀，張翼扶摇上飛曰翂，鳥舒緩而飛、不高不疾曰翄、曰翇，快速飛行曰翪，水上飛行曰㮇，高飛曰翰，輕飛曰翾，振羽飛行曰翻，等等，不一而足。如此細密的觀察探隱，堪稱世界之最，令人嘆服！而關於禽鳥分類學，在中國古代也有獨到見解。明代李時珍所著《本草綱目》已建立了階梯生態分類系統，將禽鳥劃分爲水禽、原禽、林禽、山禽等生態類別，具有劃時代意義。這一生態分類法較瑞典生物學家林奈的《自然系統》（第十版）中的分類要早一百六十餘年，充分展示了我國古代鳥類分類學的輝煌成就，駁正了中國傳統生物學一貫陳腐落後的舊有觀念。此外，那些目力難及、浩瀚的天體，也盡在先民的觀察探索之中，如關於南天極附近的星象，遠在漢代即有記載。漢武帝元鼎六年（公元前 111），滅南越國，置日南九郡事，《漢書》及顏注、酈道元《水經注》有關 “日南” 的定名中皆有詳述，而西方於 15 世紀始有發現，晚中國一千四百餘年。再如，關於太陽黑子，在我國漢代亦有記載，《漢書·五行志》載：“日黑居仄，大如彈丸。”其後《晋書·天文志中》亦載：“日中有黑子、黑氣、黑雲。”而西方於 17 世紀始有發現，晚於中國一千六百餘年。惜自清朝入關之後，對於中原民族，對於漢民族長期排斥壓抑，致使靈智難展，尤其是中後期以來的專制國策，遭致國弱民窮，導致久有的科技一蹶不振，於是在列强的視野下，中華民族變成了一個愚昧的 “劣等” 民族。受此影響，一些居留國外或留學國外的學人，亦曾自卑自弃，本書《導論》曾引胡適的評語：中華民族是 “又愚又懶的民族”，是 “一分像人，九分像鬼的不長進民族”（見胡適《介紹我自己的思想》，1930年 12 月亞東圖書館初版《胡適文選》自序》）。本《通考》有關民族靈智的追踪考索，巨細無遺，成爲另一大特點。

　　《通考》遵從以下學術體系：宗法樸學，不尚空論，既重典籍記載，亦重實物（包括傳世與出土文物）考察，除却既有博物類專著自身外，今將博物研究所涉文獻歸納爲十大系統：一曰史志系統，即史書中與紀傳體并列，所設相對獨立的諸志。如《禮樂志》《刑法志》《藝文志》《輿服志》等，頗便檢用。二曰政書類書系統。重在掌握典制的沿革，廣求佚書异文。三曰考證系統。如《古今注》《中華古今注》《敬齋古今黈》等，其書數量無多，見重實物，頗重考辨。四曰博古系統。如《刀劍録》《過眼雲煙録》《水雲録》《墨林快事》等，這些可視爲博物研究散在的子書，各有側重，雖常具玩賞性，却足資藉鑒。五曰本草系統。其書草木蟲魚、水土金石，羅致廣博，雖爲藥用，已似百科全書。六曰注疏系統。爲古代典籍的詮釋與發揮。如《易》王弼注、《詩》毛亨傳、《史記》裴駰集解、《老子》魏源本義、《楚辭》王夫之通釋、《三國志》裴松之注、《水經》酈道元注、《世說新語》

劉孝標注等。七曰雅學系統、許學系統，或直稱之爲訓詁系統，其主體就是名物研究，後世稱爲“名物學”。八曰异名辨析系統。已成爲名物學的獨立體系。如《事物异名》《事物异名録》等，旨在同物异名辨析。九曰説部系統。包括了古代筆記、小説、話本、雜劇之類被正統學者輕視的讀物，這是正統文化之外，隱逸文化、民間文化的淵藪，一些世俗的衣、食、住、行之類日常器物，多藉此得見生動描述。十曰文物考古系統，這是博物研究中至爲重要的最具震撼力的另一方天地，因爲這是以歷代實物遺存爲依據的，足可印證文獻的真僞、糾正其失誤，多有創獲。

二、《通考》内容究如何，今世當作何解讀？

《通考》内容極爲豐富，所涉範圍極廣，古今上下，時空縱横，實難詳盡論説，今略予概括，主要可分兩大方面，一爲自然諸物，二爲社科諸物，兹逐一分述如下：

（一）自然諸物：包括了天地生殖及人力之外的一切實體、實物，浩博無涯，可謂應有盡有。

如“太陽”“月亮”，在我中華凡是太空中的發光體（包括反射光體）皆被稱爲“星”，因此漢語在吸納現代天文學時，承襲了這一習慣，將“太陽”這類自身發光的等離子物體命名爲恒星。《天宇卷》研究的主體就是天空中的各種星象。星象就是指各種星體的位置、明暗、形狀等的變化。星象極其繁複，難以辨識。於是，在天空中位置相對穩定的恒星就成爲必要的定位標志。在人們目力所及的範圍内，恒星數以千計，先民將漫天看似雜亂無章的恒星位置相近者予以組合并命名，這些組合的星群稱之爲星宿，因而就有了三垣二十八宿之説。在远古難以對宇宙進行深入探索的時代，先民未能建立起完整的天體概念，也不知彼此的運動關係，僅憑藉直感認知，將所見的最强發光體——“太陽”本能地給予更多的關注，作出不同於西方的别樣解釋。視太陽爲天神，太陽的出没也被演繹成天神駕車巡游，而夸父追日、后羿射日等典故，則承載了諸多遠古信息。先民依據太陽的陰陽屬性、形體形象、光熱情况、時序變化、神話傳説及俗稱俗語等特點，賦予了諸多别名和异稱，其數量達一百九十餘種，如“陽精”“丙火”“赤輪”“扶桑”“東君”“摩泥珠”等，可見先民對太陽是何等的尊崇。對人們習見的“月亮”，《天宇卷》同樣考釋了其异名别稱及其得名由來。今知月亮异名别稱竟達二百二十餘種，較之“太陽”所收尤爲宏富。如

"太陰""玉鏡""嬋娟""姮娥""顧兔""桂影""玉蟾蜍""清凉宮"，等等。而關於"月亮"的所見所想，所涉傳聞佳話，連綿不絕，超乎所料。掩卷沉思，無盡感慨！中華民族是一個明潔溫婉、追求自由、嚮往和平、極具夢想的偉大民族。愛月、咏月、賞月、拜月，深情綿綿，與月亮别有一番不解之緣！饒有趣味者，爲東君太陽神驅使六龍馭車的羲和，如同爲太陰元君駕車的望舒一樣，竟也是一位女子，可見先民對於女性的信賴與尊崇。何以如此？是母系社會的遺風流韵麽？不得而知！足證《通考》探討"博物"的意義并不祇在"博物"自身，而是關乎"博物"所承載的傳統文化。

　　再如古代出現的"雪""雹"之類，國人多認定與今世無多大差异，實則不然。《氣象卷》收有"天山雪""陰山雪""燕山雪""嵩山雪""塞北雪""南秦雪""秦淮雪""廬山雪""嶺南雪""犬吠雪"（偏遠的南方之雪。因犬見而驚吠，故稱），等等，這些雪域不祇在長城内外，又達於大江南北，可謂遍及全國各地，令人眼界大開。這些雪域的出現，又并非遠古間事，所見文字記載盡在南北朝之後，而"嶺南雪"竟見於明清時期，致使今人難以置信。若就人們對雪的愛惡而言，有"瑞雪""喜雪""灾雪""惡雪"；若就雪的屬性而言，有"乾雪""濕雪""霧雪""雷雪"；若就降雪時間長短而言，有"連旬雪""連二旬雪""連三旬雪""連四旬雪"；若就雪的危害而言，有"致人凍死雪""致人相食雪"等，不一而足。此外，雪另有色彩之别，本卷收有"紅雪""綠雪""褐雪""黑雪"諸文，何以出現紅、綠、褐、黑等顏色？這是由於大地上各類各色耐寒的藻類植物被捲入高空，與雪片相遇，從而形成不同色彩。對此，先民已有細微觀察，生動描述，但未究其成因。1892 年冬，意大利曾有漫天黑雪飄落，經國際氣象學家研究測定，此一現象乃是高空中億萬針尖樣小蟲，在飛翔時與雪片粘連所致。這與藻類植物被捲入高空，導致顏色的變幻同理。或問，今世何以不見彩色之雪？因往昔大地之藻類及針尖樣小蟲，由於生態環境的破壞而消失殆盡。就氣象學而言，古代出現彩雪，是正常中的不正常，現代祇有白雪，則是不正常中的正常。本卷中有關雹的考釋，同樣頗具情趣，十分精彩。依雹的顏色有"白色雹""赤色雹""黑色雹""赤黑色雹"，依形狀有"杵狀雹""馬頭狀雹""車輪狀雹""有柄多角雹"，依長度有"長徑尺雹""長尺八雹"，依重量有"重四五斤雹""重十餘斤雹"，依危害則有"傷禾折木雹""擊殺鳥雀雹""擊殺獐鹿雹""擊死牛馬雹""壞屋殺人雹"等，這些記載并非出自戲曲小説，而是全部源於史書或方志，時間地點十分明確，毋庸置疑。古今氣象何以如此不同？何以如此反常？祇嘆中國古代的科研體系多注重對現象的觀察，而不求其成因，祇是將以上現象置於史志之中，予以記載而已。本《通考》對中華"博物"的考辨，不祇是展現了大自然的原貌、大自然的古今變幻，而且也提供了社會的更迭興替和民生的禍福起落等諸多耐人尋味的思考。

另如，《水族卷》中收有棘皮動物"海參"，其物在當代國人心目中，是難得的美味佳餚和滋補珍品。《水族卷》還原其本真面貌，明確指出海參爲海洋動物中的棘皮動物門，海參綱之統稱，而後依據古代典籍，考證其物及得名由來：三國吳沈瑩《臨海水土異物志》："土肉，正黑，如小兒臂大，中有腹，無口目……炙食。"其時貶稱"土肉"，祇是"炙食"而已。既貶稱爲"土"，又止用於燒烤而食，此即其初始的"身份""地位"，實是無足稱道。直至明代謝肇淛《五雜俎·物部一》中，始見較高評價，并稱其爲"海參"："海參，遼東海濱有之，一名海男子。其狀如男子勢然，淡菜之對也。其性溫補，足敵人參，故名海參。""男子勢"，舊注曰"男根"，因海參形如男性生殖器，俗名"海男子"，正與形如女性生殖器的淡菜（又稱"海牝""東海夫人"，即厚殼貽貝）相對應。此一形似"男根"之物，何以又被重視起來？國人對食療養生素有"以形補形"的觀念，如"芹菜象筋骼，吃了骨頭硬；核桃象大腦，吃了思維靈"之類，而因海參似男根，故認定其有補腎壯陽的功能，這就是"足敵人參"的主要根據之一。謝氏在贊其"足敵人參"的同時，又特別標示了其不雅的綽號"海男子"，則又從另一側面反映了明代對於海參仍非那麼珍視，故而在其當代權威的醫典《本草綱目》中未予記載。"海參"在清朝的國宴"滿漢全席"中始露頭角，漸得青睞。本卷作者在還其本真面貌的過程中，又十分自然地釐清了海參自三國之後的異名別稱。如，"土肉""海男子"之後，又有"蚗""沙噀""戚車""龜魚""刺參""光參""海鼠""海瓜""海瓜皮""白參""牛臀""水參""春皮""伏皮"諸稱，"蚗"字之外，其他十三個異名別稱，古今辭書無一收錄，唯一收錄的"蚗"字，又含混不清。而"海參"喻稱"海瓜"，則爲英文 sea cucumber 的中文義譯，較中文之喻稱"海男子"似有異曲同工之妙，又可證西人對海參也并不那麼重視。

全書三十六卷，卷卷不同。本書設有《珍奇卷》，別具研究價值。如"孕子石"，發現於江蘇省溧陽市蘇溧地區。此石呈灰黃色，質地堅硬，其外表平凡無奇，但當人們把石頭敲開時，裏面會滾出許多圓形石彈子，直徑 21 厘米左右，和母石相較，顏色稍淺，但成分一致。因石中另包小石，好似母石生下的子石，故稱"孕子石"。這種"石頭孕子"史志無載，首次發現，地質學家們同樣百思而不得其解，祇能"望石興嘆"。再如"預報天旱井"，位於廣西全州縣內，每年大旱來臨前二十天，水井會流出渾水，長達兩天之久，附近村民見狀，便知大旱將臨，便提前做好抗旱準備。此外，該井每二十四小時漲潮六次，每次約漲五十分鐘，水量約增加兩倍。此井如同"孕子石"一樣，史志無載，首次發現，對此井的奇特現象有關專家同樣百思不得其解，也衹能"望井興嘆"。

（二）社科諸物：自然物外，中華博物中的社科諸物漫布於社會生活之中，其形成發展、古今變化，尤爲多彩，展現了一種別樣的國情特徵和民族靈智。

如《國法卷》，何謂"國法"？國法係指國家之法紀、法規。國法其詞作爲漢語語詞起源甚爲久遠，先秦典籍《周禮·秋官·朝士》中即已出現，"國法"之"法"字作"灋"，其文曰："凡民同貨財者，令以國灋行之，犯令者刑罰之。"同書《地官·泉府》中又有另詞"國服"，其文曰："凡民之貸者，與其有司辨而授之，以國服爲之息。"此"國服"言民間貿易必須服從國法，故稱"國服"。作爲語詞，"國法""國服"互爲匹配。國法爲人而設，國服隨法而施，有其法必有其服，有法無服，則法罔立，有服無法，舉世罔聞。今"國法"一詞存而未改，"國服"則罕見使用。就世界範圍而言，中國的國法自成體系，具有國體特色與民族精神，故西方學者稱之爲"中華法系"或"東方法系"。本《國法卷》即以"中華法系"爲中心論題，全面考釋，以現其固有特色與精神。中華法系如同世界諸文明古國法系一樣，源於宗教，興於禮俗，而最終成爲法律，遂具有指令性、强制性。中華法系一經形成，即迥异於西方，因其從不以"永恒不變的人人平等的行爲準則"自詡，也没有立法依據的總體理論闡釋，而是明確標示法律應維護帝王及權貴的利益。在中國古代，從没出現過如古希臘或古羅馬的所謂絕對公正的"自然法"，毋須在"自然法"指導下制定"實在法"。中國古代的全部法律皆爲正在施行的"實在法"，但却有不可撼動的權威理論——"君權天授"説支撐。"天"，在先民心目中是無可比擬的最神秘、最巨大的力量。"天"，莊重而仁慈，嚴厲而公正，無所不察，無所不能。上自聖賢哲人，下至黎民百姓，少有不"敬天意"、不"畏天命"者，帝王既稱"天子"，且設有皇皇國法，條文森然，何人敢於反叛？天下黔首，非處垂死之地，絕不揭竿而起，妄與"天"鬥！故而在中國古代，帝王擁有最高立法權與司法權，享有無盡的威嚴與尊貴。今知西周時又强化了宗族關係，即血緣關係。血緣關係又分爲近親、遠親、异姓之親等。血緣關係成爲一切社會關係的核心，由血緣關係擴而廣之，又有師生、朋友及當體恤的其他人等關係。由血緣關係又進而强化了尊卑關係，即君臣關係、臣民關係，這些關係較之血緣關係更爲細密，爲此而設有"八辟"之法，規定帝王之親朋、故舊、近臣等八種人，可以享有減免刑罰之特權。漢代改稱"八議"，三國魏正式載入法典。其後，歷代常有沿襲。這一血緣關係在我國可謂根深蒂固，直至今世而未衰。爲維護這尊卑關係，西周之法典又設有《九刑》，以"不忠"爲首罪。另有《八刑》以"不孝"爲首罪。"忠"，指忠君，"孝"指孝敬父母，兩者難以分割。《九刑》《八刑》雖爲時過境遷之古法，但其倡導的"忠孝"，已成爲中華民族的一種處世觀念，一種道德規範。作爲個人若輕忽"忠孝"，則必極端自私，害及民衆；作爲執政者若輕忽"忠孝"，則必妄行無忌，危及國家。今世早已摒弃愚忠愚孝之舉，但仍然繼承并發揚了"忠孝"的傳統。"忠"不再是"忠君"，而是忠於祖國，忠於人民，或是忠於信守的理想；"孝"謂善事父母，直承百代，迄今不衰。"忠孝"是人們發自心底的感恩之情，唯知感恩，始有報恩，人間纔有真情往還，纔有心靈交融。佛家箴言警語曰"上報四重恩，下濟三途苦"（見《大乘本生心地觀經》），"四重恩"指父母恩、師長恩、國土恩、衆生恩（衆生包括動植物等一切生靈）。我國傳統忠孝文化中又融入了佛家的這一經典旨意，可謂相得益彰。"忠孝"乃我文明古國屹立不敗的根基，絕不可視之爲"封建觀念"。縱觀我中華信史可知，舉凡國家昌盛時代，必是忠孝振興歲月，古今如一，堪稱鐵律。國家可敬又可愛，所激起的正是人們的家國情懷！"忠孝"這一處世觀念，這一道德規範，直涉人際關係，直涉國家命運，成爲我中華獨有、舉世無雙的文化傳統。

中國之國法，并非僅靠威懾之力，更有"禮治"之宣導，而關乎禮治的宣導今人常常忽略。前已述及中華法系如同世界諸文明古國法系一樣，源於宗教，興於禮俗，由禮俗演進爲禮治，禮治早於刑法之前已經萌生。自商周始，《湯刑》《吕刑》（按，《湯刑》《吕刑》之"刑"當釋爲"法"）相繼問世，尤重"禮治"，何謂"禮治"？"禮治"指遵守禮儀道德與社會規範，破除"禮不下庶人"的舊制，將仁義禮智信作爲基本的行爲規範，《孟子·公孫丑上》曰："辭讓之心，禮之端也。""辭讓"指謙和之道，尊重他人，由"禮讓"而漸發展爲"禮制"。至西周時，"禮治"已成定制。這一立法思想備受推崇。夏商以來，三千餘載，王朝更替，如同百戲，雖脚色各异，却多高揚禮制之大旗，以期社會和諧，民生安樂。不瞭解中國之禮治，也就難以瞭解中華法制史，就難以瞭解中國文化史。此後"禮治"配以"刑治"，相輔相成，久行不衰。"禮刑相輔"何以行使？答曰：升平之世，統治者無不强調禮制之作用，藉此以示仁政；若逢亂世，則用重典，施酷刑（下將述及），軟硬兩手交替使用。這就組成了一張巨大的不可錯亂、不可逾越的法律之網，這就是中華民族百代信守的國家法制的核心，這就是中華民族有史以來建國治國之道。這一"禮刑相輔"的治國之道，迥別與西方，爲我中華所獨有，在漫長而多樣的世界法制史中居於前沿地位。

在我古老國度中，國家既已形成，於是又具有了不同尋常的歷史意義與價值觀。自先秦以來，"國家"一詞意味着莊嚴與信賴。在國人心目中，"國"與"家"難以分割，直與身家性命連爲一體，故"報效國家"爲中華民族的最高志節，而"國破家亡"則爲全民族的最大不幸。三十年前本人曾是《漢語大詞典》主要執筆者之一，撰寫"國家"條文時，已注意了先民曾把皇帝直稱爲"國家"。如《東觀漢紀·祭遵傳》："國家知將軍不易，亦不遺力。"《晋書·陶侃傳》："國家年小，不出胸懷。"稱皇帝爲"國家"，以皇帝爲國家的代表或國家的象徵，較之稱皇帝爲天子，更具親切感，更具號召力。中國歷史上的一些明君仁主也多以維護國家法制爲最高宗旨，秦皇、漢武皆曾憑藉堅定地立法與執法而國勢强盛，得以稱雄天下，這對始於西周的"八辟"之法，無疑是一大突破。本書《國法卷》第一章概論論及隋唐五代立法思想時，有以下論述：據《隋書·王誼傳》及文帝相關諸子傳載，文帝楊堅少時同王誼爲摯友，長而將第五女嫁王誼之子，相處極歡，後王誼被控"大逆不道，罪當死"，文帝遂下詔"禁暴除惡"，"賜死於家"。《隋書·文四子傳》又載，文帝三子秦王楊俊，少而英武，曾總管四十四州軍事，頗有令名，文帝甚爲愛惜，獎勵有加。後楊俊漸奢侈，違制度，出錢求息，窮治宮室，文帝免其官。左武衛將軍劉升、重臣楊素，先後力諫曰："秦王非有他過，但費官物、營廨舍而已。"文帝答曰："法不可違！"劉、楊又先後諫曰："秦王之過，不應至此，願陛下詳之。"文帝答曰："我是五兒之父，若如公意，何不別制天子兒律？"文帝四子、五子皆因違法，被廢爲庶民，文帝處置毫不猶豫，毫不留情。隋文帝身爲人君，以萬乘之尊，率先力行，實踐了"王子犯法，與民同罪"的古訓。在位期間，創建"開皇之治"，人丁大增，百業昌盛，國人視文帝爲真龍天子，少數民族則尊稱其爲聖人可汗。《國法卷》主編對歷史上身爲人君的這種舉措，有"忍割親朋私情，立法爲公"的簡要評論。這一評論對於中國這種以宗族故交爲關係網的大國而論，正是切中要害。此後，唐太宗李世民、玄宗李隆基、憲宗李純等君王皆有類似之舉，終成輝煌盛世。時至明代，面對一片混亂腐敗的吏治，明太祖朱元璋更設有"炮烙""剝皮"之類酷刑嚴法，懲治的貪官污吏達十五萬之衆，即便自家的親朋故舊，也毫不留情。如進士出身的駙馬，朱元璋的愛婿歐陽倫只因販茶違法，就直接判以死刑，儘管安慶公主及儲君朱允炆苦苦哀求，也絕不饒恕。據《明史·循吏傳序》載：“〔官吏〕一時受令畏法，潔己愛民，以當上指……民人安樂、吏治澄清者百餘年。”其時，士子們甘願謀求他職，而不敢輕率爲官，而諸多官員却學會了種田或捕魚，呈現了古今難得一見的別樣的政治生態。明太祖的這類嚴酷法令雖是過當，却勝於放縱，故而明朝一度成爲世界經濟大國、經濟强國。中國歷史上的諸多建國之名君仁主，執法雖未若隋文帝之果決，未若明太祖之嚴酷，但無一不重視國家安危。這些建國名君仁主“上以社稷爲重，下以蒼生在念”（見《舊唐書·桓彥範傳》），故而贏得臣民的擁戴。今之世人多以爲帝王之所以成爲帝王，盡皆爲皇室一己之私利，祇貪圖自家的享榮華富貴而已，實則并非盡皆如此。歷代君王既已建國，亦必全力保國，并垂範後世，以求長治久安。品讀本書《國法卷》，可藉以瞭解我國固有的國情狀況，瞭解我國歷史中的明君仁主如何治理國家，其方策何在，今世仍有藉鑒價值。縱觀我國漫長的歷史進程，有的連續數代，稱爲盛世；有的衰而復起，稱爲中興；有的則二世而亡，如曇花一現。一切取決於先主與後主是否一脉相繼，一切取決於執法是否穩定。要而言之：嚴守國法，則國家興盛，嚴守國法，則社會祥和，此乃舉世不二之又一鐵律。

《國法卷》雖以國法爲研究主體，却力求超越法律研究自身，力求探索法律背後的正反驅動力量，其旨義更加廣遠。因而本卷又區別於常見的法律專著。

另如《巧藝卷》，在《通考》全書中未占多大分量，但在日常社會生活中却有無可替代的獨特地位，藉此大可飽覽先民的生活境遇和精神世界。何謂“巧藝”？古代文獻中無此定義。所謂“巧藝”，專指巧智與技藝性的娛樂及各種健身活動，同時展現了與之相應的家國關係。中華民族的“巧藝”別具特色，所涉内容十分廣泛，除却一般游戲活動外，又包涵了棋類、牌類、養生、武術、四季休閑、宴飲娛樂、動物馴化等等。細閱本卷所載，常爲古人之智巧所折服。如西漢東方朔“射覆”之奇妙，今已成千古佳話。據《漢書·東方朔傳》載，漢武帝嘗覆守宫（即壁虎）於杯盂之下，令衆方士百般揣度，各顯其能，并無一言中的者，而東方朔却可輕易解密，有如神算，令滿座驚呼。何謂“射覆”？“射覆”爲古代猜測覆物的游戲。射，揣度；覆，覆蓋。“射覆”之戲，至明清始衰，其間頗多高手。這些高手似乎出於特異功能，是古人勝於今人麽？當作何解釋？學界認爲這些高手多善《易》學，故而超乎常人，但今世精於《易》學者并非罕見，却未見有如東方朔者，何也？難以作答，且可不論，但古代對動物的馴化，又何以特別精彩，令今人嘆服？

著名的唐代象舞、馬舞，久負盛名，這些大動物似通人性，故可不論，而那些似乎笨拙的小動物，如"烏龜疊塔""蛤蟆説法"之類的馴養，也常常勝過今人，足可展現先民的巧智，"'疊塔''説法'，固教習之功，但其質性蠢蠢，非他禽鳥可比，誠難矣哉！"（見明陶宗儀《輟耕録·禽戲》）古人終將蠢蠢之蟲馴化得如此聰明可愛，藉此可見古人之扎實沉着，心智之專一，少有後世浮躁之風。目前，國人甚喜馴養，寵物遍地，却未見馴出如同上述的"疊塔"之烏龜與"説法"之蛤蟆，今之馬戲或雜技團體，爲現代專業機構，也未見絶技面世。

《巧藝卷》的條目詮釋，大有建樹，絶不因襲他人成説，明確關聯了具體事物形成的歷史淵源與社會背景。如"踏青"，《漢語大詞典》引用了唐代的書證，并稱其爲"清明節前後，郊野游覽的習俗"。本卷則明確指出，"踏青"是由遠古的"春戲"演變而來。西周時曾爲禮制。漢代已有"人日郊外踏青"之俗，同時指出"踏青"還有"游春"的別稱。《漢語大詞典》與本卷的釋文内容差異如此之大，實出常人之所料。何謂"春戲"？所有辭書皆未收録。本卷有翔實考證，兹録如下：

> 春戲：古代民間春季娛樂活動。以繁衍後代和期盼農作物豐收爲目的的男女歡會活動。始於原始社會末期，西周時仍很流行。《周禮·地官·司徒》："中春之月，令會男女。於是時也，奔者不禁。若無故而不用令者，罰之。司男女之無夫家者而會之。"《墨子·明鬼篇》："燕之有祖，當齊之社稷。宋之有桑林，楚之雲夢也，此男女之所屬而觀也。"《詩·鄭風·溱洧》："溱與洧，瀏其清矣。士與女，殷其盈矣。女曰：'觀乎？'士曰：'既且。''且往觀乎！洧之外，洵訏且樂。'維士與女，伊其將謔，贈之以芍藥。"《楚辭·九歌·少司命》："秋蘭兮糜蕪，羅生兮堂下。緑葉兮素枝，芳菲菲兮襲予。夫人兮自有美子，蓀何以兮愁苦？"戰國以後逐漸演變爲單純的春游活動"踏青"。

《巧藝卷》精心地援引了以上經典，可證在中國上古時期男女歡會非常自然，而且是具有相當規模的群體性活動。此舉在中國遠古時代已有所見，青海大通縣上孫家寨出土的舞蹈紋彩陶盆，已展現了男女携手共舞的親密生動場景，那是馬家窑文化的代表，距今已有五千年歷史，但必須明確，這并非蒙昧時期的亂性之舉。這是一種男女交往的公開宣示。前述《周禮·地官·司徒》曰："中春之月，令會男女……司男女無夫之家者而會之。"其要點是"男女無夫之家者"。這是明確的法律規定，故而作者的篇首語曰："以繁衍後代和期盼農作物豐收爲目的。"這就撥正了後世對於中國古代奴隸社會或封建社會有關男女關係的一些偏頗見解，可證本卷之"巧藝"非同一般的娛樂，所展現的是中華先民多方位的生活狀態。

三、博物研究遭質疑，古老科技又誰知？

《通考》所涉博物盡有所據，無一虛指，如繁星麗天，構成了浩大的博物學體系，千載一脉，本當生生不息，如瀑布之直下，但却似大河之九曲，時有峽谷，時有險灘，終因清廷喪權辱國、全盤西化而戛然中斷，故而迥异於西方。由於西方科技的巨大影響，致使一些學人缺少文化自信，多認爲中國古老的博物學，無甚價值。豈知我中華民族從不乏才俊、精英，從不乏偉大的發明，很多祇是不知其名而已。如《淮南子·泰族訓》："欲知遠近而不能，教之以金目則快射。"漢代高誘注曰："金目，深目。所以望遠近射準也。"何謂"金目"？據高注可知，就是深目。"深目"之"深"，謂深遠也（又説稱"金目"爲黄金之目，用以喻其貴重，恐非是）。"金目"當是現代望遠鏡或眼鏡之類的始祖。"金目"其物，在古代萬千典籍中僅見於《淮南子》一書，别無他載。因屬古代統治者杜絶的"奇技淫巧"，又甚難製作，故此物宫廷不傳，民間絶踪，遂成奇品。上世紀 80 年代，揚州邗江縣東漢廣陵王劉荆墓中出土一枚凸透鏡，此鏡之鏡片直徑 1.3 厘米，鑲嵌在用黄金精製而成的小圓環内，視物可放大四五倍，此鏡至遲亦有兩千餘年的歷史。廣陵墓之外，安徽亳州曹操宗族墓等處，亦有出土。是否就是"金目"已難考證。作爲眼鏡其物，發展到宋代，始有明確的文字記載，其時稱之爲"靉靆"（見明方以智《通雅·器用·雜用諸器》引宋趙希鵠《洞天清録》）。今日學者皆將眼鏡視爲西方舶來品，一説來自阿拉伯，又説來自英國，如猜謎語，不一而足；西方的眼鏡實則是由中國傳入的，如若説是西方自家發明，也晚於中國千年之久。

"金目"其物的出現絶非偶然，《墨子》中的《經下》《經説下》已有關於光的直綫傳播、反射、折射、小孔成象、凹凸透鏡成象等連續的科學論述，這一原理的提出，必當有各式透體器物，如鏡片之類爲實驗依據，這類器物的名稱曰何今已不得而知，但製造出金目一類望遠物，是情理之中的必然結果。據上述《經下》《經説下》記載可知，早在戰國時期，先賢已有光學研究的成就，與後世西方光學原理盡同。在中國漫長的古代日常生活中，隨時可見新奇的創造發明，這類創造發明所展現的正是中國獨有的科學。《導論》中所述"被中香爐""長信宮燈"之外，更有"博山爐"（一種形似傳說中神山"博山"的香爐，當香料在爐內點燃時，烟霧通過鏤空的山體宛然飄出，形成群山蒙蒙、衆獸浮動的奇妙景象，約發明於漢代）、"走馬燈"（一種竹木扎成的傳統佳節所用風車狀燈具，外貼人馬等圖案，藉燈内點燃蠟燭的熱力引發空氣對流，輪軸上的人馬圖案隨之旋轉，投身於燈屏上，形成人馬不斷追逐、物換景移的壯觀情景，約發明於隋唐時期）之類。古老中華何止是"四大發明"？此外，約七千年前，在天灾人禍、形勢多變的時代背景之下，先民爲預測未來，指導行爲方嚮，始創有易學，形成於商周之際，今列爲十三經之首，稱爲《周易》，這是今世的科學不能完全解釋的另一門"科學"，其功用不斷地爲當世諸多領域所驗證，在我華夏、乃至歐美，研究者甚衆，本《通考》對此雖有涉及，而未立專論。

那麽，在近現代，國人又是如何對待古代的"奇技奇器"的呢？著名的古代"四大發明"，今已家喻戶曉，婦幼皆知，但却如同可愛的國寶大熊猫一樣，乃是西方學者代爲發現。我仁人志士，爲喚醒"東方睡獅"，藉此"四大發明"，竭力張揚，以振奮民族精神。這"四大發明"影響非凡，但在中國傳統文化中亦無重要地位，其中"火藥"見載於唐孫思邈《丹經》，"指南針""印刷術"同見載於宋沈括《夢溪筆談》，皆非要籍鴻篇，唯造紙術見於正史，全文亦僅七十一字，緊要文字祇有可憐的四十三字（見《後漢書・宦者傳・蔡倫》）。而這"四大發明"中有兩大發明，不知爲何人所爲。

在古老中國的歷史長河中，更有另一種科學技術，當今學界稱之爲"黑科技"（意謂超越當今之科技，出於人類的想象之外。按，稱之爲"超科技"，似更易理解，更準確），那就是現代科學技術望塵莫及、無法破解的那些千古之謎。如徐州市龜山西漢楚襄王墓北壁的西邊墙上，非常清晰地顯示一真人大小的影子，酷似一位老者，身着漢服，峨冠博帶，面東而立，作揖手迎客之狀。人們稱其爲"楚王迎賓圖"。最初考古人員發掘清理棺室時，并無壁影。自從設立了旅游區正式開放後，壁影纔逐漸地顯現出來，仿佛是楚王的魂魄顯靈，親自出來歡迎來此參觀的游人一樣。楚襄王名劉注，是西漢第六代楚王，死後葬於此。劉注墓還有五謎，今擇其三：一、工程精度之謎。龜山漢墓南甬道長 55.665 米，北甬道長爲 55.784 米，沿中綫開鑿，最大偏差僅爲 5 毫米，精度達 1/10000；兩甬道相距 19 米，夾角 20 秒，誤差爲 1/16000，其平行度誤差之小，大約需要從徐州一直延伸到西安纔能使兩甬道相交。按當時的技術水準，這樣的墓道是何人如何修建的？二、崖洞墓開鑿之謎。龜山漢墓爲典型的崖洞墓，其墓室和墓道總面積達到 700 多平方米，容積達 2600 多立方米，幾乎掏空了整個山體。勘察發現，劉注墓原棺室的室頂正對着龜山的最高處，劉注府庫中的擎天石柱也正位於南北甬道的中軸綫上。龜山漢墓的工程人員是利用什麼樣的勘探技術掌握龜山的山體石質和結構？三、防盜塞石之謎。南甬道由 26 塊塞石堵塞，分上下兩層，每塊重達六至七噸，兩層塞石接縫非常嚴密，一枚硬幣也難以塞入。漢墓的甬道處於龜山的半山腰，當時生產力低下，人們是用什麼方法把這些龐大的塞石運來并嵌進甬道的？今皆不得而知。

斷言"中國古代祇有技術而没有科學"者，對中國歷史的瞭解實在是太過膚淺，并不瞭解在中國古代不祇有科技，而且竟然有超越科學技術的"黑科技"。

四、當世灾難甚可懼，人間正道何處覓？

在《通考》的編纂過程中，常遇到的重要命題，那就是以上論及的"科技"。今之"科技"，在中國上古曾被混稱爲"奇技奇器"，直至清廷覆亡，迄未得到應有的重視，導致國勢衰微，外寇侵略，民不聊生。這正是西方視之爲愚昧落後，敢於長驅直入，爲所欲爲的原因。因而一個國家、一個民族，要立於不敗之地，必須擁有自家的科技！世人當如何評定"科技"？如何面對"科技"？本書《導論》已有"道器論"，今《總説》以此"道器論"爲據，就現代人類面臨的種種危機，論釋如下：

何謂"道器"？所謂"道"是指形成宇宙萬物之原本，是形成一切事理的依據與根由。何謂"器"？"器"即宇宙間實有的萬物，包括一切科技，一切發明，至巨至大，至細至微，充斥天地間，而盡皆不虛。科技衍生於器，驗證於器，多以器爲載體，是推進或毀壞人類社會的一種無窮力量，故而又必須在人間正道的制約之下。此即本書道器并重之緣由，或可視爲天下之通理也。英國自 18 世紀第一次工業革命以來，其科學技術得以高速而全方位地發展，引起西方乃至全世界的密切關注與重視，影響廣遠。這一時期，英帝國統治者睥睨全球，居高臨下，自我膨脹，發表了"生存競爭，勝者執政"等一系列宏論；托馬斯·馬爾薩斯的《人口論》亦應時而起，其核心理論是："貧富强弱，難以避免。承認現實，存在即合理。"甚而提出"必須控制人口的大量增長，而戰争、饑荒、瘟疫是最後抑制人口增長的必要手段"（這一理論在以儒學爲主體的傳統文化中被視爲離經叛道，滅絕人性，而在清廷走投無路全面西化之後，國人亦有崇信者，直至 20 年代初猶見其餘緒）。在這樣的時代背景下，查爾斯·達爾文所著《物種起源》得以衝破基督教的束縛，順利出版，暢行無阻。該書除却大量引用我國典籍《齊民要術》《天工開物》與《本草綱目》之外，還鄭重表明受到馬爾薩斯《人口論》的啓示和影響。《物種起源》的問世，形成了著名的進化理論："物競天擇、優勝劣汰，弱肉强食，適者生存。"（近世對其學説已有諸多評論，此略）進化學説在人們的社會生活中留下了深刻的印迹，在世界範圍内引起巨大反響，當時英國及其他列强利用了自然界"生存法則"的進化理論，將其推行於對外擴張的殖民戰爭中，打破了世界原有生態格局，在巨大的聲威之下，暢行無阻，遍及天下。縱觀人類的發展史，尤其是近世以來的發展史可知，科技的高下決定了國家的强弱，以强凌弱，已成定勢，在高科技强國的聲威之下，無盡的搜羅，無盡的采伐，無盡的探測實驗（包括核試驗），自然資源和自然環境漸遭破壞，各種弊端漸次顯露。時至 20 世紀中後期，以原子能、電子電腦、信息技術、空間技術等發明和應用爲標志、第三次科技革命的到來，學界稱之爲"科技革命的紅燈時刻"，其勢如風馳電掣，所向披靡，人類社會發生了翻天覆地的變化，時至 21 世紀，又凸顯了另一灾難，即瘟疫肆虐，病毒猖獗，危及整個人類。這一系列禍患緣何而生？天灾之外，罪魁爲人。何也？世間萬種生靈，習性歸一，盡皆順從於大自然，但求自身生息而已，別無他求，而作爲"萬物之靈"的人類，在茹毛飲血，跨越耕獵時代之後，却欲壑難填，毫無節制！爲追求享樂、滿足一己之貪婪，塗炭萬種生靈，任你山中野外，任你江面海底，任你晝藏夜出，任你天飛地走，皆得作我盤中佳餚。閑暇之日，又喜魚竿獵槍，目睹异類掙扎慘死，以爲暢快，以爲樂趣，若爲一己之喜慶，更可"磨刀霍霍向猪羊"，視之爲正常！"萬物之靈"的人類，永無休止，地表搜刮之外，還有地下的搜索挖掘，如世界著名的南非姆波尼格金礦，雖其開采僅起始於百年前，憑藉當代最先進的科技，挖掘深度已超 4000 米（我國的招遠金礦，北宋真宗年間已進行開采，至今深度不過 2000 米左右），現有 370 千米軌道，用以運送巨大的設備與成噸重的礦石，而每次開采都必須用兩千多公斤的炸藥爆破，可謂地動山摇！金礦之外，又有銀礦、鐵礦、銅礦、煤礦、水晶礦（如墨西哥的奈咯水晶洞，俗稱"神仙水晶礦"，其中一根重達 50 噸，挖出者一夜暴富），種種礦藏數以萬計。此外尚有對石油、純净水，乃至無形的天然氣等的無盡索取，山林破壞，大地沙化，水污染、大氣污染、核污染，地球已是百孔千瘡，而挖掘索取，仍未甘休，愈演愈烈，故今之地球信息科學已經發現地球性能的變异以及由此帶來可怕的全球性灾難。今日世界，各國執政者憑仗高科技，多是從一國、一族或一己之私利出發，或結邦，或聯盟，争强鬥勝，互不相顧，國際關係日趨惡化，人類時刻面臨可怕的威脅，面臨毁滅性的核戰争。凡此種種，怎不令人憂慮，令人悲痛？故而有學者宣稱：“科技確實偉大，也確實可怕。一旦失控，後患無窮。”又稱：“人類擁有了科技，必警惕成爲科技的奴隸。”此語并非危言聳聽，應是當世的警鐘，因爲人類面對强大的科技，常常難以自控，這是科技發展必然的結果。而作爲“萬物之靈”的人類，具有高智慧，能够擁有高科技，確乎超越了萬物，居於萬物主宰的地位，而執政者一旦擁有失控的權力，肆意孤行，其最終結局必將是自戕自毁，必將與萬物同歸於盡。一言以蔽之，毁滅世界的罪魁禍首是人類自己，而并非他類。

面對這多變的現實與可怕的未來，面對這全球性的灾難，中外科學家作了不懈努力，而收效甚微。1988 年 1 月，七十五位諾貝爾獲獎者及世界著名學者齊聚巴黎，探討了 21 世紀科學的發展與人類面臨的種種難題，提出了應對方略。在隆重的新聞發布會上，瑞典物理學家漢内斯·阿爾文發表了鄭重的演説：“如果人類要在 21 世紀生存下去，必須回頭到兩千五百年前去汲取孔子的智慧。”（見 1988 年 1 月 24 日澳大利亞《堪培拉時報》原文——《諾貝爾獎獲得者説要汲取孔子的智慧》）這是何等驚人的預見，又是何等嚴正的警示！這七十五位諾貝爾獲獎者没有一位是我華夏同胞，他們對孔子的認知與崇敬，非常客觀，非常深刻，超乎我們的想象。這種高屋建瓴式的睿智呼籲，振聾發聵，可惜并没有警醒世人，也没有引起足够多的各國領導人的重視。

人類爲了自救，不能不從人類自身發展史中尋求答案。在人類發展史中，不乏偉大的聖人，孔子是少有的没有被神化、起於底層的聖人（今有稱其爲“草根聖人”者），他生於春秋末期，幼年失父，家境貧寒，又正值天下分裂，戰亂不斷，在這樣的不幸世道裏，孔子及其弟子大力宣導“克己復禮”，這是人類歷史上最切實際的空前壯舉。何謂“禮”？《説文·示部》曰：“禮，履也。所以事神致福也。”禮本來是上古祭祀鬼神和先祖的儀式。史稱文、武、成王、周公據禮“以設制度”，此即“周禮”。“周禮”的内容極爲廣泛，舉凡國家的政治、經濟、軍事、行政、法律、宗教、教育、倫理、習俗、行爲規範，以及吉、凶、軍、賓、嘉五類禮儀制度，均被納入禮的範疇。周禮在當時社會中的地位與指導作用，《禮記·曲禮》中有明確記載：“分争辯訟，非禮不決；君臣上下、父子兄弟，非禮不定；宦學事師，非禮不親；班朝治軍、涖官行法，非禮威嚴不行。”當然也維護了"君臣朝廷尊卑貴賤之序，下及黎庶車輿衣服宮室飲食嫁娶喪祭之分"（見《史記·禮書》），這符合於那個時代的階級統治背景。孔子提出"克己復禮"，期望世人克服一己之私欲，以應有的禮儀禮節規範自己的言行，建立一個理想的中庸和諧社會，這已跨越了歷史局限。孔子的核心思想是"敬天愛人"，何謂"敬天"？孔子強調"巍巍乎唯天爲大"（見《論語·泰伯》），又曰："天何言哉？四時行焉，百物生焉，天何言哉！"（見《論語·陽貨》）孔子所言之"天"，并非指主宰人類命運的上蒼或上帝，并非是孔子的迷信，因"子不語怪力亂神"（見《論語·述而》）。孔子認爲四季變化、百物生長，皆有自己的運行規律，人類應謹慎遵從，應當敬畏，不得違背。孔子指稱的"天"，實則指他所認知的宇宙。此即孔子的天人觀、宇宙觀。"巍巍乎唯天爲大"，在此昊天之下，人是何樣的微弱，面臨小小的細菌、病毒，即可淒淒然成片倒下。何謂"愛人"？孔子推行"仁義之道"，何謂"仁"？子曰："仁者，愛人！"（《論語·顏淵》）即人人相親、相愛。又曰："己所不欲，勿施於人。"意即重正義，絕不損人利己。何謂"義"？"義"指公正的道理、正直的行爲。子曰："不義而富且貴，於我如浮雲。"（見《論語·述而》）這就是孔子的道德觀與道德規範，當作爲今世處理人與自然、人與社會的規範與行動指南。其弟子又提出"親親而仁民，仁民而愛物"（見《孟子·盡心上》），漢代大儒又有"天人之際，合而爲一"的主張（董仲舒在《春秋繁露·深察名號》中，爲維護皇權的需要而建立了皇權天授的觀念），這種主張已遠遠超越了維護皇權的需要，成爲了一種可貴的哲理。時至宋代，大儒張載再度發揚孟子"親親而仁民，仁民而愛物"的襟怀，又有"民吾同胞，物吾與也"（見其所著《西銘》）之名言箴語，即將天下所有的人皆當作同胞，世間萬物盡視爲同類，最終形成了著名的另一宏大的儒學系統，其主旨則是"天人合一"論。何謂"天人合一"？"天人合一"有兩層意義：一曰天人一致，天是一大宇宙，人則如同一小宇宙，也就是說人類同天體各有獨立而相似之處；二是天人相應，這是說人與天體在本質上是相通的，是相互相連的。因此，一切人事應順乎自然規律，從而達到人與自然的和諧。達到人與自然的和諧統一，當作爲今世處理人與自然、人與社會的明確規範與行動指南。這是真正的"人間正道"，唯有遵循這一"人間正道"，人際關係纔能融洽，社會纔能和諧，天下纔能太平。

　　古老中國在形成"孔子智慧"之前，早已重視人與自然的關係。約在七千年前，我中華先祖已能夠通過對於蟲鳥之類的物候觀察，熟練地確定天氣、季節的變幻，相當完美地適應了生產、生活、繁衍發展的需求，這一遠古的測算應變之舉，處於世界領先地位。約四千年前，夏禹之時，已建有令今人嚮往的廣袤的緑野濕地。如《書·禹貢》即記載了"雷夏""大野""彭蠡""震澤""菏澤""孟豬""豬野""雲夢"諸澤的形成及其利用情況，如其中指出："淮海惟揚州，彭蠡既豬（瀦），陽鳥攸居；三江既入，震澤厎定。篠簜既敷，厥草惟夭，厥木惟喬……厥貢惟金三品，瑶琨篠簜，齒革羽毛，惟木。"這是説揚州有彭蠡、震澤兩方緑野濕地，適合於鴻雁類禽鳥居住，適合於篠竹（箭竹）、簜竹（大竹）生長，青草繁茂，樹木高大，向君主進貢物品有金銀銅等三品，又有瑶琨美玉、箭竹、大竹以及象齒皮革與孔雀、翡翠等禽鳥羽毛。所謂"大禹治水"，并非衹是被動的抗災自救，實則是大治山川，廣理田野，調整人與大自然的關係，使之相得益彰。《逸周書·大聚解》又載，夏禹之時"且以并農力，執成男女之功，夫然則有生不失其宜，萬物不失其性，人不失其事，天不失其時……放此爲人，此謂正德"，此即所謂夏禹"劃定九州"之功業所在。其中"放此爲人，此謂正德"的論定，已蘊含了後世儒家初始的"天人合一"的觀念。西周初期，已設定掌管國土資源的官職"虞衡"，掌山澤者謂"虞"，掌川林者稱"衡"（見《周禮·天官·太宰》及賈疏）。後世民衆，繼往開來，對於保護生態環境，保護大自然，采取了各種措施，又設有專司觀察氣象、觀察環境的機構，并有方士之類的"巫祝史與望氣者"，多管道、多方位進行探測研究，從而防患於未然。《墨子·號令篇》（一説此篇非墨子所作，乃是研究墨學者取以益其書）曰："巫祝史與望氣者，必以善言告民，以請（讀爲'情'）上報守（一説即太守），上守獨知其請（情）。無［巫］與望氣，妄爲不善言，驚恐民，斷弗赦。"這裏明確地指出，由"巫祝史與望氣者"負責預告各種災情，但不得驚恐民衆，否則即處以重刑，絶不饒恕。愛惜生態，保護自然，這是何樣的遠見卓識，這又是何樣的撫民情懷！

是的，自夏禹以來，先民對於大自然、對於與蒼生，有一種别樣的愛惜、保護之舉措，防範措施非常細密，非常全面而嚴厲。《逸周書·大聚解》有以下記載：夏禹時期設定禁令，大力保護山林、川澤，春季不准帶斧頭上山砍伐初生的林木；夏季不准用漁網撈取幼小的魚鱉，此即世界最早的環境保護法。《韓非子·内儲説上》又載：殷商時期，在街道上揚弃垃圾，必斬斷其手。西周時又有更爲具體規定：如，何時可以狩獵，何時禁止狩獵，何樣的動物可以獵殺，何樣的動物禁止獵殺；何時可以捕魚，何時禁止捕魚，何樣的魚可以捕取，何樣的魚禁止捕取，皆有明文規定，甚而連網眼的大小也依季節不同而嚴予區别。并特别强調：不准搗毁鳥巢，不准殺死剛學飛的幼鳥和剛出生的幼獸。春耕季節不准大興土木。《禮記・月令》又載："毋變天之道，毋絕地之理，毋亂人之紀。"這一"毋變""毋絕""毋亂"之結語，更是展現了後世儒家宣導并嚮往的"天人合一"說。至春秋戰國之際，法律法規的範圍更加全面，特別嚴厲。這一時期已經注意到有關礦山的開發利用，若發現了藏有金銀銅鐵的礦山，立即封禁，"有動封山者，罪死而不赦。有犯令者，左足入，左足斷，右足入，右足斷"（見《管子・地數》）。古人認爲輕罪重罰，最易執行，也最見成效，勝過重罪重罰。這些古老的嚴厲法令，雖是殘酷，實際却是一聲斷喝，讓人止步於犯罪之前，因而犯罪者甚微。這就最大限度地保護了大自然，同時也最大限度地保護了人類自己。而早在西周建立前夕，又曾頒布了令人欽敬的《伐崇令》："文王欲伐崇，先宣言曰……令毋殺人，毋壞室，毋填井，毋伐樹木，毋動六畜，有不如令者，死無赦！崇人聞之，因請降。"（見漢劉向《説苑・指武》）這是指在殘酷的血火較量中，對於敵方人民、財産及生靈的愛惜與保護。我中華上古時期這一《伐崇令》，是世界戰爭史中的奇迹，是人類應永恒遵守的法則！當今世界日趨文明，闊步前進，而戰爭却日趨野蠻，屠殺對方不擇手段，實是可怖可悲！我華夏先祖所展現的這些大智慧、大慈悲，爲後世留下了賴以繁衍生息的楚山漢水，留下了令人神往的華夏聖地，我國遂成爲幸存至今、世界唯一的文明古國。

五、筆墨革命難預料？卅載成書又何易？

《通考》選題因國内罕見，無所藉鑒，期望成爲經典性的學術專著，難度之大，出乎想象，初創伊始，即邀前輩學者南京大學老校長匡亞明先生主其事。這期間微信尚未興起，寧濟千里，諸多不便，盛岱仁、康戰燕伉儷滿腔熱情，聯絡於匡老與筆者之間，得到先生的熱情鼓勵與全力支持，每逢疑難，必親予答復，但表示難做具體工作，在經濟方面也難以爲力。因爲先生於擔任國家古籍整理領導小組組長之外，又全面主持南京大學中國思想家研究中心的工作，正在編纂《中國思想家評傳》，百卷書稿須親自逐一審定，難堪重任。筆者初赴南大之日，老人家親自接待，就餐時當場現金付款，沒有讓服務員公款記賬，筆者深受感動，終生難以忘懷。此後在匡老激勵之下，筆者全力以赴，進而邀得數百作者并肩携手，全面合作，并納入國家"九五"重點出版規劃中。1996 年 12 月，匡老驟然病逝，筆者悲痛不已，孤身隻影，砥礪前行，本書再度確定爲國家"十五"重點出版規劃項目，并將初名更爲今名。那時，作者們盡皆恪守傳統著述方式，憑藏書以考釋，藉筆墨以達志。盛暑寒冬，孜孜矻矻，無敢逸豫。爲尋一詞，急切切，一目十行，翻盡千頁而難得；爲求善本，又常千里奔波，因限定手抄，不得複印，纍日難歸！諸君任勞任怨，潛心典籍，閱書，運筆，晝夜伏案，恂恂然若千年古儒。至上世紀末，一些年輕作者已擁有個人電腦，各種信息，數以億計，中文要籍，一覽無餘，天下藏書，“千頃齋”“萬卷樓”之屬，皆可盡納其中，無須跋涉遠求。搜集檢索，祇需“指點”，瞬息可得；形成文章，亦祇需“指點”，頃刻可就。在這世紀之交，面臨書寫載體的轉換，老一輩學人步入了一個陌生的電腦世界，遭遇了空前的挑戰。當代作家余秋雨在其名篇《筆墨祭》中有如下陳述：“五四新文化運動就遇到過一場載體的轉換，即以白話文代替文言文；這場轉換還有一種更本源性的物質基礎，即以‘鋼筆文化’代替‘毛筆文化’。”由“毛筆文化”向“鋼筆文化”的轉換，經歷了漫長的數千載，而今日再由“鋼筆文化”向“電腦文化”轉換，却僅僅是二十年左右，其所彰顯的是科學技術的力量、“奇技奇器”的力量。作家所謂的“筆墨”，係指毛筆與烟膠之墨，《筆墨祭》祇在祭五四運動之前的“毛筆文化”。今日當將毛筆文化與鋼筆文化并祭，乃最徹底的“筆墨祭”。面對這世紀性的“筆耕文化”向“電腦文化”的轉換，面對這徹底的“筆墨祭”，老一輩學人没有觀望，没有退縮，同青年作者一道，毅然決然，全力以赴，終於跟上了時代的步伐！筆者爲我老一輩學人驕傲！回眸曩日，步履維艱，隨同筆墨轉型，書稿也隨之經歷了大修改、大增補，其繁雜艱辛，實難言喻。天地逆旅，百代過客，如夢如幻，三十餘年來，那些老一輩學人全部白了頭，却無暇“含飴弄孫”，又在指導後代參與其事。那些“知天命”之年的碩博生導師們皆已年過花甲，却偏喜“舞文弄墨”，又在尋覓指導下一代弟子同步前進。如此前啓後追，無怨無悔，這是何樣的襟懷？憶昔乾嘉學派，人才輩出，時有“高郵王父子，棲霞郝夫婦”投入之佳話，今《通考》團隊，於父子合作、夫婦合作之外，更有舉家投入者，四方學人，全力以赴。但蒼天無情，繼匡老之後，另有幾位同仁亦撒手人寰。上海那位《天宇卷》主編年富力强，却在貧病交加、孩子的驚呼聲中，英年早逝。筆者的另一位老友爲追求舊稿的完美，於深夜手握鼠標闃然永訣，此前他的夫人曾勸其好好休息，答説“我没有那麽多時間”！可謂鞠躬盡瘁，死而後已，這又是何樣的壯志，思之怎能不令人心酸！這就是我的同仁，令我驕傲的同仁！

　　自2012年之後，因面臨多種意外的形勢變化，筆者連同本書回歸原所在單位山東師範大學，于是增加了第一位副總主編——文學院副院長、古籍整理研究所所長韓品玉，解決了編務與財力方面的諸多困難，改變了多年來的孤苦狀況。時至 2017 年春，爲盡快出版、選定新的出版社，又增加了天津人民出版社總編輯、南開大學客座教授陳益民，中國職工教育研究院常務副院長、全國職工教育首席專家俞陽，臺北大學人文學院東西哲學與詮釋學研究中心主任賴賢宗教授三位爲副總主編，於是形成了現今的編纂委員會。

在全書編纂過程中，編纂委員會和學術顧問，以及分卷正副主編、主要作者所在單位計有：中國國家博物館、中國國家圖書館、中央文史研究館、中國佛教圖書文物館、全國總工會、中聯口述歷史研究中心、河北省文物與古建築保護研究院、河北省文物考古研究院、河北閱讀傳媒有限責任公司、北京大學、浙江大學、南京大學、南京師範大學、東北師範大學、鄭州大學、河北大學、河北師範大學、河北醫科大學、廈門大學、佛山大學、山東大學、中國海洋大學、山東師範大學、曲阜師範大學、山東中醫藥大學、濟南大學、山東財經大學、山東體育學院、山東藝術學院、山東工藝美術學院、山東省社會科學院、山東博物館、山東省圖書館、山東省自然資源廳、山東省林業保護和發展服務中心、濟南市園林和林業綠化局、濟南市神通寺、聊城市護國隆興寺、臺北大學、臺灣成功大學、臺灣大同大學、臺北中國文化大學、臺灣中華倫理教育學會，以及澳大利亞國立伊迪斯科文大學等，在此表示由衷的謝忱！

本書出版方——上海交通大學領導以及上海交通大學出版社領導，高瞻遠矚，認定《通考》的編纂出版，不衹是可推動古籍整理、考古研究的成果轉化，在傳承歷史智慧，弘揚中華文明，增強民族凝聚力和認同感，彰顯民族文化自信等各個方面具有重要意義。出版方在組織京滬兩地專家學者審校文字的同時，又付出時間精力，投入了相當的資金，增補了不少插圖，這些插圖多來自古籍，如《考工記解》《考工記圖解》《考工記圖說》《考古圖》《續考古圖》《西清古鑑》《西清續鑑》《毛詩名物圖說》《河工器具圖說》等等，藉此亦可見出版方打造《通考》這一精品工程的決心。而山東師範大學各級領導同樣十分重視，社科處高景海處長一再告知筆者："需要辦什麼事情，儘管吩咐。"諸多問題常迎刃而解，可謂足智善斷。筆者所屬文學院孫書文院長更親行親爲，給予了全面支持，多方關懷，令筆者備感親切，深受鼓舞，壯心未老，必酬千里之志。此前，著名出版家和龔先生早已對本書作出權威鑒定，并建議由三十二卷改爲三十六卷。本書在學術界漂游了三十餘載終得面世，并引起學界的關注。今有國人贊之曰：《通考》是中華優秀傳統文化創造性轉化、創新性發展的優异成果，是一部具有極高人文價值的通代史論性的華夏物態文化專著，凝聚了中華民族的深層記憶，積澱了民族精神和傳統文化的精髓。又有國際友人贊之曰：《通考》如同古老中國一樣，是世界唯一一部記述連續數千載生機盎然的人類生活史。國内外的評論祇是就本書的總體面貌而言，但細予探究，缺憾甚爲明顯，因本書起步於三十餘年前，三十餘年以來，學術界有諸多新的研究成果未得汲取，田野考古又多有新的發現，國内外的各類典藏空前豐富，且檢索方式空前便捷，而本書作者年齡與身體狀況又各自不同，多已是古稀之年，或已作古，或已難執筆，交稿又有先後之别，故而三十六卷未能統一步伐與時俱進，所涉名物，其語源、釋文難能確切，一些舊有地名或相關數據，亦未及修改，而有些同物異名又未及增補。這就不能不有所抱憾，實難稱完美！以上，就是本書編纂團隊的基本面貌，也是本書學術成就的得失狀况。

　　筆者無盡感慨，卅載一瞬渾似夢，襟懷未展，鬢髮盡斑，萬端心緒何曾了？長卷浩浩，古奥繁難，有幾多知音翻閲？何處求慰藉？人道是紅袖祇揾英雄泪！歲月無情，韶光易逝，幾位分卷主編未見班師，已倏而永别，何人知曉老夫悲苦心情？今藉本書的面世，聊以告慰匡老前輩暨謝世的同仁在天之靈！

張述錚

丙子中吕初稿於山東師範大學映月亭
甲辰南吕增補於歷下龍泉山莊東籬齋

凡　例

　　一、本書係通代史性的中華物態文化學術專著，旨在對構成中華博物的名物進行考釋。全書三十六卷，另有附録一卷。各卷之基本體例：第一章爲概論，其後據内容設章，章下分節，爲研究考釋文字，其下分列考釋詞目。

　　二、本書所涉博物，分兩種類型：一曰"同物异名"，二曰"同名异物"。前者如"女墻"，隨從而來者有"女垣""女堞""女陴""城堞""城雉""陴堞"等，盡皆爲"女墻"的同物异名；後者如"衽"，其右上分别角標有阿拉伯數字，分别作"衽¹"（指衣襟）、"衽²"（指衣服胸前交領部分）、"衽³"（指衣服兩旁掩裳際處）、"衽⁴"（指衣袖）、"衽⁵"（指下裳）等，皆爲"衽"的同名异物。

　　三、各卷詞目分主條、次條、附條三種。次條、附條的詞頭字型較主條小，并用【　】括起。主條對其得名由來、産生年代、形制體貌、歷史演進做全面考釋，然後列舉古代文獻或實物爲證，并對疑難加以考辨，或列舉諸家之説；次條往往僅用作簡要交代，補主條不足，申説相佐；附條一般衹用作説明，格式如即"××"、同"××"、通"××"、"××"之單稱、"××"之省稱，等等。

　　四、各卷名物，或見諸文獻記載，或見諸傳世實物，循名責實，依物稽名，於其本稱、别稱、單稱、省稱，務求詳備，代稱、雅稱、謔稱、俗稱、譯稱，旁搜博采。因中華博物的形成、演化有自身規律，實難做人爲的斷代分割。如"朝制"之類名物，隨同帝王的興起而興起，隨同帝王的消亡而消亡，因而其下限達於辛亥革命；"禮俗"之類名物起源於上古，其流緒直達今世；而"冠服"之類名物，有的則起源甚晚，如"中山裝"之類。故各卷收詞時限一般上起史前，下迄清末民初，有的則可達現當代。

五、各卷考釋條目中的文獻書證一般以時代先後爲序；關乎名物之最早的書證，或揭示其淵源成因之書證，尤爲本書所重，必多方鈎索羅致；二十五史除却《史記》《漢書》外，其他諸史皆非同朝人編纂，其書證行用時間則以書名所標時代爲準；引書以古籍爲主，探其語源，逐其流變，間或有近現代書證爲後起之語源者，亦予扼要采用。所引典籍文獻名按學術界的傳統標法。如《詩》不作《詩經》，《書》不作《尚書》，《說文》不作《說文解字》等；若作者自家行文爲了强調或區別於他書，亦可稱《詩經》《尚書》《說文解字》等。文獻卷次用中文小寫數字：不用"千""百""十"，如卷三三一，不作卷三百三十一；"十"作〇，如卷四〇，不作卷四十。

六、本書使用繁體字。根據 1992 年 7 月 7 日新聞出版署、國家語言文字工作委員會發布的《出版物漢字使用規定》第七條第三款、2001 年 1 月 1 日施行的《中華人民共和國通用語言文字法》第二章第十七條第五款之規定，本書作爲大量引徵古籍文獻的考釋性學術專著，既重視博物的源流演變，又重視對同物異名、同名異物的考辨，故所有考釋條目之詞頭及文獻引文，保留典籍原有用字，包括异體字，除明顯錯別字（必要時括注正字訂誤）之外，一仍其舊。其中作者自家釋文，則用正體，不用异體，但關涉次條、附條等异體字詞頭等，仍予保留。繁體字、异體字的確定，以《規範字與繁體字、异體字對照表》（國發〔2013〕23 號附件一）及《通用規範漢字字典》爲依據。

七、行文叙述中的數字一律采用漢字小寫，但標示公元紀年及現代度量衡單位時，用阿拉伯數字。如"三十六計"，不作"36 計"；"36 米"，不作"三十六米"。

八、各卷對所收考釋詞條設音序索引，附於卷末，以便檢索。

目　録

序　言

　　《中華博物通考》（下稱《通考》）是一部通代史論性的華夏物態文化專著，係"十四五"國家重點出版物出版專項規劃項目，并得到 2020 年度國家出版基金資助。全書共三十六卷，另有附録一卷，達三千萬字，《漁獵卷》即其中一卷。

　　何謂"漁獵"？遠在"漁""獵"等文字産生以前，我華夏先民就已開始了豐富多彩的采捕與獵取活動。傳説燧人氏曾教人們入水捉魚，伏羲氏又教人們以網捕魚、以鈎釣魚。距今四十萬至五十萬年前的原始人類生活遺址中，可見多種魚類的遺骨化石。采捕魚類的活動可分采拾、捕撈兩大類。采拾無須藉助工具，是捕撈的前奏，幾乎與人類同生；又是捕撈的補充，至今與人類相伴。捕撈多須藉助工具，既使采拾的範圍擴大，時間延長，又使采拾的種類增加，效率提高。獵取禽獸的活動亦有悠久歷史，傳説伏羲氏親教人們狩獵。獵取禽獸的活動可分獵禽、獵獸兩大類，一般均須藉助工具。獵禽指獵取飛禽，獵獸指獵取走獸，至今仍是人類生活的重要内容。"漁獵"一詞，首見於先秦典籍《管子》，其《輕重丁》篇曰："漁獵取薪，蒸而爲食。"（在先秦典籍中"漁獵"又可各自獨立爲"漁""獵"兩詞）此處的"漁獵"謂"捕漁狩獵"，説明"漁獵"是一種生活行爲。本卷指稱的"漁獵"，采用"以簡概全"的傳統命名法，不衹是"捕漁狩獵"，又包括了養殖馴化，是與"農耕"并行的先民生活行爲，是另一部具體生動的歷史長卷。我中華先民的漁獵生活行爲，學術界少有關注研究者。本卷的宗旨在於通過這些生活行爲，展現中華民族漫長的漁獵文化，提供一部別開生面的漁獵文化探索研究的專著。

　　由於受國土環境、物產狀況、民族習俗、民族性格等諸多因素影響，中國自上古以來就不是一個狩獵大國，但世代生活在這塊土地上的中華民族，憑藉其堅毅與才智，仍然創造了諸多漁獵奇迹，堪與世界上的漁獵大國比肩而毫不遜色，這在本卷編著者的筆下已經得到證實。本卷的第一章《概論》，首先勾勒了中華漁獵概況，全面而又簡明，成爲全卷的綱要與指南。第二章《捕撈説》，下設六考，一曰"垂釣、刺捕器具考"，二曰"網撈、攔捉器具考"，三曰"裝運、雜用器具考"，四曰"捕撈設施考"，五曰"捕撈動物考"，六曰"捕撈器具、設施、動物并稱與泛稱考"；第三章《狩獵説》，下設八考，一曰"狩獵弓器、弩器考"，二曰"狩獵箭器、彈丸考"，三曰"狩獵網器、車器考"，四曰"狩獵雜器考"，五曰"狩獵裝置、場地考"，六曰"狩獵訓練器具、設施考"，七曰"狩獵及其訓練動物考"，八曰"狩獵及其訓練器具、設施、動物并稱與泛稱考"；第四章《魚類育殖、禽獸馴養説》，下設四考，一曰"魚類育殖器具、設施、幼苗考"，二曰"禽獸馴養器具考"，三曰"禽獸馴養設施考"，四曰"魚類育殖及禽獸馴養器具、設施、動物并稱與泛稱考"。全卷之末又加附録"漁獵器具、設施、動物并稱與泛稱考"。何以又加此"附録"？因該卷第二、三、四章的末節，已分別對捕撈與狩獵及其訓練器具、設施、動物和魚類育殖及禽獸馴養器具、設施、動物的并稱與泛稱進行了探索；附録部分，則對部分橫跨捕撈、狩獵、魚類育殖及禽獸馴養三大門類的器具、設施、動物的并稱與泛稱另加考釋。如此周嚴，實爲難得，這也正是本卷的特點所在。這四章及附録的設定，除却逐一考辨了漁獵所涉同物異名之外，還全方位地展示了我中華民族漁獵生活，入細入微，而又波瀾壯闊，展示了我中華民族的智謀與勇毅。

　　閱讀本卷，頗多感慨。作者以重筆濃墨，着力闡述的上古時魚類的培育、禽獸的馴養，實乃今人所倡導可持續發展觀念的濫觴。此舉於新石器時代已見端倪，至西周時已形成法律。如何時可以狩獵，何時禁止狩獵；何樣的動物可以獵殺，何樣的動物禁止獵殺；何時可以捕漁，何時禁止捕漁；何樣的魚可以捕取，何樣的魚禁止捕取；皆有明文規定。甚而連網眼的大小，也依季節而嚴予區別。古代的這些相關典籍，本卷作者遍於羅致，時有徵引，費盡功力，目光鋭利而高遠；對於漁獵所涉浩浩博物，皆有縱橫細密的考釋。無論那些常見的漁獵器具，還是那些冷僻罕見之物，往往迎刃而解，試看下例：

　　　　釣浮：繫於釣綫中部的浮子，除以鳥羽製作外，還常以竹木、草葉等製作。因原料不同、形狀各异，也有大小、立卧、實心與空心等不同種類。此稱漢代已行用，亦稱“泛”。《淮南子·説林訓》：“設鼠者機動，釣魚者泛杭。”高誘注：“泛，釣浮。”宋代至今又稱“浮子”。宋莊綽《鷄肋編》卷中：“釣絲之半，繫以荻梗，謂之浮子，視其没則知魚之中鈎。”《警世通言·計押番金鰻産禍》：“計安肚裏焦躁，却待收了釣竿歸去，覺道浮子沉下去，釣起一件物事來。”清吴敏樹《説釣》：“投食其中，餌鈎而下之，蹲而視其浮子，思其動而掣之。”清代又稱“漂兒”。《紅樓夢》第八一回：“探春把絲繩抛下，没十來句話的工夫，就有一個楊葉窠兒，吞着鈎子，把漂兒墜下去。”今人也稱釣浮爲魚漂、浮漂、漂、浮頭等。

按，今稱之“釣浮”，指垂釣的一種技法。這一“釣浮”之“浮”，指水的上層、中層或下層攝食之魚，而不是竹木之類的漂浮物。

本卷在致力於考釋多種漁獵器具之外，亦甚重對有關典故的闡述。如第二章第四節“捕撈設施考”中收有“北京釣魚臺”，作者釋曰：

> 北京釣魚臺：在今北京西郊三里河畔，傳爲金章宗建臺垂釣處。金章宗，即完顔璟（1168—1208）。明王嘉謨曾以“垂柳滿堤山氣暗，桃花流水夕陽低”的詩句，描繪釣臺及其周邊美景。清高宗乾隆二十八年（1763）又疏浚河水，修建行宫，并親自題寫“釣魚臺”三字。

此“北京釣魚臺”，即今北京“釣魚臺國賓館”的前身。在中國古代却絶非僅有“北京釣魚臺”而已。本卷如同全書一樣，凡是同類名物，必劃歸統一條目群。試看本卷“北京釣魚臺”所臚列的條目群：

> 釣臺：垂釣者坐立的水邊之臺。先秦遺址尚存多處，但“釣臺”之稱至北魏始行用。（下略）

以下從先秦直到清代，共舉證了十四種釣魚臺，外加漢武帝“射蛟臺”，計十五種：“姜太公釣魚臺”“范蠡釣魚臺”“莊子釣魚臺”“秦始皇射魚臺”“韓信釣魚臺”“閩越王釣魚臺”“漢武帝射蛟臺”“嚴光釣魚臺”（按，嚴光，東漢時人）“孫權釣魚臺”“宜興釣魚臺”（傳爲南朝宋人任昉垂釣處）“玉鏡潭釣魚臺”（傳爲南朝梁人蕭統垂釣處）“李白釣魚臺”“大冶釣魚臺”（傳爲唐人張志和垂釣處）“鏡泊湖釣魚臺”〔傳爲唐朝附屬國渤海國（698—926）權貴垂釣處〕“瘦西湖釣魚臺”（傳爲清高宗聽樂、垂釣處）。

本卷中又收列了諸多專事狩獵的場所，各有不同，始於先秦，達於清代，幾乎遍及全國，逐一辨識。試看以下諸例：

營圍：包圍起來用於打獵的場地。此稱漢代已行用。（書證略）

木蘭：清代獵場，約今河北圍場縣地。"木蘭"係滿語，意爲"吹哨引鹿"，清代皇帝常於每年秋率王公權要等到此圍獵習武。（書證略）

春場：春季射雉的場所。此稱南北朝時期已行用。這種場所，至遲西晋已經出現。（書證略）

雉場：即春場。此稱南朝宋時期已行用。（書證略）

鴻臺：秦始皇二十七年（公元前 220）所築高臺。因其曾於臺上射鴻，故稱。（書證略）

閱讀本卷可知，我中華先民守祖制，重傳統，自得其樂，自有自家的生活節律。這也許是我國成爲世界四大文明古國之一，而又唯一没有沉淪的因素吧！

因本卷編著者長於傳統的名物訓詁之學，本卷最精彩處在於對漁獵名物語詞的考釋與對同物异名的辨析，兹分述如次。

一、漁獵名物語詞的考釋。

如狩獵場地中的"春場"，在中國古代究竟爲何而設置？獵取何物？何時出現？今之學界茫茫然不得其解。《辭源》《辭海》等权威辭書盡皆失載，唯有《漢語大詞典》收録，但釋文含混不確，書證雷同，似嫌粗率：

春場：春季郊外爲射獵而整出的空地。唐李商隱《公子》詩："春場鋪艾帳，下馬雉媒嬌。"宋歐陽修《公子》詩："下馬春場難鬭距，鳴弦初日雉驚媒。"

本卷另有確切而精到的考釋，兹録如下：

春場：春季射雉的場所。這種場所，至遲西晋已經出現，《文選·潘岳〈射雉賦〉》及吕延濟注所載甚詳，衹是尚無其名。其名自北周之後常見詩篇描述，如北周庾信《鬭鷄》詩："狸膏燻鬭敵，芥粉壒春場。"唐李商隱《公子》詩："春場鋪艾帳，下馬雉媒嬌。"宋楊億《南朝》詩："繁星曉棣聞鷄渡，細雨春場射雉歸。"

再如釣魚綫，古稱"緡"，亦稱"綸"。"緡""綸"統言之則無别。若垂入水中，則稱"沉緡""沉綸"；而單稱"沉"，則又指繫於釣浮與釣鈎之間，用以控制下沉深度的小器件，初以石塊、骨片、陶片等磨製而成，後多以金屬製作。另，今人未曾注意，或不介意的釣鈎上的倒刺，古人亦有專名。本卷編著者亦有專考，首列詞源"芒距"（始見於漢代典籍

《淮南子·原道訓》），爾後依次釋曰：亦稱“鐖”（始見於《淮南子》），單稱“距”（始見於晉潘尼《釣賦》），至唐代又稱“逆刺”（始見於《新唐書·王君廓傳》）。作者這一系列詮釋，可謂入細入微，令人贊佩，讀來暢然如流。

二、同物異名之類的辨析。

上述“釣浮”，在闡釋了其正名之後，又列其歷代相應的異名別稱：“泛”（漢代）、“浮子”（宋代）、“漂兒”（清代）之類。而後又依材質的不同、時代的差異，將其區別爲用鳥羽、水草、葦片等製作的釣浮。再後又以依類相從的方式，集中排列歷代“釣浮”的同物異名，也有十餘種。這種類型的同物異名考辨，在本卷中俯拾皆是，有些則頗具特色。

如網撈器具中的漁網，作者首先闡明何爲漁網：

用棕櫚、麻繩、絲線等以打結、絞拈或經編方法織成的捕撈魚類的網眼器具。可據捕撈種類的不同，調整網的形狀、尺寸與網眼疏密。新石器時代，中國就已有多地使用。“漁網”的名稱，先秦時期也已行用。

爾後再列出其同物異名，計三十餘種，如“魚罔”“漁網”“魚罟”“漁罟”“絇”“網罟”“眾”“網眾”“罾”“罾眾”“汕汕”“樏”“撩罟”“翼”“汕”“罜”等。以上爲泛稱。其後又列舉考釋了不同類別的漁網，如“九罭”（一種帶有囊袋以捕撈小魚的細眼網。按，九罭又有“罭”“緵”“緵罟”“百囊網”等別名異稱）、“罪”（一種竹製魚網）、“鐵網”（一種用鐵絲交叉編織而成的捕撈珊瑚的網具）、“罨”（一種斂口而從水上掩取魚類的網具）、“撒網”（一種用於淺水地區的圓錐形的捕撈魚類的小型網具）、“注網”（一種用於江浦的魚網）、“纖羅”（一種細眼魚網）、“蟹網”（一種用麻繩等交叉編織而成的捕蟹網具）。如此之類，共有二十餘種，不再一一舉證。

除卻漁網之外，尚有鳥網、獸網，考釋章法如同漁網一樣，細密而周嚴。其他諸多名物詞，無不悉心考辨其同位語異名之類，不再舉證。

再如“魚類育殖及禽獸馴養器具、設施動物并稱與泛稱考”的“苑囿”。作者同樣首先闡明何謂“苑囿”：

泛指古代帝王種植花木、蓄養禽獸等以供觀賞與狩獵的園林。此稱漢代已行用，亦稱“囿苑”。漢董仲舒《春秋繁露·王道》：“桀紂皆聖王之後，驕溢妄行。侈宮室，廣苑囿，窮五采之變，極飾材之工。”漢張衡《周天大象賦》：“螫馴獸於囿苑，隸封豕於溝瀆。”唐杜甫《八哀詩·贈太子太師汝陽郡王璡》：“忽思格猛獸，苑囿騰清塵。"宋王溥《唐會要》卷六六："永淳元年五月十日，置東都，監管諸囿苑。"清唐甄《潛書·善游》："臺榭太高，則不安；苑囿太曠，則不周。"清馬端臨《文獻通考》卷五二："後漢光武改民曹，主繕修功，作鹽池、囿苑。"

爾後再列出其同物异名等，其他與苑囿相連稱者，如"苑馬"（苑囿與馬厩）之類則不與舉證。

筆者深知，《漁獵卷》甚難落筆，所涉之漁船、弓箭、圈、檻、苑等，同本書《交通》《武備》《獸畜》《國法》《居處》諸卷時有交叉，而本卷主編王勇教授頗擅調度，或予迴避，或有側重，謀篇遣文，妙得章法。筆者稱本卷主編者王教授爲"通才"，似不爲過。王教授執教於本校文學院已歷四十載，與筆者合作也已有三十餘春秋，其學殖之深厚，學風之嚴謹，余已知之久矣！在其主編的《農耕卷》序言中，余對其爲人爲學，另有評介，在此恕不贅述。

張述錚

太歲玄黓執徐菊月下浣深夜初稿於山東師範大學映月亭
太歲玄黓攝提格桐月中浣晨定稿於歷下龍泉山莊東籬齋

第一章　概　論

第一節　“漁獵”釋義

　　“漁”字在先秦時期即已出現，其本義爲捕捉、撈取魚類。《説文·䲵部》：“䲶，捕魚也。”漁，篆文䲶從魚。《玉篇·水部》：“漁，捕魚也。”《易·繫辭下》：“作結繩而爲罔罟，以佃以漁。”《史記·龜策列傳》“漁者利其肉，寡人貪其力，下爲不仁，上爲無德”、唐孟浩然《宿武陽即事》詩“就枕滅明燭，扣舷聞夜漁”、宋歐陽修《醉翁亭記》“臨溪而漁，溪深而魚肥”、清金德瑛《桃源》詩“主人耕作客人漁，説向先秦惝恍餘”中的“漁”，與其一脉相承。後來引申出“捕撈魚類者”“侵占”“尋覓”，以及水名等諸多義項。

　　“獵”字亦已出現於先秦時期，其本義爲夜間打獵。《詩·魏風·伐檀》云：“不狩不獵，胡瞻爾庭有縣貆兮。”鄭玄箋：“冬獵曰狩，宵田曰獵。”《爾雅·釋天》：“宵田爲獠，火田爲狩。”郝懿行義疏：“《管子》曰：獠，獵畢弋。今江東亦呼獵爲獠，音遼。或曰：即今夜獵載鑪照也。”“獵”字又泛指獵取禽獸。《説文·犬部》：“獵，放獵逐禽也。”《玉篇·犬部》：“獵，大（犬）取獸也。”《廣韻·入葉》：“獵，取獸。《白虎通》曰：‘四時之田，總名爲獵，爲田除害也。’《尸子》曰：‘宓羲氏之世，天下多獸，故教人以獵也。’”“宓羲氏”亦作“宓戲氏”，即伏羲氏，傳説中的上古帝王。宓，通“伏”。《漢書·古今人表》：“太昊帝宓羲氏。”顏師古注：“宓，音伏，字本作虙，其音同。”《禮記·月令》“其帝大皞”漢鄭玄注：“大皞，宓戲氏。”《戰國策·趙策二》：“宓戲、神農教而不誅。”北齊顏之推《顏氏家訓·書證》：“皇甫謐云：‘伏羲或謂之宓羲。’按諸經史緯候，遂無宓羲之號。虙字從虍，宓字從宀，下俱爲必，末世傳寫，遂誤以虙爲宓，而《帝王世紀》因更立名耳。”《禮記·月令》“其帝大皞”唐陸德明釋文：“‘宓戲’，宓音密，又音服；戲又作虧，亦作犧，又作羲。”唐李白《送趙雲卿》詩“如逢渭川獵，猶可帝王師”、宋王讜《唐語林·文學》“德宗暮秋獵於苑中”、《元史·太宗本紀》“九年丁酉春，獵於齊”中的“獵”，亦與其一脉相承。後又引申出“奪取”“虐待”“經過”“收攬”“進攻”“涉獵”“追求”，以及象聲詞、山名、姓等衆多義項。

由“漁”“獵”兩字組成的“漁獵”，也已見於先秦時期的典籍，其本義恰爲兩字本義或較早意義的相加，即“捕撈魚類、獵取禽獸”。如《管子·輕重丁》：“漁獵取薪，蒸而爲食。”《漢書·陳餘傳》：“餘獨與麾下數百人，之河上澤中漁獵。”唐薛用弱《集異記·徐安》：“徐安者，下邳人也，好以漁獵爲事。”清劉大櫆《張氏祠廟記》：“諸城張氏之先，有河上仙翁，少好漁獵。”清代亦作“魚獵”，如徐珂《清稗類鈔·物品·金聖嘆破硯》：“今寧安金氏皆聖嘆之子孫，其人多以魚獵爲生。”至於“掠奪”“貪逐美色”“泛覽”“竊取”等，則是其派生義項了。

遠在“漁”“獵”等文字產生以前，中國古代的先民就已開始了豐富多彩的捕撈魚類與獵取禽獸活動。傳説燧人氏曾教人們入水捉魚。燧人氏省稱“燧人”，是傳説中的古帝王，鑽木取火的發明者。《韓非子·五蠹》：“有聖人作，鑽燧取火，以化腥臊，而民悦之，使王天下，號之曰燧人氏。”《莊子·繕性》：“逮德下衰，及燧人、伏羲始爲天下，是故順而不一。”傳説伏羲氏又教人們以網捕魚、以鈎釣魚。距今四十萬至五十萬年前的古人類生活遺址中，可見多種魚類的遺骨化石。捕撈魚類的活動可分采拾、捕撈兩大類。采拾無須藉助工具，是捕撈的前奏，幾乎與人類同生，又是捕撈的補充，至今與人類相伴；捕撈多須藉助工具，既使采拾的範圍擴大，時間延長，又使采拾的種類增加，效率提高。獵取禽獸的活動亦有悠久歷史，傳説伏羲氏還教人們狩獵。獵取禽獸的活動可分獵禽、獵獸兩大類，一般均須藉助工具。獵禽指獵取飛禽，獵獸指獵取走獸；它們同步產生，結伴發展，至今仍是人類生活的重要内容。

第二節 捕撈器具、設施、動物的產生與發展

捕撈器具指捕捉、撈取水生動物與植物的用品，主要包括垂釣、刺捕、網撈、攔捉、裝運、雜用等器具。中國的垂釣、刺捕器具已有數千年的歷史。陝西西安半坡遺址曾出土大量文物，其中就有骨製魚鈎、魚叉等垂釣、刺捕器具。歷史文獻也有佐證，如《列子·湯問》記載戰國時期哲學家詹何垂釣捕魚之事，"引盈車之魚於百仞之淵、汩流之中，綸不絕，鈎不伸，竿不撓"。詹何被後人尊稱爲"詹公""詹子"，并深情吟咏。如《淮南子·説山訓》："詹公之釣，千歲之鯉不能避。"晋左思《吳都賦》："鈎餌縱橫，網罟接緒。術兼詹公，巧傾任父。"唐李賀《釣魚》詩："詹子情無限，龍陽恨有餘。"它們最早被用於池塘、湖泊與江河，後又擴至渤海、黃海、東海、南海及遠洋。垂釣、刺捕魚類本是人類單純的謀生手段，器具亦祇求簡單實用，後來在謀生手段外，又發展爲休閑活動，器具也兼求美觀。如今，垂釣更進一步拓展爲競技項目，器具還追求規範與環保。中國的網撈、攔捉器具與垂釣、刺捕器具一樣，亦有數千年的歷史。以網墜爲例，遼寧長海英杰村西嶺東地的新石器時代貝丘遺址中，就出土了石製網墜；南海沿岸貝丘遺址中，還出土了蚌殼網墜。再以魚笱爲例，《詩》等先秦典籍中已屢見不鮮。它們的使用區域與垂釣、刺捕器具相同，但與之不同的是，網撈、攔捉魚類一直主要作爲謀生手段，器具也多求實用。中國的捕撈裝運器具與雜用器具，也已擁有數千年的歷史，廣泛應用於江河、湖泊、近海。裝運器具以漁船爲例，漢許慎《説文》記載黃帝二臣"共鼓、貨狄刳木爲舟，剡木爲楫，以濟不通"，此是發明船舶的傳説；而新石器時代河姆渡遺址中出土的木製船槳、《管子》記載的齊國漁民深海捕魚，則是使用漁船的明證。而用茅草編織的"菹笠"等雜用器具，也已見於先秦典籍。如《管子》曰："被蓑以當鎧襦，菹笠以當盾櫓。"

捕撈設施指爲采拾、捕撈魚類而選擇或建造的場地、建築等。中國的捕撈設施是與捕撈活動同步產生的，迄今已有數千年歷史。它們分布在江河湖海水域，并得到適時改造與匹配。以漁場爲例，山東青島韓家營漁場遺址相傳已有五千年之久。清代甚至出現了因瀕臨漁場而取以爲名的名鎮——"魚場口鎮"（在今江蘇灌南）。至於姜太公釣魚臺、秦始皇射魚臺、漢武帝射蛟臺等捕撈設施遺址，則一直令人神往，津津樂道。

捕撈動物指可助人捕捉、撈取水生動物與植物或引誘魚類的動物。中國的捕撈動物是伴隨着捕撈活動逐漸培育起來的，文獻可徵者已有千年以上的歷史。以鸕鷀爲例，用於捕

獲魚類，《隋書》已見記載。而傳説用爲釣餌的犍牛，更可上溯到先秦典籍。

第三節　狩獵及其訓練器具、設施、動物的産生與發展

狩獵及其訓練器具指獵取或訓練獵取飛禽和走獸的用品，主要包括弓器、弩器、箭器、彈丸、網器、車器、雜器等。中國的狩獵弓器、弩器已有數千年的歷史。傳説弓由少昊第五子（一説黄帝臣，又説軒轅第五子）揮發明，并獲賜張氏。又傳倕、羿首創弓。《説文·弓部》："弓，以近窮遠。象形。古者揮作弓。"王筠句讀："《唐書·宰相世系表》少昊第五子揮始製弓矢，賜姓張氏；宋忠以揮爲黄帝臣；《廣韻》以揮爲軒轅第五子。孫卿子云倕作弓。墨子云羿作弓。説各不同。"弩至戰國時期始發明，是弓的升級版，它用機械發射箭或彈丸，機械安裝於後部。箭又稱矢，是弓弩發射的杆狀器，鋒利的箭頭可直接射殺禽獸或魚類等，當與弓同時産生。周代有專門管理弓、弩、箭的官員，《周禮·夏官·司弓矢》："司弓矢掌六弓四弩八矢之灋，辨其名物，而掌其守藏，與其出入。"彈丸本稱丸，由彈弓發射而出的球狀物。《左傳·宣公二年》載有"晋靈公不君"的故事："從臺上彈人，而觀其辟丸也。"漢趙曄的《吴越春秋·勾踐陰謀外傳》則記録了彈丸的起源："孝子不忍見其父母爲禽獸所食，故作彈以守之，絶鳥獸之害。故歌曰'斷竹續竹，飛土逐害'之謂也。"新石器時代，中國既有多地使用過捕撈魚類的網，也有多地曾使用捕捉鳥獸類的網。使用魚網者如《詩·邶風·新臺》："魚網之設，鴻則離之。"使用禽獸網者如《史記·殷本紀》："湯出，見野張網四面，祝曰：'自天下四方皆入吾網。'湯曰：'嘻，盡之矣！'乃去其三面，祝曰：'欲左，左。欲右，右。不用命，乃入吾網。'諸侯聞之，曰：'湯德至矣，及禽獸。'"車器爲人類的代步、裝運工具，周代已用於戰事（兵車）與狩獵（田車），形制有明顯區別。《周禮·考工記序》："故兵車之輪六尺有六寸，田車之輪六尺有三寸。"狩獵雜器指爲開展狩獵活動而製造的小型器具以及獵者的日常用品等，也可追溯到先秦時期，如攫、韔。《書·費誓》："杜乃攫，敜乃穽，無敢傷牿。"孔傳："攫，捕獸機檻。"《詩·秦風·小戎》："虎韔鏤膺，交韔二弓。"毛傳："虎，虎皮也。韔，弓室也。"狩獵訓練器具常與射禮等結合在一起，如特製的小型弓弩、箭器、彈丸、箭靶等物品。《儀禮·大射》："遂命量人巾車張三侯，大侯之崇見鵠於參，參見鵠於干，干不及地武。"鄭玄

注：“鵠，所射之主。”

　　狩獵及其訓練設施指爲開展狩獵或狩獵訓練活動而建立的大型裝置、場地、房屋等，如陷阱、獵場、高臺。這在先秦以來的典籍中屢見不鮮，如《易·井》：“舊井無禽。”王引之《經義述聞·周易上》：“井當讀爲阱。”《周禮·夏官·大司馬》：“虞人萊所田之野爲表，百步則一，爲三表，又五十步爲一表，田之日，司馬建旗于後表之中。”賈公彥疏：“從南頭立表，以北頭爲後表也。”《三輔黃圖·長樂宮》：“鴻臺，秦始皇二十七年築，高四十丈，上起觀宇，帝嘗射鴻於臺上，故號鴻臺。”狩獵訓練設施多爲特製的大型裝置、場地、房屋，如大型箭靶、箭道、射堂等。《晋書·王濟傳》：“濟買地爲馬埒，編錢滿之，時人謂之‘金溝’。”

　　狩獵及其訓練動物分爲三類，秦漢典籍均見記載：一是可助人捕捉、引誘禽獸的動物，如盧（獵犬）。《詩·齊風·盧令》：“盧令令，其人美且仁。”毛傳：“盧，田犬；令令，纓環聲。”二是被人捕捉、引誘來的禽獸，如生（捕獲後又釋放的動物）。《列子·説符》：“邯鄲之民，以正月之旦獻鳩於簡子，簡子大悦，厚賞之。客問其故，簡子曰：‘正旦放生，示有恩也。’”三是由人飼養以供捕捉、獵殺的動物，如蓄莵（囿苑飼養而供人射獵的兔子）。漢賈誼《新書·勢卑》：“今不獨猛敵而獨田彘，不搏反寇而搏蓄莵，所獨得毋小，所搏得毋不急乎？”

第四節　魚類育殖及禽獸馴養器具、設施、動物的産生與發展

　　隨着社會生産力的發展，人們獲得食物越來越多，將暫不需要食用的魚類放入便於捕撈的池塘等處儲存、育殖，既可備不時之需，又有望坐收漁利。後來，更發展成二次捕撈的循環經濟。從這個意義上説，魚類的育殖不僅是人們初次捕撈的一個重要歸宿，而且是人們再次捕撈的一個新的起點。

　　魚類育殖器具中有魚床，多以竹木等編製，宛如床席，上投餌料，沉入水中，供魚類栖息、生長。唐王勃有《春日還郊》詩：“魚床侵岸水，鳥路入山煙。”魚類育殖設施中有魚池。《史記·滑稽列傳》載：“某所有公田、魚池、蒲葦數頃，陛下以賜臣，臣朔乃言。”魚類育殖動物主要指幼苗，有魚卵、魚苗、魚栽之别。魚卵是初生之卵，《列子·天瑞》“老

瀚之爲獲也，魚卵之爲蟲"是也。魚苗是魚卵初化的供養殖用的幼魚，宋葉夢得《避暑録話》卷下云："魚苗：一夫可致數千枚，投於陂塘，不三年長可盈尺。但水不廣，魚勞而瘠，不能如江湖間美也。"魚栽是較魚苗略大的幼魚，即元袁士元《借韵咏城南書舍呈倚雲樓公》詩中的"閑種石田供鶴料，旋開園沼買魚栽"。

與魚類育殖相同，禽獸馴養也是因爲人們將暫不需要食用或他用的禽獸置於方便控制的圈欄等處看管、馴養而形成的，既可備不時之需，又有望藉以盈利；後來也發展成二次狩獵的娛樂享受。經過馴養的禽獸，不祇可以成爲人們的狩獵對象，有的還可成爲人們的狩獵助手，這是魚類育殖所難以企及的。

禽獸馴養器具中有籠有柙。籠即馴養禽鳥的籠子。《莊子·天下》載："夫得者困，可以爲得乎？則鳩鴞之在於籠也，亦可以爲得矣。"柙即馴養、拘囚野獸的籠子。《論語·季氏》："虎兕出於柙，龜玉毀於櫝中，是誰之過與？"禽獸馴養設施中有苑有囿。苑即古代帝王蓄養禽獸等以供觀賞與狩獵的有籬笆的園林。《周禮·秋官·雍氏》："禁山之爲苑、澤之沈者。"囿即古代帝王蓄養禽獸等以供觀賞與狩獵的設有圍墻的園林。《詩·大雅·靈臺》："王在靈囿，麀鹿攸伏。"毛傳："囿，所以域養禽獸也。"还有園，即種植花木、蓄養禽獸等以供觀賞與狩獵的地方。《詩·鄭風·將仲子》："將仲子兮，無踰我園，無折我樹檀。"朱熹集傳："園者圃之藩，其内可種木也。"

第二章　捕捞説

第一節　垂釣、刺捕器具考

　　垂釣器具指下垂於水中以鈎釣魚類的器具，主要包括釣竿、釣綫、釣浮、釣沉、釣鈎、釣餌等；刺捕器具指刺殺、捕捉魚類的器具，主要包括石塊、樹枝與人工製造的魚鈎、魚杈、魚杖等。

釣竿

　　指用來垂釣的竿子，多以竹子、江葦、荆條製成。此稱三國時期已行用。三國魏曹丕《釣竿行》詩："釣竿何珊珊，魚尾何簁簁。"唐張祐《京城寓懷》詩："三十年持一釣竿，偶隨書薦到長安。"晋代起省稱"釣"。《晋書·皇甫謐傳》："或通夢以感主，或釋釣於渭濱。"《宋書·明帝紀》："故負鼎進策，殷代以康；釋釣作輔，周祚斯乂。"清代亦作"釣杆"。《紅樓夢》第三八回："黛玉放下釣杆，走至座間，拿起那烏銀梅花自斟壺來。"

【釣杆】

　　同"釣竿"。此體清代已行用。見該文。

【釣】[1]

　　"釣竿"之省稱。此稱晋代已行用。見該文。

釣　竿
（明王圻等《三才圖會·器用》）

竹竿

省稱"竿""竹"。用竹子製作的釣竿，是中國古代使用範圍最廣、時間最長的一種鈎釣魚類、貝類、甲殼類與河獸、海獸等水產經濟動物的工具。傳說古人曾以樹枝爲釣竿，《列子·湯問》又載詹何以"荊蓧爲竿"，但效果欠佳，也不普遍。流行廣泛而長遠者，還是用蘆葦尤其是竹子製作的釣竿。竹子資源豐富，采伐便捷，既輕且韌，容易加工，逐漸成爲釣竿的首選原料。無論淡水、海水區域，還是岸釣、船釣方式，抑或單竿、節竿形制，以及五代的《雪漁圖》、宋馬遠的《寒江獨釣圖》、明姚綬的《秋江魚隱圖》、清代的《江山垂釣圖》等繪畫作品，都能看到竹製的釣竿。竹製手竿頂端較細，繫以釣綫；末端較粗，用以手握；既可單節，又可多節。竹製投竿則在其基礎上，於頂端安裝綫環，於末端安裝繞綫輪。其基本構造，一直沿用至今。"竹竿"之稱，先秦時期即已行用，亦稱"槁竿"。《詩·衛風·竹竿》："籊

籊竹竿，以釣于淇。"戰國楚宋玉《釣賦》："今察元洲之釣也，左挾魚罶，右執槁竿，立乎潢汙之涯，倚乎楊柳之間。"《莊子·秋水》："莊子釣於濮水，楚王使大夫二人往先焉，曰：'願以境內累矣！'莊子持竿不顧。"《後漢書·方術傳下·左慈》："因求銅盤貯水，以竹竿餌釣於盤中，須臾引一鱸魚出。"三國魏嵇康《酒會》詩之二："放櫂投竿，優游卒歲。"唐孟浩然《峴潭作》詩："試垂竹竿釣，果得槎頭鯿。"唐韓愈《獨釣》詩之一："侯家林館勝，偶入得垂竿。"宋范仲淹《臨川羨魚賦》："胡不學投竿之術，自取盈車。"宋黃庭堅《問漁父》詩："白髮丈人持竹竿，繫船留我坐柴關。"元唐元《對雨書示兒曹》詩之二："多情社燕歸茅舍，薄宦鮎魚上竹竿。"明王世貞《前溪歌》之二："竹竿何籬笢，上有馨香餌。"清查慎行《閘口觀罾魚者》詩："竹竿繃罾密作眼，駕以一葉無篷舟。"清陳夢雷《雨夜泊桐廬》詩："投竿堪寄興，何事嘆飄蓬。"唐代又省稱"竹"。唐李賀《釣魚詩》："斜竹垂清沼，長綸貫碧虛。"

【槁竿】

即竹竿。此稱先秦時期已行用。見該文。

【竿】

"竹竿"之省稱。此稱先秦時期已行用。見該文。

【竹】

"竹竿"之省稱。此稱唐代已行用。見該文。

【青竹竿】

即竹竿。以其多呈青色，故稱。此稱唐代已行用，省稱"青竹""青竿"。唐高適《自淇涉黃河途中作十二首》詩之三："手持青竹竿，日暮淇水上。"唐韓愈《縣齋讀書》詩："青竹

時默釣，白雲日幽尋。"唐白居易《閑游》詩：
"白石磨樵斧，青竿理釣絲。"唐李群玉《釣魚》
詩："七尺青竿一丈絲，菰蒲葉裹逐風吹。"五
代齊己《瀟湘》詩："畢竟輸他老漁叟，綠簑青
竹釣濃藍。"宋黃庶《游石池潭》詩："漁翁有
意助酒卮，青竹盡日垂空餌。"宋晁補之《復用
前韵并答魯直明略且道見招不能往》："去年拋
却青竹竿，女嬰嬋娟呼我還。"元劉永之《秋日
同友人泛舟》詩："來把青竹竿，學釣水中魚。"
明謝榛《漁翁》詩："青竹竿頭一釣絲，高風應
與子陵期。"清乾隆《煙波釣艇》詩："煙波萬
頃滄迷離，七尺青竿一丈絲。"

【青竹】

"青竹竿"之省稱。此稱唐代已行用。見該
文。

【青竿】

"青竹竿"之省稱。此稱唐代已行用。見該
文。

【魚竿】

即竹竿。以其多用於鈎釣魚類，故稱。此
稱唐代已行用，亦作"漁竿"。唐杜甫《遣悶奉
呈嚴公二十韵》："白水魚竿客，清秋鶴髮翁。"
唐岑參《初授官題高冠草堂》詩："祇緣五斗
米，辜負一漁竿。"宋歐陽修《攝事齋宮偶書》
詩："誰爲寄聲清潁客，此生終不負漁竿。"宋
陳瓘《滿庭芳》詞："江湖手，長安障日，何似
把魚竿。"元王惲《西江月》詞："夢到釣臺老
樹，秋風閑煞漁竿。"明劉基《題釣雪圖》詩：
"悠揚雙短棹，汗漫一魚竿。"明楊慎《綠竹亭
爲李前渠賦》詩之二："裁成龍笛青瑤管，斫就
魚竿綠玉池。"清吳烺《寄德甫》詩之三："何
當與爾乘船去，手把漁竿變姓名。"又因多爲竹

製，宋代亦稱"漁竹"。宋文天祥《山中即事》
詩："若問山翁還瘦否，手持漁竹下寒江。"元
代起還稱"釣魚竿"。元方回《有感三首》詩之
二："十年歸把釣魚竿，萬變惟憑冷眼看。"清
乾隆《過靈隱至韜光》詩："金蓮池半畝，弗着
釣魚竿。"

【漁竿】

同"魚竿"。此體唐代已行用。見該文。

【漁竹】

即魚竿。此稱宋代已行用。見該文。

【釣魚竿】

即魚竿。此稱元代已行用。見該文。

【綸竿】

即竹竿。因竿端繫綸（釣綫），故稱。此
稱宋代已行用。宋徐積《漁父樂》詞："漁唱
歇，醉眠斜，綸竿簑笠是生涯。"元滕斌《普天
樂·四時道情》曲："江山清，遥水碧。喜駕孤
舟瀟湘內，伴綸竿箬笠蓑衣。"明無名氏《霞箋
記》第四齣："槐黃時候，綸竿釣海鰲。"清錢
謙益《臨城驛壁見方侍御孩未題詩》："綸竿喜
值金鷄放，華表真同白鶴歸。"

釣絲

垂釣用的絲綫。用絲紗等製作，是中國古
代使用範圍最廣、時間最長的一種鈎釣魚類等
物的絲綫。傳說古人曾以藤蔓、棕櫚、獸筋、
腸衣等爲釣綫，但因目標過大，效果欠佳。《列
子·湯問》載詹何"以獨繭絲爲綸"，繭絲既細
又軟，不易捲曲，於是漸次普及，兼用紗綫，
沿用數千年。絲紗釣綫的一端繫上釣鈎，沉入
水中；另一端手握，或繫於釣竿，高出水面；
中間繫有釣浮；基本形制，沿用至今。此稱唐
代已行用，亦稱"細""釣綫"。唐杜甫《重過

何氏》詩之三："翡翠鳴衣桁，蜻蜓立釣絲。"唐韓愈《答張徹》詩："乘枯摘野艷，沈細抽潛腥。"唐杜荀鶴《戲贈漁家》詩："養一箔鸕供釣綫，種千莖竹作漁竿。"後蜀花蕊夫人《宮詞》之六一："釣綫沈波漾彩舟，魚爭芳餌上龍鈎。"宋歐陽修《釣者》詩："風牽釣綫裊長竿，短笠輕蓑細草間。"宋陸游《舟中對月》詩："江空裊裊釣絲風，人静翩翩葛巾影。"清顧貞觀《石州慢·御河爲漕艘所阻》詞："不如歸去，從教錦纜牙檣，釣絲莫負秋江碧。"

【細】

即釣絲。此稱唐代已行用。見該文。

【釣綫】

即釣絲。此稱唐代已行用。見該文。

【緡】

即釣絲。多用繭絲（蠶絲）製成。"緡"的名稱，先秦時期即已行用。《詩·召南·何彼穠矣》："其釣維何？維絲伊緡。"高亨注："緡，釣魚繩也。"晋左思《吳都賦》："結輕舟而競逐，迎潮水而振緡。"唐韓愈《獨釣四首》詩之一："羽沈知食駛，緡細覺牽難。"明何景明《石磯賦》："吾之釣，異於先生之聞也。干之以義，不撓不攣，其直維堅，是爲吾竿；懸之以知，維深汲玄，不紏不纏，是爲吾緡。"唐代亦作"緡"。唐駱賓王《應詰》："吾子沉緡於川，登魚於陸。"

【緡】

同"緡"。此體唐代已行用。見該文。

【釣緡】

即緡。此稱晋代已行用。晋葛洪《抱朴子·安貧》："張魚網於峻極之巔，施釣緡於修木之末。"明徐渭《野鸕》詩："葉葉如蟲網，枝

枝垂釣緡。"清吳偉業《立夏日陪圉次郡伯過孫山人太白亭落成置酒分韵得人字》："一瓢零落殘詩在，誰伴先生理釣緡。"宋代亦作"釣緡"。宋曾鞏《寄鄆州邵資政》詩："泝險飛游艇，探奇漾釣緡。"

【釣緡】

同"釣緡"。此體宋代已行用。見該文。

【綸】[1]

用於垂釣的較粗的絲綫。此稱先秦時期已行用，亦稱"累"。《列子·湯問》："當臣之臨河持竿，心無雜慮，唯魚之念。投綸沈鈎，手無輕重，物莫能亂。"《莊子·外物》："夫揭竿累，趣灌瀆，守鯢鮒，其於得大魚難矣。"陸德明釋文引司馬彪曰："累，綸也。"《淮南子·原道訓》："夫臨江而釣，曠日而不能盈羅，雖有鈎箴芒距，微綸芳餌，加之以詹何娟嬛之數，猶不能與網罟爭得也。"漢劉向《説苑·政理》："夫扱綸錯餌，迎而吸之者陽橋也，其爲魚薄而不美。"晋陸機《櫂歌行》："投綸沉洪川，飛繳入紫霞。"唐司馬扎《隱者》詩："投綸溪鳥伴，曝藥谷雲飛。"宋李彌遜《漁父詞六首》之一："蘋蓼岸，静投綸，危坐初無一點塵。"元黃鎮成《舟過大茅洋》詩："投綸擬學任公子，掣取封鱷飫萬夫。"明周復俊《五經旁訓跋》："亦猶投綸于川，沈浮高下，一任善漁者取之。"清王允禧《漁人》詩："楊柳風輕晴曬網，杏花雨細晚投綸。"北周起亦稱"釣綸"。北周庾信《周五聲調曲·宮調曲四》："澗途求板築，溪源取釣綸。"唐方干《上鄭員外》詩："潛夫豈合干旌旆，甘棹漁舟下釣綸。"宋王禹偁《丹河閑步》詩："今秋更擬營蓑笠，冒雨衝風把釣綸。"明王世貞《題東皋隱居四首》詩之一："小婦能蠶

事，諸孫理釣綸。"清雷士俊《貽孫豹人》詩：
"送老干戈際，秦川兩釣綸。"

【綸】

即綸[1]。此稱先秦時期已行用。見該文。

【釣綸】[1]

即綸[1]。此稱南北朝時期已行用。見該文。

【纖綸】

即綸。此稱三國時期已行用。三國魏嵇康《酒會》詩之一："輕丸斃翔禽，纖綸出鱣鮪。"唐王榮《秋夜七里灘聞漁歌賦》："既而暗卷纖綸，潛收密網。"南朝宋起亦稱"緡綸"。南朝宋謝靈運《山居賦》："緡綸不投，罝羅不披。"清彭孫遹《顓侯以春菜詩見示依韻奉答》："何哉避地匿聲迹，竭來東海投緡綸。"唐代起又稱"絲綸"。唐張志和《漁父》詞："料理絲綸欲放船，江頭明月向人圓。"宋張先《滿庭芳》詞："金鈎細，絲綸慢卷，牽動一潭星。"明高明《琵琶記》第十三齣："笑滿船空載明月，下絲綸不愁無處。"清汪由敦《潛節母詩十二韻》："絲綸彰宅里，綽楔耀當塗。"

【緡綸】

即纖綸。此稱南北朝時期已行用。見該文。

【絲綸】

即纖綸。此稱唐代已行用。見該文。

羽[1]

用鳥羽製作的釣浮。繫於釣綫中部，垂釣者可據其移動、浮沉等，判斷何種魚類靠近釣餌或上鈎。此稱先秦時期已行用。《吕氏春秋·離俗》："魚有小大，餌有宜適，羽有動静。"漢高誘注："羽，釣浮。"唐韓愈《獨釣》詩之一："羽沉知食駃，綸細覺牽難。"元戴良《秦湖漁隱爲袁桂芳賦》："羽沉疑中餌，絲動訝拖鱗。"

釣浮

繫於釣綫中部的浮子，除以鳥羽製作外，還常以竹木、草葉等製作。因原料不同、形狀各异，也有大小、立卧、實心與空心等不同種類。此稱漢代已行用，亦稱"泛"。《淮南子·説林訓》："設鼠者機動，釣魚者泛杭。"高誘注："泛，釣浮。"宋代至今又稱"浮子"。宋莊綽《鷄肋編》卷中："釣絲之半，繫以荻梗，謂之浮子，視其没則知魚之中鈎。"《警世通言·計押番金鰻産禍》："計安肚裏焦躁，却待收了釣竿歸去，覺道浮子沉下去，釣起一件物事來。"清吳敏樹《説釣》："投食其中，餌鈎而下之，蹲而視其浮子，思其動而掣之。"清代還稱"漂兒"。《紅樓夢》第八一回："探春把絲繩抛下，没十來句話的工夫，就有一個楊葉竄兒，吞着鈎子，把漂兒墜下去。"今人也稱釣浮爲魚漂、浮漂、漂、浮頭等。

【泛】

即釣浮。此稱漢代已行用。見該文。

【浮子】

即釣浮。此稱宋代已行用。見該文。

【漂兒】

即釣浮。此稱清代已行用。見該文。

【筒】[1]

用竹片製作的釣浮。此稱晋代已行用。亦作"篙"。晋郭璞《江賦》："筒灑連鋒。"按，一本作"篙"。宋蘇軾《夜泛西湖》五絶之三："漁人收筒及未曉，船過惟有菰蒲聲。"唐代亦稱"釣筒""筒釣"。唐許渾《泛五雲溪》詩："急瀨鳴車軸，微波漾釣筒。"唐殷文圭《江南秋日》詩："青笠漁兒筒釣没，舊衣菱女畫橈輕。"

【篇】 [1]

同 "筒[1]"。此體晋代已行用。見該文。

【釣筒】 [1]

即筒[1]。此稱唐代已行用。見該文。

【筒釣】

即筒[1]。此稱唐代已行用。見該文。

【連筒】

即筒[1]。此稱宋代已行用。宋戴復古《江濱曉步》詩："求魚看下連筒釣，乞火聽敲隣舍門。" 清彭孫貽《和諸家煙雨樓詩》之四："酒酣獨抱漁竿卧，罷釣連筒卷落花。" 清代亦作 "連筩"。清顧光《冰鮮行》："誰憐白小亦群命，雪融冰結交連筩。"

【連筩】

同 "連筒"。此體清代已行用。見該文。

魚葹

用水草葹製作的釣浮。此稱唐代已行用，亦作 "漁葹"。唐陸龜蒙《奉和襲美吳中書事寄漢南裴尚書》詩："三泖凉波魚葹動，五茸春草雉媒嬌。" 魚，一本作 "漁"。宋范成大《寒食郊行書事》詩之二："帆邊魚葹浪，木末酒旗風。"

【漁葹】

同 "魚葹"。此體唐代已行用。見該文。

葦片

蘆葦片製作的釣浮。此稱清代已行用。《紅樓夢》第八一回："垂下去一會兒，見葦片直沉下去，急忙提起來，倒是一個二寸長的鯽瓜兒。"

沉

繫於釣浮與釣鈎之間釣綫上的釣沉，用以控制釣鈎的下沉深度。初以石塊、骨片、陶片等磨製，冶煉技術發明後多以金屬製作，沿用至今。此稱宋代已行用。宋邵雍《漁樵對問》："漁者曰：'六物者，竿也，綸也，浮也，沉也，鈎也，餌也。一不具則魚不可得。'" 今人亦稱沉爲墜石、墜子、鉛墜、千斤等。

釣 [2]

釣取魚類用的鈎子，是人類最早發明的垂釣器具之一。主要包括鈎眼、鈎柄、鈎彎、鈎喉、鈎口、鈎尖等部位，被繫於釣綫入水一端，直接鈎釣魚類。出土實物與文獻證明，中國在八千多年前就已開始使用獸骨、禽骨、蚌殼等劈磨而成的直魚鈎和微彎魚鈎，它們兩端磨尖，中間稍寬，并有供繫繩的溝槽或可穿綫的小孔。五千多年前又已開始使用骨製彎鈎，有的還將帶有倒刺的鈎尖綁到用作鈎柄的骨頭上，成爲綁製彎鈎。到三千五百年前，則已開始使用青銅製作的魚鈎。戰國時期更普遍使用鐵製魚鈎，《列子·湯問》曾載詹何以 "芒鍼爲鈎"。"釣" 的名稱，先秦時期即已行用，後世亦常沿用。《莊子·田子方》："文王觀於臧，見一丈夫釣，而其釣莫釣；非持其釣有釣者也，常釣也。"《淮南子·説林訓》："無餌之釣，不可以得魚。" 南朝宋謝惠連《咏螺蚌》："纖鱗惑芳餌，故爲釣所加。" 唐韓愈《題秀禪師房》詩："暫拳一手支頭卧，還把漁竿下釣沙。"

【鈎】 [1]

即釣[2]。此稱先秦時期已行用。《莊子·外物》："任公子爲大鈎巨緇，五十犗以爲餌。"《列子·湯問》："投綸沈鈎，手無輕重，物莫能亂。" 鈎，一本作 "鉤"。《藝文類聚》卷五七引漢傅毅《七激》："綸不虛出，矢不徒降；投鈎必獲，控弦加雙。" 漢張衡《應間》："蒲且以飛矰逞巧，詹何以沈鈎致精。"《晋書·文苑傳·曹毗》：

"安期解褐於秀林，漁父擺鈎於長川。"唐韓愈《赴江陵途中寄贈王二十補闕李十一拾遺李二十六員外翰林三學士》詩："歸舍不能食，有如魚中鈎。"唐李復言《續玄怪録·薛偉》："嗚呼！恃長波而傾舟，得罪於晦；昧纖鈎而貪餌，見傷於明。"宋戴復古《鷓鴣天·題趙次山魚樂堂》詞："休結網，莫垂鈎。"元馬臻《漁父歌》："昨朝老婦丁寧泣，銛鈎須利不須直。得魚賣錢及早歸，鄉吏打門征斂急。"

【鈎】

即同"鈎[1]"。此體先秦已行用。見該文。

【釣鈎】

即釣[2]。此稱漢代已行用。《樂府詩集·相和歌辭三·烏生》："鯉魚乃在洛水深淵中，釣鈎尚得鯉魚口。"唐杜甫《江村》詩："老妻畫紙爲棋局，稚子敲針作釣鈎。"宋陳師道《晚興》詩："布網收魚槮，連筒下釣鈎。"晋代亦稱"鋒"。《文選·郭璞〈江賦〉》："箱灑連鋒，罾罶比船。"李善注："舊説曰：箱、灑皆釣名也。"李周翰注："鋒，釣鈎。"唐代起亦作"釣鈎"。唐權德輿《渭水》詩："吕叟年八十，皤然持釣鈎。"清王士禎《寶鷄道中》詩："雲棧餘高鳥，磻溪有釣鈎。"

【釣鈎】

同"釣鈎"。此體唐代已行用。見該文。

【鋒】

即釣鈎。此稱晋代已行用。見該文。

【鈎芒】

即釣[2]。此稱漢代已行用。《淮南子·道應訓》："大司馬捶鈎者，年八十矣，而不失鈎芒。"唐代起亦稱"鈎距"。唐元稹《估客樂》詩："一身倚市利，突若截海鯨。鈎距不敢下，

下則牙齒橫。"宋鄧潤甫《道中咏懷奉寄利州馮允南使君》詩："不忍爲鈎距，何嘗設町畦。"

【鈎距】

即鈎芒。此稱唐代已行用。見該文。

【魚鈎】

即釣[2]。此稱南北朝時期已行用。南朝梁簡文帝《吳郡石像碑》："愍此魚鈎，傷兹螺孕。"《白雪遺音·馬頭調·夏景》："下魚鈎，分開青苔，輕輕鈎壞蓮花瓣。"唐代亦作"魚鈎"。唐溫庭筠《寄裴生乞釣鈎》詩："今日太湖風色好，却將詩句乞魚鈎。"宋代起亦稱"釣魚鈎"。宋陸游《閑游》詩："竹院頻分齋鉢飯，苔磯時把釣魚鈎。"元鄭玉《用前韵寄冊竹伯堅》："某水某丘俱在望，敲針共作釣魚鈎。"

【魚鈎】

同"魚鈎"。此體唐代已行用。見該文。

【釣魚鈎】

即魚鈎。此稱宋代已行用。見該文。

【盤針】

即釣[2]。因爲釣鈎彎曲而得名。此稱唐代已行用。唐韓愈《贈侯喜》詩："我爲侯生不能已，盤針擘粒投泥滓。"宋代亦作"盤鍼"。宋李綱《釣者對》："盤鍼以爲鈎，擘粒以爲餌，持竿歷時。"

【盤鍼】

同"盤針"。此體宋代已行用。見該文。

金鈎

釣鈎的美稱。此稱晋代已行用。晋葛洪《抱朴子·廣譬》："金鈎、桂餌雖珍，而不能制九淵之沈鱗。"明楊柔勝《玉環記·考試諸儒》："但得五湖明月在，不愁無處下金鈎。"唐代亦作"金鈎"。唐孟郊《濟源春》詩："玉鱗吞金

鈎，仙璇琉璃開。"

【金鈎】

同 "金鉤"。此體唐代已行用。見該文。

銀鈎

釣鈎的美稱。此稱南北朝時期已行用。南朝梁劉孝綽《釣竿篇》詩之一："金轄茱萸網，銀鈎翡翠竿。"唐王勃《上巳浮江宴序》："亦有銀鈎犯浪，掛頳翼於文竿；瓊舸乘波，耀錦鱗於畫網。"明宋登春《寓北固山漫興》詩："采蘭踏破春江月，笑弄銀鈎戲紫鼈。"清毛奇齡《漁父詞》："籊籊銀鈎掛竹竿，珊瑚車子鐵連鐶。"

龍鈎

釣鈎的美稱。此稱五代時期已行用。前蜀花蕊夫人《宮詞》："釣綫沈波漾彩舟，魚争芳餌上龍鈎。"

香鈎

挂有香餌的釣鈎。此稱唐代已行用。唐李賀《南園十三首》詩之八："窗含遠色通書幌，魚擁香鈎近石磯。"宋余靖《觀釣》詩："健鯉吞香鈎，錦文紅鱍鱍。"宋真德秀《魚計亭後賦》："嗟！利欲之誘人，甚香鈎之餌魚。"

芒距

釣鈎上的倒刺，用於卡住上鈎魚類之口，防止其挣脱。此稱漢代已行用，亦稱 "鏃"。《淮南子·原道訓》："雖有鈎箴芒距，微綸芳餌，加之以詹何、娟嬛之數，猶不能與網罟争得也。"唐張説《進白烏賦》："無芒距以耀武，不鈎嘴以懷仁。"《廣韻·平微》："鏃，鈎逆鋩。《淮南子》曰：'無鏃之鈎，不可以得魚。'"晉代亦省稱 "距"。晉潘尼《釣賦》："左援修竹，右縱飛輪，金鈎屬距，甘餌垂芬。"唐代又稱 "逆刺"。

《新唐書·王君廓傳》："嘗負竹笥如魚具，内置逆刺，見鬻繒者，以笥囊其頭，不可脱。"

【鏃】[1]

即芒距。此稱漢代已行用。見該文。

【距】

"芒距"之省稱。此稱晉代已行用。見該文。

【逆刺】

即芒距。此稱唐代已行用。見該文。

餌[1]

穿於釣鈎上的釣餌，用以引誘魚類等食用并上鈎。分爲素餌、葷餌兩大類：素餌多以玉米、大米、小麥、紅薯、蔬果等製作，葷餌多以蟲類、魚蝦、肉類等製作，有時還摻以香料等。此稱先秦時期已行用。《列子·湯問》："詹何……剖粒爲餌。"《莊子·胠篋》："鈎餌罔罟罾笱之知多，則魚亂於水矣。"郭慶藩集釋引盧文弨曰："餌，魚餌也。"《藝文類聚》卷八九："關子曰：魯人有好釣者，以桂爲餌，黄金爲鈎。"唐徐堅等《初學記》卷二二："《拾遺記》曰：'帝常以季秋之月，泛衝瀾靈鵠之舟，窮晷繼夜，釣於臺下。以香金爲鈎，霜絲爲綸，丹鯉爲餌。得白蛟，長三丈，若大蛇，無鱗甲。'"唐韓愈《獨釣》詩之三："鳥下見人寂，魚來聞餌馨。"清陳邦彦《烏衣香牒》卷一："有漁者得魚甚易，云燕肉爲餌。"晉代亦作 "鉺"。晉左思《吳都賦》："鈎鉺縱横，網罟接緒。"一本作 "餌"。

【鉺】

同 "餌[1]"。此體晉代已行用。見該文。

【釣餌】

即餌[1]。此稱宋代已行用。宋王安石《擬和御製賞花釣魚》："霏香連釣餌，落葉亂游鱗。"

明王世貞《補鐃歌四章·釣竿》：“釣竿青灘澨，釣餌一何芬。”清毛奇齡《益都相公招集易園即席奉和原韵二首》之一：“溪淺坐能垂釣餌，日長歸恐爛樵柯。”

魚餌

釣魚用的誘餌。此稱唐代已行用。唐皮日休《奉和魯望漁具十五咏·笮艒》：“低篷挂釣車，枯蚌盛魚餌。”宋周密《齊東野語》卷七：“王荊公誤食魚餌，亦近似之。”明陶宗儀《和董良史憲僉西郊草堂雜興八首》詩之三：“時將芳糗充魚餌，歲會香秔備鶴糧。”

蛙餌

釣蛙用的誘餌。此稱宋代已行用。宋黃震《吳縣擬試策問三道》之一：“蛙餌足以得大魚，砥石足以發硎刃。”

芳餌

芳香的釣餌。此稱漢代已行用。漢趙曄《吳越春秋·勾踐陰謀外傳》：“臣聞高飛之鳥，死於美食；深泉之魚，死於芳餌。”三國魏曹植《七啓》之五：“芳餌沈水，輕繳弋飛。”晉葛洪《抱朴子·廣譬》：“懸魚惑於芳餌，檻虎死於籠狐。”明宋訥《霍元方見寄五言十二韵二首（題鮑錫中踈懶釣魚圖遂成五言二十韵二首以答鮑霍二君子）》之一：“芳餌沉新月，長綸控落暉。”晉代起亦稱“甘餌”“香餌”。《晉書·段灼傳》：“臣聞魚懸由於甘餌，勇夫死於重報。”晉葛洪《抱朴子·逸民》：“何必紆朱曳紫，服冕乘軺，被犧牛之文繡，吞詹何之香餌。”唐杜甫《送顧八分文學適洪吉州》詩：“邦以民爲本，魚飢費香餌。”宋林希逸《鬳齋考工記解》卷下：“惟魚曰餌者，香餌之氣也，以其腥氣異於諸膠也。”明劉基《咏史》詩之一五：“香餌獲

死魚，重賞致死士。”清張英《自題桃花釣艇小像》詩：“寄語葦間垂釣侶，莫將香餌誤游魚。”

【甘餌】

即芳餌。此稱晋代已行用。見該文。

【香餌】

即芳餌。此稱晋代已行用。見該文。

玉餌

釣餌的美稱。此稱晋代已行用。《太平御覽》卷八三四：《抱朴子》曰：‘金鈎玉餌雖珍，而不能制九淵之沉鱗；顯寵豐禄雖貴，而不能制無欲之幽人。’”

黃金餌

釣餌的美稱。此稱隋代已行用。隋李巨仁《釣竿篇》：“不惜黃金餌，惟憐翠竹竿。”唐代亦省稱“金餌”。唐韓愈、孟郊《城南聯句》：“修箭裹金餌，群鮮沸池羹。”

【金餌】

“黃金餌”之省稱。此稱唐代已行用。見該文。

釣車

一種釣竿上裝有輪子以纏繞釣綫的垂釣器具。釣綫可以迅速放遠并回收，便於垂釣大魚及距離較遠的小魚。此稱南北朝時期已行用。北魏酈道元《水經注》卷二八：“子安問子明釣車所在。”唐韓愈《獨釣》詩之二：“坐厭親刑柄，偷來傍釣車。”明高啓《臨頓里》詩之五：“斬伐湲樵斧，經綸在釣車。”清曹寅《人日和子猷二弟仲夏喜雨原韵》：“釣車秣馬南郊外，共看靈湫徹底清。”唐代亦稱“奔車”。唐陸龜蒙《釣具詩·釣車》：“何處覓奔車，平波今渺渺。”五代亦稱“釣魚車”。五代譚用之《貽費道人》詩：“碧玉蜉蝣迎客酒，黃金轂轆釣魚

車。"宋周紫芝《五月六日湖上晚歸初見荷花二絕》之一:"擬借短蓑隨雨去,共誰同把釣魚車。"

【奔車】

即釣車。此稱唐代已行用。見該文。

【釣魚車】

即釣車。此稱五代時期已行用。見該文。

輪

釣車上纏繞釣綫的輪子。此稱晋代已行用。晋郭璞《江賦》:"或揮輪於懸碕,或中瀨而橫旋。"唐陸龜蒙《漁具詩·釣車》:"溪上持隻輪,溪邊指茅屋。"唐代亦稱"釣輪""釣綸""釣魚輪"。《文選·潘岳〈西征賦〉》"徒觀其鼓枻迴輪,灑釣投網"唐李善注:"舊説釣輪也,謂爲車以收釣緡也。輪,或爲綸。"唐温庭筠《寄湘陰閻少府乞釣輪子》詩:"釣輪形與月輪同,獨繭和煙影似空。"唐陸龜蒙《頃自桐江得一釣車以襲美樂煙波之思因出以爲玩俄辱三篇復抒酬答》詩之一:"旋屈金鈎劈翠筠,手中盤作釣魚輪。"

【釣輪】

即輪。此稱唐代已行用。見該文。

【釣綸】 [2]

即輪。此稱唐代已行用。見該文。

【釣魚輪】

即輪。此稱唐代已行用。見該文。

輪竿

釣車上的竿子。此稱金代已行用。金劉鐸《所見》詩:"輪竿老子綠蓑衣,細雨斜風一釣磯。"明李贄《舟中和顧寶幢遺墨》詩之四:"漁翁獨釣扁舟去,袖手輪竿臥夕陽。"

輪鈎

釣車上的鈎子。此稱唐代已行用。《敦煌變文集·伍子胥變文》:"波上惟見一人,唱謳歌而撥棹,手持輪鈎,欲以(似)魚(漁)人。"蔣禮鴻通釋:"現在浙江金華人所用的釣竿,釣絲很長,頭上裝有好幾枚雙尖釣鈎,可以下到很遠的地方,而於近釣竿把手處裝置直徑三四市寸的小輪,用來收捲釣絲。這種情形,和變文所説'收輪捲索'相合,應是輪鈎的遺制。"五代亦作"輪鈎"。五代王定保《唐摭言·酒失》:"戲躍蓮池四五秋,常搖朱尾弄輪鈎。無端擺斷芙蓉朵,不得清波更一游。"

【輪鈎】

同"輪鈎"。此體五代已行用。見該文。

杈

刺捕魚鱉等用的器具,是中國最早發明的捕撈器具之一。實物與文獻證明,中國在六千多年前就已開始使用骨製的杈。而"杈"的名稱,漢代也已行用。《周禮·天官·鱉人》"以時籍魚鱉龜蜃凡狸物"鄭玄引漢鄭司農曰:"籍謂以杈刺

魚　叉
(明王圻等《三才圖會·器用》)

泥中搏取之。"晋代起亦作"叉"，以其主要用於刺捕魚，唐代亦稱"取魚叉"。《文選·潘岳〈西征賦〉》："垂餌出入，挺叉來往。"唐李善注："叉，取魚叉也。"唐皮日休有《叉魚》詩。宋蘇軾《江西》詩："何人得偶窺魚矼，舉叉絶叫尺鯉雙。"明代又稱"魚叉"。明袁宏道《散木和前詩仍用韻答》："小雨潤苔枯，魚叉集曉湖。"清代或稱"漁叉"。清王又曾《題林良九鷺圖》詩："漁叉不響欸乃空，忽下前灘幾堆雪。"

【叉】

同"杈"。此體晋代已行用。見該文。

【取魚叉】

即杈。此稱唐代已行用。見該文。

【魚叉】

即杈。此稱明代已行用。見該文。

【漁叉】

即杈。此稱清代已行用。見該文。

蔟

一種刺取魚類用的器具。此稱漢代已行用，亦作"簇"。漢張衡《西京賦》："觀罝羅之所羂結，竿殳之所揘畢，叉蔟之所攙捔，徒搏之所撞拯。"按，叉蔟，一本作"叉簇"。

【簇】

同"蔟"。此體漢代已行用。見該文。

矛

一種刺捕魚類用的器具。此稱唐代已行用。唐陸龜蒙《叉魚》詩："持矛若羽輕，列燭如星爛。"

銛

一種刺捕魚及黿鼉等用的器具。此稱宋代已行用。《廣韻·平鹽》："《纂文》曰：'鐵有距，施竹頭，以擲魚爲銛也。'"《初學記》卷二二："銛，取黿鼉也。"

杖

一種刺捕魚類用的棍棒。頭部有長釘，曾流行於吳地等。此稱宋代已行用。宋蘇轍《和子瞻畫魚歌》："畫魚何者漫區區，終日辛勤手拮据。"自注："吳人以長釘加杖頭，以杖畫水取魚，謂之畫魚。"

鉤 [2]

刺捕魚類用的杖上的鉤子。此稱宋代已行用。宋蘇軾《畫魚歌》："天寒水落魚在泥，短鉤畫水如耕犁。"

弓 [1]

一種射殺魚類用的器具。人們通過弓箭射殺捕獲魚類的活動起源很早，已有幾千年歷史。此類活動，本稱"矢魚"，如《左傳·隱公五年》："五年春，公矢魚于棠。"唐陸龜蒙《漁具》詩序："矢魚之具也如此，余既歌之矣；矢民之具也如彼，誰其嗣之！"後世又稱"射魚"，如唐李商隱有《射魚曲》、皮日休有《射魚》詩。宋張鎡《渭川獵》詩："魯公如棠但射魚，縱得齒革何能爲。"而以弓射魚，唐代也已見於記載。唐陸龜蒙《射魚》詩："彎弓注碧潯，掉尾行涼沚。"

箭 [1]

一種射殺魚類用的器具。此稱唐代已行用，亦稱"矢"。唐李商隱《射魚曲》："思牢弩箭磨青石，繡額蠻渠三虎力。"唐皮日休《射魚》詩："注矢寂不動，澄潭晴轉烘。"

【矢】 [1]

即箭[1]。此稱唐代已行用。見該文。

漁鈎

刺捕魚類用的鈎子。此稱宋代已行用。宋韓淲《次韻潘德久》："晚風湖面看漁鈎，盡日相歡得勝游。"明邱雲霄《周仰峰主政訪武夷別日詩以送之二首》之二:"綵鷁溪頭新使節,綠楊磯畔舊漁鉤。"元代亦稱"飛魚鉤"。《水滸傳》第一九回:"這邊蘆葦西岸,又是兩個人,也引着四五個打魚的,手裏也明晃晃拿着飛魚鉤走來。"清代亦作"魚鉤"。《四庫全書總目提要·外臺秘要》:"宋小説載以念珠取誤吞漁鉤爲奇技,其方乃在今八卷中。"

【漁鈎】

同"漁鉤"。此體清代已行用。見該文。

【飛魚鉤】

即漁鉤。此稱元代已行用。見該文。

鉤 [3]

一種刺捕大魚用的鉤子。此稱宋代已行用。宋范致明《岳陽風土記》:"江上漁人取巨魚,以兩舟夾江,以一人持綸。鉤共一綸,繫其兩端,度江所宜用,餘皆軸之。中至十鉤,有大如秤鉤,皆相連……絕江往來,牽挽以待;魚行,亟取之,謂之擺鉤。"

第二節　網撈、攔捉器具考

網撈器具指可下沉水中捕撈魚類的網具,主要包括網繩、網墜,有的還輔以網竿、網架等;攔捉器具指可置於水中阻攔魚類任意游動并適時捕捉的器具,主要包括籠罩、柴木、栅欄等。

魚網

用棕櫚、麻繩、絲綫等以打結、絞拈或經編方法織成的捕撈魚類的網眼器具。可據捕撈種類的不同,調整網的形狀、尺寸與網眼疏密。新石器時代,中國就已有多地使用。"魚網"的名稱,先秦時期也已行用。《詩·邶風·新臺》:"魚網之設,鴻則離之。"《後漢書·宦者傳·蔡倫》:"倫乃造意,用樹膚、麻頭及敝布、魚網以爲紙。"唐杜甫《舟中》詩:"結纜排魚網,連檣并米船。"元姚燧《檣烏》詩:"絕嫌魚網戒張設,見彈必毀仍藏弧。"清丘逢甲《重九日游長潭》詩之三:"或翁曬魚網,或媪負幼孫。"

漢代亦作"魚罔",亦稱"罔""网""細網"。漢桓寬《鹽鐵論·詔聖》:"夫少目之罔,不可以得魚。"《爾雅·釋器》:"緵罟謂之九罭;九罭,魚罔也。"漢陳琳《爲曹洪與魏文帝書》:"若駭鯨之決細網,奔兕之觸魯縞。"《説文·网部》:"网,庖犧所結繩以漁。从冂,下象网交文。"唐代起又省稱"網"。《文選·潘岳〈西征賦〉》"繳經連白,鳴榔厲響"唐李善注:"繳經連白,網也。連白,以白連羽連綴,經其上,於水中二人對引之。"唐杜甫《又觀打魚》詩:"蒼江漁子清晨集,設網提綱取魚急。"宋梅堯臣《打魚》詩:"插葦截灣流,寒魚未能越。安知罟師意，設網遮其闕。”元薩都剌《題淮安壁間》詩：“魚蝦潑潑初出網，梅杏青青已著枝。”元揭傒斯《漁父》詩：“夫前撒網如飛輪，婦後搖艣青衣裙。”明劉基《送姚伯淵之清溪河泊所任》詩：“侵晨漁艇浮空來，千夫撒網雲煙回。”清錢泳《履園叢話·收藏·五代》：“又岸上漁人布網漉魚者，蓋取謝宣城詩‘洞庭張樂地，瀟湘帝子游’二語爲境耳。”宋代起又作“漁網”。宋范成大《四時田園雜興》詩之一〇：“已插棘針樊筍徑，更鋪漁網蓋櫻桃。”《清史稿·循吏傳三·姚柬之》：“一日，塗遇持火槍者，結隊行，望見官至，悉没水中，命以漁網取之。”

【魚罔】

同“魚網”。此體漢代已行用。見該文。

【漁網】

同“魚網”。此體宋代已行用。見該文。

【罔】[1]

即魚網。此稱漢代已行用。見該文。

【网】

即魚網。此稱漢代已行用。見該文。

【細網】

即魚網。此稱漢代已行用。見該文。

【網】[1]

“魚網”之省稱。此稱唐代已行用。見該文。

【魚罟】

即魚網。此稱先秦時期已行用，省稱“罟”，亦稱“絇”。《墨子·公孟》：“是猶無魚而爲魚罟也。”《國語·魯語上》：“里革斷其罟而棄之。”韋昭注：“罟，網也。”《榖梁傳·襄公二十七年》：“織絇邯鄲，終身不言衛。”宋王安石《純甫出釋惠崇畫要予作詩》：“暮氣沈舟暗魚罟，敧眠嘔軋如聞艣。”清盧元昌《北塘晚

棹》詩：“江寒魚罟静，月上虎踪多。”元代起亦作“漁罟”。元朱德潤《山水屏圖詩》：“風帆畫卷瀟湘雨，黄葦堆灘插漁罟。”《明一統志》卷六六：“以漁罟耕耨爲業，而少積聚。”

【漁罟】

同“魚罟”。此體元代已行用。見該文。

【罟】[1]

“魚罟”之省稱。此稱先秦時期已行用。見該文。

【絇】

即魚罟。此稱先秦時期已行用。見該文。

【網罟】[1]

即魚網。此稱唐代已行用。唐杜甫《五盤》詩：“地僻無網罟，水清反多魚。”宋朱弁《曲洧舊聞》卷三：“土人不善施網罟，冬積柴水中，爲㴱以取之。”《鏡花緣》第八九回：“道姑道：‘劇憐編網罟，始克奉盤匜。’”

【眾】

即魚網。一説爲大型魚網。此稱先秦時期已行用。《詩·衞風·碩人》：“施眾濊濊。”毛傳：“眾，魚罟。”《淮南子·説山訓》：“好魚者先具罟與眾。”高誘注：“眾，大網。”唐陸龜蒙《漁具》詩序：“大凡結繩持網者，總謂之網罟。網罟之流，曰眾，曰罾，曰罺。”清桂馥《劄樸·鄉里舊聞》：“漁人投木枝以聚魚，施眾圍而取之。”

【網眾】

即魚網。此稱宋代已行用。宋梅堯臣《送王景憲奉職》詩：“行愛青山口，人煙事網眾。”明朱誼沊《祀竈詩》：“比屋擔珪組，吞舟決網眾。”清曹寅《北行雜詩》之一八：“網眾充下潦，城郭冒高煙。”

【罾】[1]

即魚網。一種小型魚網。此稱先秦時期已行用。《楚辭・九歌・湘夫人》："鳥何萃兮蘋中，罾何爲兮木上！"王逸注："罾，魚網也。"唐唐彥謙《蟪》詩："扳罾拖網取賽多，篾簍挑將水邊貨。"元曾瑞《哨遍・村居》套曲："樵夫叉了柴，漁翁扳了罾。"明林弼《江洞書事五十韵》："負弩常從犬，扳罾或得鯿。"明劉崧《題捕魚圖爲郭士端賦》："竹竿操罾撩泥淺，橋棧攀罾出水遲。"清李漁《比目魚・回生》："坐漁磯把罾兒上竿，倩波濤趕魚兒下灘。"清陳元龍《格致鏡原》卷四八："《三才圖會》：'罾，亦網也，有扳罾，有坐罾，有提罾。三制相似，惟坐罾稍大，謂之坐者，以其定於一處也。'"唐代起亦作"繒"。唐錢起《江行無題》詩之八六："細竹漁家路，晴陽看結繒。"一本作"罾"。

【繒】[1]

同"罾"。此體唐代已行用。見該文。

【魚罾】

即魚網。此稱唐代已行用，亦作"漁罾"。唐杜甫《寄劉峽州伯華使君四十韵》："林居看蟻穴，野食待魚罾。"唐姚揆《村行》詩："罷吟思故國，窗外有漁罾。"前蜀韋莊《宿山家》詩："背風開藥竈，向月展漁罾。"宋陸游《夜登小南門城上》詩："野艇魚罾舉，優場炬火明。"清姚燮《邁陂塘・蓉江舟夜》詞："魚罾晴閃楓邊影，遠岸沙痕一碧。"宋代又作"漁繒"。宋彭汝礪《江口》詩："茅屋尺椽貧活計，漁繒一幅舊生涯。"明代還作"魚繒"。明祝允明《畫魚記》："畫雜魚繒一幅，衡六尺，縮三尺。"

【漁罾】

同"魚罾"。此體唐代已行用。見該文。

【漁繒】

同"魚罾"。此體宋代已行用。見該文。

【魚繒】

同"魚罾"。此體明代已行用。見該文。

【罾罘】

即魚網。此稱明代已行用。明李東陽《彭學士先生所藏劉進畫魚》詩之二："帝澤還同雨露深，餘生得謝罾罘擾。"

【汕汕】

即魚網。此稱先秦時期已行用。漢代起亦稱"槮""撩罟""罺"，又省稱"汕"，清代還稱"抄網"。《詩・小雅・南有嘉魚》："南有嘉魚，烝然汕汕。"毛傳："汕汕，槮也。"漢鄭玄箋："槮者，今之撩罟也。"陸德明釋文："槮，側交反，字或作'罺'。"《爾雅・釋器》："罺謂之汕。"郭璞注："今之撩罟。"清郝懿行義疏："撩罟，今謂之抄網也。"《文選・左思〈吳都賦〉》："罺鰽鰕。"晉劉逵注："罺，抑魚之器也。"唐陸龜蒙《漁具》詩序："網罟之流曰罛，曰罾，曰罺。"明夏完淳《燕問》："於是水師編葦以防逸，罟工橫汕以利收。"清王士禛《池北偶談・談异七・起汕丫繫》："彝陵風俗，漁人春則起汕，秋則丫繫。"

【槮】

即汕汕。此稱漢代已行用。見該文。

【撩罟】

即汕汕。此稱漢代已行用。見該文。

【罺】

即汕汕。此稱漢代已行用。見該文。

【汕】

"汕汕" 之省稱。此稱漢代已行用。見該文。

【抄網】

即汕汕。此稱清代已行用。見該文。

【罟】

即魚網。此稱宋代已行用。宋梅堯臣《正仲見贈依韵和答》: "譬彼捕長鯨，區區只持罟。" 清王筠《説文解字句讀》卷一四: "罟，魚網。從网，音聲。"

【絲網】[1]

即魚網。此稱元代已行用。元薩都剌《蒲萄酒美鱘魚味肥賦蒲萄歌》: "柳花吹盡春江漲，雪花鱘魚出絲網。" 清嵇永仁《買魚》詩: "寒月明絲網，攜錢買活魚。" 明代亦稱 "青絲網"。明汪廣洋《東吳櫂歌》之二: "阿誰坐理青絲網，遮得松江巨口鱸。"

【青絲網】

即絲網。此稱明代已行用。見該文。

【罾】[1]

即魚網。此稱明代已行用。明宋濂《故江南等處行省都事追封丹陽縣男孫君墓銘》: "銷兵鑄鐵耕以農，生民有如魚脱罾。"

【撜兜】

即魚網。此稱明代已行用。清顧張思《土風録》卷五: "撜兜: 撈魚具曰撜兜，見章黼《韵學集成》: '鴿撜，網也。俗云撜兜。'"

【笒】

即魚網。此稱清代已行用。清屈大均《廣東新語·介語·白蜆》: "白蜆之所生，或多或少，視其人造化所至。蛋人佃其塘以取白蜆，亦復如之。故諺曰: 今年白蜆多，蛋家銀滿笒。"

九罭

一種帶有囊袋用以捕撈小魚的細眼網。此稱先秦時期已行用，漢代亦稱 "緵罟"，唐代江南又稱 "百囊網"。《詩·豳風·九罭》: "九罭之魚，鱒魴。" 毛傳: "九罭，緵罟，小魚之網也。" 陸德明釋文: "今江南呼 '緵罟' 爲 '百囊網' 也。" 朱熹集傳: "九罭，九囊之網也。" 漢張衡《西京賦》: "搜川瀆，布九罭。"《魏書·李順傳》: "等渤澥之乘雁，類九罭之逃魚。" 唐李德裕《觀釣賦》: "且夫一竿之説，所貴不綱；九罭未具，難希鱒魴。" 清趙翼《戲咏蛛網》詩: "聊復私一毛，寧須羨九罭。" 南朝梁起省稱 "罭"。南朝梁沈約《懺悔文》: "又嘗竭水而漁，躬事網罭。" 明何景明《中林之棘》: "彼魚之罭，在彼河梁。" 清代又稱 "緵"。《爾雅·釋器》 "緵罟謂之九罭; 九罭，魚罔也" 清郝懿行義疏: "緵之言總也，《孟子》所謂數罟，言其綱目細密，故毛以爲小魚之網。" 一説罭爲攔捉蝦竹器。《廣雅·釋器》: "籗、筌謂之筂。" 清王念孫疏證: "《廣韻》: '筂，取鰕竹器也。'《太平御覽》引《韓詩》云: '九罭之魚。' 罭，取鰕筂也。"

【緵罟】

即九罭。此稱漢代已行用。見該文。

【罭】

"九罭" 之省稱。此稱南北朝時期已行用。見該文。

【百囊網】

即九罭。此稱唐代已行用。見該文。

【緵】

即九罭。此稱清代已行用。見該文。

罪

一種竹製魚網。此稱先秦時期已行用。

《詩·小雅·小明》："豈不懷歸，畏此罪罟。"清馬瑞辰通釋："《説文》：罪，捕魚竹網；罟，網也。秦始以'罪'易'辠'。維此詩'罪''罟'二字平列，猶云網罟。與下章'畏此譴怒''畏此反覆'語同。"

鐵網

一種用鐵絲交叉編織而成的用以捕撈珊瑚的網具。此稱三國時期已行用。《世説新語·汰侈》："愷惘然自失。"南朝梁劉孝標注引三國吴萬震《南州异物志》："珊瑚生大秦國，有洲在漲海中，距其國七八百里，名珊瑚樹洲。底有盤石，水深二十餘丈，珊瑚生於石上。初生白，軟弱似菌。國人乘大船，載鐵網，先没在水下，一年便生網目中，其色尚黄，枝柯交錯，高三四尺，大者圍尺餘。三年色赤，便以鐵鈔發其根，繫鐵網於船，絞車舉網。還，裁鑿恣意所作。若過時不鑿，便枯索蟲蠹。"唐李商隱《碧城》詩之三："玉輪顧兔初生魄，鐵網珊瑚未有枝。"宋梅堯臣《送韓子文寺丞通判瀛州》詩："選才才且殊，鐵網收珊瑚。"清曹貞吉《八寶妝·咏未央宫銅奩》詞："渭上西風，漁床晚照，鐵網千絲初舉。"

罨[1]

一種斂口而可從水上掩取魚類的網具。此稱晋代已行用。《太平御覽》卷八三四引晋周處《風土記》："罨如罭而小，斂口，從水上掩而取者也。"《文選·左思〈蜀都賦〉》："罨翡翠，釣鰋鮋。"唐張銑注："罨，網也。"

罞

一種用以夾魚的小網。在兩根平行的短竹竿間編一張網，再裝兩根交叉的長竹柄做成，兩手握住竹柄可使網開合。此稱唐代已行用。唐陸龜蒙《漁具詩》序："挾而昇降，曰罞。"宋張鎡《姑蘇懷古》詩："成壞不將供一笑，争如烟外罞漁郎。"明代起亦作"罱"。明沈周《夏圭山水爲華尚古題》詩："罱魚罱魚復罱魚，聊開聊闔魚逃逋。"明方以智《通雅·諺原》："夾魚小網曰罞。一作罱。"清王士禛《石鐘山》詩："鶴巢丹壁上，魚罱翠微間。"

【罱】

同"罞"。此體明代已行用。見該文。

撒網

一種用於淺水地區的小型圓錐形的捕撈魚類的網具。依照打開方式而稱。又名"旋網"。此稱唐代已行用。唐楊筠松《變星篇》："有如貪狼變文曲，撒網之形非碌碌。"元關漢卿《望江亭》第三折："活計全别，俺則是一撒網，一簑衣，一箬笠。"《三才圖會·器用》卷五收圖有塘網，有注網，有撒網，有張絲網，有綽網，有扳罾，有攩網，有趕網，有扠網，有艌網。注云："《易》：'庖犧氏結繩爲網罟。'此制之所始。制各不同，隨所宜而用之。惟注網則施於急流中，其制纖口而巨腹，所得魚極不貲。"清陳元龍《格致鏡原》卷四八所引略同。

撒　網
（明王圻等《三才圖會·器用》）

塘網

一種用於江浦的魚網。此稱明代已行用。明正德《松江府志》卷四：“漁於江浦者有注網，有絲網、塘網。”清汪曰楨《湖雅》卷九：“《雙林志》：‘大者塘網，其次撒網。’”參見“撒網”。

塘　網
（明王圻等《三才圖會·器用》）

注網

一種用於江浦的魚網。爲定置網具。多置於急流，口小而腹大。此稱明代已行用。見“撒網”“塘網”。

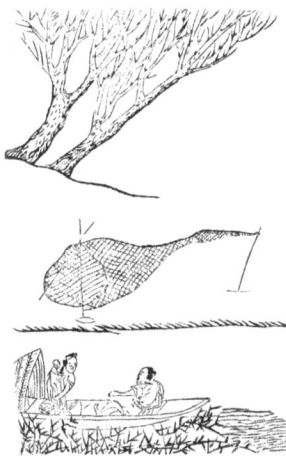

注　網
（明王圻等《三才圖會·器用》）

絲網[2]

一種用於江浦的魚網。爲定置網具，施於

張絲網
（明王圻等《三才圖會·器用》）

荷塘之中，定於一處，可坐享其成。此稱明代已行用。（民國）《奉天通志》卷二五一：“《范河漁父》：‘鷓鴣聲裏破絲網，楊柳風邊獨木舟。’”參見“撒網”“塘網”。

綽網

一種可兩人同時操作的帶有桁杆的小型魚網。此稱明代已行用。參見“撒網”。

綽　網
（明王圻等《三才圖會·器用》）

攩網

一種魚網。類似後世所謂的抄網。這種網帶有長柄，另一端有三角木架并沿之敷設網兜，

攩　網
（明王圻等《三才圖會·器用》）

用於撈取水中的魚蝦。此稱明代已行用。清
朱珪《陰騭文注》:（韓世能）遇攩網所遺螺蛤
等物，必拾投水中。"（民國）《奉天通志》卷
一一九："擋（攩）網、釣鈎、網棍、網舠、魚
網，按八折各繳費二圓四角。"參見"撒網"。

趕網

一種魚網。帶有支架并設網兜。常置於小
溪溝渠中，網口朝外，攤開網兜，將魚蝦趕入
網中并起兜。此稱明代已行用。明鄭若曾《江

趕　網
（明王圻等《三才圖會·器用》）

南經略》卷一："其他湖泖內港漁船，尚有輒
網、趕網、逐網、罩網、江網、溏網六者。"參
見"撒網"。

扠網

一種魚網。亦是一種抄網，兩杆長柄形成
交叉，網兜置於前端，以此撈取水中魚蝦。此
稱明代已行用。參見"撒網"。

扠　網
（明王圻等《三才圖會·器用》）

艌網

一種魚網。亦是一種帶有柄夾竿的罩夾網
具。通常用於內陸小水域。此稱明代已行用。

艌　網
（明王圻等《三才圖會·器用》）

參見"撒網"。

纖羅

一種細眼魚網。此稱宋代已行用。宋宋庠《水月》詩："湖上纖羅收，天邊夕蟾映。"

蟹網

一種用麻繩等交叉編織而成的捕蟹網具。此稱宋代已行用。宋高似孫《蟹略·蟹具》："蟹網，吳人引舟取蟹，沉鐵腳網，謂之蕩浦，又引徐行兩舟中間施網，謂之搖江。"明端淑卿《秋夕泊舟湖》詩："秋水茫茫帶白蘋，漁舟蟹網集湖濱。"清邢昉《曉過石臼湖》詩："蟹網霜前密，魚梁潦後寬。"

扳罾

罾的一種。一種用木棍或竹竿做支架的小型方形魚網，形似仰傘。將其置於水中，待魚類游到網上後揚網捕捉。此稱元代已行用。元謝應芳有《題漁人扳罾圖》詩。清李光庭《鄉言解頤》卷五："魚網之設，名目不一。隨地而移取者爲小扳罾；相地而安置者爲十字木網；其乘舟平撒水面，網邊之鐵入水而合兜之謂之

扳　罾
（明王圻等《三才圖會·器用》）

旋網，須臂力大而善旋者方能有獲。"明代亦作"扳繒"。明馮夢龍《山歌·睃》："扳繒老兒上釣臺。呀，曲曲背，心肝愛。"

【扳繒】

同"扳罾"。此體明代已行用。明王圻等《三才圖會·器用》："坐罾稍大。謂之坐者，以其定於一處也。"參見"罾²"。

坐罾

罾的一種。以其形制較大，定於一處，故稱。此稱明代已行用，亦作"坐繒"。見"罾²"。

【坐繒】

同"坐罾"。此體明代已行用。見該文。

坐　罾
（明王圻等《三才圖會·器用》）

提罾

罾的一種。小型方網，可手提捕捉魚蝦。此稱明代已行用，亦作"提繒"。清陳元龍《格致鏡原》卷四八引《三才圖會》："有扳罾，有坐罾，有提罾，三制相似。"參見"罾²"。

【提繒】

同"提罾"。此體明代已行用。見該文。

提　罾
（明王圻等《三才圖會·器用》）

魚媒

一種捕撈魚類用的網具。此稱明代已行用。清嵇曾筠等監修《浙江通志》卷一〇二:"《嘉靖安吉州志》:……又有網斗撈之者,謂之魚媒。"

綱[1]

魚網上提網用的總繩。此稱先秦時期已行用。《書·盤庚上》:"若網在綱,有條而不紊。"《墨子·尚同上》:"譬若絲縷之有紀,罔罟之有綱。"《韓非子·外儲説右下》:"善張網者引其綱,不一一攝萬目而後得,則是勞而難;引其綱,而魚已囊矣。"唐杜甫《又觀打魚》詩:"蒼江漁子清晨集,設網提綱萬魚急。"元王惲《捕魚歌》:"須臾合網環深碧,薄掺提綱從掇拾。"宋代亦稱"漁綱""魚綱"。宋梅堯臣《送汝陰宰孫寺丞》詩:"綠蒲被岸漁綱舉,黃鳥啄葚繰車鳴。"宋王鎡《溪村》詩:"斜陽曬魚綱,疏竹露人家。"

【漁綱】

即綱[1]。此稱宋代已行用。見該文。

【魚綱】

即綱[1]。此稱宋代已行用。見該文。

繩

由兩股以上的檾麻、棕毛、稻草等撚成的條狀物,用以編織漁網等。此稱先秦時期已行用。《易·繫辭下》:"作結繩而爲罔罟,以佃以漁。"三國魏阮籍《通易論》:"結繩而爲網罟,致日中之貨。"

目

縱綫、橫綫相交所織成的魚網網眼。此稱先秦時期已行用。《尸子》卷上:"上綱苟直,百目皆開。"漢桓寬《鹽鐵論·詔聖》:"夫少目之網不可以得魚,三章之法不可以爲治。"唐代亦稱"紘目""網眼"。唐柳宗元《問答·晋問》:"若夫魦、鱣、鮪、鯉、鱷、鱧、魴、鱮之瑣屑葰裂者,夫固不足悉數,漏脱紘目,養之水府。"唐温庭筠《罩魚歌》:"水連網眼白如影,漸瀝篷聲寒點微。"宋代又稱"網目"。宋陳師道《次韵蘇公西湖徙魚》三首之二:"寧容網目漏吞舟,誰能烹鮮作苛碎。"

【紘目】

即目。此稱唐代已行用。見該文。

【網眼】

即目。此稱唐代已行用。見該文。

【網目】

即目。此稱宋代已行用。見該文。

網墜

一種繫於魚網底部,助其下沉以便捕撈的器具。新石器時代即已采用,多以石、骨製作。冶煉技術發明後,漸以金屬爲之。郭沫若《中國史稿》第一編第三章第二節:"在他們的遺址裏,發現了長約2米的木槳,還有陶、石網墜、木浮標、竹魚簍。"

笱

一種攔捉魚類用的竹製器具。編竹成簍，兩頭留口，口小而腹大，進口插以逆嚮竹片，魚可入而不可出。此稱先秦時期已行用。《詩·邶風·谷風》："毋逝我梁，毋發我笱。"《莊子·胠篋》："鈎餌罔罟罾笱之知多，則魚亂於水矣。"《周禮·天官·䰄人》："䰄人掌以時䰄爲梁。"漢鄭玄注："以笱承其空。"孫詒讓正義引《説文·句部》："笱，曲竹捕魚笱也。"明張景《飛丸記·同宦思鄉》："且喜得禽離羅網魚逃笱，匹馬瀟瀟逐傳郵，免戴南冠學楚囚。"清代亦稱"笱梁"。清曹寅《漁村》詩之二："征徭間架少，風俗笱梁存。"

【笱梁】

即笱。此稱清代已行用。見該文。

【魚笱】

即笱。此稱三國時期已行用。《爾雅·釋器》："嫠婦之笱謂之罶。"邢昺疏引三國魏孫炎曰："以簿爲魚笱。"唐皮日休《初冬偶作寄南陽潤卿》詩："迎潮預遣收魚笱，防雪先教蓋鶴籠。"明代亦作"漁笱"。明文徵明《題漁隱圖》詩："游魚瀺灂樂深藪，不謂人間有漁笱。"近代浙江亦稱"魚薄"。章炳麟《新方言·釋器》："今浙江謂魚笱爲魚薄，音如簿。"

【漁笱】

同"魚笱"。此體明代已行用。見該文。

【魚薄】

即魚笱。此稱近代已行用。見該文。

【罶】

即笱。此稱先秦時期已行用。漢代亦稱"曲梁""寡婦之笱"，唐代起又稱"寡婦笱"。《國語·魯語上》："水虞於是乎講罛罶，取名魚，登川禽。"韋昭注："罶，笱也。"《詩·小雅·魚麗》："魚麗于罶，鱨鯊。"毛傳："罶，曲梁也，寡婦之笱也。"孔穎達疏："以簿爲魚笱，其功易，故號之'寡婦笱'耳，非寡婦所作也。"清姚鼐《喜陳碩士至舍有詩見貽答之四十韵》："敢謂橫海鱗，制以寡婦笱。"

【曲梁】

即罶。此稱漢代已行用。見該文。

【寡婦之笱】

即罶。此稱漢代已行用。見該文。

【寡婦笱】

即罶。此稱唐代已行用。見該文。

筌

一種攔捉魚類用的竹製器具，與笱相似。此稱先秦時期已行用，亦作"荃"。《莊子·外物》："荃者所以在魚，得魚而忘荃；蹄者所以在兔，得兔而忘蹄。"按，荃，一本作"筌"。《文選·郭璞〈江賦〉》："栫淀爲涔，夾濚羅筌。"唐李善注："筌，捕魚之器，以竹爲之，蓋魚笱屬。"三國魏亦稱"篧""筶（又作筤）"。《廣雅·釋器》："篧、筌謂之筶。"王念孫疏證："《玉篇》：'筌，捕魚笱也。'字亦作荃。《莊子·外物篇》云：'荃者所以在魚，得魚而忘荃。'"晉代又稱"斗回"。左思《吳都賦》："筌蚷鱨。'劉逵注云：'筌，捕魚器，今之斗回也。'"唐代還稱"魚筌"。唐陸龜蒙《奉和襲美太湖詩二十首·崦裏》："處處倚疊箔，家家下魚筌。"一説筌、篧、筶（又作筤，見於宋代）爲攔捉蝦竹器。《廣雅·釋器》"篧、筌謂之筶"王念孫疏證："《廣韻》：'筶，取鰕竹器也。'《太平御覽》引《韓詩》云：'九罭之魚。'罭，取鰕饳也。"《集韻·平脂》:"篦……取鰕具。《博雅》:'籗、筌謂之饳,或作篦。'"或云,筌即椮,積柴水中,使魚依而食。此稱見於清代。《小爾雅·廣獸》:"魚之所息謂之橝。橝,椮也。積柴水中而魚舍焉。"清胡承珙義證:"椮又謂之筌。《莊子·外物篇》:'筌者所以在魚。'《釋文》云:'積柴水中,使魚依而食焉。'是椮即筌也。"

【筌】[1]

同"荃"。此體先秦時期已行用。見該文。

【篝】[1]

即荃。此稱三國時期已行用。見該文。

【饳】

即荃。此稱三國時期已行用。見該文。

【斗回】

即荃。此稱晋代已行用。見該文。

【魚筌】

即荃。此稱唐代已行用。見該文。

【篦】

即荃。此稱宋代已行用。見該文。

【椮】

一説即荃。此稱清代已行用。見該文。

罩罩

一種用青竹細枝或荊條等編織成的攔捉魚類用的器具。圓筒形,上小下大,無頂無底。此稱先秦時期已行用,漢代亦稱"篧",唐代起又稱"青罩""釣罩""魚罩",或省稱"罩"。《詩·小雅·南有嘉魚》:"南有嘉魚,烝然罩罩。"毛傳:"江漢之間,魚所產也。罩罩,篧也。"唐李賀《感諷》詩之六:"調歌送風轉,杯池白魚小。水宴截香腴,菱科映青罩。"王琦注:"《廣韻》:罩,竹籠取魚具……按《爾雅》:

篧謂之罩,捕魚籠也。《詩》:烝然罩罩。李巡曰:編細竹以爲罩網,無竹則以荊。"唐韓愈《答柳柳州食蝦蟆》詩:"居然當鼎味,豈不辱釣罩。"錢仲聯集釋引祝充曰:"罩,竹籠,取魚也。"唐李商隱《爲滎陽公謝除盧副使等官狀》:"撫魚罩以興懷,懼殺皮之廢禮。"唐温庭筠《罩魚歌》:"持罩入深水,金鱗大如手。"宋秦觀《次韵參寥莘老》:"黎明忽自罷,晴日射魚罩。"一説"罩罩"爲"疊字形容之辭",參閲清戴震《毛鄭詩考正》卷二。

【篧】

即罩罩。此稱漢代已行用。見該文。

【青罩】

即罩罩。此稱唐代已行用。見該文。

【釣罩】

即罩罩。此稱唐代已行用。見該文。

【魚罩】

即罩罩。此稱唐代已行用。見該文。

【罩】

"罩罩"之省稱。此稱唐代已行用。見該文。

罩　筌
(明王圻等《三才圖會·器用》)

楚籗

用荊條編織的罩罩。楚，灌木名，即牡荊。此稱三國時期已行用。《爾雅·釋器》："籗謂之罩。"宋邢昺疏："〔三國〕孫炎云：'今楚籗也。'然則罩以竹爲之，無竹則以荊，故謂之楚籗，皆謂捕魚籠也。"清陳元龍《格致鏡原》卷四八："《庶物異名疏》：楚籗，捕魚籠無底者。"

篊

一種用於攔捉魚類的竹製器具。此稱晋代已行用，亦稱"萬匠篊"，唐代又稱"萬尺篊"。唐段成式《酉陽雜俎·物異》："晋時錢塘有人作篊，年收魚億計，號爲'萬匠篊'。"唐陸龜蒙《寄吳融》詩："到頭江畔從漁事，織作中流萬尺篊。"清高士奇《題盧徵君嵩山草堂圖》詩："神鬐在水不入篊，仙禽在野不受籠。"北朝亦作"洪"。《北史·慕容儼傳》："始入而梁大都督侯瑱、任約率水陸軍奄至城下，於上流鸚鵡洲造荻洪。"

【洪】

同"篊"。此體南北朝時期已行用。見該文。

【萬匠篊】

即篊。此稱晋代已行用。見該文。

【萬尺篊】

即篊。此稱唐代已行用。見該文。

筒[2]

一種用於攔捉魚類的竹製筒器。此稱晋代已行用。《文選·郭璞〈江賦〉》："筒灑連鋒，罾罶比船。"李善注引舊説："筒、灑，皆釣名也。"唐代亦作"筒"。唐杜甫《黃魚》詩："筒桶相沿久，風雷肯爲神？"仇兆鰲注："筒，竹器；桶，木器：皆捕魚之具。"唐代起亦稱"釣筒"。唐崔道融《溪夜》詩："漁人拋得釣筒盡，

却放輕舟下急灘。"宋陸游《長相思》詞之一："雲千重，水千重，身在千重雲水中。月明收釣筒。"清曹寅《橫林逆風口號》："破曉吳波轉清脆，釣筒收得小魚兒。"宋代又稱"筲筒"。宋王安石《傷杜醇》詩："藜杖牧雞豚，筲筒釣魴鯉。"

【筒】[2]

同"筒[2]"。此體唐代已行用。見該文。

【釣筒】[2]

即筒[2]。此稱唐代已行用。見該文。

【筲筒】

即筒[2]。此稱宋代已行用。見該文。

灑

一種用於攔捉魚類的器具。此稱晋代已行用。見"筒[2]"文。

桶

一種用於捕魚的木製桶器。此稱唐代已行用。見"筒[2]"文。

箪

一種用於攔捉魚類的竹製籃器。此稱唐代已行用，亦稱"箪籃"。唐韓愈《寄崔二十六立之》詩："去來伊洛上，相待安眾箪。"唐陸龜蒙《漁具》詩序："矢魚之具……編而沈之，曰箪。"唐傅亮《靈應録·雪溪漁人》："雪溪有漁人，將箪籃捕魚。"明代又稱"籃"。明馮夢龍《山歌·歪纏》："篘裏盡是宿鯽，籃裏盡是鰻鯉鰌鱔。"

【箪籃】

即箪。此稱唐代已行用。見該文。

【籃】

即箪。此稱明代已行用。見該文。

篘

一種用於攔捉魚類的竹製器具。此稱宋代

已行用。《廣韻》卷三：“筊，竹具，用之魚笱。”
參見“箄”。

魚籠

一種用於攔捉魚類的竹製籠器。此稱唐代
已行用。唐皮日休《奉和魯望秋日遣懷次韵》：
“酒甂香竹院，魚籠挂茅簷。”明馮夢龍《山
歌·歪纏》：“只見釣魚箇走到面前，肩頭上背
子魚籠。”清屈大均《廣東新語·鱗語·漁具》：
“魚籠長五六尺，寬二尺，口通尾塞，以山藤繫
之，置於上流，魚入則爲倒叩鬚所胃不能出。”
清李調元《南越筆記·粤人多以捕魚爲業》所
載略同。清代亦稱“竹籠”，省稱“籠”。清穆
曾筠等監修《浙江通志》卷一〇二：“《嘉靖安
吉州志》：笑灘者，土人取魚別名也。黃梅雨
溢，魚自太湖逆上。探其往來處，破竹橫溪中，
下置竹籠，有倒絲。水風相激，則竹鳴，魚疑
其鳴者，避之。不知籠之不鳴者，有機巧伏焉。
進不能出，一笑而取，故名。”

【竹籠】

即魚籠。此稱清代已行用。見該文。

【籠】[1]

“魚籠”之省稱。此稱清代已行用。見該文。

倒叩鬚

魚籠進口處所插逆嚮竹片等，便於魚入，
阻止其出。此稱清代已行用，亦稱“倒絲”。見
“魚籠”文。

【倒絲】

即倒叩鬚。此稱清代已行用。見該文。

鯉簰

一種用於攔捉鯉魚等的竹製器具，狀似簍
籠。此稱清代已行用。清屈大均《廣東新語·鱗
語·魚牌》：“其曰鯉簰者，南雄每寒食大水，魚

之逆流而上灘者，多鯉、鯇、鯽、鰍、青魚之
屬，土人作簰迎之，魚入輒不得出，謂之鯉簰。”

潛

積放水中，供魚類栖息以便誘捉的柴木。
此稱先秦時期已行用，亦稱“柴”“簵”。漢代
起亦作“槮”，又稱“穆”“槮”“涔[1]”，清代還
稱“參”。《詩·周頌·潛》：“猗與漆沮，潛有多
魚。”毛傳：“潛，槮也。”陸德明釋文：“《小爾
雅》云：‘魚之所息謂之槮。槮，穆也。謂積柴
水中，令魚依之止息，因而取之也。’郭景純因
改《爾雅》，從《小爾雅》作木傍參……《字林》
作‘罧’。”《墨子·雜守》：“入柴，勿積魚鱗
簵。”孫詒讓閒詁：“凡積聚柴木并謂之槮。槮、
潛、參、簵聲并相近。”《爾雅·釋器》：“槮謂之
涔。”郭璞注：“今之作槮者，聚積柴木於水中，
魚得寒入其裏藏隱，因以簿圍捕取之。”參閱郝
懿行義疏。晉郭璞《江賦》：“洊溦爲涔，夾潨
羅筌。”宋王安石《次韵昌叔歲暮》詩：“槮密
魚雖暖，巢危鶴更陰。”

【槮】

同“潛”。此體漢代已行用。見該文。

【柴】[1]

即潛。此稱先秦時期已行用。見該文。

【簵】

即潛。此稱先秦時期已行用。見該文。

【穆】

即潛。此稱漢代已行用。見該文。

【槮】[2]

即潛。此稱漢代已行用。見該文。

【涔】[1]

即潛。此稱漢代已行用。見該文。

【渗】

即潜。此稱清代已行用。見該文。

【罧】

即潜。此稱漢代已行用。《淮南子·説林訓》:"釣者静之,罧者扣舟。"高誘注:"罧者,以柴積水中以取魚。"宋朱弁《曲洧舊聞》卷三:"土人不善施網罟,冬積柴水中,爲罧以取之。以藕澤蓼雜煮大麥,撒深潭中,魚食之輒死,浮水上,可俯掇。久之復活,謂之醉魚云。"明袁華《題吳景諒草堂疏後》詩:"架竹依垣開鶴慶,鑿池引水置魚罧。"罧,一本作"欑"。清乾隆《高郵湖》詩:"嗟我水鄉民,生計惟罟罧。"

【魚槮】

即潜。此稱宋代已行用,亦稱"寒槮"。宋陳師道《晚興》詩:"布網收魚槮,連筒下釣鈎。"宋謝翱《賦得建業水》詩:"武昌魚勞聚寒槮,太白入月魚腦減,武昌城頭鼓絨絨。"元柳貫《送翰林書寫邵從聖赴臨淮尹》詩:"牛耕多種秫,魚槮亂編柴。"清田雯《聞欸乃聲》詩:"魚槮勾連蠏斷明,江潮半落月痕生。"

【寒槮】

即魚槮。此稱宋代已行用。見該文。

魚篊

一種插在水流中的柵欄,用以阻斷魚蟹等行進,并捕捉之。常用竹枝、蘆秆等編製,狀如竹簾。傳爲晉安帝隆安年間(397—401)丹徒人陳惰首創。此稱亦於晉代行用,單稱"篊"。《太平廣記》卷二九五引唐鄭常《洽聞記·陳惰》:"隆安中,丹徒民陳惰於江邊作魚篊,潮去,於篊中得一女。"清史震林《西青散記》卷二:"其地多廣川深澮,溝渠汀沚,縱橫貫注,蘆葦彌望,田舍緣埂,牛亭魚篊,參差入畫。"晉代起亦作"魚扈"。《太平廣記》卷四六七引《稽神録》:"近有海上人,於魚扈中得一物。"唐代起又作"魚滬""漁滬"。唐戴叔倫《留別李道州圻》詩:"魚滬擁寒溜,畬田落遠燒。"按,一本作"漁滬"。宋陸游《江村道中書觸目》詩:"別浦回潮魚滬密,孤舟春近雁沙温。"元代還作"漁扈"。元吳萊《雙林寺觀傅大士頂相舍利及耕具故物》詩:"世曾出世役妻子,家或漁扈隨犁楗。"清代另作"魚籪"。清王士禎《趙北口》詩:"晚潮魚籪急,夜火蟹簾多。"

【魚扈】

同"魚篊"。此體晉代已行用。見該文。

【魚滬】

同"魚篊"。此體唐代已行用。見該文。

【漁滬】

同"魚篊"。此體唐代已行用。見該文。

【漁扈】

同"魚篊"。此體元代已行用。見該文。

【魚籪】

同"魚篊"。此體清代已行用。見該文。

【篊】

"魚篊"之省稱。此稱晉代已行用。見該文。

【扈】

"魚篊"之省稱。此稱晉代已行用。《緯略》卷五引晉張勃《吳都記》:"江濱漁者,插竹繩編之以取魚,謂之扈業。"《初學記》卷八引南朝梁顧野王《輿地志》:"扈業者,濱海漁捕之名,插竹列於海中,以繩編之,向岸張兩翼,潮上即没,潮落即出,魚隨潮礙竹不得去,名之云扈。"唐代亦作"滬"。唐陸龜蒙《漁具·滬》詩題注："滬，吳人今謂之籪。"明代起亦作"榩"。《集韻·上姥》："榩，一曰取魚具。"清黃叔璥《臺海使槎録·賦餉》："滬者，於海坪潮漲所及處，周圍築土岸，高一二尺，留缺爲門……潮漲淹没滬岸，魚蛤隨漲入滬。潮退水由滬門出，魚蛤爲網所阻。"

【滬】

同"扈"。此體唐代已行用。見該文。

【榩】

同"扈"。此體明代已行用。見該文。

【籪】

即魚篢。此稱晋代已行用。晋陶潛《搜神後記》卷七："宋元嘉初，富陽人姓王，於窮瀆中作蟹籪，旦往視之，見一材，長二尺許，在籪中，而籪裂開，蟹出都盡。乃修治籪，出材岸上，明往視之，材復在籪中，籪敗如前。"唐代起亦作"籔"。唐陸龜蒙《漁具·滬》詩題注："滬，吳人今謂之籪。"明無名氏《運甓記·牛眠指穴》："以有炒田螺，闡籪蟹；以有燒黃蟮，煮泥鰍。"清褚人穫《堅瓠三集·水利》："吳爲澤國，湖蕩水濱，編竹設籪，可專魚蟹、菱芡之利。"宋代亦作"椴"。宋陸游《冬晴閑步東村由故塘還舍作》詩之二："水落枯萍黏蟹椴，雲開寒日上魚梁。"自注："鄉人植竹以取蟹，謂之曰椴。"

【籔】

同"籪"。此體唐代已行用。見該文。

【椴】

同"籪"。此體宋代已行用。見該文。

【漁籪】

即魚篢。此稱宋代已行用。宋范成大《寒食郊行書事二首》詩之二："帆邊漁籪浪，木末酒旗風。"清魏源《三湘棹歌·資湘》："灘聲漸急篙漸警，知有截溪漁籪近。"清梁佩蘭《桐廬縣》詩："沙嶼排漁籪，田溝轉桔槔。"

【魚塞】

即魚篢。此稱晋代已行用，省稱"塞"。南朝宋劉敬叔《異苑》卷一："晋吳隸爲魚塞於雲湖，有大魚化爲人，語隸云：'晚有大魚攻塞，切勿殺。'隸許之。"隋代起亦稱"籪"。《隋書·乞伏慧傳》："曾見人以籪捕魚者，出絹買而放之。"《新唐書·高宗紀》："禁作籪捕魚、營圈取獸者。"宋姜夔《浣溪沙》詞序："余與安甥，或蕩舟采菱，或舉火罝兔，或觀魚籪下。"唐代又稱"魚寨"。唐陸龜蒙《自和次前韻》："鳥媒呈不一，魚寨下仍重。"明代起還稱"魚栫"。明楊慎《藝林伐山·魚栫》："《説文》：'栫，以柴木壅水也。'《江賦》：'栫淀爲澇，夾濚羅筌。'皆取魚之具。蜀中有魚栫之名。"清唐訓方《里語徵實》卷中上："江中取魚欄曰魚栫。"清代亦作"魚籪"，還稱"漁籬"。清厲鶚《南湖秋望》詩："南湖多少閑風物，魚籪誰分一片沙。"《花月痕》第一一回："大家上了水閣，憑欄四望，見兩岸漁籬蟹籪，叢竹垂楊。"

【魚籪】

同"魚塞"。此體清代已行用。見該文。

【塞】

"魚塞"之省稱。此稱晋代已行用。見該文。

【籪】

即魚塞。此稱隋代已行用。見該文。

【魚寨】

即魚塞。此稱唐代已行用。見該文。

【魚栫】

即魚塞。此稱明代已行用。見該文。

【漁簾】

即魚塞。此稱清代已行用。見該文。

【漁箈】

即魚篊。此稱唐代已行用，亦作"魚箈"。唐陸龜蒙《迎潮》詩："鷗巢卑兮漁箈短，遠岸没兮光爛爛。"按，一本作"魚箈"。宋梅堯臣《和謝舍人新秋》："還憶舊溪游，水清漁箈甕。"宋陸游《小舟晚歸》詩之二："潮生魚箈短，木落雉媒閑。"元王惲《雨後溪田即事》詩之三："騷客不愁漁箈短，縱教魚鱉長兒孫。"清朱彝尊《題丁明府秋江垂釣圖》詩："爰理兮釣綸，蔽之兮漁箈。"明陶宗儀《次韻答陳祠部景祺三首》之三："僕夫緯篠修魚箈，童子紉絲結蟹罶。"

【魚箈】

同"漁箈"。此體唐代已行用。見該文。

蟹簖

一種用於攔捉蟹子的柵欄。此稱南北朝時期已行用。《太平廣記》卷三二三引南朝梁任昉《述異記》："宋元嘉初，富陽人姓王，于窮瀆中

蟹　簖
（明王圻等《三才圖會·器用》）

作蟹簖。"清顧張思《土風録》卷三："編竹湖中以取魚蟹，名曰蟹簖。按字書無簖字，吳梅村《塗松晚發》詩：'簖響若鳴灘。'《吳江縣志》引陸魯望《漁具》詩序：'列竹海澨曰滬，今謂之簖。'考陶九成引魯望《蟹志》：'漁者緯蕭，承其流而障之，名曰蟹斷，斷其江之道焉爾。'則當爲斷字，《姑蘇志》亦作斷。"唐代起亦作"蟹斷"。唐陸龜蒙《蟹志》："〔蟹〕蚤夜鬐沸，指江而奔，漁者緯蕭，承其流而障之，曰蟹斷，斷其江之道焉。"清袁枚《隨園隨筆·考據最難》："緯蕭，蟹斷也。二字出《莊子》，陶九成作《輟耕録》，不知二字所出。"宋代起又作"蟹椴"，又稱"蟹簾""蟹箈"。宋陸游《冬晴閒步東府由故塘還舍作》詩之二："水落枯萍黏蟹椴，雲開寒日上魚梁。"自注："鄉人植竹以取蟹，謂之曰椴。"又其《稽山行》詩："村村作蟹椴，處處起魚梁。"宋高似孫《蟹略·蟹具》："吳越之人取蟹，編簾以障之，謂之蟹簾。"又："蟹箈，箈葉亦如簾。陸龜蒙《漁具》詩序曰：'倒竹於澨曰滬。'"

【蟹斷】

同"蟹簖"。此體唐代已行用。見該文。

【蟹椴】

同"蟹簖"。此體宋代已行用。見該文。

【蟹簾】

即蟹簖。此稱宋代已行用。見該文。

【蟹箈】

即蟹簖。此稱宋代已行用。見該文。

蟹籠

一種用於攔捉蟹子的竹籠，上接蟹簖。此稱晉代已行用。晉陶潛《搜神後記》卷七："王疑此材妖异，乃取内蟹籠中。"宋代亦稱"蟹

簀"。宋高似孫《蟹略・蟹具》:"蟹籊,籊者以竹爲簍,上接籂簾者也。"

【蟹籊】

即蟹籠。此稱宋代已行用。見該文。

箌笯

一種用於攔捉河蝦的竹製器具。此稱唐代已行用。唐皮日休《添魚具・釣磯》詩:"盤灘一片石,置我山居足。窪處着箌笯,竅中維舠艒。"

鰕籠

一種用於攔捉河蝦的竹籠。此稱明代已行用,亦作"蝦籠"。明徐光啓《農政全書》卷一一:"鰕籠中張得鱒魚,風水。"明何良臣《陣紀》卷四:"蝦籠得鯉魚,風雨作不止。"《授時通考》卷二:"水蛇及白鰻入鰕籠中,皆主大風水作。"

【蝦籠】

同"鰕籠"。此體明代已行用。見該文。

木獺

一種用於捕魚的木製獺形器具。此器唐代已發明,其稱宋代始行用。唐張鷟《朝野僉載》卷六:"郴州刺史王琚刻木爲獺,沉于水中,取魚引首而出。蓋獺口中安餌,爲轉關,以石縋之則沉。魚取其餌,關即發,口合則銜魚,石發則浮出矣。"後即名此種捕魚具爲木獺。宋路振《九國志・楚志》:"廖光圖與伊岳道士伊用昌爲林泉之交。母病思鱠,屬江水夏漲,魚不可得。用昌探懷出一木獺,長三寸許,再三祝之,投于江中。須臾,波浪沸,遂擒一巨鱗出。"

雙掩

一種捕魚竹器。此稱宋代已行用。宋蘇軾《渼陂魚》詩:"霜筠細破爲雙掩,中有長魚如臥劍。"王文誥輯注引查慎行曰:"掩,揜同。《曲禮》:大夫不揜群。石經作掩,蓋襲取之義。今用爲魚具之名。"

探竿

一種用於聚捕魚類的竿具。頭部束插鵜羽,沉水用以聚魚。此稱宋代已行用。宋智昭《人天眼目・臨濟門庭》原注:"探竿,漁者具也。束鵜羽插竿頭,探水中,聚群魚於一處,然後以網漉之謂也。"

第三節　裝運、雜用器具考

裝運器具指貯存捕撈之魚類及承載捕撈人員并運輸其所獲魚類等的器具,主要包括貯存魚類的籠子、籃子、筐子和承運漁者與魚類的船隻及其附屬品;雜用器具指人們在捕撈活動中使用的輔助器具,主要包括漁具附屬品以及衣服、鞋帽、坐具等日用雜品。

魚罶

垂釣時用以貯存魚類的籠子。此稱先秦時期已行用。《古文苑·宋玉〈釣賦〉》:"今察元洲之釣也,左挾魚罶,右執槁竿,立乎潢汙之涯,倚乎楊柳之間。"章樵注:"魚罶,盛魚之器也。"元王逢《節婦謝淑秀詩有序》:"水落新魚罶,春回舊燕堂。"明高啓《溪上》詩:"魚罶和星漉,禽置帶雨張。"清彭孫遹《夜泊大稍子口月始望皎如白晝與士偉臣颿百齡兒曉孫坐酙久之喟然興感》詩:"惟見數寒星,羅羅挂魚罶。"清代亦作"漁罶"。清毛奇齡《岸坼》詩:"篠曲藏漁罶,蘆花起棹謳。"

【漁罶】

同"魚罶"。此體清代已行用。見該文。

【籠】[2]

即魚罶。此稱南北朝時期已行用。南朝宋劉義慶《世説新語·任誕》:"俄見一人持半小籠生魚,徑來造船。"唐代亦稱"取魚籠"。唐貫休《寒江上望》詩:"極目無人行,浪打取魚籠。"

【取魚籠】

即籠。此稱唐代已行用。見該文。

筌籗[1]

垂釣時用以貯存魚類的小竹籠。此稱唐代已行用。唐陸龜蒙《漁具》詩序:"所載之舟曰舴艋,所貯之器曰筌籗。"唐皮日休《奉和魯望漁具十五咏·筌籗》:"朝空筌籗去,暮實筌籗歸。歸來倒却魚,挂在幽窗扉。"《新唐書·元結傳》:"公守著作,不帶筌籗乎?"宋胡仔《漁隱叢話後集》卷二四:"筌籗……取魚籠也。"明朱謀㙔《駢雅》:"筌籗,小籠也。"清紀之竹《晚泛白雲湖》詩:"湖波漾晚山,落日

在筌籗。"宋代起亦作"筌箐"。宋梅堯臣《和韵三和戲示》:"筌箐畫蛤瓦缸醅,海若淮壖各寄來。"明方以智《通雅》卷三四:"筌籗,亦作筌箐。"元代亦稱"筌箐"。元馮子振《鸚鵡曲·磻溪故事》:"非熊無夢淹留住,吕望八十釣魚父……至今人想像筌箐,靠蘚石苔磯隱處。"

【筌箐】

同"筌籗[1]"。此體宋代已行用。見該文。

【筌箐】

即筌籗[1]。此稱元代已行用。見該文。

魚籃

垂釣時用以貯存魚類的竹籃。此稱宋代已行用。宋劉摯《次韵跂踚登護法院澄心亭》:"魚籃腥邑市,俚語雜山禽。"元馬祖常《淮南魚歌》之一:"船中捕來魚,賣錢買魚籃。"《西游記》第八六回:"古人説得好:'手插魚籃,避不得鯉。'"《警世通言·計押番金鰻産禍》:"仔細聽時,不是別處,却是魚籃内叫聲。"清朱彝尊《太湖眾船竹枝詞》十首之九:"船頭腥氣漉魚籃,船尾女兒十二三。"

魚筐

垂釣時用以貯存魚類的竹筐。此稱明代已行用。明張琦《畫景》詩:"魚筐寒不重,大半是蘆花。"

魚舟

捕撈、裝運魚類之船。此稱南北朝時期已行用。南朝宋謝靈運《游嶺門山》詩:"魚舟豈安流,樵拾謝西芘。"唐陸龜蒙、皮日休《夜會問答》詩之八:"有時日暮碧將合,還被魚舟來觸分。"宋吳自牧《夢粱録·河舟》:"論之杭城輻輳之地,下塘、宮塘、中塘三處船隻,及航船、魚舟、釣艇等船之類,每日往返,曾無

虛日。"元舒遜《分韻得寒字》："雪消野渚鳧鷺亂，水落魚舟網罟寒。"南朝梁起亦作"漁舟"。南朝梁劉孝威《登覆舟山望湖北》詩："荇蒲浮新葉，漁舟繞落花。"唐杜甫《初冬》詩："漁舟上急水，獵火着高林。"《宋史·曲端傳》："端嘗作詩題柱曰：'不向關中興事業，却來江上泛漁舟。'"《元史·河渠志三》："又盧溝河自橋至合流處，自來未嘗有漁舟上下，此乃不可行船之明驗也。"清錢載《飲望湖亭》詩："估客帆檣去，漁舟浦溆還。"

【漁舟】

同"魚舟"。此體南北朝時期已行用。見該文。

【釣舟】

即魚舟。此稱南北朝時期已行用。南朝梁劉孝綽《釣竿篇》詩："釣舟畫彩鷁，漁子服冰紈。"唐李涉《硤石遇赦》詩："荷蓧不是人間事，歸去滄江有釣舟。"宋陸游《送梅》詩："何時小雪山陰路，處處尋香繫釣舟。"元謝宗可《漁養》詩："翠結香莎付釣舟，一竿風雨不須愁。"元劉秉忠《溪上》詩："蘆花遠映釣舟行，漁笛時聞三兩聲。"明邊貢《和蔣儒士韻題便面》："故人遠赴關西去，明月蘆花繫釣舟。"清田雯《題畫》詩："山翁曳杖橋邊立，欲向西風駕釣舟。"

【漁船】

即魚舟。此稱南北朝時期已行用，唐代亦作"魚船"。南朝陳張正見《浦狹村煙度》詩："收光暗鳥弋，分火照漁船。"唐王建《江陵道中》詩："江村水落平地出，溪畔漁船青草中。"唐姚合《贈常州院僧》詩："仍聞開講日，湖上少魚船。"元馬麐《半涇》詩："魚船商船喜通

漁　船
（明王圻等《三才圖會·鳥獸》）

津，撾鼓椎牛祀海神。"清蔡書升《訪王蓴園遇雪翼日用壁間韻奉寄》："小虹橋外溪如黛，三兩漁船打網回。"

【魚船】

同"漁船"。此體宋代已行用。見該文。

【釣船】

即魚舟。此稱南北朝時期已行用。北周庾信《傷王司徒褒》詩："不廢披書案，無妨坐釣船。"唐皎然《訪陸羽》詩："莫是滄浪子，悠悠一釣船。"《敦煌曲子詞·浣溪沙》："倦却詩書上釣船，身被莎笠執魚竿。"宋楊萬里《過九里亭》詩："岸岸皆垂柳，門門一釣船。"金元好問《壬辰十二月車駕東狩後即事五首》詩之一："何時真得攜家去，萬里秋風一釣船。"明劉三吾《寄家》："丁寧爲護溪邊石，留取歸來繫釣船。"清宋琬《陳叔明行年七十有三邑宰高其誼聘爲鄉飲介賓固辭不就其殆隱君子之流歟》詩之三："門外垂楊隱釣船，醉來留客大床眠。"宋代亦作"釣舩"。宋黃庭堅《次韻張仲謀過酺池寺齋》："我夢江湖去，釣舩刺蘆花。"

【釣舩】

同“釣船”。此體宋代已行用。見該文。

【釣魚船】

即魚舟。此稱唐代已行用。唐岑參《邯鄲客舍歌》:“客舍門臨漳水邊,垂楊下繫釣魚船。”宋張元幹《水調歌頭》詞:“要識世間閑處,自有樽前深趣,且唱釣魚船。”元許有壬《即事二首》詩之一:“幾家門繫釣魚船,一陣風香燎麥烟。”明劉崧《題曾郁文所藏山水小景》詩:“却憶故廬珠浦上,短籬長繫釣魚船。”清毛奇齡《臨江仙》詞:“玉鈎金犗釣魚船,枕來滄海外,漱向赤城邊。”

【打魚船】

即魚舟。此稱唐代已行用。唐張蠙《叢葦》詩:“叢叢寒水邊,曾折打魚船。”元范梈《絶句》:“江上打魚船,有頭那無尾。”明李東陽《和李若虛韻》:“鄰曲望疑沽酒市,兒時憶上打魚船。”清宋犖《送李少司空貞孟》詩:“他日望衡尋舊隱,渦河同上打魚船。”宋代起亦稱“捕魚船”。宋司馬械《江干小雪》詩:“楓落吳江小雪天,三三兩兩捕魚船。”明劉嵩《入黃金峽夜半聞漁唱》詩之二:“燒竹捕魚船亂開,水中照見石崔嵬。”清岳濬等《山東通志》卷二〇:“見有捕魚船,便是港口。”

【捕魚船】

即打魚船。此稱宋代已行用。見該文。

【釣漁舟】

即魚舟。此稱唐代已行用。唐吳融《雨夜》:“何人得濃睡,溪上釣漁舟。”宋林之奇《豫章別李元中宣德》:“第愁一葉釣漁舟,不容七尺堂堂表。”元岑安卿《寄易禮弟》:“何當先壠側,同理釣漁舟。”元代起亦作“釣魚舟”。

元劉秉忠《小溪》詩:“兩岸桃花春色裏,可能容篰釣魚舟。”明熊明遇《釣舟》詩:“竹竿溪上釣魚舟,洞口桃花信水流。”清曹貞吉《水調歌頭》詞:“溪山如畫,煙波兩兩釣魚舟。”

【釣魚舟】

同“釣漁舟”。此體元代已行用。見該文。

艇[1]

一種輕便的小船,可用於捕撈、裝運魚類。此稱漢代已行用,宋代起亦稱“艇子”。《淮南子·俶真訓》:“越舲蜀艇,不能無水而浮。”高誘注:“蜀艇,一版之舟。”南朝齊謝朓《酬德賦》:“巾帝車之廣軨,棹河舟之輕艇。”唐劉長卿《送張十八歸桐廬》詩:“歸人乘野艇,帶月過江村。”宋辛棄疾《賀新郎》詞:“艇子飛來生塵步,唾花寒,唱我新番句。”元薩都剌《早發釣臺》詩:“艇子釣臺東畔發,月輪却在釣臺西。”

【艇子】

即艇[1]。此稱宋代已行用。見該文。

漁艇

一種用於釣捕魚類的輕便小船。此稱唐代已行用,亦作“魚艇”。唐杜甫《雨》詩之二:“漁艇息悠悠,夷歌負樵客。”唐岑參《六月十三日水亭送華陰王少府還縣》詩:“荷葉藏魚艇,藤花胃客簪。”唐陸龜蒙《和吳中言情見寄韻》:“莫問江邊漁艇子,玉皇看賜羽衣裳。”宋梅堯臣《淮上雜詩》之五:“漠漠晝烟披,縱橫見魚艇。”《水滸傳》第一〇六回:“那漁艇上人,抵敵不住,發聲喊,都跳下水裏去了。”清錢謙益《移居》詩之三:“長須赤脚分魚艇,白犬丹鷄配鶴船。”《老殘游記》第一回:“爲今之計,依章兄法子,駕隻漁艇,追將上去。”

【魚艇】

同"漁艇"。此體唐代已行用。見該文。

【釣艇】

即漁艇。此稱唐代已行用，省稱"艇"。唐朱慶餘《湖中閑夜遣興》詩："釣艇同琴酒，良宵背水濱。"唐陸龜蒙《奉和襲美添漁具·箬笠》："朝攜下楓浦，晚戴出煙艇。"宋陸游《立春後三日作》詩："千古事終輸釣艇，一毫憂不到禪房。"元葉顒《日暮江村雜興》詩："釣艇已收縮，無人深閉門。"明楊慎《春興六首》詩之三："故園亦有岷江水，垂老生涯釣艇閑。"清顧炎武《朱處士鶴齡寄尚書坤傳》詩："煙艇隔吳門，臨風苦相思。"清曹貞吉《解連環》詞："更閑隨釣艇暗入柴門，伴人騷屑。"

【艇】[2]

"釣艇"之省稱。此稱唐代已行用。見該文。

筏

一種水上交通工具，可用於捕撈、裝運魚類。多用竹、木編排而成，或用牛、羊皮等製囊而成。此稱唐代已行用，元代起亦稱"筏子"。明代《三才圖會》繪製有"蒲筏""械筏"二圖。蒲筏用蒲草製成，械筏則以捆槍成束而編成。唐杜甫《奉送崔都水翁下峽》詩："無數涪江筏，鳴橈總發時。"唐韓愈《送文暢師北游》詩："開張篋中寶，自可得津筏。"《元朝秘史》卷三："咱每可用豬鬃草拴做筏子，徑直渡過勒豁河。"《儒林外史》第三九回："蕭雲仙見無船隻可渡，忙叫五百人旋即斫伐林竹，編成筏子，頃刻辦就，一齊渡過河來。"

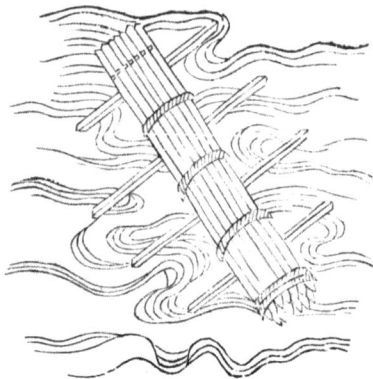

械 筏
（明王圻等《三才圖會·鳥獸》）

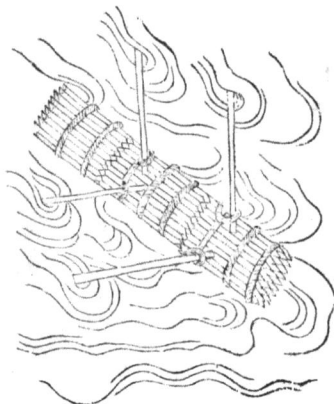

蒲 筏
（明王圻等《三才圖會·鳥獸》）

【筏子】

即筏。此稱元代已行用。見該文。

漁舸

大漁船，一說小漁船。此稱唐代已行用。唐鄭谷《夕陽》詩："僧窗留半榻，漁舸透疏篷。"宋翁卷《冬日登富覽亭》詩："漁舸汀鴻外，僧廊島樹間。"元陳高《觀湖》詩："風前漁舸并，煙際歸帆孤。"明李夢陽《春晴憶湖上》詩："弄移白日思漁舸，嘯倚青雲愧此身。"清董以寧《霓裳中序第一·燕子磯懷古》詞："聽欸乃蘆中吹徹，漁舸三兩葉。"宋代起亦作"魚舸"。宋孔武仲《自實豐倉歸》詩："拋掉一官如糞壤，好隨魚舸此中間。"宋韓淲《銅官富覽亭》詩："射江返照魚舸輕，隔岸人家炊煙發。"

【魚舸】

　　同"漁舸"。此體宋代已行用。見該文。

漁舠

　　一種用於釣捕魚類的刀形小船。舠，刀形小船。此稱唐代已行用。唐陸龜蒙《秋賦有期因寄襲美》詩："煙霞鹿弁聊懸着，鄰里漁舠暫解還。"清黃景仁《湖樓夜起》詩："漁舠歌舫寂無踪，夢醒湖雲第幾重？"宋代起亦作"魚舠"。宋王安石《移桃花》詩："晴溝漲春渌遍遭，俯視紅影移魚舠。"按，一本作"漁舠"。明謝讜《四喜記·喜逢甘雨》："碧波湧出仙橋。仙橋，滄江蕩漾魚舠。"金代起又作"漁刀"。金元好問《曉發石門渡灄水道中》詩："石門歸取引，灄浦漁刀并。"明袁宏道《荷花蕩》："每年六月廿四日，游人最盛。畫舫雲集，漁刀小艇，雇覓一空。"

【魚舠】

　　同"漁舠"。此體宋代已行用。見該文。

【漁刀】

　　同"漁舠"。此體金代已行用。見該文。

野舫

　　一種用於釣捕魚類的小船。舫，并連起來的船隻。此稱唐代已行用。唐陸龜蒙《和襲美江南書情二十韻寄秘閣韋校書貽之商洛宋先輩垂文二同年次韻》："釣家隨野舫，仙蘊逐雕函。"

罾船

　　一種裝有罾網的漁船。此稱唐代已行用。唐皇甫松《雜曲歌辭·浪濤沙》："灘頭細草接疏林，浪惡罾船半欲沉。"宋陸游《散步至三家村》詩："罾船歸處魚飧美，社饗香時黍酒渾。"

駁

　　一種轉運人或貨物用的小船。此稱宋代已行用，清代亦稱"駁船"。宋趙公豫《祁門駁》詩："舟小名爲駁，臨河體實輕。"清林則徐《會諭義律飭交凶夷并遵式具結》："既驗之後，駁船裝載入口，一般至少亦須兩人押送，一大船分爲駁船五六十隻，則押送約須百人。"《恨海》第七回："伯和解下兩片金葉，代了船價，叫了駁船，載了行李，起岸，入了客棧。"蔡東藩、許廑父《民國通俗演義》第二九回："他由閘北河道，坐駁船到滬。"

【駁船】

　　即駁。此稱清代已行用。見該文。

釣槽

　　浙江民間一種釣捕魚類用的大船，亦可用於戰事。此稱宋代已行用。宋李心傳《建炎以來繫年要錄·建炎元年七月》："〔衛膚敏〕尚書言浙江民間有釣魚船，謂之釣槽，其船尾闊可分水，面敞可容兵，底狹尖可以破浪，糧儲器仗，置之簧版下，標牌矢石，分之兩傍，可容五十卒者。面廣丈有二尺，長五丈。"

跳白

　　一種僅可容單人的小型漁船。因船旁張設兩塊白板，魚見之易驚眩躥跳，故稱。此稱清代已行用。清屈大均《廣東新語·鱗語·漁具》："跳白者，船也。其制小，僅受一人，於灣環隈澳間，乘暮入焉。乃張二白板於船旁，而鳴其榔，魚見白板，輒驚眩入網。"

罛船

　　一種裝有罛網的漁船。此稱清代已行用。清查慎行《重陽後一日季方兄招同諸兄弟龍尾登高》詩："罛船昨夢隔漁陽，柮杖相攜又故鄉。"清朱彝尊《太湖罛船竹枝詞十首》之一："平江魚艇瓜皮小，誰信罛船萬斛寬。"清趙翼《官幛山晚眺》詩："日斜樵徑歸柴擔，風起罛船打水圍。"

櫓

一種比槳長、大的划船工具。通常裝於船尾或船旁。代指船。此稱漢代已行用，南朝宋亦作"艣"，明代又作"艪"。漢王粲《浮淮賦》："泛洪櫓於中潮兮，飛輕舟乎濱濟。"南朝宋謝瞻《王撫軍庾西陽集別時爲豫章太守庾被徵還東》詩："榜人理行艣，艤軒命歸僕。"《新唐書·張雄傳》："行密挐飛艣，不持兵入其軍。"宋林逋《送聞義師謁池陽郡守》詩："登艣忽此別，振錫未嘗游。"《醒世恒言·小水灣天狐貽書》："那揚州隋時謂之江都，是江淮要衝，南北襟喉之地，往來檣艣如麻。"清顧炎武《赴東》詩之五："柔艣下流漸，輕車度危棧。"

【艣】[1]

同"櫓"。此體南北朝時期已行用。見該文。

【艪】

同"櫓"。此體明代已行用。見該文。

帆[1]

帆船。本義爲挂在桅杆上的布篷，後代指有帆之船。此稱南北朝時期已行用，唐代起亦稱"帆檣""篷舟"，宋代起又稱"帆船"，明代還稱"帆幔"，清代另稱"篷船"。南朝宋謝靈運《初發石頭城》詩："迢迢萬里帆，茫茫終何之？"唐皮日休《寄毗陵魏處士朴》詩："兔皮衾暖篷舟穩，欲共誰游七里灘。"唐溫庭筠《西江上送漁父》詩："三秋梅雨愁楓葉，一夜篷舟宿葦花。"《舊唐書·高駢傳》："風伯雨師，終阻帆檣之利。"宋梅堯臣《登采石山上廣濟寺》

詩："却看滄江底，帆歸烟外昏。"宋王安石《將次鎮南》詩："豫章江面朔風驚，浩蕩帆船破浪行。"《三國演義》第四九回："江南隱隱一簇帆幔，使風而來。"清魏源《聖武記》卷六："其山脉自長白山之陽，東南走四千餘里而至釜山，際海與日本對馬島相峙，一帆半日可達。"清章靜宜《京口作》詩："楚蜀帆檣千里集，金銀山寺兩峰開。"清俞蛟《潮嘉風月記·麗景》："六篷船中食用之奢，可想見焉。"《老殘游記》第一回："那邊一隻帆船，在那洪波巨浪之中，好不危險。"

【帆檣】[1]

即帆[1]。此稱唐代已行用。見該文。

【篷舟】

即帆[1]。此稱唐代已行用。見該文。

【帆船】

即帆[1]。此稱宋代已行用。見該文。

【帆幔】[1]

即帆[1]。此稱明代已行用。見該文。

【篷船】

即帆[1]。此稱明代已行用。見該文。

【漁帆】

打漁用的帆船。船帆多以布製，挂於桅杆，利用風力助船前進。因風帆從遠處看較爲顯眼，常代指漁船。此稱唐代已行用。唐吳融《題楊子津亭》詩："可憐不識生離者，數點漁帆落暮汀。"宋王安石《見遠亭上王郎中》詩："樵笛吟晴塢，漁帆出暝灣。"元戴表元《送趙生游吳序》："烟雲魚鳥、池臺苑籞、漁帆歌酒之玩，日充於前。"清朱彝尊《六浮閣記》："予登是閣，觀漁帆出沒，……且暮愛之，不忍去。"明代亦作"魚帆"。明王守仁《寓海鹽資聖禪房》

詩：“魚帆入市乘潮晚，鼓角收城返棹忙。”

【魚帆】

同“漁帆”。此體明代已行用。見該文。

漁枻 [1]

漁船船舷，代指漁船。此稱南北朝時期已行用。南朝齊虞義《春郊》詩：“樵歌喧蓲暮，漁枻亂江晨。”宋王令《太湖詩》：“滄浪未容濯，漁枻夜停敲。”明皇甫渟《湖泛》詩：“棲鳥去人煙，驚鳧下漁枻。”明楊慎《滇海曲》之一〇：“蘋香波暖泛雲津，漁枻樵歌曲水濱。”

櫂 [1]

長船槳，代指漁船。此稱南北朝時期已行用。南朝陳徐陵《爲護軍長史王質移文》：“王師艤櫂，素在中流，群帥爭驅，應時殲蕩。”唐徐彥伯《采蓮曲》：“春歌弄明月，歸櫂落花前。”《宋史·太祖紀三》：“丙戌，又幸迎春苑，登汴隄觀諸軍習戰，遂幸東水門，發戰櫂東下。”清代亦作“棹”。《紅樓夢》第五〇回：“野岸回孤棹，吟鞭指灞橋。”

【棹】 [1]

同“櫂 [1]”。此體清代已行用。見該文。

釣楫

漁船短槳，代指漁船。此稱唐代已行用，亦作“釣檝”。唐鄭紹《游越溪》詩：“漁潭逢釣楫，月浦值孤舟。”唐方干《陸處士別業》詩：“夜深回釣檝，月影出書床。”

【釣檝】

同“釣楫”。此體唐代已行用。見該文。

篷 [1]

可用於捕撈魚類的小船。原義爲船篷，後代指船。此稱唐代已行用，前蜀亦作“蓬”。唐錢起《送張管書記》詩：“河廣篷難度，天遥雁

漸低。”前蜀韋莊《潤州顯濟閣曉望》詩：“一篷何處客，吟憑釣魚舟。”前蜀李珣《南鄉子》詞：“誰同醉，纜却扁舟蓬底睡。”又其《漁歌子》詞：“水爲鄉，蓬作舍。”清趙慶熺《醉扶歸·泖湖訪舊圖》套曲：“一天兒詩酒作生涯，一蓬兒風月都瀟灑。”

【蓬】

同“篷 [1]”。此體五代時期已行用。見該文。

釣篷

漁船之篷，代指漁船。此稱唐代已行用。唐鄭損《星精亭》詩：“釣篷和雨看，樵斧帶霜聞。”宋陸游《戀繡衾》詞之一：“不惜貂裘換釣篷。嗟時人、誰識放翁。”元劉永之《秋江晚釣圖》詩：“曲渚環洲隱釣篷，寒藤古木落秋風。”明顧玘徵《感舊》詩：“極目天涯誰與語，釣篷思老一魚磯。”清厲鶚《五月二十八日渡太湖至吳江作二首》詩之一：“一鳥墮寒鏡，衆山移釣篷。”宋代起亦作“釣蓬”。宋陸游《鷺》詩：“雪衣飛去莫匆匆，小住灘前伴釣蓬。”元方回《社後巳未始雨酒邊書》詩：“蕉扇戴頭歸，聲類釣蓬底。”明凌雲翰《題葉伯政經歷水北山居圖》詩：“縱如雁蕩留吟屐，何似鷗波看釣蓬。”

【釣蓬】

同“釣篷”。此體宋代已行用。見該文。

漁榜 [1]

漁船之槳。榜，船槳。代指漁船。此稱清代已行用，亦稱“釣榜”。清王士禛《雨登湘中閣眺望》詩：“漁榜沿迴溪，停橈飯孤嶼。”清龔自珍《能令公少年行》：“紫蟹熟矣胡麻饛，門前釣榜催詞箭。”

【釣榜】

即漁榜[1]。此稱清代已行用。見該文。

挐

漁船之槳。此稱先秦時期已行用。晉代起亦稱"橈"。《莊子·漁父》："方將杖挐而引其船，顧見孔子，還鄉而立。"陸德明釋文引晉司馬彪曰："挐，橈也。音饒。"唐顏真卿《浪迹先生玄真子張志和碑》："鳴榔杖挐，隨意取適，垂釣去餌，不在得魚。"宋陳杰《獅子寨小港觶風》詩："安得杖挐相印可，碧蘆深處小延緣。"清彭孫遹《杪秋坐澹公池上寮同陳元孝梁芝五》詩："日夕各歸去，杖挐爭引船。"元代起又稱"船篙"。元李衎《竹譜》卷三："竹處處有之，大似淡竹，堅而促節，體圓而質勁。節下粉白如霜，大者最宜爲船篙。"明彭大翼《山堂肆考》卷二三四："挐，船篙也。"

【橈】

即挐。此稱晉代已行用。見該文。

【船篙】

即挐。此稱元代已行用。見該文。

【漁榜】[2]

即挐。此稱宋代已行用。宋高似孫《松江蟹舍賦》："棹歌亂發，漁榜疾徐。"明文徵明《自胥口入太湖》詩："咏得鱸肥人膾玉，自敲漁榜答滄浪。"

楫

漁船等之短槳。此稱先秦時期已行用，亦作"檝"，亦稱"舟楫"。《易·繫辭下》："刳木爲舟，剡木爲楫，舟楫之利，以濟不通。"《荀子·勸學》："假舟檝者，非能水也，而絕江河。"《楚辭·九章·惜往日》："乘氾泭以下流兮，無舟楫而自備。"宋范仲淹《岳陽樓記》："陰風怒號，濁浪排空……商旅不行，檣傾楫摧。"清吳友松《月夜游大明湖記》："乘暝踏舟，燃燭理楫，遵湖之漘而共駕焉。"

【檝】

同"楫"。此體先秦時期已行用。見該文。

【舟楫】[1]

即楫。此稱先秦時期已行用。見該文。

枻

漁船短槳。一説漁船船舷。此稱先秦時期已行用。《楚辭》："漁父鼓枻而去。"南朝宋謝靈運《羅浮山賦》："鼓蘭枻以水宿，杖桂策以山游。"唐白居易《大水》詩："獨有傭舟子，鼓枻生意氣。"宋張炎《摸魚子·爲卞南仲賦月溪》詞："休凝佇，鼓枻漁歌在否。"清曹貞吉《霓裳中序第一》詞："仙槎上，此生有分，鼓枻帶筶否。"南朝梁亦稱"漁枻"。南朝梁虞羲《春郊》詩："樵歌喧壟暮，漁枻亂江晨。"《文選·北山移文》："今又促裝下邑，浪拽上京。"唐徐堅《初學記·器物部》："緬彼漁父。鼓栧清謳。"後世傳抄過程中亦有訛作"拽"者。宋祝穆《方輿勝覽·江東路·建康府·人物》："今又促裝下邑，浪拽上京。"南北朝起又作"栧"。宋代起又稱"短棹"。宋朱敦儒《好事近·漁父》詞："短棹釣船輕，江上晚烟籠碧。"

【漁枻】[2]

即枻。此稱南北朝時期已行用。見該文。

【栧】

同"枻"。此體南北朝時期已行用。見該文。

【拽】

同"栧"。即枻。此體宋代已行用。見該文。

【短棹】

即枻。此稱宋代已行用。見該文。

櫂²

漁船等之長槳。此稱先秦時期已行用。《楚辭·九歌·湘君》："桂櫂兮蘭枻，斲冰兮積雪。"宋陸游《泛舟》詩："水鄉元不減吳松，短櫂沿洄野興濃。"元張憲《賦松江漁者》："短櫂輕舟白髮翁，往來常在泖西東。"漢代起亦作"棹"。漢曹操《船戰令》："雷鼓一通，吏士皆嚴……整持櫓棹，戰士各持兵器就船。"唐李咸用《和人湘中作》："一棹寒波思范蠡，滿尊醇酒憶陶唐。"《西游記》第四三回："那呆子扶着唐僧，那梢公撐開船，舉棹衝流，一直而去。"

【棹】²

同"櫂²"。此體漢代已行用。見該文。

舳¹

船尾持舵的部位。此稱漢代已行用。《漢書·武帝紀》："舳艫千里，薄樅陽而出。"顏師古注引李斐曰："舳，船後持柁（舵）處也；艫，船前頭刺櫂處也。"

舳²

指舵。此稱漢代已行用。《方言》第九："〔船〕後曰舳。舳，制水也。"郭璞注："今江東呼柁爲舳。"漢桓寬《鹽鐵論·殊路》："今齊世庸士之人，不好學問，專以己之愚而荷負巨任，若無楫舳濟江海而遭大風，漂没於百仞之淵，東流無涯之川，安得沮而止乎？"

艫²

船頭。此稱漢代已行用。見《漢書·武帝紀》"舳艫千里"唐顏師古注引李斐注。一說船尾。《文選·左思〈吳都賦〉》："弘舸連舳，巨檻接艫。"劉逵注："艫，船後也。"

桹

敲擊船舷用以驚魚入網的長木。此稱漢代已行用。《文選·潘岳〈西征賦〉》："纖經連白，鳴桹厲響。"唐李善注："《說文》曰：桹，高木也。以長木叩舷爲聲，言曳纖經於前，鳴長桹於後，所以驚魚，令入網也。"宋代起亦稱"魚榔""漁榔""漁桹""魚桹"。宋蘇軾《十二琴銘·漁桹》："驚潛魚而出聽，是謂魚榔。"宋楊簡《乾道撫琴有作》詩："三江五湖烟水闊，波聲瑟瑟鳴漁榔。"宋釋道潛《寄東坡昆仲》詩："深灣野浦望不劇，葦間隱隱聞漁桹。"宋釋文珦《咏苔雪》詩："家家有船步，日日聽魚桹。"元郝經《儀真館中暑一百韵》："塹門深虎圈，擊柝鬧魚榔。"元黃庚《題吳實齋北山別業》詩："樵斧伐雲春谷暗，漁榔敲月夜溪寒。"明高啓《送證上人住持道場》詩："煙銷日出聞漁榔，洲渚宛轉山低昂。"清趙翼《馮涇道中》詩："村火有時閃，漁榔何處敲。"

【魚榔】

即桹。此稱宋代已行用。見該文。

【漁榔】

即桹。此稱宋代已行用。見該文。

【漁桹】

即桹。此稱宋代已行用。見該文。

【魚桹】

即桹。此稱宋代已行用。見該文。

檣¹

船上掛帆用的柱杆。此稱漢代已行用，三國吳起亦稱"帆檣"，唐代起又稱"檣竿"。漢王粲《從軍詩》之二："衫衿倚舟檣，眷眷思鄴城"。《三國志·吳書·孫和傳》"遣之長沙"裴松之注引三國吳韋昭《吳書》："和之長沙，行過蕪湖，有鵲巢于帆檣。”《文選·郭璞〈江賦〉》：“舳艫相屬，萬里連檣。”唐李善注引《埤蒼》：“檣，帆柱也。”唐白居易《夜聞歌者》詩：“獨倚帆檣立，娉婷十七八。”唐劉禹錫《淮陰行》：“好日起檣竿，烏飛驚五兩。”宋陸游《入蜀記》卷五：“倒檣竿，立艣床。蓋上峽惟用艣及百丈，不復張帆矣。”宋孫光憲《菩薩蠻》詞：“客帆風正急，茜袖偎檣立。”元王惲《平望道中》詩：“大艑從東來，帆檣鬱嵳峩。”

【帆檣】[2]

即檣[1]。此稱三國時期已行用。見該文。

【檣竿】

即檣[1]。此稱唐代已行用。見該文。

【桅】

即檣[1]。此稱南北朝時期已行用，宋代亦稱“桅竿”，清代又稱“桅桿”。南朝梁何遜《初發新林》詩：“桅檣迥不進，沓浪高難拒。”唐韓愈《憶昨行和張十一》：“念昔從君渡湘水，大帆夜劃窮高桅。”宋蘇軾《慈湖夾阻風》詩之一：“捍索桅竿立嘯空，篙師酣寢浪花中。”清吳偉業《再觀打冰詞》：“桅竿旗動吹南風，舟子喜甚呼蒙衝。”《兒女英雄傳》第二二回：“一片斜陽，照得水面上亂流明滅，那船上桅桿影兒一根根橫在岸上。”

【桅竿】

即桅。此稱宋代已行用。見該文。

【桅桿】

即桅。此稱清代已行用。見該文。

篙

撐船用的竹竿或木杆。此稱晋代已行用，宋代亦稱“篙竿”，清代又稱“篙子”。《摩訶僧祇律》卷三：“時比丘尼默然不應，便以篙摘

船而去。”南朝樂府民歌《那呵灘》之二：“篙折當更覓，櫓折當更安。”唐玄應等《一切經音義》卷一五：“〔篙〕謂刺船竹，以鐵爲鐖。”宋蘇軾《西山戲題武昌王居士》詩：“篙竿繫舸菰茭隔，笳鼓過軍鷄狗驚。”《紅樓夢》第四〇回：“說着，便一篙點開。”《老殘游記》第一回：“篙工用篙子鈎住大船，三人便跳將上去。”

【篙竿】

即篙。此稱宋代已行用。見該文。

【篙子】

即篙。此稱清代已行用。見該文。

檣[2]

藉指帆船或船帆。此稱南北朝時期已行用。南朝宋謝靈運《撰征賦序》：“靈檣千艘，霝輜萬乘。”宋陸游《醉後草書歌詩戲作》：“寶刀出匣揮雪刃，大舸破浪馳風檣。”

帆[2]

挂在船隻桅杆上的篷。可以利用風力助船前進。此稱漢代已行用，明代亦稱“篷”。漢馬融《廣成頌》：“施雲帆，張蜺幬。”唐王灣《次北固山下》詩：“潮平兩岸闊，風正一帆懸。”宋陸游《入蜀記》卷一：“遇順風，舟人始張帆。”《三國演義》第四九回：“徐盛見前船無篷，只顧趕去。”清李漁《玉搔頭·飛舸》：“這風就掉轉來了，家婆在那裏？快幫我扯起篷來。”

【篷】[2]

即帆[2]。此稱明代已行用。見該文。

【帆葉】

即帆[2]。此稱唐代已行用，宋代亦稱“檣帆”，元代又稱“帆幔”，清代還稱“帆幅”“帆幃”。唐陸龜蒙《送羊振文先輩往桂陽歸覲》詩：“讓王門外開帆葉，義帝城中望戟枝。”宋

梅堯臣《和韓欽聖學士襄陽聞喜亭》："檣帆落處遠鄉思，砧處動時歸客情。"元楊仲弘《喜晴得揚字呈汪知府》詩："鼓鼙争奮發，帆幔各飛揚。"明高啟《獨游山中憶周記室砥》詩："如今故人亦遠去，帆葉暮落吴江南。"《老殘游記》第一回："三人便將帆葉抽滿，頃刻便與大船相近。"清洪亮吉《七里瀧阻風》詩："我行發新安，三日挂帆幅。"《白雪遺音·馬頭調·單刀赴會》："獨坐船頭，掛起帆幛，江風陣陣吹。"清魏源《城守篇》："有撩鈎焉，三鋒一柄，左鈎右漉，或撈首綴，或鈎帆幅。"

【檣帆】

即帆葉。此稱宋代已行用。見該文。

【帆幔】[2]

即帆葉。此稱元代已行用。見該文。

【帆幅】

即帆葉。此稱清代已行用。見該文。

【帆幛】

即帆葉。此稱清代已行用。見該文。

檣烏

船檣上的烏形風嚮儀。此稱唐代已行用。唐杜甫《登舟將適漢陽》詩："塞雁與時集，檣烏終歲飛。"宋張先《御街行·送蜀客》詞："紛紛歸騎亭皋晚，風順檣烏轉。"

篷底

船帆之下，指船艙。此稱唐代已行用。唐杜牧《獨酌》詩："何如釣船雨？篷底睡秋江。"唐杜荀鶴《溪興》詩："山雨溪風卷釣絲，瓦甌篷底獨斟時。"

船篷

船上用以遮蔽日光和風雨等的覆蓋物。此稱宋代已行用，明代起省稱"篷"。宋黄庭堅

《清人怨戲效徐庾慢體詩》之二："鴛鴦會獨宿，風雨打船篷。"宋陳造《書懷》詩："少待蒪鱸付張翰，一溪風月放船篷。"《警世通言·蘇知縣羅衫再合》："李生推篷一看，果然秋江景致，更自非凡。"清黄景仁《退潭舟夜雷雨》詩："誰知暴雨不終昔，打篷漸歇筝琵琶。"

【篷】[3]

即船篷。此稱明代已行用。見該文。

錨

一種停船設備。多爲鐵製或鋼製，一端有兩個或兩個以上鈎爪，另一端用鐵鏈等連在船上，可抛至水底或岸邊，用以穩定船舶。此稱明代已行用。明宋應星《天工開物·錨》："凡舟行遇風難泊，則全身繫命于錨。"《鏡花緣》第二七回："三人下來，開發脚錢，起錨揚帆。"

帆脚

船帆下部，也藉指船帆。此稱清代已行用。清紀昀《閲微草堂筆記·灤陽消夏録一》："制府李公衛未達時，嘗同一道士渡江。適有與舟子争詬者，道士太息曰：'命在須臾，尚較計數文錢耶？'俄其人爲帆脚所掃，墮江死。"清阮元《宗舫》詩："帆脚遠行須把定，莫教孟浪願長風。"

蓑

一種用竹葉、草、棕等編織而成的披於人身的防雨衣服，常爲農耕、漁獵者穿着，今多稱蓑衣。唐代杜牧甚至以穿蓑衣的"蓑翁"代指漁翁："可憐赤壁争

蓑
（元王楨《農書·農器圖譜集之七·蓑笠門》）

雄渡，唯有蓑翁坐釣魚。"（見《齊安郡晚秋》詩）"蓑"之名稱，先秦時期即已行用，亦作"衰"。《詩·小雅·無羊》："爾牧來思，何蓑何笠，其負其餱。"《山海經·西山經》："〔三危之山〕其上有獸焉，其狀如牛……其豪如披蓑。"《儀禮·既夕禮》"藁車載蓑笠"清阮元校勘記："毛本從衰。"宋陸游《五十》詩："夜宴看長劍，秋風舞短蓑。"明馮惟敏《恬退》曲："也不管花開花落，年年一短蓑，寒暑飽經過。順水推船，隨風倒舵。"《紅樓夢》第四五回："〔寶玉〕一面說，一面摘了笠，脫了蓑，一手舉起燈來。"唐代起亦作"莎"。唐施肩吾有《贈莎衣道士》詩。《廣雅·釋草》"其蒿，青蓑也"清王念孫疏證："蓑與莎同音，青蓑，即青莎也。"

【衰】

同"蓑"。此體先秦時期已行用。見該文。

【莎】

即蓑。此稱唐代已行用。見該文。

【蓑衣】

即蓑。晉葛洪《抱朴子·鈞世》："至於關錦麗而且堅，未可謂之減於蓑衣。"唐劉禹錫《插田歌》："農婦白紵裙，農夫綠蓑衣。"宋王庭圭《題郭秀才釣亭》詩："醉任狂風揭茅屋，臥聽殘雪打蓑衣。"元黃清老《題彭宜述所藏羅稚川山水樓閣圖》詩："漁翁兩兩青蓑衣，賣魚直上長楊堤。"明丘遂《江上雜詩》："漁師不避豆花雨，翻脫蓑衣覆酒瓶。"《紅樓夢》第四五回："一語未盡，只見寶玉頭上戴着大箬笠，身上披着蓑衣。"唐代起亦作"簑衣"。唐張志和《漁父》詞："青篛笠，綠簑衣，斜風細雨不須歸。"《水滸傳》第一九回："船頭上立着一個人，頭戴青篛笠，身披綠簑衣。"

【簑衣】

同"蓑衣"。此體唐代已行用。見該文。

【莎衣】

即蓑。此稱唐代已行用。唐代"莎""蓑"音近互通。唐司空圖《雜題》詩之八："樵香燒桂子，苔濕挂莎衣。"五代王定保《唐摭言·好及第惡登科》："許孟容進士及第，學究登科，時號錦襖子上著莎衣。"宋楊朴有《莎衣》詩。明唐順之《薊鎮憶弟正之試南都》詩："頭顱長盡山林骨，木食莎衣信有緣。"清查慎行等聯句《解珮令》詞："卸了朝衫，換獨速、莎衣醉舞。"

【雨蓑】

即蓑。此稱唐代已行用。唐翁洮《漁者》詩："一葉飄然任浪吹，雨蓑煙笠肯忘機。"宋陸游《重九後風雨不止遂作小寒》詩："射虎南山無復夢，雨蓑煙艇伴漁翁。"金王寂《奉題少保張公曲阿別墅二首》詩之二："紙尾欲煩賢宅相，雨蓑添我坐篷窗。"明楊基《句曲秋日郊居雜興》詩之八："漁負雨蓑立，鳥銜霜果飛。"宋代起亦作"雨簑"。宋李彌遜《自天寧泛舟還涇川》詩："欲學漁郎颺綸手，雨簑月笛了平生。"元王惲《卜築》詩："任使旁人呼漫浪，雨簑無負釣魚槎。"明徐光啓《農政全書》卷四〇："燈草……其皮可製雨簑。"清汪琬《客有規予入山者賦答二首》詩之二："煙笠雨簑窮活計，藥罏茶臼病神仙。"

【雨簑】

同"雨蓑"。此體宋代已行用。見該文。

【煙簑】

即蓑。此稱唐代已行用。唐鄭谷《郊園》

詩：“煙簑春釣静，雪屋夜棋深。”宋蘇軾《滿庭芳·蒙恩放歸陽羡復作》詞：“青衫破，群仙笑我，千縷掛煙簑。”元耶律楚材《和摶霄韵代冰陸疏文因其韵爲詩》之一〇：“閑卧煙簑春夢斷，不知潮起没青林。”清宮鴻曆《長安午日》詩：“南州五月鱸魚美，小買煙簑棹五湖。”宋代起亦作“烟簑”。宋吴文英《惜紅衣》詞：“買釣舟溪上，應有烟簑相識。”元何景福《和洪伯英感懷三首》詩之一：“莫怪春山風雨惡，烟簑曾有子陵耕。”明代亦作“煙蓑”。明黄宗羲《孤山種梅初記》：“煙蓑釣艇，數武褐來。”

【烟簑】

同“煙簑”。此體宋代已行用。見該文。

【煙蓑】

同“煙簑”。此體明代已行用。見該文。

漁簑

捕撈魚類者所穿的簑衣。此稱唐代已行用。唐戴叔倫《寄萬德躬故居》詩：“閩海風塵鳴戍鼓，江湖烟雨暗漁簑。”明楊慎《十二月廿三日高嶢大雪》詩之二：“佳句漁簑憐鄭谷，中庭鶴氅立王恭。”清孫枝蔚《式廬詩爲石仲昭明府訪方爾止處士而作》詩：“甲第雲中連白日，漁簑雪裏傲朱緋。”宋代起亦作“漁蓑”。宋蘇軾《乘舟過賈收水閣收不在見其子》詩之一：“青山來水檻，白雨滿漁蓑。”元張翥《沁園春》詞：“任漁蓑江上，雨細風斜。”明文徵明《江天暮雪》詩：“寧知風浪高，但道漁蓑好。”清趙執信《自張秋漾舟至濟寧即事口號四首》之一：“閑倚檣竿學榜歌，翛然身世入漁蓑。”

【漁蓑】

同“漁簑”。此體宋代已行用。見該文。

笠

一種用竹篾、箬葉、棕皮等編織而成的戴在頭上的防暑、防雨帽子，今多稱斗笠。此稱先秦時期已行用。《詩·小雅·無羊》“何蓑何笠”毛傳：“笠所以禦暑。”《詩·小雅·都人士》：“彼都人士，臺笠緇撮。”毛傳：“笠所以禦雨。”南朝宋劉義慶《世説新語·言

笠
（元王楨《農書·農器圖譜集之七·蓑笠門》）

語》：“謝靈運好戴曲柄笠，孔隱士謂曰：‘卿欲希心高遠，何不能遺曲蓋之貌。’謝答曰：‘將不畏影者，未能忘懷。’”唐高適《漁父歌》：“笋皮笠子荷葉衣，心無所營守釣磯。”明張適《題山水小幀》詩：“秋林雨過雲猶濕，緑莎亭子小於笠。”清查慎行《衛凡夫郎中索題詩册兼志别》詩：“下車揖戴笠，古道君尤厚。”宋代亦作“苙”。宋蘇轍《和子瞻雪浪齋》詩：“旌旗旋逐金皷發，蓑苙尚帶風雨痕。”

【苙】

同“笠”。此體宋代已行用。見該文。

菹笠

用茅草編織的笠。此稱先秦時期已行用。《管子·禁藏》：“被蓑以當鎧鐻，菹笠以當盾櫓。”尹知章注：“取菹澤草以爲笠。”

荷笠

用荷葉編織的笠。此稱唐代已行用。唐皮日休《雨中游包山精舍》詩：“薜帶輕束腰，荷笠低遮面。”前蜀韋莊《贈漁翁》詩：“草衣荷笠鬢如霜，自説家編楚水陽。”

青箬笠

用箬竹葉或篾編織的笠。此稱唐代已行用。唐張志和《漁父》詞:"青箬笠,綠蓑衣,斜風細雨不須歸。"宋代起亦作"青篛笠",省稱"青箬""青篛"。宋孫覿《題谷隱》詩:"葦間青篛笠,髣髴見秦逃。"《水滸傳》第七七回:"舡上一箇人,頭戴青箬笠,身披綠蓑衣,斜倚着舡背,岸西獨自釣魚。"清厲鶚《施北亭攜酒湖上》詩:"詩從青箬笠前得,秋在白荷花上來。"

【青篛笠】

同"青箬笠"。此體宋代已行用。見該文。

【青箬】

"青箬笠"之省稱。此稱宋代已行用,亦作"青篛"。宋陸游《一叢花》詞:"何如伴我,綠蓑青箬,秋晚釣瀟湘。"宋楊萬里《後苦寒歌》:"絕憐紅船黃帽郎,綠蓑青篛牽牙檣。"見"青箬笠"文。

【青篛】

同"青箬"。此體宋代已行用。見該文。

背蓬

漁民用以遮雨的斗蓬,多以竹草編織。此稱唐代已行用。唐代亦作"背篷"。唐皮日休《添漁具》詩序:"江漢間時候率多雨,難以簦笠自庇。每伺魚必多俯,簦笠不能庇其上,由是織蓬以障之,上抱而下仰,字之曰'背蓬'。"唐韓偓《江岸閑步》詩:"立談禪客傳心印,坐睡漁師着背蓬。"宋王質《紹陶錄》卷下:"蓑笠、背篷宜用蘆草。在背、胸爲蓑衣,在腰爲蓑裙,苢繩索領。笠宜用箬葉、笋籜、筋竹,背篷亦如之。或棕毛爲衫笠,以鮮密爲良。"

【背篷】

同"背蓬"。此體唐代已行用。見該文。

漁火

漁船上的燈火。此稱唐代已行用。唐錢起《送元評事歸山居》詩:"水宿隨漁火,山行到竹扉。"宋汪元量《滿江紅》詞:"但滿目銀光萬頃,淒其風露,漁火已歸鴻雁汊,櫂歌更在鴛鴦浦。"清孫枝蔚《夜入真州》詩:"但見船頭漁火明,忽聞黃帽報初更。"明代起亦作"魚火"。明胡世安《异魚圖贊補·墨頭魚》:"黑鱸類鯉,出以三月,魚火夜伺,其來勃窣。"清朱次琦《答談太學子粲見詒四十五韵》:"訇或鏗鯨鐘,悄或羲魚火。"

【魚火】

同"漁火"。此體明代已行用。見該文。

【漁燈】

即漁火。此稱唐代已行用。唐皮日休《釣侶》詩之二:"煙浪濺篷寒不睡,更將枯蚌點漁燈。"宋柳永《安公子》詞:"認去程將近,舟子相呼,遙指漁燈一點。"元陳孚《夜泊六和塔下》詩:"漁燈射寒沙,萬點亂光彩。"清陸藻《七月宿近華浦》詩:"暝色忽蒼凉,漁燈出蘆茨。"宋代起亦作"魚燈""漁鐙"。宋王質《水調歌頭》詞:"時見魚燈三兩,知在誰家浦漵,星斗爛垂空。"宋吳文英《鶯啼序》詞:"長波妬盼,遙山羞黛,漁鐙分影春江宿。"《遼史·聖宗本紀》:"是夕,然萬魚燈於雙溪。"明高攀龍《武林游記》:"復次望湖亭,平波印月,遠樹籠煙,野色蒼茫,漁鐙隱没,心境一佳。"清乾隆《戲題石舫》詩:"綵槳應節訝漁鐙,欲笑天隨得未曾。"清代又作"魚鐙"。清汪琬《雪》詩:"行人遙指金焦峰,數點魚鐙望中滅。"

【魚燈】

同“漁燈”。此體宋代已行用。見該文。

【漁鐙】

同“漁燈”。此體宋代已行用。見該文。

【魚鐙】

同“漁燈”。此體清代已行用。見該文。

蟹火

捕蟹時所用的燈火。此稱唐代已行用。唐白居易《重題別東樓》詩：“春雨星攢尋蟹火，秋風霞颭弄濤旗。”宋高似孫《蟹略》卷一：“蟹火：吳人取魚執火而攻之，蟹則易集。黃太史詩《憶觀淮南夜火攻不及晨又》詩：‘怒目橫行與虎爭，寒沙奔火禍胎成。’”清朱彝尊《秋水十韵》：“魚標林際短，蟹火夜深微。”

籪火

漁船上用竹籠罩着的燈火。此稱宋代已行用。宋陳恕可《桂枝香·天柱山房擬賦蟹》詞：“草汀籪火，蘆洲緯箔，早寒漁屋。”明彭大翼《山堂肆考》卷二五：“乳水洞在順天府房山縣大房山東北，有懸崖千尺餘。下有石窟，闊二丈許，深不可測，嘗聞作樂聲。唐胡詹有記。昔人有籪火浮舟探之者，行五六日，莫究其源，但見仙鼠晝飛，頳鱗游泳。”省稱“籪”。元柳貫《潮溪夜漁》詩：“兩岸櫟林藏曲折，一籪松火照微茫。”

【籪】[2]

即籪火。此稱元代已行用。見該文。

漁板

唱漁歌時的一種伴奏樂器，以繩串連兩塊竹板製作。此稱宋代已行用，亦作“魚板”。宋陳允平《齊天樂》詞：“畫橈催攤，魚板敲殘，數聲初入萬松裏。”宋陳起《夜過西湖》詩：“鵲巢猶掛三更月，漁板驚回一片鷗。”《西游補》第一一回：“也有説一枝繡球樹，每片葉上立一仙人，手執漁板，高聲獨唱。”

【魚板】

同“漁板”。此體宋代已行用。見該文。

第四節　捕撈設施考

捕撈設施指爲采拾、捕撈魚類而選擇或建造的場地、物體等，主要包括漁場、釣臺、魚梁等。漁場是魚類較多且易於捕撈的水域，以自然形成者居多，有的則加以改造；釣臺是垂釣者站立或坐卧的臺子，有自然形成者，也有人工修建者；魚梁是攔截水流與魚類的堰，多由人工建造。

漁場

亦作“魚場”。魚類或其他水産經濟動物群集并可進行捕撈的水域。最初純爲自然形成者，後來亦酌加人工改造，多選建於江河、湖泊、池塘與海邊。出土文物與傳世文獻證明，中國的内陸漁場已有六千年以上的歷史，海洋漁場也有四千年以上的歷史。它們一直是人們捕撈作業的主要區域。甚至出現了因瀕臨漁場而取以爲名的清代名鎮——魚場口鎮（在今江蘇省灌南縣境内）。此稱當代方行用。

【魚場】

同“漁場”。此體當代方行用。見該文。

【魚澤】

即漁場。此稱漢代已行用。《周禮・夏官》：“川師掌川澤之名，辨其物與其利害，而頒之于邦國，使致其珍異之物。”漢鄭玄注：“川澤之名與物若泗濱浮磬淮夷蠙珠，暨魚澤之萑蒲。”宋董嗣杲《過銀樹》詩：“殘雪閃斜照，籬落掩魚澤。”明鄭汝美《夜泊魚山驛》詩：“龍潭晴亦雨，魚澤夏還凉。”唐代亦作“漁澤”。唐王昌齡《淇上酬薛據兼寄郭微》詩：“酒肆或淹留，漁澤屢棲泊。”唐柳宗元《游南亭夜還叙志七十韵》：“弋林驅雀鷃，漁澤從鰌鮒。”

【漁澤】

同“魚澤”。此體唐代已行用。見該文。

【魚邦】

即漁場。此稱元代已行用，亦作“漁邦”。元張可久《柳營曲・釣臺》：“客星犯半夜龍床，清風占七里魚邦。”元許有壬《茅步和劉光遠韵二首》之二：“萬頃風濤縻客棹，一天煙雨畫漁邦。”《雍熙樂府・鬥鵪鶉》：“水國魚邦，跳出他龍潭虎窟，頂笠披簑，隄防着斜風細雨。”明楊基《方氏園居十首》詩之一〇：“回汀兼復渚，迢遞入漁邦。”

【漁邦】

同“魚邦”。此體元代已行用。見該文。

【漁滄】

即漁場。以其水色多呈青色，故稱。滄，通“蒼”，青（藍、綠）色。此稱明代已行用。明伍晏《漁滄廟》詩：“漁滄之下潭水流，漁滄之上雲悠悠。”清周亮工《懷顧與治》詩：“天風吹夯剐，海月滿漁滄。”

漁浦

魚類生長其中并可進行捕撈的水邊。此稱南北朝時期已行用。南朝宋謝靈運《富春渚》詩：“宵濟漁浦潭，旦及富春郭。”北魏酈道元《水經注・漸江水》：“又有覆舟山，覆舟山下有漁浦。”唐李紳《過鍾陵》詩：“江對楚山千里月，郭連漁浦萬家燈。”清趙執信《雨中錢塘江登舟》詩：“宵爲漁浦濟，明追康樂游。”唐代起亦作“魚浦”。唐韓翃《送王少府歸杭州》詩：“早晚重過魚浦宿，遥憐佳句篋中新。”《水滸傳》第三〇回：“又走不數里多路，只見前面來到一處濟濟蕩蕩魚浦，四面都是野港闊河。”明李延興《題畫》詩：“門前魚浦啼竹禽，屋上鶴巢走松鼠。”清彭孫遹《咏乩沙》：“囊去暗藏魚浦陣，書來頻落楚江鴻。”

【魚浦】

同“漁浦”。此體唐代已行用。見該文。

【魚渚】

即漁浦。此稱宋代已行用。宋舒岳祥《贈正仲別》詩：“雪壓登魚渚，雲生落鴈田。”金麻革《上雲内帥賈君》詩：“獵場游麊鹿，魚渚動鰌鮒。”明代亦稱“釣魚渚”。明張元凱《月下渡淮歌與馬孟李三都尉舟中言懷》詩："若過韓侯釣魚渚，便爲長跪酹英雄。"

【釣魚渚】

即魚渚。此稱明代已行用。見該文。

漁潭

魚類生長其中并可進行捕撈的深水池。此稱南北朝時期已行用。南朝梁丘遲《旦發漁浦潭》詩："漁潭霧未開，赤亭風已颺。"宋孔平仲《文選集句寄慎思交代學士慎思游岳老夫守舍叙述游舊慎問交承與夫舍舟登陸之策俱在此矣》詩："春江壯風濤，漁潭霧未開。"清乾隆《邱希範遲》詩："春水漲漁潭，朝霞起赤亭。"北周起亦作"魚潭"。北周庾信《歸田》詩："樹陰逢歇馬，魚潭見洒船。"唐高適《淇上酬薛三據兼寄郭主簿》詩："酒肆或淹留，魚潭屢棲泊。"按，一本作"漁潭"。宋范成大《中巖》詩："不知龍湫勝，何似魚潭樂。"明代亦稱"捕魚潭"。明傅汝舟《宿山心永樂庵》詩："嘗傳武陵源，傍有捕魚潭。"

【魚潭】

同"漁潭"。此體南北朝時期已行用。見該文。

【捕魚潭】

即漁潭。此稱明代已行用。見該文。

釣瀨

可供垂釣的水邊。此稱唐代已行用，語本《後漢書·逸民傳·嚴光》"嚴陵瀨"："三反而後至……乃耕於富春山，後人名其釣處爲嚴陵瀨焉。"唐李德裕《二猿》詩："釣瀨水漣漪，富春山合沓。"宋張元幹《送江子我歸嚴陵》詩："行行經釣瀨，時事不須聞。"宋代亦稱"魚瀨"。宋晁補之《求志賦》："寧遵不知時之可爲

兮，行漁瀨以畢世。"

【魚瀨】

即釣瀨。此稱宋代已行用。見該文。

釣漁灣

可供垂釣魚類的水流彎曲處。此稱唐代已行用，亦作"釣魚灣"。唐儲光羲有《釣漁灣》詩。唐杜荀鶴《贈歐陽明府》詩："回舟却惆悵，數宿釣魚灣。"宋毛翊《林深》詩："可笑野人無繫累，機心猶在釣魚灣。"明汪砢玉《第十二板柳下漁舟》："數筆垂楊數筆山，爲渠圖個釣魚灣。"《大清一統志》卷二二二："釣魚灣：在烏程縣北三里，唐張志和釣魚處所。"宋代起亦省稱"漁灣"。宋王阮《宿五步港一首》詩："大江吾隘爾，天地一漁灣。"明張宇初《滿庭芳·山居》詞："樵路漁灣，與林猿谷鳥、暮樂朝歡。"清唐孫華《五舫詩爲同年狄向濤太史賦》："仙舟倘泛洞庭雲，蟹舍漁灣一相訪。"

【釣魚灣】

同"釣漁灣"。此體唐代已行用。見該文。

【漁灣】

"釣漁灣"之省稱。此稱宋代已行用。見該文。

漁濼[1]

可供捕撈魚類的湖泊。此稱宋代已行用。宋韓拙《論人物橋彴關城寺觀山居舟車四時之景》："有菱廣水處，可畫漁市、漁濼及捕魚、采菱、晒網之類也。"清畢沅《續資治通鑑·宋太宗至道三年》："戊戌，弛東京道漁濼之禁。"《遼史·聖宗本紀》："戊戌，弛東京道魚濼之禁。"元代起，又作"漁泊"。元王逢《江邊竹枝詞》之六："儂是小山漁泊户，水口風門過一生。"明代起，又作"漁泊"。明唐寅作有《江

村漁泊圖》。

【魚滦】[1]

同“漁滦[1]”。此體遼代已行用。見該文。

【漁泊】[1]

同“漁滦[1]”。此體元代已行用。見該文。

魚嶼

可供捕撈魚類的小島。此稱宋代已行用。宋何薳《春渚紀聞・卯茆字異》：“今觀所謂三卯，皆漫水巨浸。春夏則荷蒲演迤，水風生涼；秋冬則葭葦蒹葭，魚嶼相望。”

魚澳

可供漁船停靠的港灣。此稱宋代已行用。宋陳造《次韻楊宰次郎斐》：“笑挾兔園策，問收魚澳租。”又其《次韻高幾宜送別》：“魚澳芋區真好在，連宵歸夢爲誰長。”

馬頭

可供漁船停靠的設施。因從岸邊延伸至水中的棧橋形似馬頭而得名。此稱宋代已行用，明代起亦作“碼頭”。《資治通鑑・唐穆宗長慶二年》：“又於黎陽築馬頭，爲度河之勢。”胡三省注：“附河岸築土植木夾之至水次，以便兵馬入船，謂之馬頭。”宋梅堯臣《次韵和馬都官宛溪浮橋》：“馬頭分朱欄，水底裁碧天。”《醒世恒言・蔡瑞虹忍辱報仇》：“却說朱源舟至揚州，那接取大夫人的還未曾到，只得停泊碼頭等候。”《儒林外史》第六回：“少刻，船攏了馬頭。”《二十年目睹之怪現狀》第二一回：“連忙起來到外面一看，原來船已到了上海，泊了碼頭。”

【碼頭】

同“馬頭”。此體明代已行用。見該文。

鯉魚潭

鯉魚生長其中并可進行捕撈的深水池，多地有之。此稱清代已行用。清郝玉麟等《廣東通志》卷一一：“鯉魚潭在城南，俗名角帶水。流經烏坎港，入于海。”清金鉷等《廣西通志》卷一四：“鯉魚潭在寧化里。遇旱，禱雨立應。”清鄂爾泰等《雲南通志》卷三：“鯉魚潭在清溪洞上。天欲雨則濁，晴則清。”

梁

攔截水流以捕撈魚類的堰。以土石築堤橫截水中，如橋，留水門，置竹筍或竹架於水門處，攔捕游魚等。此稱先秦時期已行用。漢代起亦稱“魚梁”“水堰”“水偃”。《詩・邶風・谷風》：“毋逝我梁，毋發我笥。”毛傳：“梁，魚梁；笥，所以捕魚也。”唐孔穎達疏引漢鄭司農曰：“梁，水堰。堰水而爲關空，以笥承其空。”《周禮・天官・漁人》“漁人掌以時漁爲梁”鄭玄注引鄭司農曰：“梁，水偃也。偃水爲關空，以笥承其空。”賈公彥疏：“謂偃水兩畔，中央通水爲關孔。笥者，葦簿，以簿承其關孔，魚過者以簿承取之。”南朝宋劉義慶《世說新語・賢媛》：“陶公少時作魚梁吏，嘗以坩鮓餉母。”《晉書・列女傳・陶侃母湛氏》：“侃少爲尋陽縣吏，嘗監魚梁，以坩鮓一遺母。”宋王安石《李氏沅江書堂》詩：“沅江水有梁與罾，沅田桑樹可蠶耕。”宋陸游《初冬從文老飲村酒有作》詩：“山路獵歸收兔網，水濱農隙架魚梁。”宋代起又稱“漁梁”。宋王安石《半山即事》詩之七：“露積山禾百種收，漁梁亦自富鰕鰍。”明張羽《楚江清遠圖爲沈淪畫并寓九曲山房作》詩：“漁梁夜爭渡，知是醉巫歸。”清查慎行《渡蘆溝橋》詩：“草草漁梁枕水邊，石湖詩裏想當年。”

【魚梁】

即梁。此稱漢代已行用。見該文。

【水堰】

即梁。此稱漢代已行用。見該文。

【水偃】

即梁。此稱漢代已行用。見該文。

【漁梁】

即梁。此稱宋代已行用。見該文。

【澤梁】

即梁。此稱先秦時期已行用。《禮記·王制》："獺祭魚，然後虞人入澤梁。"鄭玄注："梁，絕水取魚者。"《荀子·王制》："山林澤梁，以時禁發而不稅。"楊倞注："石絕水爲梁，所以取魚也。"漢劉向《説苑·指武》："於是廢澤梁之禁，弛關市之征，以爲民惠也。"元王逢《天門行》："澤梁無禁漁者多，瀚海橫戈恣充斥。"明盧柟《聞吴吏部少槐哀僕乏嗣飭内入獄侍湯藥》詩之二："澤梁弛禁網，鰥寡遂恩私。"清查慎行《閘口觀罾魚者》詩："吾聞王政雖無澤梁禁，鯤鮞尚有洿池游。"

潏

魚梁等水中土石工程。此稱漢代已行用。《爾雅·釋水》："水中可居者曰洲，小洲曰陼，小陼曰沚，小沚曰坻，人所爲爲潏。"清湯右曾《送魏禹平之濟南》詩："千年觴咏地，野水蕩爲潏。"清王闓運《常公神道碑》："公不煩徭役，自出俸錢，爰疏潏堰。"

魚防

攔阻魚類以防其逃逸的堤埂或竹木欄柵。此稱漢代已行用。漢劉楨《公宴》詩："清川過石渠，流波爲魚防。"宋陳師道《秋懷》詩之四："梨埒當千户，魚防擁萬頭。"明王世懋《初夏田家》詩："雀乳深茅茨，魚防間崔澤。"清魏耕《贈朱士稚》詩之二："渠瀆互灌注，榆柳夾魚防。"

釣臺

垂釣者坐立的水邊之臺。此稱南北朝時期已行用。據考古遺址來看，先秦時期即已出現。北魏酈道元《水經注·穀水》："其水東注天淵池，池中有魏文帝九華臺，殿基悉是洛中故碑累之。今造釣臺于其上。"唐張喬《宿江叟島居》詩："了得平生志，還歸築釣臺。"唐代起亦稱"釣魚臺"。唐沈佺期《峽山賦》："煙鎖釣魚臺，往事空追趙子。"宋胡楚材《憶彭頭山》："松竹讀書室，水石釣魚臺。"《元史·河渠志》："少東，爲大小釣魚臺。"清代亦作"釣台"。清葉廷琯《鷗陂漁話·劉書樵〈晋游詩選〉》："但留荒塚在，遥并釣台孤。"

【釣台】

同"釣臺"。此體清代已行用。見該文。

【釣魚臺】

即釣臺。此稱唐代已行用。見該文。

釣磯

垂釣者坐立的水中高石。此稱南北朝時期已行用。南朝宋劉義慶《世説新語·雅量》："王僧彌、謝車騎共王小奴許集。僧彌舉酒勸謝云：'奉使君一觴。'謝曰：'可爾。'僧彌勃然起，作色曰：'汝故是吴興溪中釣磯耳！何敢譸張！'"宋劉敞《碧瀾堂》詩："發狂醉問二三子，吴溪釣磯何如頑。"明楊慎《冷節》詩："花嶼月籠釣磯，柳店風摇酒旗。"清錢謙益《吴門送福清公還閩》詩之七："釣磯自攜新煉石，卧床還弄舊書雲。"

釣磯

垂釣者坐立的岩石。此稱南北朝時期已行用。北朝周明帝《貽韋居士》詩："坐石窺仙洞，乘槎下釣磯。"唐趙嘏《曲江春望懷江南故人》詩："此時愁望情多少，萬里春流遶釣磯。"宋陸游《晚春感事》詩："幽居自喜渾無事，又向湖陰坐釣磯。"清趙執信《雨過蘭溪却溯婺江寄金華鹿友兄》詩："慣將箬竹作油衣，莫向桐江問釣磯。"

【釣魚磯】

即釣磯。此稱唐代已行用。唐戴叔倫《越溪村居》詩："負米到家春未盡，風蘿閑掃釣魚磯。"宋賀鑄《度黃葉嶺懷寄清凉白雲庵主》："會解腰間斬馬劍，肎尋江上釣魚磯。"元代起亦省稱"魚磯"。元陳普《野步》詩之八："鳥影魚磯日暮，豆花村屋秋深。"明高啓《答默堂在紹興見寄》詩："共買魚磯甕城下，邇來江湖向誰明。"清納蘭性德《浣溪沙》詞："一水濃陰如罨畫，數峰無恙又晴暉。濺裙誰獨上魚磯。"

【魚磯】

"釣魚磯"之省稱。此稱元代已行用。見該文。

【漁磯】

即釣磯。此稱唐代已行用。唐戴叔倫《過故人陳羽山居》詩："峰攢仙境丹霞上，水遶漁磯綠玉灣。"宋陸游《洛陽春》詞："雨蓑烟笠傍漁磯，應不是，封侯相。"元張翥《八聲甘州》詞："江南客、此生心事，只在漁磯。"明王敞《登浮碧樓》詩："好花臨驛路，小艇占漁磯。"清曹寅《胡静夫先歸白門即席同用依字》詩："吳船快于馬，遲我坐漁磯。"

釣壇

垂釣者坐立的水邊高臺。多以土石等建造。此稱唐代已行用。唐皮日休《明月灣》詩："釣壇兩三處，苔老腥䰯斑。"宋蔡襄《題嚴先生祠堂》詩："人瞻祠樹古，天作釣壇圓。"元王惲《奉陪左丞張公尚書李公王學士圖克坦待制赴禹卿觀稼之會偶得五十六字奉林下一笑》詩："因君喚起歸田興，夢到西溪舊釣壇。"明鄧秉貞《嚴子陵釣壇》詩："不有雲臺諸將力，釣壇亦在戰争中。"清朱彝尊《爲錢給事題王給事富春大嶺圖二首》詩之二："髮髯舊游如畫裏，一帆曾轉釣壇東。"

釣魚坻

可供垂釣魚類的水中小洲。此稱唐代已行用。唐白居易《代書詩一百韵寄微之》："繁張獲鳥網，堅守釣魚坻。"宋代亦省稱"魚坻"。宋王禹偁《謫居感事》詩："賞花臨鳳沼，侍釣立魚坻。"

【魚坻】

"釣魚坻"之省稱。此稱宋代已行用。見該文。

魚矼

垂釣者坐立的石橋。此稱宋代已行用，亦作"漁矼"，亦稱"釣魚矼"。宋蘇軾《江西》詩："何人得儶窺魚矼，舉叉絶叫尺鯉雙。"宋舒岳祥《小窗一首寄帥初》詩："斜陽屐樵磴，細雨笠漁矼。"宋劉辰翁《江動月移石》詩："是誰驚兔杵，失却釣魚矼。"元王逢《園館雜書四首》詩之一："竹樹藏山石作門，魚矼水帶洗花痕。"元范梈《發富州》詩："景晏川色净，岩際縣漁矼。"清金張《叉魚謠》："丁山河口朱老翁，自誇得儶窺魚矼。"

【漁矼】

同“魚矼”。此體宋代已行用。見該文。

【釣魚矼】

即魚矼。此稱宋代已行用。見該文。

姜太公釣魚臺

故址在今陝西寶雞市渭河南岸，傳爲姜太公隱居垂釣、周文王訪賢相遇之處。姜太公，姜姓，吕氏，名望，字尚父，一説字子牙，西周初年曾官太師（武官名），又稱師尚父。後因輔佐武王滅商有功，封於齊，爲周代齊國始祖。據稱姜太公隱居於此，使用無餌直鈎在水面三尺之上垂釣十載。釣臺至今仍存姜太公垂釣跪坐的痕迹，與北魏酈道元《水經注》所載相符。唐代以來，先後在此建立太公廟、文王廟等，而刻有“孕璜遺璞”的巨石亦已挺立千年。姜太公隱居垂釣的傳説由來已久，如漢徐幹《中论·審大臣》：“又有不因衆譽而獲大賢，其文王乎！畋於渭水邊，道遇姜太公，皤然皓首，方秉竿而釣。”而“姜太公釣魚——願者上鈎”更是婦孺皆知的歇後語。傳説中的姜太公釣魚臺，除此臺外，還有故址在今河北南皮、江蘇溧陽等幾處。

范蠡釣魚臺

故址在今山東省棗莊市陶山旁的薛河畔，傳爲范蠡垂釣之處。范蠡，字少伯，楚國宛（今河南南陽）人。春秋末年越國大夫，曾助越王勾踐興國滅吳。後游齊國，稱鴟夷子皮。至陶（今山東定陶），改名陶朱公，以經商致富。陶山上有“范蠡廟”，唐敬宗寶曆二年（826）曾經重修；廟後有“范蠡湖”，今已無存。萬曆《滕縣志·藝文志》收錄于慎行《陶山懷古》詩：“越相何年隱，齊山舊有名。地連肥子國，

路出鑄鄉城。洞杳秋雲白，岩深古木平。臨池懷往迹，頗羡釣魚情。”傳説中的范蠡釣魚臺，除此臺外，還有故址在今江蘇無錫蠡湖（又名五里湖）畔之臺。

莊子釣魚臺

故址在今山東鄄城莊子廟村，傳爲莊子隱居、垂釣之處。莊子（約公元前369—前286），名周，戰國時期宋國蒙（今山東東明，一説河南商丘東北）人。曾任蒙地漆園吏，是道家學派的代表人物，與其後學著有《莊子》。嘉靖《濮州志》稱該釣臺“莊子嘗釣於此，上有南華觀”；明李先芳又有作於此地的《釣臺》詩：“漆園爲吏早知歸，濮上垂綸願不違。浦樹千秋依斷岸，汀蒲一曲吊斜暉。掉頭往事隨流水，曳尾何人問釣磯。獨倚南華臺上望，逍遥天外大鵬飛。”

秦始皇射魚臺

故址在今山東烟臺之罘山。秦始皇（公元前259—前210），即嬴政，一稱趙政，戰國時期秦國國君、秦王朝的建立者。《史記·秦始皇本紀》載：秦始皇三十七年（公元前210），“自琅邪北至榮成山，弗見。至之罘，見巨魚，射殺一魚”。之罘，今作“芝罘”。清謝景謨曾作《吊始皇芝罘射魚》詩吟咏此事：“鉦鐃一振山靈動，精騎四繞列熊羆。強弩竟響蒼岩裏，劈破黄雲羽箭馳。”

韓信釣魚臺

故址在今江蘇淮安淮河岸邊，傳爲韓信少時垂釣之處。韓信（？—前196），淮陰（今屬江蘇）人。先從項羽，後歸劉邦，被任爲大將，并助其建立漢朝。《史記·淮陰侯列傳》：“信釣於城下，諸母漂。有一母見信飢，飯信。”張守

節正義:"淮陰城北臨淮水。"唐崔國輔曾游此地,并寫下《漂母岸》詩:"泗水入淮處,南邊古岸存。昔時有漂母,于此飯王孫。"

閩越王釣魚臺

故址在今福建閩侯,傳爲閩越王垂釣并得白龍處。閩越王,指無諸。漢高祖五年(公元前202),無諸因助劉邦滅秦擊楚有功,被漢王朝遣使册封爲閩越王,此臺即爲受封而造。明代亦稱"釣龍臺""越王臺"。明曹學佺《咏釣龍臺》詩:"山河原屬越王臺,臺下江流去不回。祇爲百龍先一釣,紛紛鱗甲載江來。"

【釣龍臺】

即閩越王釣魚臺。此稱明代已行用。見該文。

【越王臺】

即閩越王釣魚臺。此稱明代已行用。見該文。

漢武帝射蛟臺

故址在今安徽潛山(一説安徽桐城),傳爲漢武帝射蛟處。漢武帝(公元前156—前87),即劉徹。《漢書·武帝紀》載:元封五年(106)冬,"行南巡狩……自尋陽浮江,親射蛟江中,獲之"。唐李白《永王東巡歌》之九:"祖龍浮海不成橋,漢武尋陽空射蛟。"元代起稱"射蛟臺"。元余闕《安慶郡庠後亭謙董僉事》詩:"霞生射蛟臺,雁没逢龍山。"明歐大任《泊樅陽眺覽盛唐遂憶漢武之游》詩:"彎弧射蛟臺,皇武何可當。"清代亦稱"漢帝臺"。清姚鼐《咏古》詩:"中有漢帝臺,言是射蛟處。"

【射蛟臺】

即漢武帝射蛟臺。此稱元代已行用。見該文。

【漢帝臺】

即漢武帝射蛟臺。此稱清代已行用。見該文。

嚴光釣魚臺

故址在今浙江桐廬南富春山腰,傳爲嚴光隱居、垂釣之處。嚴光,一名遵,東漢初會稽餘姚(今屬浙江)人,字子陵。曾與劉秀同學。劉秀(漢光武帝)即位後,他改名隱居。後被召至京師洛陽,任爲諫議大夫,辭而不受,歸隱富春山,年八十乃卒。漢代稱嚴光釣魚臺爲"嚴陵瀨"。《後漢書·逸民傳·嚴光》:"後人名其釣處爲嚴陵瀨焉。"南朝梁亦稱"嚴陵釣壇"。南朝梁顧野王《輿地志》:"桐廬縣南,有嚴子陵漁釣處。今山邊有石,上平,可坐十人,臨水,名爲嚴陵釣壇也。"唐代起又稱"子陵臺"。唐譚用之《寄王侍御》詩:"鳥盡弓藏良可哀,誰知歸釣子陵臺。"宋王自中《酹江月·題釣臺》詞:"扁舟夜泛,向子陵臺下,偃帆收櫓,水闊風摇舟不定。"

【嚴陵瀨】

即嚴光釣魚臺。此稱漢代已行用。見該文。

【嚴陵釣壇】

即嚴光釣魚臺。此稱南北朝時期已行用。見該文。

【子陵臺】

即嚴光釣魚臺。此稱唐代已行用。見該文。

孫權釣魚臺

故址在今湖北武漢武昌區西北的長江之濱,傳爲孫權觀魚、垂釣之處。孫權(182—252),字仲謀,吴郡富春(今浙江富陽)人。三國時吴國的建立者,黄龍元年(229),在武昌(今湖北鄂州)稱帝,國號吴,隨即遷都建業(今江蘇南京)。唐元結《小洄中漫歌》:"叢石橫大江,人言是釣臺。水石相衝激,此中有小洄。"明趙貞吉《釣臺》詩:"醉骨煙雲艇半開,半竿風雨上魚臺。無人知是寒山子，明月玉簫呼未回。"

宜興釣魚臺

在今江蘇宜興，傳爲任昉垂釣處。任昉（460—508），字彥昇，樂安博昌（今山東壽光）人。南朝梁曾任義興、新安太守等，以善作表、奏、書、啓諸體散文著稱於世。

玉鏡潭釣魚臺

在今安徽貴池東北，傳爲蕭統垂釣處。蕭統（501—531），字德施，南蘭陵（今江蘇常州武進區）人。梁武帝天監元年（502）立爲太子，未及即位而卒。謚昭明，世稱昭明太子。曾招文學之士，編集《文選》，對後代文學産生了重大影響。

李白釣魚臺

故址在今安徽黟縣，傳爲李白垂釣處。李白（701—762），字太白，號青蓮居士，自稱祖籍隴西成紀（今甘肅静寧），先人於隋末流寓碎葉（在今吉爾吉斯斯坦托克馬克附近），他即出生於此。幼年隨父遷居綿州昌隆（今四川江油）青蓮鄉。曾任翰林學士，是中國古代最偉大的詩人之一，也在國外産生了重大影響。

大冶釣魚臺

在今湖北大冶，傳爲張志和垂釣處。張志和，初名龜齡，字子同，婺州金華（今屬浙江）人。唐肅宗時待詔翰林，後貶南浦尉。於是隱居江湖，自號烟波釣徒。其作品多寫隱居生活，名篇爲《漁歌子》詞："西塞山前白鷺飛，桃花流水鱖魚肥。青箬笠，緑簑衣，斜風細雨不須歸。"

鏡泊湖釣魚臺

在今黑龍江寧安鏡泊湖畔，傳爲唐朝附屬國渤海國（698—926）權貴垂釣處。鏡泊湖，古稱忽汗海，以水明如鏡而得名。係中國最大的熔岩堰塞湖，盛産鯽魚等。

北京釣魚臺

在今北京西郊三里河畔，傳爲金章宗建臺垂釣處。金章宗，即完顔璟（1168—1208）。明王嘉謨曾以"垂柳滿堤山氣暗，桃花流水夕陽低"的詩句，描繪釣臺及其周邊美景。清高宗乾隆二十八年（1763）又疏浚河水，修建行宫，并親自題寫"釣魚臺"三字。

瘦西湖釣魚臺

在今江蘇揚州，傳爲清高宗聽樂、垂釣處。清高宗，即愛新覺羅弘曆（1711—1799），年號乾隆。瘦西湖原稱保障湖、炮山河、長春湖，係保障河，後經人工整理而成湖。由於湖面狹長纖細，絢麗多姿，可與杭州西湖媲美，故稱。

釣臺圖
（明王圻等《三才圖會·地理》）

第五節　捕撈動物考

　　捕撈動物指可助人捕捉、引誘魚類的動物。可助人捕捉的動物主要是經過訓練的鸕鶿、犬、魚等；可引誘魚類的動物主要包括經過挑選的牛、豬、羊、魚、蝦與用青蛙、蝸牛、蚯蚓、蟋蟀、紅蟲、蠅蛆等製作的誘餌。

鸕鶿

　　一種水鳥。體長可達0.8米。體羽主要爲黑色，間帶紫色金屬光澤。生殖季節，頭部與頸部生白絲狀羽。幼鳥下體黑色，雜以白羽。嘴長，上嘴尖端有鈎。頷下有可伸縮的喉囊，能暫存所捕捉之魚類。栖息於河川、湖沼或海濱，營巢於葦叢、矮樹或峭壁。善於潛水，捕食魚類。經過馴養，能助漁民捕撈魚類。放捕之前，先在鸕鶿頸部綁束鬆緊適度的麻環等，防止其吞掉所捕魚類。捕獲魚類後，暫時貯藏於喉囊中。待漁民用手按住喉囊，再沿魚鰭方嚮把魚類擠出。鸕鶿性喜集群生活，遇到大魚還能合力圍攻，并將其拖到漁船旁邊。“鸕鶿”之稱，南北朝時期已行用。北齊顏之推《稽聖賦》：“黿鼉伏乎其陰，鸕鶿孕乎其口。”鸕鶿用於捕獲魚類，《隋書》已見記載。《隋書·東夷

鸕　鶿
（明王圻等《三才圖會·鳥獸》）

傳·倭國》：“以小環挂鸕鶿項，令入水捕魚，日得百餘頭。”其後，各代不斷。宋楊萬里《送贛守張子智左史進直敷文閣移帥八桂》詩：“白鷺鸕鶿雙屬玉，青鞋布襪一筇管。”元虞集《歸蜀》詩：“鸕鶿輕筏下溪足，鸚鵡小窗呼客名。”明李時珍《本草綱目·禽一·鸕鶿》：“鸕鶿，處處水鄉有之。似鶂而小，色黑。亦如鴉，而長喙微曲，善没水取魚，日集洲渚，夜巢林木，久則糞毒多令木枯也。南方漁舟往往縻畜數十，令其捕魚。”清徐乾學《賜游西苑記》：“鴛鴦鸕鶿，飛鳴自若。”宋代亦稱“水老鴉”。宋王質《鸕鶿》詩序：“鸕鶿，身全黑，眉白，如鴨。而頸極長，能入水捕魚，夜則棲林。又號水老鴉。卵生，誤傳口吐。”明代又作“鸕鷀”，又稱“水老鴉”。明應㷏《春日獨酌》詩：“柴門人迹趁，水曲群鸕鷀。”《欽定熱河志》卷九五：“鸕鶿，山莊湖中多有之。《爾雅》注曰：‘觜頭曲如鈎，食魚。’宋陸佃《埤雅》曰：‘鸕鶿，水鳥，似鶂而黑。《本草》謂一名水老鴉。”《通雅》卷四五：“《爾雅》鷧鸕注以爲：鸕鷀，今之水老鴉，捕魚者也。”現代學者認爲，“鸕鶿”亦作“鱸鶿”，因體羽呈黑色而得名。楊樹達《積微居小學金石論叢·釋淬》：“大抵茲聲音近之字，義訓多爲黑。《文選·南都賦》注引《倉

頡篇》云：‘鸕鷀似鶒而黑’，知鸕鷀以黑名也。盧亦有黑義。”按，《倉頡篇》作者爲秦代李斯。

【鸕鷀】

同“鷀鸕”。此體秦代已行用。見該文。

【鷀鸕】

同“鸕鷀”。此體明代已行用。見該文。

【水老鴉】

即鸕鷀。此稱宋代已行用。見該文。

【水老鵶】

即鸕鷀。此稱明代已行用。見該文。

【魚鷹】

即鸕鷀。此稱宋代已行用。宋歐陽修有《魚鷹》詩。明楊慎《信天翁》：“信天翁，鳥名，滇中有之。其鳥食魚而不能捕，俟魚鷹所得偶墜者拾食之。”清汪琬《高郵湖》詩：“蒍葉未生菰未長，魚鷹飛飛來復往。”《儒林外史》第三六回：“又走到一個僻静的所在，一船魚鷹在河裏捉魚。”按，魚鷹亦爲“鶚”的通稱，周代即已行用，見《本草綱目·禽四·鶚》〔釋名〕引周師曠《禽經》。

【烏頭網】

即鸕鷀。此稱宋代已行用。宋陶穀《清異録·納膾場小尉》：“取魚用鸕鷀，快捷爲甚。當塗茭塘石皁民莊舍在焉，畜鸕鷀於家，纜小舟在岸。日遣一丁取魚供家。邑尉過，時見之，謂皁民曰：‘小舟即納膾場，鸕鷀乃小尉耳。’復曰：‘江湖漁郎用鸕鷀，乃小尉耳。’復曰：‘江湖漁郎用鸕鷀者，名烏頭網。’”

犗

傳説可用爲釣餌的犍牛（閹過的牛）。此稱先秦時期已行用。《莊子·外物》：“任公子爲大鈎巨緇，五十犗以爲餌，蹲乎會稽，投竿東海，旦旦而釣，期年不得魚。”唐駱賓王《釣磯應詰文》：“繇此觀之，蹲會稽而沈犗者，鮑肆之徒也；踞滄海而負鼇者，漁父之事也。”

豚

小猪。亦泛指猪。一種哺乳動物。體軀肥滿，四肢短小。鼻面短凹或平直，耳下垂或竪立。肉質鮮美，可供食用，亦可用作釣餌。此稱先秦時期已行用。《國語·越語上》：“生丈夫，二壺酒，一犬；生女子，二壺酒，一豚。”豚曾用作魚類食餌，漢代已見記載。宋謝維新《古今合璧事類備要》前集卷五二引漢孔鮒《孔叢子》：“子思居衛，衛人釣於河，得鰥魚焉，其大盈車。子思問之曰：‘鰥魚，難得者，子如何得之？’對曰：‘吾一釣，垂一魴之餌，鰥過而弗餌。更以豚之半體，則吞之。’”清代亦作“豘”。清姚鼐《東梁山僧舍》詩：“鶻盤嵼樹側，豘出浪花巔。”

【豘】

同“豚”。此體清代已行用。見該文。

蝸

一種軟體動物。有右旋或左旋的黄褐色硬殼。頭部顯著，生兩對觸角，後一對頂端長眼。腹面有扁平寬大之足，行進時分泌黏液，食植物苗葉。外套腔壁多血管，可呼吸空氣。無厴，環境乾燥或冬眠時能分泌黏質以堵塞殼口。嗅覺敏鋭。常栖息於潮濕地區。可入藥，亦可用作釣餌。此稱先秦時期已行用，三國時期亦稱“蝸”，晋代又稱“蝸牛”，唐代還稱“黄犢”。《莊子·則陽》：“有所謂蝸者，君知之乎？”成玄英疏：“蝸者，蟲名，有類小螺也；俗謂之黄犢，亦謂之蝸牛，有四角。”《文選·何晏〈景福殿賦〉》：“蝸徙增錯，轉縣成郳。”唐李善注：

蝸牛
（明王圻等《三才圖會·鳥獸》）

"騧或爲蝸，言合衆板上爲井欄，而形文錯若蝸之徒。"晋崔豹《古今注·魚蟲》："蝸牛，蚹螺也，形如蜿蝓。"金景覃《天香》詞："閑階土花碧潤，緩芒鞋恐傷蝸蚓。"元謝應芳《次韵言懷》之一："風冷柴門閉，齋居縮似蝸。"明李時珍《本草綱目·蟲四·蝸牛》："蝸牛所主諸病，大抵取其解熱消毒之功耳。"清汪洪慶《黄山領要録·逍遥溪》："沿溪水石相半……有朽木梁（梁）之，履而中折，捫壁作蝸延，復振起趻踔以免。"蝸用於捕獲魚類，唐代已見記載。唐賈至《議楊綰條奏貢舉疏》："夫以蝸蚓之餌，雜垂滄海，而望吞舟之魚至，不亦難乎？"《舊唐書·楊綰傳》："夫以蝸蚓之餌雜垂滄海，而望吞舟之魚，不亦難乎！"

【騧】

同"蝸"。此體三國時期已行用。見該文。

【蝸牛】

即蝸。此稱晋代已行用。見該文。

【黄犢】

即蝸。此稱唐代已行用。見該文。

蠃

亦稱"螺母""蠃母"。蠃，通"螺"。即蝸。此稱先秦時期已行用。《尚書大傳》卷二："鉅定蠃。"鄭玄注："鉅定，澤也……蠃，蝸牛也。"《增補類腋·物部下·螺》引《山海經》："泑水其中多螺母。"按，今本《山海經·西山經》作"蠃母"。

【螺母】

即蠃。此稱先秦時期已行用。見該文。

【蠃母】

即蠃。此稱先秦時期已行用。見該文。

蚯蚓

一種環節動物。體長可達 0.2 米，圓而軟，由多數環節構成。經常穿穴泥中，能改良土壤，有益農事，亦可用作釣餌。此稱先秦時期已行用，亦作"蚯螾"。《禮記·月令》："〔孟夏之月〕螻蟈鳴，蚯蚓出。"《淮南子·時則訓》即引作"蚯螾"。晋代亦稱"蜿蟺""曲蟺"。晋崔豹《古今注·魚蟲》："蚯蚓，一名蜿蟺，一名曲蟺。"唐趙元一《奉天録》卷四："龍蟠虎踞之地，非蚯蚓之所居；麟穴鳳巢之場，豈鵁鶄之所止。"《舊唐書·楊綰傳》："夫以蝸蚓之餌雜垂滄海，而望吞舟之魚，不亦難乎！"宋代又稱"曲蟺"。宋俞琰《席上腐談》卷上："崔豹

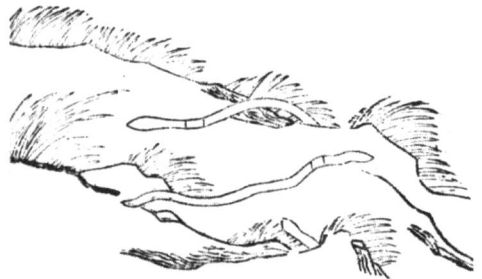

蚯蚓
（明王圻等《三才圖會·鳥獸》）

《古今注》云：‘蚯蚓一名曲蟮，善長吟於地下，江東人謂之歌女。’謬矣。按，《月令》：‘螻蟈鳴，蚯蚓出。’蓋與螻蟈同處，鳴者螻蟈，非蚯蚓也。吳人呼螻蟈爲螻蛄。故諺云：‘螻蟈叫得腸斷，曲蟮乃得歌名。’”明代又作“丘蚓”，見《三才圖會·鳥獸》卷六。蚯蚓用作魚類食餌，宋代已見記載。宋梅堯臣《絶句》之二：“岸邊稚子戲把釣，蚯蚓作餌青條長。”

【蚯螾】

同“蚯蚓”。此體漢代已行用。見該文。

【丘蚓】

同“蚯蚓”。此體明代已行用。見該文。

【蜿蟺】

即蚯蚓。此稱晋代已行用。見該文。

【曲蟺】

即蚯蚓。此稱晋代已行用。見該文。

【曲蟮】

即蚯蚓。此稱宋代已行用。見該文。

【螾】

即蚯蚓。後多作“蚓”。此稱先秦時期已行用。《荀子·勸學》：“螾無爪牙之利，筋骨之强，上食埃土，下飲黄泉，用心一也。”楊倞注：“螾與蚓同，蚯蚓也。”《文選·賈誼〈吊屈原文〉》：“偭蟂獺以隱處兮，夫豈從蝦與蛭螾。”唐李善注：“螾，丘螾也。”唐柳宗元《答吳武陵論〈非國語〉書》：“僕無聞而甚陋，又在黜辱，居泥塗若螾蛭然，雖鳴其音聲，誰爲聽之？”

【蚓】

同“螾”。此體先秦時期已行用。見該文。

罷媒

捕蛙用的誘餌。此稱清代已行用。清曹寅《聞蛙》詩：“長竿投罷媒，隨手墮爷筈。”

鱉

一種爬行綱動物。形態與龜略同，身體扁圓，背部隆起。背甲有軟皮，外沿有肉質軟邊。生活在淡水河川、湖泊中。肉鮮美，營養豐富，血及甲可入藥。此稱先秦時期已行用，明代亦稱“團魚”，清代又稱“甲魚”。《易·説卦》：“離爲火……其於人也，爲大腹，爲乾卦，爲鱉，爲蟹，爲蠃，爲蚌，爲龜。”漢焦贛《易林·賁之頤》：“鴻鵠高飛，鳴求其雌，雌來在户，雄哺嘻嘻，甚獨勞苦，包鱉膾鯉。”晋葛洪《抱朴子·博喻》：“鱉無耳而善聞，蚓無口而揚聲。”《醒世恒言·張淑兒巧智脱楊生》：“那和尚心中暗喜中計，連忙備辦酒席，分付道人，宰鷄殺鵝，烹魚炮鱉，登時辦起盛席來。”《水滸傳》第四回：“智深喝道：‘團魚洒家也喫，甚麼鱔哉？’”清厲荃《事物異名録·水族·鱉》：“《事物原始》：‘鱉，一名甲魚。’”

【團魚】

即鱉。此稱明代已行用。見該文。

釣 鱉
（明王圻等《三才圖會·器用》）

【甲魚】

即鱉。此稱清代已行用。見該文。

蛙

一種兩栖動物，能捕食昆蟲，對農業有益。常見者包括青蛙、金綫蛙等不同種類。此稱漢代已行用。《禮記·月令》"〔孟夏之月〕螻蟈鳴"漢鄭玄注："螻蟈，蛙也。"《漢書·五行志中之下》："武帝元鼎五年秋，蛙與蝦蟇群鬭。"唐韓愈《畫月》詩："兔入白藏蛙縮肚，桂樹林株女閉户。"宋彭乘《墨客揮犀》卷六："浙人喜食蛙。沈文通在錢塘日，切禁之，自是池沼之蛙，遂不復生。"清蒲松齡《聊齋志異·青蛙神》："崑生怒曰：'豈以汝家翁媼能禍人邪？丈夫何畏蛙也！'十娘甚諱言'蛙'，聞之大恚。"

【螻蟈】

即蛙。此稱先秦時期已行用。《逸周書·時訓》："立夏之日，螻蟈鳴。"朱右曾校釋："螻

捕　蛙
（明王圻等《三才圖會·器用》）

蟈，蛙之屬，蛙鳴始于二月，立夏而鳴者，其形較小，其色褐黑，好聚淺水而鳴。"唐張碧《山居雨霽即事》詩："古路絶人行，荒陂響螻蟈。"一說螻爲螻蛄，蟈爲蛙、蛤蟆。參閱《禮記·月令》"〔孟夏之月〕螻蟈鳴"陸德明釋文引漢蔡邕《月令章句》及《淮南子·時則訓》"螻蟈鳴"漢高誘注。又說即螻蛄。參閱明李時珍《本草綱目·蟲二·螻蛄》及《爾雅·釋蟲》"天螻"清郝懿行義疏。

青蛙

蛙的一種。頭部扁而寬，口闊，眼大，皮膚光滑，通常爲綠色，有灰色斑紋。善跳躍，會游泳，生活在水中或水邊，多在夜間活動。雄的有發聲器官，鳴聲洪亮。能捕食害蟲，對農業有益。此稱唐代已行用，明代起亦稱"田鷄"。唐韓愈《盆池》詩之一："一夜青蛙鳴到曉，恰如方口釣魚時。"宋楊萬里《明發清塘蘆包》詩："青塘無店亦無人，只有青蛙紫蚓聲。"明李時珍《本草綱目·蟲四·蛙》："鼃好鳴，其聲自呼，南人食之，呼爲田鷄，云肉味如鷄也。"清吳趼人《俏皮話·蝦蟆感恩》："自大老爺蒞任以來，雖沒有恩德及于百姓，却還循例出示，禁食田鷄。"

【田鷄】

即青蛙。此稱明代已行用。見該文。

新

捕撈所獲的新鮮物品。此稱明代已行用。明無名氏《草廬記》第四五齣："我是江下漁翁獻新。"

第六節　捕撈器具、設施、動物并稱與泛稱考

并稱也叫"合稱"，即兩個以上的人物、事物等合并稱説；泛稱又叫"總稱""統稱"，指針對一個或多個人物、事物等的總括而言、一般稱呼。二者既有聯繫，又有區別，是常見而又難辨的一種語言現象。中國捕撈器具、設施、動物的并稱與泛稱，已有數千年的歷史。以捕撈器具爲例，"竿累"并稱已見於《莊子》等先秦典籍；再以捕撈設施爲例，"梁筍"泛稱也已載入《詩》等先秦典籍。

竿累

釣竿與釣綫。泛指垂釣魚類的器具。此稱先秦時期已行用。《莊子·外物》："夫揭竿累，趣灌瀆，守鯢鮒，其於得大魚難矣。"陸德明釋文引司馬彪曰："累，綸也。"漢代亦稱"竿綸"。漢王充《論衡·驗符》："爵（陳爵）問挺曰：'釣寧得乎？'挺曰：'得。'爵即歸取竿綸。"

【竿綸】

即竿累。此稱漢代已行用。見該文。

鈎餌

釣鈎與釣餌。泛指垂釣魚類的器具。此稱先秦時期已行用。《莊子·胠篋》："鈎餌罔罟罾笱之知多，則魚亂於水矣。"成玄英疏："鈎，釣也。餌，魚餌也。"《文選·曹植〈求自試表〉》："然而高鳥未挂於輕繳，淵魚未懸於鈎餌者，恐釣射之術或未盡也。"劉良注："鈎，釣也。"《水經注·夷水》："拜訖，投鈎餌。"宋蘇軾《魚》詩："自從識鈎餌，欲見更無因。"《列子·湯問》："魚見臣之鈎餌，猶沈埃聚沫，吞之不疑。"唐李賀《昌谷詩》："竹藪添墮簡，石磯引鈎餌。"宋李流謙《次韵勾龍元應》："升斗尚何言，正比鈎餌香。"元劉敏中《尚志齋記》："行則操鈎餌，止則設機穽，汲汲焉以求其富貴。"明王慎中《曉江漁者記》："吾又不敢逆處其爲治鈎餌，而謀鱸魴之獲者之人也。"

鈎緡

釣鈎與釣綫。泛指垂釣魚類的器具。此稱三國時期已行用。三國魏應璩《與從弟君苗君冑書》："而吾方欲秉耒耡於山陽，沈鈎緡於丹水，知其不如古人遠矣。"《太平廣記》卷一："吾餙意以爲鈎緡而投之，未嘗不釣而制之也。"宋代亦稱"鈎絲"。宋李復《送客至西湖》詩："却笑偷閑得忙事，自尋鄰叟問鈎絲。"宋趙令時《侯鯖録》卷六："李白開元中謁宰相，封一板，上題曰：'海上釣鼇客李白。'相問曰：'先生臨滄海，釣巨鼇，以何物爲鈎絲？'白曰：'……以虹霓爲絲，明月爲鈎。'又曰：'何物爲餌？'曰：'以天下無義氣丈夫爲餌。'時相悚然。"

【鈎絲】

即鈎緡。此稱宋代已行用。見該文。

箇灑

釣箇與釣灑。泛指垂釣魚類的器具。此稱

晋代已行用。《文選·郭璞〈江賦〉》："箝灑連鋒，罾罾比船。"李善注："舊説曰：'箝、灑，皆釣名也。'"

釣具

泛指垂釣魚類的器具。此稱唐代已行用。唐封演《封氏聞見記·狂譎》："〔王嚴光〕巡歷郡縣，求麻鐵之資，云造釣具。"宋林逋《深居雜興六首》詩之二："四壁垣衣釣具腥，已甘衡泌號沉冥。"元劉詵《題鐵仲堅宜差所藏羅稚川烟邨圖》詩："小舟七八散前灘，或倚長篙收釣具。"明朱謀㙔《詩故》卷一："絲綸皆釣具，絲以取小魚，綸以致大魚，各有宜也。"清查慎行《臺城路·寄題初隣水亭》詞："釣具詩筒，鷗邊穩棹并誰載。"

六物

指竿、綸、浮、沉、鈎、餌六種釣具。此稱宋代已行用。宋邵雍《漁樵問答》："樵者問漁者曰：'子以何道而得魚？'曰：'吾以六物具而得魚。'……樵者未達，請問其方。漁者曰：'六物者，竿也，綸也，浮也，沉也，鈎也，餌也。一不具則魚不可得。'"

魚鱉餌

釣魚、鱉用的誘餌。此稱明代已行用。明王世貞《即事》詩："可憐徵求骨，共作魚鱉餌。"

罛罶

罛網與罶器。罛，魚網，一説爲大型魚網；罶，一種攔捉魚類的竹製器具。泛指捕撈魚類的器具。此稱先秦時期已行用。《國語·魯語上》："大寒降，土蟄發，水虞於是乎講罛罶，取名魚，登川禽，而嘗之寢廟，行諸國人。"韋昭注："罛，漁網；罶，笱也。"宋宋祁《放生池記》："古者土蟄發，獻人于是講罛罶，作蠡蔑，以供祀事。"明李之藻《頖宮禮樂疏》卷三："古者禮重薦魚，然罛罶有時。"

罾笱

罾與笱。罾，用木棍或竹竿做支架的方形魚網；笱，一種攔捉魚類用的竹製器具。泛指捕撈魚類的器具。此稱先秦時期已行用。《莊子·胠篋》："鈎餌、罔罟、罾笱之知多，則魚亂於水矣。"唐崔伯易《珠賦》："撫鴻罾以先趨，領罾笱之已試。"宋張端《放生池碑》："況魚之爲物，非若獸之善走、鳥之高飛，網罟所至、罾笱所及，雖嫠婦亦可得之。"明王慎中《夏津縣修學記》："亂聰明、滑性命、攖人心之具，如畢罝、罾笱之足以亂鳥獸、魚鱉於山澤。"

罾罟

罾與罟。泛指捕撈魚類的網具。此稱三國時期已行用。《太平御覽》卷八三四引三國魏應璩《新詩》："洛水禁罾罟，魚鱉不爲殖。"唐王岳靈《責黿文》："當潛伏蓊灣，違禍罾罟。"明李東陽《西浦漁罾》詩："農家住西浦，兒童識罾罟。"清昭槤《嘯亭續錄·記孫延齡事》："挾彈丸張罾罟，取魚鳥以爲樂。"

罨[2]

泛指捕撈魚類的器具。此稱晋代已行用。《太平御覽》卷八三四引晋周處《風土記》："罨如罬而小，斂口，從水上掩而取者也。"

罛釣

罛網與釣鈎。泛指捕撈魚類的器具。此稱唐代已行用。唐元結《説楚何荒王賦上》："於是命造罛釣，於是命造浮宮。令罛釣所至，淵無藏龍。"又："今君上喜愛浮宮罛釣，令臣下喜愛浮司浮鄉，吾恐君臣各迷而家國共亡。"

罾罩

罾與罩。泛指捕撈魚類的器具。此稱唐代已行用。唐陸龜蒙《奉酬襲美先輩吳中苦雨一百韵》："方當賣罾罩，盡以易紙劄。"宋晁補之《〈捕魚圖〉序》："舟楫、梁笱、網罟、罾罩，紛然在江。"明倪謙《捕魚圖爲夏得中題》詩："大船小船高揭篷，罾罩競入洄流中。"清乾隆《題唐棣霜浦歸漁》詩："罾罩笭箵負一肩，呼朋沙岸捕魚旋。"

笭箵[2]

泛指捕撈魚類的器具。此稱唐代已行用。宋吳曾《能改齋漫録·辨誤三》引唐劉肅《大唐新語》："漁具總曰笭箵，漁服總曰袨衫。"宋陸游《湖塘夜歸》詩："漁翁江上佩笭箵，一卷新傳范蠡經。"清唐孫華《漁父詞》之一："笭箵綸竿載滿船，年年生計五湖邊。"

筌[2]

泛指捕撈魚類的器具。此稱唐代已行用。唐陸龜蒙《漁具》詩序："緡而竿者，總謂之筌。筌之流，曰筒，曰車。"

蓑笠

蓑衣與斗笠。泛指捕撈魚類者用以防雨雪的裝束。此稱先秦時期已行用。《國語·越語上》："夫雖無四方之憂，然謀臣與爪牙之士，不可不養而擇也。譬如蓑笠，時雨既至必求之。"《儀禮·既夕禮》："道車載朝服，稾車載蓑笠。"鄭玄注："蓑笠，備雨服。"《後漢書·蔡邕傳下》："故當其有事也，則蓑笠并載。"清唐甄《潛書·明鑒》："茅舍無恙，然後寶位可居；蓑笠無失，然後袞冕可服。"唐代起亦稱"莎笠"。唐代"蓑""莎"二字互通。《敦煌曲子詞·浣溪沙》："倦却詩書上釣船，身被莎笠執魚竿。"

金王若虛《史記辨惑·采摭之誤辨下》："吾君方將被莎笠而立乎畎畝之中，惟事之恤，何暇念死乎！"明徐有貞《烟波釣客賦》："視吾莎笠藨冕之華，恃吾綸竿生事之涯。"宋代又作"蓑苙"。宋覺範《初到鹿門上莊見燈禪師遂同宿愛其體物欲託迹以避世戲作此詩》："相見水過膝，蓑苙清入畫。"明代起還作"簑笠"。明沈采《千金記·北追》："乘駿馬雕鞍，向落日斜陽岸。伴簑笠綸竿，我只待釣西風渭水寒。"清戴名世《田字說》："負耒耜，荷簑笠。"

【莎笠】

即蓑笠。此稱唐代已行用。見該文。

【蓑苙】

同"蓑笠"。此體宋代已行用。見該文。

【簑笠】

同"蓑笠"。此體明代已行用。見該文。

【雨蓑烟笠】

即蓑笠。此稱唐代已行用。唐翁洮《漁者》詩："一葉飄然任浪吹，雨蓑烟笠肯忘機。"宋陸游《一落索》詞："雨蓑烟笠傍漁磯，應不是，封侯相。"宋陳亞之《湖上逢漁者》詩："雨蓑烟笠洞庭秋，獨繭綸輕一葉舟。"清宋犖《題朱竹垞小長蘆圖卷遥和阮亭三首》詩之二："愛此雨蓑烟笠，相將更有佳兒。"金代起又作"雨簑烟笠"。金王寂《跋楊損之所藏楊德懋秋江捕魚圖二首》詩之一："雨簑烟笠老江湖，回首人間萬事疏。"清陳維崧《滿江紅·江村夏咏》詞之四："看瀰茫一派，雨簑烟笠。"

【雨簑烟笠】

同"雨蓑烟笠"。此體金代已行用。見該文。

【雨簑風笠】

即蓑笠。此稱宋代已行用。宋李曾伯《沁

圍春・丙辰歸里和八窗叔韻》詞："把雪裘霜帽，絕交楚徼，雨簑風笠，投老吳磯。"明代起亦作"雨蓑風笠"。明王俊《吳縣興築西華石塘記》："而西華之民，芰耜自如，雨蓑風笠。"清徐濟貞《漁浦野眺》詩："牙檣銀篙飛鶴渚，雨蓑風笠捕魚船。"

【雨蓑風笠】

同"雨簑風笠"。此體明代已行用。見該文。

雨蓑烟艇

蓑衣與捕魚小船。泛指捕撈魚類等的器具。此稱宋代已行用。宋劉儀鳳《報恩寺》詩："似我更宜歸計早，雨蓑煙艇學魚蠻。"宋陸游《重九後風雨不止遂作小寒》詩之二："射虎南山無復夢，雨蓑煙艇伴漁翁。"

梁笱

梁與笱。梁，捕撈魚類的水中之堰；笱，一種攔捉魚類的竹製器具。泛指捕撈魚類的設施與器具。此稱宋代已行用。《詩・邶風・谷風》："毋逝我梁，毋發我笱。"宋蘇轍集傳："梁、笱，皆所設以取魚。"元唐元《弄月池》詩："寒光竦毛髮，梁笱涵三星。"明夏樹芳《放蟹賦》："永弗罹於梁笱，恣海闊兮任夫天高。"清曹寅《後觀打魚歌》："援繫終成車結桑，呴嚅何異魴穿柳。我輩期毋負飲食，百年誰肯依梁笱。"

魚器

泛指捕撈魚類的器具。此稱唐代已行用。唐皮日休《酒中十咏・酒篘》："翠篾初織來，或如古魚器。"唐陸龜蒙《襲美題郊居次韵》詩之六："水影沉魚器，鄰聲動緯車。"宋姚勉《再問》詩："魚器如何盡擁虛，未應寒鬚總依蒲。"宋李昉等《太平御覽》卷八三四："而百姓投一

綸、下一筌者，皆奪其魚器，不輸十匹則不得放。"宋代起亦作"漁器"。宋程棨《三柳軒雜識漁隱》："就茅廡一啜，左右皆漁器，腥穢逼人。"明袁宗道《論隱者異趣》："舍四周皆漁器，腥穢觸人。"

【漁器】

同"魚器"。此體宋代已行用。見該文。

【魚具】

即魚器。此稱唐代已行用，亦作"漁具"。唐皮日休有《添魚具詩》。唐陸龜蒙有《漁具詩》。《新唐書・王君廓傳》："君廓少孤貧，為駔儈，無行，善盜。嘗負竹笥如魚具，內置逆刺，見齎繒者，以笥囊其頭，不可脫，乃奪繒去，而主不辨也。"宋朱輔《溪蠻叢笑・瘄魚》："山猺無魚具，上下斷其水，揉蓼葉困魚，魚以辣出，名瘄魚。"宋陸游《幽居》詩："瀟湘客過誇魚具，灊皖僧來說藥方。"元黃庚《約王琴所不來舟中偶成》詩："釣翁吹荻煙，稚子收魚具。"元金本仁《送人之四明效揭翰林長短句》："有錢我亦買漁具，築室海陽依汝住。"明徐賁《漁父篇贈瞿敬夫》詩："筆床茶竈何用將，篷底惟留釣魚具。"明管訥《春江捕魚圖》詩："大家漁具都上船，水面紛然若浮蟻。"清吳綺《用前韵（看奕軒）贈澹心》詩之六："買成江上新魚具，踏破門前舊雀羅。"清王又曾《扳罾》詩："漁具首網罟，罾與眾翼亞。"

【漁具】

同"魚具"。此體唐代已行用。見該文。

船

利用人力、風力或机器推進的水上主要運輸工具。早期多用木材建造。此稱先秦時期已行用，漢代亦作"舩"，前蜀亦稱"船子"，元

代起又稱"船隻"。《莊子·漁父》："有漁夫者，下船而來。"漢揚雄《太玄·進》："次八進于淵，君子用舩。"唐白居易《琵琶行》："來去江口守空船，繞船明月江水寒。"前蜀花蕊夫人《宫詞》之八二："平頭船子小龍床，多少神仙立御旁。"元無名氏《馮玉蘭》第一折："且將船隻撑近岸邊，看有甚麽人來催船那。"《水滸傳》第四○回："如今來到這裏，前面又是大江攔截住，斷頭路了，却又没一隻舩接應。"又第一○七回："宋江教戴宗傳令水軍頭領李俊等，將糧食船隻，須謹慎提防，陸續運到軍前接濟。"清李漁《玉搔頭·弄兵》："兵士們，快隨我來，跳上他的船隻，就奪了兵器殺他。"

【舩】

同"船"。此體漢代已行用。見該文。

【船子】

即船。此稱五代時期已行用。見該文。

【船隻】

即船。此稱元代已行用。見該文。

【舟】

即船。此稱先秦時期已行用。《易·繫辭下》："刳木爲舟。"《楚辭·九歌·湘君》："美要眇兮宜修，沛吾乘兮桂舟。"王逸注："舟，船也。"唐

船〔附船上器用篙、蓬、檣、鐵猫、纜、舵、櫓〕
（明王圻等《三才圖會·器用》）

韓愈《江漢答孟郊》詩："江漢雖云廣，乘舟渡無艱。"清薛福成《出使四國日記·光緒十六年正月十二日》："午前舟頗簸蕩，暈者吐者較多。"

舟檝

泛指船隻。此稱先秦時期已行用，漢代亦作"舟楫"，北朝又作"舟艥"。《戰國策·趙策二》："今吾國東有河、薄洛之水，與齊、中山同之，而無舟檝之用。"《詩·衛風·竹竿》"檜楫松舟"毛傳："楫所以櫂舟，舟楫相配，得水而行。"《周書·寇洛李弼等傳論》："擬巨川之舟艥，爲大廈之棟梁。"唐孟浩然《臨洞庭湖贈張丞相》詩："欲濟無舟楫，端居恥聖明。"《資治通鑑·陳宣帝太建十年》："周氏始吞齊國，難與爭鋒。且棄舟艥之工，踐車騎之地，去長就短，非吳人所便。"明何景明《咏懷》詩之五："江湖多風濤，舟檝不可保。"清王闓運《到廣州與婦書》："疏鑿巨石，始通舟楫。"

【舟楫】[2]

同"舟檝"。此體漢代已行用。見該文。

【舟艥】

同"舟檝"。此體南北朝時期已行用。見該文。

舟航

泛指船隻。此稱漢代已行用，亦作"舟杭"。《淮南子·主術訓》："大者以爲舟航柱梁，小者以爲楫楔。"又同書《人間訓》："江水之始出於岷山也，可攓衣而越也。及至乎下洞庭，鶩石城，經丹徒，起波濤，舟杭一日不能濟也。"晋左思《吴都賦》："泛舟航於彭蠡，渾萬艘而既同。"唐白居易《登老君閣望洛城》詩："中橋車馬長無已，下渡舟航亦不聞。"清余懷《板橋雜記·珠市名妓》："水閣外環列舟航如堵墙。"

【舟杭】

同"舟航"。此體漢代已行用。見該文。

船楫

船與楫。泛指船隻。此稱漢代已行用,亦作"船檝"。漢劉向《説苑·説叢》:"乘輿馬不勞致千里,乘船楫不游絶江海。"漢王充《論衡·非韓》:"人之釋溝渠也,知者必溺身;不塞溝渠而繕船檝者,知水之性不可闕,其勢必溺人也。"《三國志·吳書·周瑜傳》:"今使北土已安,操無内憂,能曠日持久,來争疆場,又能與我校勝負於船楫可乎。"

【船檝】

同"船楫"。此體漢代已行用。見該文。

帆席

以席製作的船帆。泛指船隻。此稱晋代已行用。《文選·木華〈海賦〉》:"維長綃,挂帆席。"李善注:"劉熙《釋名》曰:'隨風張幔曰帆。'或以席爲之,故曰帆席也。"唐李商隱《訪秋》詩:"江臯當落日,帆席見歸風。"《容齋三筆·縛雞行》引宋李德遠《東西船行》:"東船得風帆席高,千里瞬息輕鴻毛。"

舶船

航海的大船。泛指大型船隻。此稱晋代已行用,南朝齊起省稱"舶",清代亦稱"帆舶"。晋常璩《華陽國志·蜀志》:"司馬錯率巴蜀衆十萬,大舶船萬艘,米六百萬斛,浮江伐楚。"《南齊書·張融傳》:"浮艫雜軸,游舶交艘。"宋王安石《寄育王山長老常坦》詩:"道人少買海上游,海舶破散身沈浮。"《資治通鑑·唐僖宗乾符六年》:"廣州市舶寶貨所聚,豈可令賊得之!"胡三省注:"舶,大舟也。"宋沈括《夢溪筆談·藥議》:"章憲太后有旨,令於舶船求此

二物。"宋孔平仲《續世説·政事》:"李勉在廣州,性廉潔,舶船米都不檢閱。先是,舶船泛海至者歲才四五,勉之末年,至者四十餘。"清阮元《登州雜詩》之四:"城闕通帆舶,滄濤壓女牆。"

【舶】

"舶船"之省稱。此稱南北朝時期已行用。見該文。

【帆舶】

即舶船。此稱清代已行用。見該文。

舫

泛指船。此稱唐代已行用。唐白居易《琵琶行》:"東船西舫悄無言,唯見江心秋月白。"宋姜夔《淒凉犯》詞:"追念西湖上,小舫携歌,晚花行樂。"《紅樓夢》第四〇回:"那姑蘇選來的幾個駕娘,早把兩隻棠木舫撑來。"

篙櫓

篙與櫓。此稱南北朝時期已行用,元代亦作"篙艣"。南朝樂府民歌《那呵灘》之一:"願得篙櫓折,交郎到頭還。"元王惲《挽漕篇》:"先須括流沙,推挽代篙艣。"元李存《贈胡巡檢民》詩:"波濤隨地有,切莫倦篙櫓。"明瞿佑《剪燈新話·鑑湖夜泛記》:"常乘一葉小舟,不施篙艣,風帆浪檝,任其所之。"

【篙艣】

同"篙櫓"。此體元代已行用。見該文。

帆檝

船帆與船槳。泛指船隻。此稱唐代已行用,清代亦作"帆楫"。唐陸龜蒙《和襲美新秋即事次韵》之二:"帆檝衣裳盡釣徒,往來踪迹遍三吳。"清阮元《河間》詩:"塵世那有常閒身,水催帆楫車催輪。"清馬建忠《鐵道論》:"大川

之梁，則施轉樞以便往來之帆檣。”

【帆檣】

同“帆槤”。此體清代已行用。見該文。

釣查

木製漁筏。泛指漁船。此稱五代時期已行用。前蜀韋莊《贈武處士》詩：“賣藥歸來醉，吟詩倚釣查。”李誼校注：“釣查，亦作釣槎，釣舟也。”宋陸游《舍北野望》詩之二：“斷壟圍蔬圃，枯桑繫釣查。”宋代亦作“釣差”。宋文天祥《寄故人劉方齋》詩：“溪頭濁潦擁魚鰕，笑殺漁翁下釣差。”金代起又稱“漁槎”。金董解元《西廂記諸宮調》卷六：“駝腰的柳樹上有漁槎，一竿風旆茅簷上掛。”清孫枝蔚《閑咏》：“老衲投名須答拜，渡頭迎客有漁槎。”清代又作“釣槎”，又稱“漁查”。清孫枝蔚《書懷呈家衣月太史》詩之一：“從此時相憶，江頭買釣槎。”清方文《石臼湖訪邢孟貞》詩：“卜隣求板屋，安隱寄漁查。”

【釣差】

同“釣查”。此體宋代已行用。見該文。

【釣槎】

同“釣查”。此體清代已行用。見該文。

【漁槎】

即釣查。此稱金代已行用。見該文。

【漁查】

即釣查。此稱清代已行用。見該文。

魚艓

小漁船，艓，一種小船。泛指漁船。此稱宋代已行用，亦作“漁艓”。《資治通鑑·唐高祖武德六年》：“法明（周法明）屯荊口鎮，壬午，法明登戰艦飲酒，善安（張善安）遣刺客數人詐乘魚艓而至，見者不以爲虞，遂殺法明而去。”宋葉適《懷遠堂》詩：“鶴籠翅羽闊，漁艓波浪長。”清張岱《陶庵夢憶·品山堂魚宕》：“季冬觀魚，魚艓千餘艘，鱗次櫛比。”

【漁艓】

同“魚艓”。此體宋代已行用。見該文。

魚舲

有窗户的小漁船。舲，有窗户的小船。泛指漁船。此稱明代已行用。明孫一元《幽居二首》詩之一：“相過君莫問，身世一魚舲。”清姚燮《浪淘沙·鴛湖曉泊》詞：“人語響遥汀，酒幔魚舲，湖煙湖雨曉冥冥。”清陳宏緒《江城名蹟》卷四：“已而欲窮遠目，更陟危樓，楚火微紅，點綴魚舲。”

篷檣

船帆與船桅。此稱明代已行用。《醒世恒言·吳衙内鄰舟赴約》：“賀司尹、吳府尹兩邊船上，也各收拾篷檣，解纜開船。”

漁桴

小竹木漁筏。桴，小竹木筏。泛指漁船。此稱清代已行用。清曹寅《七月十日天池柳下納凉》詩之一：“略敷馬隊橫經席，漸引漁桴護水門。”

第三章　狩獵説

第一節　狩獵弓器、弩器考

弓是藉助彈力發射箭或彈丸的器械，傳由遠古少昊之子揮發明，又傳爲倕、羿首創；弩出現於弓後，是利用機械發射箭的弓。二者均有數千年的歷史，且都沿用至今，既用於狩獵，又用於戰事，兼具工具與武器的雙重功能。

弓²

發射箭或彈丸的器械。在近似弧形的有彈性的木條兩端之間繫上堅韌的弦，搭上箭或彈丸，用力拉開弦之後，猛然放手，藉弦和弓背的彈力把箭或彈丸射出，以攻擊禽獸或人員等。弓體主要由弓背、弓弦等構成，末端飾以布條等。傳説由揮发明，又傳由倕、羿發明。此稱先秦時期已行用。《詩·小雅·吉日》：“既張我弓，既挾我矢。”《史記·越王勾踐世家》：“蜚鳥盡，良弓藏。”又同書《淮陰侯列傳》：“高鳥盡，良弓藏。”《説文·弓部》：“弓，以近窮遠。象形。古者揮作弓。”王筠句讀：“《唐書·宰相世系表》少昊第五子揮始製弓矢，賜姓張氏；宋忠以揮爲黄帝臣；《廣韵》以揮爲軒轅第五子。孫卿子云倕作弓。墨子云羿作弓。説各不同。”三國魏曹植《七啓》：“插忘歸之矢，秉繁弱之弓。”《北史·宇文忻傳論》：“忻武藝之風，名高一代。及晚節遇禍，雖鳥盡弓藏，然亦器盈斯概，夷戮非爲不幸。”唐韓愈《元和聖德詩》：“汝張汝弓，汝鼓汝鼓。”宋沈括《夢溪筆談·技藝》：“弓所以爲正者，材也。相材之法視其理，其理不因矯揉而直中繩，則張而不弢。此弓人之所當知也。”元薩都剌《酹江月·過淮陰》詞：“鳥盡弓藏成底事，百事不如歸好。”明陶宗儀《輟耕録·治天下匠》：“且治弓尚須工匠，豈治天下不用治天下匠耶？”五代亦稱“弓子”。五代王仁裕《開元天寶遺事·射團》：“宮中每到端午節，造粉團角黍，貯於金盤中，以小角造弓子，纖妙可愛，架箭射盤中粉團，中者得食。”

【弓子】

即弓[2]。此稱五代時期已行用。見該文。

【弦】[1]

即弓[2]。此稱漢代已行用。《文選·班固〈西都賦〉》：“鳥驚觸絲，獸駭值鋒，機不虛掎，弦不再控。”李善注：“匈奴名引弓曰控。控，引也。”晋張協《七命》：“論最犒勤，息馬韜弦。”《新唐書·突厥傳上》：“控弦且百萬，戎狄熾彊，古未有也。”北周起亦稱“弦木”。北周庾信《周上柱國宿國公河州都督普屯威神道碑銘》：“況以弦木六鈞，函犀七屬，門多懸膏，箭必中鞍。”唐楊宏真《貫七劄賦》：“是知弦木之用，貫革爲先。”

【弦木】

即弦[1]。此稱南北朝時期已行用。見該文。

【弧】[1]

即弓[2]。此稱漢代已行用。《後漢書·東夷傳》：“辰韓，耆老自言秦之亡人，避苦役，適

韓國，馬韓割東界地與之。其名國爲邦，弓爲弧，賊爲寇，行酒爲行觴，相呼爲徒，有似秦語，故或名之爲秦韓。”唐玄奘《大唐西域記·婆羅痆斯國》：“獵人利其牙也，詐服袈裟，彎弧伺捕。”《舊唐書·李密傳》：“擊劍則截蛟斷鼉，彎弧則吟猿落雁。”宋歐陽修《鬼車》詩：“夜呼庭氏率其屬，彎弧俾逐出九州。”

【弨】

即弓[2]。此稱唐代已行用。唐韓愈《雪後寄崔二十六丞公》詩：“腦脂遮眼卧壯士，大弨挂壁無由彎。”金元好問《壬子冬至新軒張兄聖與求爲兒子阿平制名》詩：“新軒文筆尤翩翩，大弨掛壁誰使然。”

【弓弨】[1]

即弓[2]。此稱唐代已行用。唐王昌齡《城傍曲》：“射殺空營兩騰虎，回身却月佩弓弨。”明湯顯祖《邯鄲記·大捷》：“明光光十萬甲兵刀，成抛調，殘箭引弓弨。”

【彄】[1]

即弓[2]。此稱明代已行用。明汪廷訥《種玉記·往邊》：“顧不得寒沙漠漠點征裘。那邊月似彄，那邊風似矛，又何曾禁受？”清周亮工《夜登杭州城樓有感》詩之二：“方從計吏閑賫素，更倚元戎學挽彄。”

【弓號】

即弓[2]。此稱明代已行用。明邵璨《香囊記·起兵》：“骨鼕鼕亂敲畫鼓，急繃繃滿挽弓號，膰膊膊雲外落雙鵰，霹霏霏五犯蹈倒。”按，黃帝有烏號弓，參閲《史記·封禪書》。

象弭

兩端飾以象牙之弓。此稱先秦時期已行用。《詩·小雅·采薇》：“四牡翼翼，象弭魚服。”

朱熹集傳："象弭，以象骨飾弓弰也。"漢張衡《吳都賦》："貝冑象弭，織文鳥章。"南朝梁江淹《橫吹賦》："至於貝冑象弭之威，織文魚服之容，鄞山錫刃，耶溪銅鋒，皆陸斷犀象，水斬蛟龍。"唐鄭錫《度關山》詩："象弭插文犀，魚腸瑩鷫鷞。"南朝宋起亦稱"象弧"。南朝宋鮑照《擬古》詩之三："氈帶佩雙鞬，象弧插雕服。"錢仲聯集注："《方言》曰：'所以藏箭弩謂之服，所以盛弓謂之鞬。'……劉坦之曰：'象弧，語出《考工記》，謂其象天上弧星也。雕，畫也。服所以藏矢，今言弧，互文耳。'"一本作"彫服"。明何景明《苦寒行》之三："象弧插雕緱，射獸西山阿。"

【象弧】

即象弭。此稱南北朝時期已行用。見該文。

弭 [1]

兩端飾以獸類角、骨等之弓。此稱先秦時期已行用，亦稱"角弓"。《儀禮·既夕禮》："有弭飾焉。"《詩·小雅·角弓》："騂騂角弓，翩其反矣。"朱熹集傳："角弓，以角飾弓也。"《左傳·僖公二十三年》："若不獲命，其左執鞭弭，右屬櫜鞬，以與君周旋。"杜預注："弭，弓末無緣者。"《爾雅·釋器》："有緣者謂之弓，無緣者謂之弭。"郭璞注："今之角弓也。《左傳》曰：'左執鞭弭。'"孫炎注："緣謂繳束而漆之，弭謂不以繳束，骨飾兩頭者也。"《陳書·蕭摩訶傳》："明徹乃召降人有識胡者，云胡著絳衣，樺皮裝弓，兩端骨弭。"唐蘇鶚《蘇氏演義》卷下："四人皆持角弓，違者則射之，有乘高窺覦者，亦射之。"清費錫璜《少年行》詩："臂上角弓強，腰間劍似霜。"

【角弓】

即弭 [1]。此稱先秦時期已行用。見該文。

珧 [1]

兩端飾以蚌蛤甲殼之弓。此稱先秦時期已行用。《楚辭·天問》："馮珧利決，封狶是射。"王逸注："珧，弓名也。"《爾雅·釋器》："〔弓〕以金者謂之銑，以蜃者謂之珧，以玉者謂之珪。"郭璞注："用金、蚌、玉飾弓兩頭，因取其類以爲名。"見"弓"文。

銑

兩端飾金之弓。此稱漢代已行用。見"珧 [1]"文。

珪

兩端飾玉之弓。此稱漢代已行用。唐歐陽詹《石韞玉賦》："内抱貞明，蓄珪璋而自异；外封磽确，與碞礵而攸同。"明朱誼泧《祀竈詩》："比屋擔珪組，吞舟決網罛。"見"珧 [1]"文。

彈 [1]

用彈力發射彈丸等之弓。此稱先秦時期已行用。《莊子·山水》："莊周曰：'此何鳥哉，翼殷不逝，目大不覩？'蹇裳躩步，執彈而留之。"成玄英疏："把彈弓而伺候。"漢趙曄《吳越春秋·勾踐陰謀外傳》："音曰：'臣聞弩生於弓，弓生於彈，彈起古之孝子。'越王曰：'孝子彈者奈何？'音曰：'古者人民樸質，飢食鳥獸，渴飲霧露，死則裹以白茅，投於中野，孝子不忍見父母爲禽獸所食，故作彈以守之，絶鳥獸之害。'"《魏書·神元帝紀》："援彈飛丸，應弦而落。"宋王讜《唐語林·補遺四》："《世說》云：忌日惟不飲酒作樂。會稽王世子將以忌日送客至新亭，主人欲作樂，王便起去，持彈往衛洗馬墓彈鳥。"唐代起亦稱"彈弓"。唐白居易《和答詩·和〈大嘴烏〉》:“主人憎慈烏，命子削彈弓。”宋孟元老《東京夢華録·六月六日崔府君生日二十四日神保觀神生日》:“二十三日御前獻送後苑作與書藝局等處製造戲玩，如毬仗、彈弓、弋射之具，鞍轡、銜勒、樊籠之類，悉皆精巧。”《儒林外史》第三四回:“〔蕭昊軒〕遂將彈弓拿了，走出天井來。”

【彈弓】

即彈。此稱唐代已行用。見該文。

弓背

弓的彎成弧形的一側。此稱唐代已行用。唐令狐楚《年少行》之三:“弓背霞明劍照霜，秋風走馬出咸陽。”《宋史·張莊傳》:“湖北至廣西，繇湖南則迂若弓背，自渠陽而往，猶弓弦耳。”

弦[2]

弓背兩端之間所繫繩狀物。多以牛筋等製成，有彈性，能發箭。此稱先秦時期已行用，亦作“絃”。《儀禮·鄉射禮》:“有司左執弣，右執弦而授弓。”《韓非子·外儲説左上》:“夫工人張弓也，伏檠三旬而韜弦。”《戰國策·秦策一》:“未絶一絃，未折一矢，諸侯相親，賢於兄弟。”漢班固《西都賦》:“弦不再控，矢不單殺。”《文選·陸機〈爲顧彦先贈婦〉詩》:“離合非有常，譬彼弦與括。”唐李善注:“劉熙《釋名》曰:矢末曰括，括，會也。與弦會。”唐李白《秋獵孟諸夜歸》詩:“駿發跨名駒，雕弓控鳴弦。”

【絃】

同“弦[2]”。此體先秦時期已行用。見該文。

【弓弦】

即弦[2]。此稱先秦時期已行用。《管子·形勢》:“射者，弓弦發矢也。”《梁書·曹景宗傳》:“我昔在鄉里，騎快馬如龍，與年少輩數十騎，拓弓弦作霹靂聲，箭如餓鴟叫。”清龔自珍《水調歌頭·寄徐二義尊大梁》詞:“結客五陵英少，脱手黄金一笑，霹靂應弓弦。”漢代亦作“弓絃”。漢袁康《越絶書·外傳記越地傳》:“麻林山一名多山，句踐欲伐吴，種麻以爲弓絃。”唐代亦稱“鳴弦”“緑弦”。唐李白《秋獵孟諸夜歸》詩:“駿發跨名駒，雕弓控鳴弦。”又其《贈宣城宇文太守兼呈崔侍御》詩之二:“彎弓緑弦開，滿月不憚堅。”

【弓絃】

同“弓弦”。此體漢代已行用。見該文。

【鳴弦】

即弓弦。此稱唐代已行用。見該文。

【緑弦】[1]

即弓弦。此稱唐代已行用。見該文。

【弸】

即弦[2]。此稱漢代已行用。漢揚雄《太玄·止》:“絶弸破車，終不偃。”范望注:“弸，弦也。”清惲敬《前臨川縣知縣彭君墓志銘》:“一朝掣挽弓絶弸，張趙坐罪皆虧名。”

【彄】[2]

即弦[2]。此稱漢代已行用。漢蔡邕《黄鉞銘》:“鮮卑收迹，烽燧不舉，既事三年，馬不帶鈌，弓不受彄，是用鏤石，作兹鉦鉞。”

弣

弓身正中手握處。此稱先秦時期已行用，亦作“柎”，亦稱“敝”“質”。漢代又稱“弓杷”，唐代還稱“弓把”。《儀禮·大射》:“執弓，挾乘矢於弓外，見鏃於弣，右巨指鉤弦。”鄭玄注:“弣，弓杷也。”《周禮·考工記·弓人》:“凡爲弓，方其峻而高其柎，長其畏而薄其敝。”鄭玄注引鄭司農曰："敝，讀爲蔽塞之敝，謂弓人所握持者。"孫詒讓正義引戴震曰："敝與柎皆弓把。"《公羊傳·定公八年》："寶者何？璋判白，弓繡質，龜青純。"何休注："質，拊也。"《禮記·曲禮上》"左手承弣"唐孔穎達疏："弣，謂弓把也。"明代起又稱"弓靶"。明宋應星《天工開物·佳兵》："凡樺木……其皮護物，手握如軟綿，故弓靶所必用。"《兒女英雄傳》第六回："只見那女子左手把弓靶一托，右手將弓梢一按，釣魚兒的一般，輕輕的就把安公子釣了起來。"清代還稱"弓弝"。清趙翼《初用眼鏡》詩："收宜近床床，掛豈雜弓弝。"

【柎】[1]

同"弣"。此體先秦時期已行用。見該文。

【敝】

即弣。此稱先秦時期已行用。見該文。

【質】[1]

即弣。此稱先秦時期已行用。見該文。

【弓杷】

即弣。此稱漢代已行用。見該文。

【弓把】

即弣。同"弓杷"。此稱唐代已行用。見該文。

【弓靶】

即弣。同"弓杷"。此稱明代已行用。見該文。

【弓弝】

即弣。同"弓杷"。此稱清代已行用。見該文。

【弝】

即弣。此稱漢代已行用。漢焦贛《易林·乾之明夷》："弓矢俱張，弝彈折弦。"唐李涉《看射柳枝》詩："玉弝朱弦敕賜弓，新加二斗得秋風。"唐代起亦作"靶"。唐王維《出塞作》詩："玉靶角弓珠勒馬，漢家將賜霍嫖姚。"

元無名氏《衣襖車》第三折："那狄青右手兜絃，左手推靶，弓開似那曲律山頭蟒。"

【靶】

同"弝"。此體唐代已行用。見該文。

隈

弓把兩邊的彎曲處。此稱先秦時期已行用，亦作"畏""威"。漢代亦稱"弓淵"。《儀禮·大射》："大射正執弓，以袂順左右隈。"鄭玄注："隈，弓淵也。"《周禮·考工記·弓人》："夫角之中，恒當弓之畏。"鄭玄注："故書畏或作威。杜子春云：當爲威。威謂弓淵，角之中央，與淵相當。玄謂：畏讀如'秦師入隈'之隈。"賈公彥疏："從隈爲曲隈之義。"清孫詒讓正義："畏即《大射儀》之隈字……《說文·阜部》云：'隈，水曲隩也。'引申之，弓曲亦曰隈。"明焦竑《焦氏筆乘·古字有通用假借用》："畏也者必撓。畏讀爲隈。畏，隈古省文。"

【畏】

同"隈"。此體先秦時期已行用。見該文。

【威】

同"隈"。此體先秦時期已行用。見該文。

【弓淵】

即隈。此稱漢代已行用。見該文。

【彃】[2]

即隈。此稱先秦時期已行用。《詩·小雅·采薇》："四牡翼翼，象弭魚服。"毛傳："弭，弓反末也。"鄭玄箋："弓反末彆者，以象骨爲之。"

柎[2]

弓把兩側貼附的骨片，用以增強弓體的彈力。此稱先秦時期已行用。《周禮·考工記·弓人》："於挺臂中有柎焉，故剽。"鄭玄注："柎，側骨。"孫詒讓正義："挺臂當榦之中，柎又當挺臂之中，柎内既以薄木爲帑，其旁兩側又以骨附貼之。柎爲骨榦之通名，而助其剽疾者，則在側骨，故注釋柎爲側骨。”

撻

箭溜。嵌於弓把之側，用於箭杆定位。此稱先秦時期已行用。《儀禮·既夕禮》：“弓矢之新沽功，有弭飾焉，亦張可也。有柲，設依撻焉。”鄭玄注：“撻，柎側矢道也，皆以韋爲之。”

簫

弓的末端。此稱先秦時期已行用，漢代亦稱“弭頭”。《儀禮·鄉射禮》：“右執簫，南揚弓，命去侯。”鄭玄注：“簫，弓末也。”《禮記·曲禮上》：“凡遺人弓者……右手執簫，左手承弣。”鄭玄注：“簫，弭頭也。謂之簫。簫，邪也。”孔穎達疏：“簫，弓頭，頭稍剡差，邪似簫，故謂爲簫也。謂弓頭爲鞘，鞘簫之言亦相似也。然執簫謂捉下頭，客覆右手，執弓下頭也……弓下頭者，下頭挂地不净，不可與人，故自執之，而以上頭授人，所以爲敬也。”晋代起又稱“弰”。《北堂書鈔》卷一二四引晋庾翼《與燕王書》：“今致朱漆弰弱弓一弄，丈八弰一枚。”唐代還稱“鞘”。《禮記·曲禮上》“右手執簫”唐孔穎達疏：“簫，弓頭……謂弓頭爲鞘，鞘簫之言亦相似也。”明代還稱“鞘靶兒”。宋代起又稱“弰”。宋范成大《桂海虞衡志·志器》：“黎弓，海南黎人所用長弰木弓也。”明宋應星《天工開物·弧矢》：“桑弰則其末刻鍥，以受弦彄。”明徐渭《雌木蘭》第一齣：“指决兒薄，鞘靶兒圓。”

【弭頭】
即簫。此稱漢代已行用。見該文。

【弰】
即簫。此稱晋代已行用。見該文。

【鞘】
即簫。此稱唐代已行用。見該文。

【弰】[1]
即簫。此稱宋代已行用。見該文。

【鞘靶兒】
即簫。此稱明代已行用。見該文。

【弓弰】[2]
即簫。此稱南北朝時期已行用。北周庾信《擬咏懷》之一五：“輕雲飄馬足，明月動弓弰。”清代亦作“弓梢”。《兒女英雄傳》第二六回：“兩頭弓梢兒上還垂着一對繡球流蘇。”

【弓梢】
同“弓弰[2]”。此體清代已行用。見該文。

峻

弓之兩端繫弦處。此稱先秦時期已行用。《周禮·考工記·弓人》：“凡爲弓，方其峻而高其柎，長其畏而薄其敝。”漢代亦稱“彄”。《説文·弓部》：“彄，弓弩峻，弦所尻也。”段玉裁注：“峀者，頭也。兩頭隱弦處曰彄。”

【彄】[3]
即峻。此稱漢代已行用。見該文。

紲

弓角與柎相接處。此稱先秦時期已行用。《周禮·考工記·弓人》：“爲柎而發，必動於紲。”鄭玄注：“紲，接中。”孫詒讓正義引戴震曰：“言因柎以致傷動者，其病必在角柎相接之處。”

滿

射箭時，彎弓引弦至箭頭剛露出弓把的位置。此稱先秦時期已行用。《吕氏春秋·忠廉》：

"吾嘗以六馬逐之江上矣，而不能及；射之矢，左右滿把，而不能中。今汝拔劍則不能舉臂，上車則不能登軾，汝惡能！"《漢書・司馬相如傳上》："彎蕃弱，滿白羽。射游梟，櫟蜚遽。"顏師古注："引弓盡箭鏑爲滿。"《前漢書平話》卷下："信張弓兜箭，拽滿射中，鬼箭正中呂后左乳上。"

分銖

弓上測定射箭遠近的標志。此稱晉代已行用。《文選・潘岳〈射雉賦〉》："於是簨分銖，商遠邇，揆懸刀，騁絶技。"徐爰注："分銖，弩牙後刻畫定矢所至遠近之處也。"

骨弭

弓兩端的骨飾。此稱南北朝時期已行用。《陳書・蕭摩訶傳》："明徹乃召降人有識胡者，云胡著絳衣，樺皮裝弓，兩端骨弭。"

幹[1]

弓的主幹，多以堅韌之木製作。此稱先秦時期已行用。《周禮・考工記・弓人》："爲弓取六材必以其時，六材既聚，巧者和之。幹也者以爲遠也，角也者以爲疾也，筋也者以爲深也，膠也者以爲和也……凡爲弓，冬析幹而春液角，夏治筋，秋合三材。"鄭玄注："三材，膠、絲、漆。"賈公彥疏："幹、角、筋須三材乃合，則秋是作弓之時。"漢代亦稱"弓幹"。《楚辭・九歌・國殤》："帶長劍兮挾秦弓，首身離兮心不懲。"洪興祖補注："《漢書・地理志》云：秦有南山檀柘，可爲弓幹。"

【弓幹】

即幹。此稱漢代已行用。見該文。

角

附在弓幹裏面的獸角。製弓用角，能使箭

加速。此稱先秦時期已行用。見"幹"文。

筋

附在弓幹外面的筋條。製弓用筋，能使箭深入。此稱先秦時期已行用。元代亦稱"弓筋"。《續資治通鑑・元順帝至正十六年》："城中餓死者仆道上，即取啗之，草木、魚鳥、鞾皮、弓筋皆盡。"見"幹"文。

【弓筋】

即筋。此稱元代已行用。見該文。

膠

用以黏合弓體的物質。此稱先秦時期已行用。見"幹"文。

魚膠

用魚類的鰾或鱗、骨、皮等熬製而成的膠，黏性較強，可用以製弓等。此稱先秦時期已行用。《周禮・考工記》："弓人爲弓，……魚膠餌。"《舊唐書・突厥傳上》："〔頡利〕爲大恩所挫，於是乃懼，仍放順德還，更請和好，獻魚膠數十斤，欲令二國同於此膠。"

絲

用以製作弓弦的絲繩。此稱漢代已行用。見"幹"文。

漆

用以作弓的塗料。此稱漢代已行用。見"幹"文。

弧[2]

用木材製作的弓。此稱先秦時期已行用。《易・繫辭下》："弦木爲弧，剡木爲矢。"漢代起亦稱"木弓"。《説文・弓部》："弧，木弓也。"段玉裁注："木弓，謂弓之不傅以角者也。弓有專用木不傅角者，後世聖人初造弓矢之遺法也。"《後漢書・東夷傳・倭》："其兵有矛、楯、木弓，竹矢或以骨爲鏃。"唐曹松《商山》詩：
"木弓未得長離手，猶與官家射麝香。"《宋
史·外國傳七·日本國》："上令滕木吉以所持
木弓矢挽射，矢不能遠，詰其故，國中不習戰
鬥。"

【木弓】

即弧。此稱漢代已行用。見該文。

杆弓

用柘木製作的弓。柘樹枝長而堅，故稱。
據《太平御覽》卷九五八引漢應劭《風俗通》
載："柘材爲弓，彈而放快。"此稱先秦時期已
行用。《尸子》卷下："鴻鵠在上，杆弓韓弩以
待之。"北周起亦稱"柘弓"。北周庾信《春
賦》："金鞍始被，柘弓新張。"

【柘弓】

即杆弓。此稱南北朝時期已行用。見該文。

檀弓

用檀木製作的弓。此稱漢代已行用。《後漢
書·東夷傳·濊》："樂浪檀弓出其地。"

柘彈

用柘木製作的彈弓。此稱南北朝時期已行
用。南朝梁何遜《擬輕薄篇》："柘彈隨珠丸，
白馬黃金飾。"南朝陳顧野王《陽春歌》："銀
鞍俠客至，柘彈婉童婦。"唐馮贄《煙花記·柘
彈》："陳宮人喜于春林放柘彈。"宋梅堯臣《挾
彈篇》："手持柘彈霸陵邊，豈惜金丸射飛鳥。"

桑弓

用桑木製作的弓。亦泛指强弓、硬弓。此
稱唐代已行用。唐杜甫《歲宴行》之一："漁夫
天寒網罟凍，莫徭射雁鳴桑弓。"明李東陽《和
沈地官時暘游城西朝天宮韻》："平生四方志，
慷慨隨桑弓。"宋代起亦稱"桑弧"。宋范成大

《園林》詩："鐵硯磨成雙鬢雪，桑弧射得一繩
麻。"元張憲《戲贈乍浦稅使歌》："故人本是西
河夫，殺賊得官心氣麤，如何臨難乃無勇，不
敢東向鳴桑弧。"

【桑弧】

即桑弓。此稱宋代已行用。見該文。

檿桑

用檿桑木製作的弓。弓性强勁。此稱唐代
已行用。唐段成式《酉陽雜俎續集·寺塔記下》
引柯古善繼《三階院連句》："密密助堂堂，隋
人歌檿桑。雙弧摧孔雀，一矢隕貪狼。"

秦弓

秦地製作的良弓。此稱先秦時期已行用。
《楚辭·九歌·國殤》："帶長劍兮挾秦弓，首身
離兮心不懲。"洪興祖補注："《漢書·地理志》
云：秦有南山檀柘，可爲弓幹。"

貊弓

古代北方貊地出產的良弓。此稱漢代已
行用。《後漢書·東夷傳·高句驪》："句驪一名
貊……出好弓，所謂'貊弓'是也。"

燕弧

用燕地所產獸角製作的良弓。據《周
禮·考工記序》載："燕之角、荊之幹、妢胡之
笴、吳粵之金錫，此材之美者也。"語本《列
子·湯問》："〔紀〕昌以氂懸蝨於牖……乃以
燕角之弧，朔蓬之簳射之，貫蝨之心，而懸
不絶。"此稱晉代已行用。《文選·左思〈魏都
賦〉》："燕弧盈庫而委勁，冀馬填厩而駔駿。"
李周翰注："燕弧，角弓，出幽燕地。"南朝宋
何承天《安邊論》："風卷河冀，電掃嵩恒，燕
弧折却，代馬摧足。"唐李嶠《奉和杜員外扈從
教閱》："燕弧帶曉月，吳劍動秋霜。"唐代亦稱

"燕弓"。唐王維《老將行》:"願得燕弓射大將,耻令越甲鳴吾君。"唐溫庭筠《塞寒行》:"燕弓弦勁霜封瓦,樸簌寒鵰睇平野。"

【燕弓】

即燕弧。此稱唐代已行用。見該文。

瞑弓

用野桑製作的一種弓。此稱唐代已行用。《新唐書·南蠻傳上·南詔上》:"永昌之西,野桑生石上,其林上屈,兩向而下植,取以爲弓,不筋漆而利,名曰瞑弓。"

黎弓

海南等地黎族人製作的一種弓。以木或竹爲弓身,以藤條爲弦,箭長約三尺,鏃長約五寸,無羽,射程較近。此稱宋代已行用。宋范成大《桂海虞衡志·志器·黎弓》:"黎弓,海南黎人所用,長弰木弓也。以藤爲弦。箭長三尺,無羽,鏃長五寸,如茨菰葉。以無羽,故射不遠三四丈,然中者必死。"宋周去非《嶺外代答·器用·黎弓》:"黎弓以木,亦或以竹,而弦之以藤,類中州彈弓。"

玉腰

西夏人用竹牛角製作的一種強弓。此稱西夏已行用。宋康譽之《昨夢録》:"西夏有竹牛,重數百斤,角甚長而黃黑相間,用以製弓極佳,尤且健勁。其近弝黑者,謂之'後醮',近稍近弝俱黑而弓面黃者,謂之'玉腰'。"

王弓

周代"六弓"之一,爲射力最強之弓。此稱先秦時期已行用。《周禮·夏官·司弓矢》:"掌六弓、四弩、八矢⋯⋯王弓、弧弓,以授射甲革、椹質者;夾弓、庾弓,以授射犴侯、鳥獸者;唐弓、大弓,以授學射者、使者、勞者。"

鄭玄注:"王、弧、夾、庾、唐、大六者,弓異體之名也。往體寡,來體多,曰王、弧;往體多,來體寡,曰夾、庾;往體、來體若一,曰唐、大。"賈公彥疏:"此經六弓強弱相對而言。"又同書《考工記·弓人》:"往體寡,來體多,謂之王弓之屬。"孫詒讓正義:"此王弓,謂弓之最強者也。"按,"往體"指弓體的外撬部分;"來體"指弓體的内嚮部分。

弧弓

周代"六弓"之一,爲射力较强之弓。此稱先秦時期已行用。漢代起亦泛指強弓。《漢書·韓安國傳》:"且匈奴⋯⋯畜牧爲業,弧弓射獵,逐獸隨草,居處無常,難得而制。"見"王弓"文。

夾弓

周代"六弓"之一,爲射力较弱之弓。此稱先秦時期已行用,省稱"夾"。《周禮·夏官·司弓矢》"夾弓、庾弓,以授射犴侯、鳥獸者"鄭玄注:"犴侯五十步及射鳥獸,皆近射也,近射用弱弓。"又:"凡弩、夾、庾,利攻守。"見"王弓"文。

【夾】

"夾弓"之省稱。此稱先秦時期已行用。見該文。

庾弓

周代"六弓"之一,爲射力较弱之弓。此稱先秦時期已行用,亦作"臾弓",省稱"庾""臾"。《周禮·夏官·司弓矢》"庾弓",一本作"臾弓"。又同書《考工記·弓人》:"往體多,來體寡,謂之夾、臾之屬。"按,臾,一本作"庾"。見"王弓""夾弓"文。

【臾弓】

同"庾弓"。此體先秦時期已行用。見該文。

【庾】

"庾弓"之省稱。此稱先秦時期已行用。見
該文。

【臾】

"庾弓"之省稱。此稱先秦時期已行用。見
該文。

唐弓

周代"六弓"之一，爲射力中等之弓。此
稱先秦時期已行用。《周禮·夏官·司弓矢》：
"唐弓、大弓，以授學射者、使者、勞者。"鄭
玄注："學射者弓用中，後習强弱則易也……使
者、勞者弓亦用中，遠近可也。"林尹注："王、
弧爲强弓，夾、庾爲弱弓，唐、大爲中弓。"唐
張説《玄武門侍射》詩序："唐弓在手，夏箭斯
發。"見"王弓"文。

大弓

周代"六弓"之一，爲射力中等之弓。此
稱先秦時期已行用，亦稱"明夷"。《易·明夷》：
"入於左腹，獲明夷之心於出門庭。"李鏡池通
義："明夷，大弓。"見"王弓""唐弓"文。

【明夷】

即大弓。此稱先秦時期已行用。見該文。

弱弓

使用較小力氣便可以拉開、彈射力量也较
小的弓。此稱先秦時期已行用，亦稱"安弓"。
《左傳·定公八年》："顔高奪人弱弓。"《周禮·考
工記·弓人》："骨直以立，忿埶以奔，若是者
爲之安弓，安弓爲之危矢。"孫詒讓正義引江永
曰："下文言弓安、矢安而莫能速中且不深，是
弓弱也……當是剽疾者爲危，柔緩者爲安。"漢

劉向《説苑·指武》："羿、逢蒙不能以枉矢弱
弓，射遠中微，故强弱成敗之要在乎附士卒教
習之而已。"

【安弓】

即弱弓。此稱先秦時期已行用。見該文。

强

使用較大力氣纔可拉開、彈射力量也較大
的弓。此稱先秦時期已行用。《尹文子·大道
上》："宣王好射，説人之謂己能用强也，其實
所用不過三石。"唐杜甫《前出塞》詩之六：
"挽弓當挽强，用箭當用長。"宋陸游《老學庵
筆記》卷五："姚福進者……以挽强名於秦隴
間，至今西人謂其族爲姚硬弓家。"《金史·烏
延蒲盧渾傳》："蒲盧渾膂力絶人，能挽强射
二百七十步。"漢代亦作"彊"。《史記·絳侯
周勃世家》："常爲人吹簫給喪事，材官引彊。"
裴駰集解引《漢書音義》："能引彊弓官，如今
挽彊司馬也。"唐代起亦稱"硬弓"。唐張籍
《老將》詩："不怕騎生馬，猶能挽硬弓。"《宋
史·王榮傳》："榮善射，嘗引强注屋棟，矢入木
數寸，時人目爲'王硬弓'。"

【彊】

同"强"。此體漢代已行用。見該文。

【硬弓】

即强。此稱唐代已行用。見該文。

張弓

弦拉緊之弓。此稱先秦時期已行用。《儀
禮·鄉射禮》："遂命勝者執張弓，不勝者執弛
弓。"

弛弓

弦放鬆之弓。此稱先秦時期已行用。《儀
禮·鄉射禮》："加弛弓于其上。"見"張弓"文。

虵弓

形状彎曲如蛇之弓。此稱南北朝時期已行用。南朝梁簡文帝《九日侍皇太子樂游苑》詩："紫燕躍武，赤兔越空。橫飛鳥箭，半轉虵弓。"唐代亦作"蛇弓"。唐楊炯《紫騮馬》詩："蛇弓白羽箭，鶴轡赤茸鞦。"

【蛇弓】

同"虵弓"。此體唐代已行用。見該文。

騂弓

調和後呈彎狀之弓。語本《詩・小雅・角弓》："騂騂角弓，翩其反矣。"毛傳："騂騂，調利也。"此稱唐代已行用。唐高適《同郡公出獵海上》詩："高鳥下騂弓，困獸鬥匹夫。"宋張耒《少年行》詩之一："騂弓鵲角蒼鷹羽，金錯斾竿畫貔虎。"明許自昌《水滸記・剽劫》："當年膽氣已縱橫，錦帶騂弓結束輕。"清劉大櫆《雜興》詩之二："騂弓大羽箭，鞍馬速如飛。"

路弓

形體較大的弓。此稱漢代已行用。《史記・孝武本紀》："路弓乘矢，集獲壇下，報祠大饗。"裴駰集解引韋昭曰："路，大也。"

綠沈弓

古代良弓名。因漆成濃綠色而得名。此稱南北朝時期已行用。南朝梁簡文帝《旦出興業寺講詩》："吳戈夏服箭，驥馬綠沈弓。"唐代亦稱"綠弦""綠沈"。唐戎昱《觀衛尚書九日對中使射破的》詩："腕回金鏃滿，的破綠弦低。"唐喬潭《破的賦》："搜董蒲白羽之箭，獲燕角綠沈之弓。"

【綠弦】[2]

即綠沈弓。此稱唐代已行用。見該文。

【綠沈】

即綠沈弓。此稱唐代已行用。見該文。

鵲血

指良弓。此稱南北朝時期已行用。南朝梁簡文帝《艷歌篇》："控弦因鵲血，挽彊用牛蝓。"清查慎行《連日扈從觀圍恭紀》詩之一："連天積素耀威弧，鵲血牛蝓力盡輸。"宋代亦稱"鵲血弓"。宋梅堯臣《送王巡檢之定海》詩："休淬鸊鵜劍，休調鵲血弓。"

【鵲血弓】

即鵲血。此稱宋代已行用。見該文。

鵲角

飾以鵲形的良弓。此稱唐代已行用。唐朱慶餘《塞下曲》："箭撚雕翎闊，弓盤鵲角輕。"宋張耒《少年行》之一："騂弓鵲角蒼鷹羽，金錯斾竿畫貔虎。"清毛奇齡《甘州遍》詞："秋風起，展轉事長征，出邊城，彎弧鵲角，佩刀犀首，趫趫斥突願擒生。"宋代亦稱"鵲面弓"。宋孫光憲《定西番》詞："鵲面弓離短韔，彎來月欲成。"元代起又稱"鵲畫""鵲畫弓"。元無名氏《爭報恩》楔子："肩擔的無非長刀大斧，腰掛的盡是鵲畫雕翎。"元喬吉《梁州第七・射雁》套曲："忙拈鵲畫弓，急取鵰翎箭。"《三國演義》第五回："再放第三箭時，因用力太猛，拽折了鵲畫弓，只得棄弓縱馬而奔。"《水滸傳》第一一回："此時天尚未明。朱貴把水亭上窗子開了，取出一張鵲畫弓，搭上那一枝響箭，覷着對港敗蘆折葦裏面，射將去。"清代還稱"鵲弓"。清蒲松齡《和王如水過大兵行營之作》："鵲弓壯士開金甲，蔓草平原閑射鵰。"

【鵲面弓】

即鵲角。此稱宋代已行用。見該文。

【鵲畫】

　　即鵲角。此稱元代已行用。見該文。

【鵲畫弓】

　　即鵲角。此稱元代已行用。見該文。

【鵲弓】

　　即鵲角。此稱清代已行用。見該文。

敦弓

　　天子之弓，後泛指良弓。因雕繪精美，故稱。按，古時"敦"通"雕"。二者音近。此稱先秦時期已行用，亦稱"畫弓"。《詩·大雅·行葦》："敦弓既堅，四鍭既鈞。"毛傳："敦弓，畫弓也。天子敦弓。"孔穎達疏："敦與彫，古今之異。彫是畫飾之義，故云：'敦弓，畫弓也。'"漢代起亦作"雕弓"。漢司馬相如《子虛賦》："左烏號之雕弓，右夏服之勁箭。"宋葉夢得《水調歌頭·九月望日》詞："疊鼓鬧清曉，飛騎引雕弓。"清蒲松齡《聊齋志異·采薇翁》："命取弓矢，又如前狀，出雕弓一；略一閉息，則一矢飛墮。"北周起又作"琱弓"。北周庾信《周大將軍司馬裔神道碑》："藏松寶劍，射柳琱弓。"宋黃庭堅《水調歌頭》詞："極目平沙千里，唯見琱弓白羽，鐵面駿驊騮。"《鏡花緣》第一〇回："頭上束着白布漁婆巾，臂上跨着一張琱弓。"唐代起又稱"雕弧""鵰弧"。唐王維《少年行》之四："一身能擘兩雕弧，虜騎千群只似無。"唐顧雲《武烈公廟碑記》："入則襞香牋而揮彩筆，批天子詔書；出則提龍劍而臂鵰弧，主諸侯法令。"明梅鼎祚《玉合記·除戎》："攢畫戟，佩雕弧。佩雕弧，星流電轉耀雲衢。"清吳偉業《贈馮訥生進士教授雲中》詩："烏桓年少挾雕弧，射得黃羊供束脯。"

【雕弓】

　　同"敦弓"。此體漢代已行用。見該文。

【琱弓】

　　同"敦弓"。此體南北朝時期已行用。見該文。

【畫弓】

　　即敦弓。此稱先秦時期已行用。見該文。

【雕弧】

　　即敦弓。此稱唐代已行用。見該文。

【鵰弧】

　　即敦弓。此稱唐代已行用。見該文。

【弤】

　　即敦弓。此稱先秦時期已行用，漢代亦稱"彫弓"。《孟子·萬章上》："干戈朕，琴朕，弤朕。"趙岐注："弤，彫弓也。天子曰彫弓。堯禪舜天下，故謂之彫弓也。"焦循正義："乃此時堯不當有禪舜之意，以弤爲天子之弓，於意未協。趙氏佑《溫故錄》云：'弤或別一弓之名，舜所常用，亦如五弦之琴名舜自作者耳。'按《廣韻》引《埤蒼》云：'弤，舜弓名。'趙氏佑《溫故錄》之説爲得之矣。"《漢書·司馬相如傳上》："左烏號之彫弓，右夏服之勁箭。"

【彫弓】

　　即弤。此稱漢代已行用。見該文。

【弴】

　　即弴弓。此稱南北朝時期已行用。《玉篇·弓部》："弴，天子弓也。"南唐徐鍇《説文繫傳·弓部》："弴，所謂雕弓也。"北齊還稱"弴弓"。北齊劉畫《新論·貴言》："楚柘質勁，必資榜檠以成弴弓；人性雖敏，必藉善言以成德行。"榜，一本作"搒"。見該文。

【弴弓】

　　即弴。此稱南北朝時期已行用。見該文。

寶弓

珍寶裝飾之弓。此稱漢代已行用。《史記·楚世家》:"若王之於弋誠好而不厭,則出寶弓,碆新繳,射噣鳥於東海。"明代亦稱"寶雕弓"。《三國演義》第二〇回:"操就討天子寶雕弓、金鈚箭,扣滿一射,正中鹿背。"

【寶雕弓】

即寶弓。此稱明代已行用。見該文。

琅弧

玉飾之弓。此稱唐代已行用。唐李白《大獵賦》:"碎琅弧,攫玉弩,射猛豦,透奔虎。"王琦注:"琅弧、玉弩者,以玉石飾弧、弩之上爲觀美也。"

彤弓

朱漆之弓。古代諸侯、大臣立大功,則天子賜予朱漆之弓等,用以象征征伐之權。此稱先秦已行用。《書·文侯之命》:"彤弓一,彤矢百。"孔傳:"諸侯有大功,賜弓矢,然後專征伐。彤弓以講德習射,藏示子孫。"《左傳·僖公二十八年》:"策命晋侯爲侯伯,賜之大輅之服、戎輅之服、彤弓一、彤矢百、玈弓矢千。"楊伯峻注:"彤弓、彤矢與下玈弓矢,俱以所漆之色言之。"漢韋賢《勸勉》詩:"彤弓斯征,撫寧遐荒。"《舊五代史·唐書·武皇紀下》:"竊念本朝七否,巨業淪胥,攀鼎駕以長違,撫彤弓而自咎。"

盧弓

古代天子賜予有功諸侯、大臣的黑色之弓。此稱先秦時期已行用,亦作"玈弓",省稱"盧"。《書·文侯之命》:"盧弓一,盧矢百。"孔傳:"盧,黑也。"《左傳·僖公二十八年》:"玈弓矢千。"杜預注:"玈,黑弓。"《戰國策·楚策四》:"不知夫射者,方將脩其碆盧,治其繒繳,將加己乎百仞之上。"鮑彪注:"盧,'玈'同,黑弓也。"晋潘勗《册魏公九錫文》:"是用錫君彤弓一、彤矢百、玈弓十、玈矢千。"《梁書·武帝紀上》:"公跨躡嵩溟,陵厲區宇,譬諸日月,容光必至,是用錫公彤弓一,彤矢百,盧弓十,盧矢千。"《文選·鮑照〈擬古詩〉之三》:"解佩襲犀渠,卷褰奉盧弓。"李周翰注:"盧弓,征伐之弓。"見"彤弓"文。

【玈弓】

同"盧弓"。此體先秦時期已行用。見該文。

【盧】[1]

即盧弓。此稱先秦時期已行用。見該文。

烏號

古代良弓名。此稱先秦時期已行用。《淮南子·原道訓》:"射者扞烏號之弓,彎棋衛之箭。"高誘注:"烏號,桑柘,其材堅勁,烏峙其上,及其將飛,枝必橈下,勁能復巢,烏隨之,烏不敢飛,號呼其上。伐其枝以爲弓,因曰烏號之弓也。一説黃帝鑄鼎於荆山鼎湖,得道而仙,乘龍而上,其臣援弓射龍,欲下黃帝,不能也。烏,於也;號,呼也。於是抱弓而號。因名其弓爲烏號之弓也。"《太平御覽》卷三四七引漢陳琳《武庫賦》:"弓則烏號、越棘、繁弱、角端。"唐駱賓王《從軍中行路難》之二:"百發烏號遥碎柳,七尺龍文迥照蓮。"明楊珽《龍膏記·脱難》:"休得把烏號架,休得把青莖射。"漢代亦作"烏嗥"。《史記·司馬相如列傳》:"左烏嗥之雕弓,右夏服之勁箭。"《文選·司馬相如〈子虛賦〉》作"烏號"。三國魏又作"烏嗥"。《孔子家語·好生》"楚王出游亡弓"三國魏王肅注:"弓,烏嗥之良弓。"唐代亦稱"烏弓”。唐蕭楚材《奉和展禮岱宗途經濮濟》：“葉箭凌寒矯，烏弓望曉驚。”

【烏嘷】

同“烏號”。此體漢代已行用。見該文。

【烏噑】

同“烏號”。此體三國時期已行用。見該文。

【烏弓】

即烏號。此稱唐代已行用。見該文。

越棘

古代良弓名。此稱漢代已行用。見“烏號”文。

繁弱

古代良弓名。此稱先秦時期已行用。《左傳·定公四年》：“分魯公以大路、大旂，夏后氏之璜，封父之繁弱。”杜預注：“繁弱，大弓名。”《荀子·性惡》：“繁弱、鉅黍，古之良弓也。”三國魏嵇康《贈兄秀才入軍》詩：“左攬繁弱，右接忘歸。”晉劉琨《扶風歌》：“左手彎繁弱，右手揮龍淵。”唐駱賓王《從軍中行路難》詩之一：“向月彎繁弱，連星轉太阿。”漢代亦作“煩弱”“蕃弱”。《漢書·司馬相如傳上》：“左烏號之彫弓，右夏服之勁箭。”顏師古注引漢伏儼曰：“服，盛箭器也。夏后氏之良弓名煩弱，其矢亦良，即煩弱箭服也，故曰夏服。”又：“彎蕃弱，滿白羽，射游梟。”顏師古注引文穎曰：“蕃弱，夏后氏之良弓名。”按，《史記·司馬相如列傳》作“繁弱”。

【煩弱】

同“繁弱”。此體漢代已行用。見該文。

【蕃弱】

同“繁弱”。此體漢代已行用。見該文。

鉅黍

古代良弓名。此稱先秦時期已行用，見《荀子·性惡》。漢代亦作“巨黍”，亦稱“距來”。《史記·蘇秦列傳》：“天下之彊弓勁弩皆從韓出，溪子、少府時力、距來者，皆射六百步之外。”裴駰集解：“距來者，謂弩執勁利，足以距來敵也。”清王念孫《讀書雜誌·史記四》：“距來當爲距黍。黍、來隸書相近，故黍譌爲來……《藝文類聚·軍器部》《初學記·武部》《太平御覽·兵部》，並引《廣雅》曰：‘繁弱鉅黍，弓也。’《荀子·性惡篇》曰：‘繁弱鉅黍，古之良弓也。’時力、距黍，皆疊韵字，故《荀子》《廣雅》並作鉅黍。《文選·閑居賦》：‘溪子巨黍，異素同機。’李善注引《史記》作巨黍。距、鉅、巨古並通用。”宋代亦作“距黍”。宋岳珂《桯史·八陣圖詩》：“距黍直射六百步，虜屍蔽江一千里。”

【巨黍】

同“鉅黍”。此體漢代已行用。見該文。

【距黍】

同“鉅黍”。此體宋代已行用。見該文。

【距來】

即鉅黍。此稱漢代已行用。見該文。

角端

古代鮮卑族用异獸角端牛（狀似牛，角在鼻上）之角製作的弓，爲古代良弓。此稱漢代已行用，亦稱“角端弓”。漢陳琳《武軍賦》：“其弓則烏號越耗，繁弱角端。”《後漢書·鮮卑傳》：“又禽獸异於中國者，野馬、原羊、角端牛，以角爲弓，俗謂之角端弓者。”《三國志·魏書·鮮卑傳》“鮮卑”裴松之注引晉王沈《魏書》：“其獸异於中國者，野馬、羱羊、端牛。

端牛角爲弓,世謂之角端者也。"

【角端弓】

即角端。此稱漢代已行用。見該文。

良弓

指製作材料精、發射速度快、攻擊目標遠、射入物體深的優良之弓。此稱先秦時期已行用,亦稱"深弓"。《墨子·親士》:"良弓難張,然可以及高入深。"《周禮·考工記·弓人》:"覆之而筋至,謂之深弓。"鄭玄注:"射深之弓也。筋又善,則矢既疾而遠又深。"漢陳琳《爲袁紹檄豫州》:"奮中黄育獲之士,騁良弓勁弩之勢。"《晋書·劉牢之傳》:"鄙語有之:'高鳥盡,良弓藏;狡兔殫,獵犬烹。'故文種誅於句踐,韓白戮於秦漢。"清吳錫麒《〈陔餘叢考〉序》:"夫良弓九合,斯稱鉅黍之名。"

【深弓】

即良弓。此稱先秦時期已行用。見該文。

蒲弓

弓的美稱。因古代善射者蒲且而得名。《列子·湯問》:"蒲且子之弋也,弱弓纖繳,乘風振之,連雙鶬於青雲之際,用心專,動手均也。"此稱清代已行用。清錢澄之《薄命曲》:"弋人坐磐石,野鴨飛滿塘。蒲弓不在手,一獲兩鴛鴦。"清周亮工《書影》卷一〇:"屬知之,約於城西決戰,其日屬持蒲弓木戟,與子崔戰而死。"

楊葉弓

指良弓。由可百步穿楊得名。此稱南北朝時期已行用。南朝陳後主《劉生》詩:"游俠長安中,置驛過新豐。繫鍾蒲璧磬,鳴弦楊葉弓。"唐李白《任城縣廳壁記》:"鏑百發克破於楊葉,刀一鼓必合於《桑林》。"

鳳凰弓

古代良弓名。此稱宋代已行用。宋岳珂《桯史·鳳凰弓》:"〔和〕詭因上制勝彊遠弓式,詔施行之。弓制實弩,極輕利,能破堅於三百步外,即邊人所謂'鳳凰弓'者。"

撥弓

不正之弓。此稱先秦時期已行用。《荀子·正論》:"羿、蠭門者,天下之善射者也,不能以撥弓曲矢中。"楊倞注:"撥弓,不正之弓。"

鏵弓

一種所用箭頭形狀像鏵的弓。此稱宋代已行用。宋范鎮《東齋記事》卷一:"范恪在陝西,亦爲有功,常挽一石七斗力弓,其箭鏃如鏵,謂之鏵弓。"

黑漆弓

宋代弓名。因其飾以黑漆,故稱。此稱宋代已行用。見宋曾公亮《武經總要·器圖》、明王圻等《三才圖會·器用六》。

黑漆弓
(明王圻等《三才圖
會·器用》)

黄樺弓
(明王圻等《三才圖
會·器用》)

黄樺弓

宋代弓名。因其飾以黄樺,故稱。此稱宋代已行用。見"黑漆弓"文。

白樺弓

宋代弓名。因其飾以白樺,故稱。此稱宋

白樺弓
（明王圻等《三才圖會·器用》）

代已行用。見"黑漆弓"文。

弩

用機械發射箭或彈丸的弓。其機械安裝於後部，用來控制發射，常以青銅製作。主要由鉤弦器"牙"、牙框"郭"、郭下扳機"懸刀"等構成。扳動懸刀，牙即下縮，原鉤弩弦隨之彈出，弩箭同時發射出去。弩在戰國時期就已發明，漢代開始逐漸流行。而其名稱先秦時期也已行用。《周禮·夏官·司弓矢》："司弓矢掌六弓四弩八矢之灋，辨其名物，而掌其守藏，與其出入。"《商君書·外内》："以此遇敵，是以百石之弩射飄葉也。"《釋名·釋兵》："弩，其柄曰臂，似人臂也；鉤弦者曰牙，似齒牙也；牙外曰郭，爲牙之規郭也；下曰懸刀，其形然也；含括之口曰機，言如機之巧也，亦言如門戶之樞機開闔有節也。"漢陳琳《爲袁紹檄豫州》："幕府奉漢威靈，折衝宇宙，長戟百萬，胡騎千群，奮中黄、育、獲之士，騁良弓勁弩之勢。"唐白居易《動靜交相養賦》："所以動之爲用在舟爲楫，在弩爲機。"明宋應星《天工開物·弩》："凡弩爲守營兵器，不利行陣。"漢代亦稱"弩弓"。《史記·梁孝王世家》："梁多作兵器弩弓矛數十萬，而府庫金錢且百巨萬，珠玉寶器多於京師。"宋代起又稱"弩子"。宋孟元老《東京夢華録·元旦朝會》："遼人踏開弩子，舞旋楛箭，過與使人。"《水滸傳》第四九回："那弟兄兩個當官受了甘限文書，回到家中，整頓窩弓藥箭，弩子鑣叉。"又第八四回："燕青取出弩子，一箭射去，正中番將鼻凹，番將落馬。"

【弩弓】

即弩。此稱漢代已行用。見該文。

【弩子】

即弩。此稱宋代已行用。見該文。

【機弩】

即弩。此稱漢代已行用。《史記·秦始皇本紀》："令匠作機弩矢，有所穿近者輒射之。"元方回《孔府判野耘嘗宦雲南今以餘瘴多病意欲休官》詩："跣足邅機弩，氈頭敢荷戈。"

【拳】

即弩。此稱漢代已行用，亦作"卷"。《文選·司馬遷〈報任少卿書〉》："沬血飲泣，更張空拳。"李善注引顔師古曰："陵時矢盡，故張弩之空弓……李奇曰：'拳，弩弓也。'"按，《漢書·司馬遷傳》作"卷"。《漢書·李廣傳附李陵》："士張空拳，冒白刃，北首爭死敵。"顔師古注引文穎曰："拳，弓弩拳也。"宋辛棄疾《美芹十論》："解雜亂紛糾者不控卷，救鬪者不搏戰。"晋代亦作"絭"。《文選·潘岳〈閑居賦〉》："溪子巨黍，異絭同機。"李善注引李奇曰："絭，弓也。"

【卷】[1]

同"拳"。此體漢代已行用。見該文。

【絭】[1]

同"拳"。此體晋代已行用。見該文。

機臂

弩身。此稱先秦時期已行用，亦作"機

辟"。《楚辭·嚴忌〈哀時命〉》："外迫脅於機
臂兮，上牽聯於矰雠。"王逸注："機臂，弩身
也……臂，一作辟。"

【機辟】[1]

　　同"機臂"。此體先秦時期已行用。見該
文。

弩弦

　　弩上之弦。此稱漢代已行用。《海內十洲
記·鳳麟洲》："武帝幸華林園射虎而弩弦斷，使
者時從駕，又上膠一分，使口濡以續弩弦，帝
驚曰：'异物也。'"《宋史·馬懷德傳》："〔馬懷
德〕嘗因戰，流矢中其顙，鏃入於骨，以弩弦
繫鏃，發機而出之。"三國魏起亦稱"縼"。《漢
書·李陵傳》："〔李陵〕因發連弩射單于。"顏師
古注引三國魏張晏曰："三十縼共一臂也。"《廣
韻·願韻》："縼，弦也。"宋代又稱"弮"。《集
韻·仙韻》："縼，弩縼。或從弓。"按，弮，從
弓。

【縼】[2]

　　即弩弦。此稱三國時期已行用。見該文。

【弮】[2]

　　即弩弦。此稱宋代已行用。見該文。

機[1]

　　弩上鉤弦的器具。此稱先秦時期已行用。
《書·太甲上》："若虞機張，往省括于度，則
釋。"孔傳："機，弩牙也。"漢班固《西都賦》：
"機不虛掎，弦不再控。"《後漢書·仲長統傳》：
"善士富者少而貧者多，祿不足以供養，安能
不少營私門乎？從而罪之，是設機置穽以待天
下之君子也。"宋司馬光《機權論》："機者，弩
之所以發矢者也。"《續資治通鑑·宋太宗雍熙
三年》："兹所謂以明珠而彈雀，爲齧鼠而發機，

所失者多，所得者少。"漢代起亦作"鐖"。《淮
南子·齊俗訓》："若夫工匠爲連鐖運開。"高誘
注："連鐖，鐖發也；運開，相通也。"《雙劍誃
吉金圖錄·永元八年弩鐖》："永元八年考工所造
四石鐖郭。"于省吾考釋："鐖即機，以金爲之，
故從金。"宋代亦稱"機樞"。《青箱雜記》卷
二引宋張齊賢《八咏警戒》詩之一："慎言渾不
畏，言出患常隨。須信機樞發，難容駟馬追。"

【鐖】[2]

　　同"機[1]"。此體漢代已行用。見該文。

【機樞】

　　即機[1]。此稱宋代已行用。見該文。

【弩牙】[1]

　　即機[1]。以其形似牙齒，故稱。此稱漢代
已行用。《書·太甲上》"若虞機張"孔傳："機，
弩牙也。"《南齊書·東昏侯記》："置射雉場
二百九十六處，翳中帷帳及步鄣，皆裌以綠紅
錦，金銀鏤弩牙，瑪瑁帖箭。"宋梅堯臣《蔡君
謨示古大弩牙》詩："黃銅弩牙金錯花，銀闌綫
齒如排沙。"南朝梁亦稱"釚"。《玉篇·金部》：
"釚，弩牙。"宋代起省稱"牙"。宋孟元老《東
京夢華錄·元旦朝會》："彼窺得端正，止令使人
發牙。"明宋應星《天工開物·弩》："弩牙發弦者
名機。"鍾廣言注："弩上整個發矢的機關叫做弩
機，包括牙、郭、懸刀等。鉤弦的部件叫牙。"

【釚】

　　即弩牙[1]。此稱南北朝時期已行用。見該文。

【牙】

　　"弩牙[1]"之省稱。此稱漢代已行用。見該文。

弩括

　　弩弓用以發射的機括。此稱清代已行用。
清譚嗣同《仁學》四五："曰'彈力'，驟起擊

壓，無堅不摧，如弩括突矢，突矢貫札然。"

金機

金屬之機弩。此稱晋代已行用。《文選·張協〈七命〉》："觳金機，馳鳴鏑。"李善注："金機，弩牙也，以金爲之。"唐鄭損《藝堂》詩："風波險似金機骇，日月忙如雪羽飛。"

銅牙利

銅製之機弩。此稱金代已行用。金董解元《西厢記諸宫調》卷二："扳番龍筋弩，安上一點油，摇番銅牙利。"

郭

弩牙外框。此稱漢代已行用。見"弩"文。

懸刀

弩上機下的刀形器具。此稱漢代已行用。見《釋名·釋兵》。《文選·潘岳〈射雉賦〉》："揆懸刀，騁絶技。"徐爰注："懸刀，弩牙後刀也，一名機。"

【機】[2]

即懸刀。此稱南北朝時期已行用。見該文。

準度

弩上的瞄準器。此稱宋代已行用，亦稱"望山"。宋梅堯臣《蔡君謨示古大弩牙》詩："黄銅弩牙金錯花，銀闌綾齒如排沙。上立準度可省括，箭溝三道前直窊。"宋沈括《夢溪筆談·器用》："原其意，以目注鏃端，以望山之度擬之，準其高下，正用算家勾股法也。"

【望山】

即準度。此稱宋代已行用。見該文。

弩機

安裝於弩臂後部的機械。此稱先秦時期已行用。《吕氏春秋·察微》："夫弩機，差以米，則不發。"宋沈括《夢溪筆談·器用》："予頃年在海州，人家穿地得一弩機，其望山甚長，望山之側爲小矩，如尺之有分寸。"清阮元《小滄浪筆談》卷三："顔運生教授有弩機拓本，云得之宋芝山。長五寸，寬一寸三分，銘十八字，隸書小如半菽，紋細如髮。"見"弩"文。

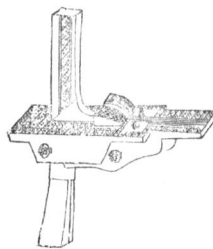

弩 機
（明王圻等《三才圖會·器用》）

鈎距

連接弩車、弩機的器具。此稱先秦時期已行用。《墨子·備高臨》："筐大三圍半，左右有鈎距，方三寸。輪厚尺二寸。鈎距臂博尺四寸，厚七寸，長六尺。"

角弩

用牛筋、牛角等製作的强弩。此稱魏晋時期已行用。晋崔豹《古今注·輿服》："四人皆持角弓，違者則射之……魏晋設角弩而不用。"晋葛洪《抱朴子·登涉》："短狐，一名蜮，一名射工，一名射影……口中有横物角弩，如聞人聲，緣口中物如角弩，以氣爲矢，則因水而射人。"唐代起亦稱"牛弩"。唐李商隱《偶成轉韻七十二句贈四同舍》："横行闊視倚公憐，狂來筆力如牛弩。"馮浩箋注："弩亦以筋角爲之，故古曰角弩，亦曰犀弩。"宋歐陽修《書素屏》詩："風力若牛弩，飛砂還射人。"

【牛弩】

即角弩。此稱唐代已行用。見該文。

銅牙弩

安裝銅機之弩。此稱唐代已行用，省稱

"銅牙"。唐杜甫《復愁》詩之七："貞觀銅牙弩，開元錦獸張。"仇兆鰲注："《南越志》：龍川有營潤，常有銅弩牙流出水，皆以銀黄雕鏤，取之者祀而後得。父老云：越王弩營處也。"唐温庭筠《雉場歌》："緑場紅迹未相接，箭發銅牙傷彩毛。"清曹寅《射雉詞》："不惜二雄爲雌死，當言新試銅牙弩。"

【銅牙】

"銅牙弩"之省稱。此稱唐代已行用。見該文。

竹弩

用竹子等製作的弩。此稱唐代已行用。《新唐書·南蠻傳下·真臘》："無鹽鐵，以竹弩射鳥獸自給。"

水犀

用犀牛筋、角等製作的強弩。此稱宋代已行用。宋蘇軾《八月十五日看潮》詩之五："安得夫差水犀手，三千强弩射潮低。"元王逢《帖侯歌》："艨艟千百水犀手，主者誰歟仆旗走。"明代起亦稱"犀弩"。明高啓《唐昭宗賜錢武肅王鐵券歌》："羅平惡鳥啼初起，犀弩三千射潮水。"清陳維崧《長亭怨·送徐郎伯還西泠》詞："看萬陣犀弩張時，正百丈銀瀧喧處。"清代又稱"水犀弩"。清曹寅《宿來青閣》詩："安能滿挽水犀弩，直射山陰白馬回。"

【犀弩】

即水犀。此稱明代已行用。見該文。

【水犀弩】

即水犀。此稱清代已行用。見該文。

鐵胎弓

一種强勁的弩。弩內含有鐵胎，故稱。宋趙雄《韓蘄王碑》："軍府校藝，獨用鐵胎弓，

所鄉雖金石，皆洞貫。"

連弩

可以同發數箭或連發數箭之弩。此稱先秦時期已行用。《墨子·備高臨》："備臨以連弩之車。"《漢書·李陵傳》："陵軍步鬭樹木間，復殺數千人，因發連弩射單于。"顏師古注："服虔曰：'三十弩共一弦也。'張晏曰：'三十絭共一臂也。'"《三國演義》第一〇四回："孔明又曰：'吾有連弩之法，不曾用得，其法矢長八寸，一弩可發十矢。'"漢代亦稱"連鐖"。《淮南子·齊俗訓》："若夫工匠之爲連鐖，運開陰閉眩錯。"高誘注："連鐖，鐖發也。"宋代又稱"絭"。《集韻·綫韻》："絭，連弩也。通作卷。"明代還稱"連子弩"。明董穀《碧里雜存·連子弩》："又有連子弩者，最爲利器……其制：弩面有匣，隨弦上下，中藏十矢，匣上有鐵挽子挽匣，使却則弦隨之內墮一矢於弩面及機，則弦發而矢往復挽如前，相繼連發，盡十矢在刹那間。"清代還稱"連珠弩"。清周凱《贈別羅天鵬軍門》詩："連珠弩，自來礮，攻城破砦誇神妙。"

【連鐖】

即連弩。此稱漢代已行用。見該文。

【絭】 [3]

即連弩。此稱宋代已行用。見該文。

【連子弩】

即連弩。此稱明代已行用。見該文。

【連珠弩】

即連弩。此稱清代已行用。見該文。

蹶弩

腳踏發射之弩。此稱宋代已行用，亦稱"踏弩"。宋蘇舜欽《滯舟》詩："夕憂寇盜至，蹶弩映岸叢。"《朱子語類》卷一三五："〔申屠

嘉〕乃高祖時踏弩之卒，想亦一樸直人。"宋吳自牧《夢粱録·社會》："武士有射弓踏弩社，皆能攀弓射弩，武藝精熟。"《水滸傳》第二三回："只見這十個鄉夫，都拿着鋼叉、踏弩、刀、槍，隨即攏來。"清代又稱"蹺蹬弩"。清錢曾《讀書敏求記·器用》："《弦矢譜》一卷，詳論弓弩箭之制，其稱蹺蹬弩。張憲伏之於中林而捉真珠，郎時俊用之於射狐關而敗四太子，殆是紹興年間經進之書也。"

【踏弩】

即蹶弩。此稱宋代已行用。見該文。

【蹺蹬弩】

即蹶弩。此稱清代已行用。見該文。

彊弩

强勁之弩。此稱先秦已行用。《吳子·應變》："右山左水，深溝高壘，守以彊弩。"《新唐書·楊行密傳》："友恭鑿崖開道，以彊弩叢射，殺章別將，遂圍武昌。"漢代起亦作"强弩"，亦稱"勁弩"。漢桓寬《鹽鐵論·伐功》："以漢之强，攻擊匈奴之衆，若以强弩潰癰疽。"漢陳琳《爲袁紹檄豫州》："奮中黄育獲之士，騁良弓勁弩之勢。"清王闓運《李仁元傳》："强弩洞札，不及其後，瓦合相附，不堅一擊。"

【强弩】

同"彊弩"。此體漢代已行用。見該文。

【勁弩】

即彊弩。此稱漢代已行用。見該文。

谿子

古代强弩名。此稱先秦時期已行用。《戰國策·韓策一》："天下之强弓勁弩，皆自韓出。谿子、少府時力、距來，皆射六百步之外。"《史記·蘇秦列傳》："天下之彊弓勁弩皆從韓出。谿

子、少府時力、距來者，皆射六百步之外。"裴駰集解引許慎曰："南方谿子蠻夷柘弩，皆善材。"《淮南子·俶真訓》："烏號之弓，谿子之弩，不能無弦而射。"高誘注："谿子，爲弩所出國名也。或曰，谿，蠻夷也，以柘桑爲弩，因曰谿子之弩也。一曰，谿子陽，鄭國善爲弩匠，因以名也。"晉潘岳《閒居賦》："谿子巨黍，异絭同機。"

時力

古代强弩名。此稱先秦已行用，見《戰國策·韓策一》。《史記·蘇秦列傳》："谿子、少府時力、距來者，皆射六百步之外。"裴駰集解："時力者，謂作之得時，力倍於常，故名時力也。"參見"谿子"。

諸葛弩

古代弩名。傳據諸葛亮遺法製作，故稱。因其便捷輕巧，閨婦亦能使用。此稱明代已行用。明宋應星《天工開物·弩》："又有諸葛弩，其上刻直槽，相承函十矢，其翼取最柔木爲之。另安機木，隨手扳弦而上，發去一矢，槽中又落下一矢，則又扳木上弦而發。"

黄肩

古代良弩名。此稱漢代已行用，亦作"黄間"。晉代起亦作"黄間"。《漢書·李廣傳》"廣乃令持滿毋發，而廣身自以大黄射其裨將"顏師古注引漢服虔曰："黄肩，弩也。"又引晉晉灼曰："黄肩即黄間也，大黄，其大者也。"《文選·張衡〈南都賦〉》："騄驥齊鑣，黄間機張。"李善注引鄭玄曰："黄間，弩。"晉張華《游獵篇》："由基控繁弱，公差操黄間。"金元好問《送欽叔内翰并寄劉達卿郎中白文舉編修》詩之四："世故觳黄間，能不發其機。"清蔣士銓

《雪中人·掛弓》:"從此白羽歸壺,黃肩收靫,霜鋒入鞘,金瑣藏匣。"

【黃閒】

同"黃肩"。此體漢代已行用。見該文。

【黃間】

同"黃肩"。此體晋代已行用。見該文。

遠望

古代弩名。此稱晋代已行用。晋葛洪《抱朴子·雜應》:"劍名大傷,角星主之;弩名遠望,張星主之;戟名大將軍,參星主之也。"

黃樺弩

古代弩名。因其飾有黃樺,故稱。此稱宋代已行用,見宋曾公亮等《武經總要·器圖》、明王圻等《三才圖會·器用六》。金代亦作"黃華弩"。金董解元《西廂記諸宮調》卷二:"彎一枝窵鐙黃華弩,擔柄簸箕來大開山板斧。"凌景埏校注:"由於式樣、射法、材料、顏色等的不同,分稱爲黑漆弩、黃樺弩、雌黃樺弩、白樺弩等。一般大弩,常用多人發射;也有一種由一個人踏射的,名'跳鐙弩',也稱'小黃',使用方便。見宋《武經總要》。這裏'窵鐙''黃華',當是'跳鐙''黃樺'的另一寫法。"

【黃華弩】

同"黃樺弩"。此體金代已行用。見該文。

神臂弓

宋代弩名。熙寧元年(1068)由民間工匠李宏首創并獻於朝廷。將其置於架上,以足踩蹬張弓發射,三百步外能穿重札。此稱宋代已行用。宋洪邁《容齋三筆·神臂弓》:"神臂弓出於弩遺法,古未有也。熙寧元年,民李宏始獻之入內……其法以厭木爲身,檀爲弰,鐵爲鐙子槍頭,銅爲馬面牙發,麻繩扎絲爲弦,弓之

身三尺有二寸,弦長二尺有五寸,箭木羽長數寸,射二百四十餘步,入榆木半笴。神宗閲試,甚善之。於是行用,而他弓矢弗能及。"清納蘭性德《渌水亭雜識》卷三:"宋之神臂弓,本弩也。名爲弓者有故,弓弦必刮弩臂而行。弓力不盡於矢,神臂於臂之行矢處,削而下之,弦得空行,力得盡於矢也。"明代亦稱"神臂弩"。明茅元儀《武備志·弩》:"宋末始有神臂弩,其法亦蹶張而稍勝之。"

【神臂弩】

即神臂弓。此稱明代已行用。見該文。

馬黃弩

古代良弩名。此稱宋代已行用。宋王應麟《玉海·兵制十六·弓矢》:"楊存中以克敵弓雖勁而士病蹶張之難,乃增損舊制,造馬黃弩,制度精密,彼一矢未竟而此三發矣。"

黃連百竹

古代弩名。此稱宋代已行用。《通雅·器用五》引宋曾公亮等《武經總要》:"古弩有黃連百竹、八簷、雙弓、擘張之類。"

八簷

古代弩名。此稱宋代已行用。見"黃連百竹"。

雙弓

古代弩名。此稱宋代已行用。見"黃連百竹"。

擘張

古代弩名。此稱宋代已行用。見"黃連百竹"。

玉弩

玉飾之弩。此稱唐代已行用。唐許敬宗《奉和執契静三邊應詔》詩:"乾靈振玉弩,神

略運璇樞。”唐李白《大獵賦》：“碎琅弧，攫玉弩，射猛豨，透奔虎。”王琦注：“琅弧、玉弩者，以玉石飾弧、弩之上爲觀美也。”

燕角

燕地産獸之角。係製作弓弩的良材。語本《周禮·考工記序》：“燕之角、荆之榦、妢胡之笴、吳粵之金錫，此材之美者也。”《列子·湯問》：“〔紀昌〕乃以燕角之弧，朔蓬之簳射之，貫蝨之心，而懸不絶。”此稱唐代已行用。唐喬潭《破的賦》：“搜董蒲白羽之箭，獲燕角緑沉之弓。”明高啓《觀軍裝咏·弓》：“燕角號良材，樓煩擘未開。”

第二節　狩獵箭器、彈丸考

箭是搭在弓弩上發射的杆狀器；彈是由彈弓發射的丸狀物。它們與弓弩同步，也有數千年的歷史。時至今日，仍在沿用，既用於射殺禽獸與敵寇，又用於體育比賽與娛樂活動，是獵具、武器、賽品、玩物的統一體。

箭 [2]

搭在弓上發射的器械，兼用於漁獵與戰事等。箭體主要由箭杆、箭頭等構成，箭杆或飾羽毛。箭杆多以細小而勁實的箭竹製作，《説文·竹部》：“箭，矢竹也。”王筠句讀：“《衆經音義》：箭，矢竹也。大身小葉曰竹，小身大葉曰箭。”有的則以木材製作。箭頭多以石頭、金屬製作。此稱先秦時期已行用，亦作“晋”。《周禮·夏官·職方氏》：“其利金錫竹箭。”鄭玄注：“故書‘箭’爲‘晋’。”《儀禮·大射》：“羃用錫若絺，綴諸箭蓋。”鄭玄注：“古文‘箭’作‘晋’。”漢趙曄《吳越春秋·勾踐歸國外傳》：“狐皮五雙，晋竹十廋。”《史記·平津侯主父列傳》：“今天下鍛甲砥劍，橋箭累弦，轉輸運糧，未見休時，此天下之所共憂也。”《方言》第九：“箭，自關而東謂之矢，江淮之間謂之鍭，關西曰箭。”《左傳·昭公四年》“桃弧、棘矢”晋杜預注：“桃弓、棘箭，所以禳除凶邪。”唐張鷟《朝野僉載》卷六：“薛眘惑者，善投壺，龍躍隼飛，矯無遺箭。”明謝肇淛《五雜俎·人部一》：“桓石虔徑拔虎箭，虎伏不敢動。”

【晋】

即箭[2]。此稱先秦時期已行用。見該文。

【矢】[2]

即箭[2]。此稱先秦時期已行用。《易·繫辭下》：“弦木爲弧，剡木爲矢。”《國語·吳語》：“譬如群獸然，一個負矢，將百群皆奔。”《史記·魯仲連鄒陽列傳》：“魯連乃爲書，約之矢，以射城中，遺燕將。”《淮南子·人間訓》：“於是乃升城而鼓之。一鼓，民被甲、括矢、操兵弩而出。”唐韓愈《〈張中丞傳〉後序》：“〔南霽雲〕將出城，抽矢射佛寺浮圖，矢著其上甎半箭。”《明史·雲南土司傳二·麓川》：“英列弩注射，突陣大呼，象多傷，其蠻亦多中矢斃。”清毛奇齡《遍閱虎圈諸獸和高陽相公》：“鴉翎習習負矢飛，鷄斯之乘歸林支。”

【羽】[2]

即箭[2]。此稱先秦時期已行用。《文選·宋玉〈高唐賦〉》：“傳言羽獵，銜枚無聲。”李善注引張晏曰：“以應獵負羽。”漢揚雄《羽獵賦》：“賁育之倫，蒙盾負羽。”南朝梁江淹《別賦》：“或乃邊郡未和，負羽從軍。”隋楊素《贈薛播州》詩之四：“上林陪羽獵，甘泉侍清曙。”宋陳允平《摸魚兒·西湖送春》詞：“年華似羽，任錦瑟聲寒，瓊簫夢遠，羞對彩鸞舞。”清陳維崧《滿庭芳·題顧梁汾舍人峝駕詩後》詞：“萬乘旌旗，千官羽獵，翠華絕塞重經。”

【鏑】[1]

即箭[2]。此稱漢代已行用，三國時期亦稱“矢鏑”。《史記·匈奴列傳》：“冒頓乃作爲鳴鏑，習勒其騎射，令曰：‘鳴鏑所射而不悉射者，斬之。’”裴駰集解：“《漢書音義》曰：‘鏑，箭也，如今鳴箭也。’韋昭曰：‘矢鏑飛則鳴。’”三國魏曹植《名都篇》：“攬弓捷鳴鏑，長驅上南山。”南朝宋顏延之《陽給事誄》：“鳴驪橫厲，霜鏑高肁。”唐李白《任城縣廳壁記》：“鏑百發克破於楊葉，刀一鼓必合於《桑林》。”明無名氏《運甓記·帥閫賓賢》：“羽書鳴鏑警常聞，揚鞭靜折愁無策。”唐代起亦稱“鏃”。唐皮日休《祝瘧癘文》：“一言不善，禍發如鏃。”金董解元《西廂記諸宮調》卷二：“賊以劍叩門，飛鏃入寺。”金代起又稱“金鏃”。金董解元《西廂記諸宮調》卷二：“春筍般指頭兒十箇，與張弓怎發金鏃？”凌景埏校注：“金鏃，指箭。”清

代起還稱“鏃”。清黃遵憲《赤穗四十七義士歌》：“長梯大錐兼利鏃，或踰高堡或踰溝。”

【矢鏑】[1]

即鏑[1]。此稱三國時期已行用。見該文。

【鏃】[1]

即鏑[1]。此稱唐代已行用。見該文。

【金鏃】

即鏑[1]。此稱金代已行用。見該文。

【鏃】[1]

即鏑[1]。此稱清代已行用。見該文。

【羽箭】

即箭[2]。因尾部綴以鳥羽，故稱。此稱唐代已行用。唐杜甫《丹青引贈曹將軍霸》：“良相頭上進賢冠，猛將腰間大羽箭。”宋朱敦儒《朝中措》詞：“雪獵星飛羽箭，春游花簇雕鞍。”明宋應星《天工開物·弧矢》：“凡雕翎箭，行疾過鷹、鷂翎，十餘步而端正，能抗風吹。北虜羽箭多出此料。”明代亦稱“箭矢”“雕翎”。《水滸傳》第一一四回：“〔宋江〕便喚軍醫士治療，拔出箭矢，用金鎗藥敷貼。”又第五五回：“弓彎鵲畫，飛魚袋半露龍梢；籠插雕翎，獅子壺緊拴豹尾。”清代又稱“簇羽”“羽鏃”。清曹寅《射堂柳已成行命兒輩習射》詩：“畫鼓鼕鼕簇羽繁，黃鬚命舞亦軒軒。”清周亮工《射烏樓紀事》詩：“畏使漁磯鳴羽鏃，愁聞雁渚擊金鐮。”

【箭矢】[1]

即羽箭。此稱明代已行用。見該文。

【雕翎】

即羽箭。此稱明代已行用。見該文。

【簇羽】

即羽箭。此稱清代已行用。見該文。

【羽鏃】

即羽箭。此稱清代已行用。見該文。

【笴】[1]

即箭[2]。此稱唐代已行用。唐段成式《酉陽雜俎·忠志》：“太宗虬鬚，嘗戲張弓掛矢，好用四羽大笴。”宋蘇軾《和子由論書》：“邇來又學射，力薄愁官笴。”自注：“官箭十二把，吾能十一把箭耳。”宋陸游《萬里橋上習射》詩：“丈夫未死誰能料，一笴他年下百城。”明代亦稱“青莖”。明楊珽《龍膏記·脱難》：“休得把烏號架，休得把青莖射。”

【青莖】[1]

即笴[1]。此稱明代已行用。見該文。

虎箭

射虎之箭。此稱明代已行用。嘉靖《安吉州志》：“虎箭出孝豐，有無名藥草，土人取草熬膏，用以點鐵箭之首，遇虎發之，無不中者。”

殺矢

周代八矢之一，用於近射或田獵。此稱先秦時期已行用。《周禮·夏官·司弓矢》：“殺矢、鍭矢，用諸近射田獵。”鄭玄注：“殺矢，言中則死。”賈公彥疏：“解稱殺矢之名，以其最重，中則死故也。”又同書《考工記·冶氏》：“冶氏爲殺矢。”鄭玄注：“殺矢，用諸田獵之矢也。”

鍭矢

周代八矢之一，用於近射或田獵。亦可用於禮射。一説爲“八矢”通名。此稱先秦時期已行用。《周禮·夏官·司弓矢》：“殺矢、鍭矢，用諸近射、田獵。”孫詒讓正義：“《行葦》孔疏引孫炎《爾雅注》云：‘金鏑斷羽，使前重也。’《行葦》以四鍭配敦弓，則不爲弩矢……據《既

夕記》及《爾雅》《方言》説，則鍭矢爲金鏃八矢之通名，以對志矢之爲骨鏃也。凡禮射亦用金鏃，故亦謂之鍭矢。”《穀梁傳·隱公元年》：“聘弓鍭矢，不出竟場。”楊士勛疏引《爾雅·釋器》：“金鏃翦羽謂之鍭。”

【鍭】[2]

即鍭矢。此稱先秦時期已行用，亦作“矦”。《詩·大雅·行葦》：“敦弓既堅，四鍭既鈞。”鄭玄箋：“周之先王將養老，先與群臣行射禮，以擇其可與者以爲賓。”王夫之《詩經稗疏·大雅》：“殺矢、鍭矢用諸近射、田獵，唯恒矢則用諸散射。散射者，禮射也。此宜用恒矢之軒輖中者，而顧用參亭之鍭矢，蓋射椹質而非射大侯也；椹質難入，故用鍭矢以益其力。”《儀禮·既夕禮》：“矦矢一乘，骨鏃短衞。”鄭玄注：“矦，猶候也。候物而射之矢也。”胡培翬正義：“《周禮》作鍭者，矦、鍭古字通。”宋曾懷《恭和御製玉津園宴射》：“五品并令陪宴射，四鍭端欲序賓賢。”

【矦】

同“鍭[2]”。此體先秦時期已行用。見該文。

矰矢

周代八矢之一，繫有生絲繩，用於射殺飛鳥。此稱先秦時期已行用，亦稱“田矢”。《周禮·夏官·司弓矢》：“矰矢、茀矢，用諸弋射。”鄭玄注：“結繳於矢謂之矰。矰，高也。茀矢象焉。茀之言刜也。二者皆可以弋飛鳥。”又同書《考工記·矢人》：“兵矢、田矢五分，二在前、三在後。”鄭玄注：“田矢，謂矰矢。”孫詒讓正義：“茀矢矰矢，直言弋射，不言田獵，而云田矢者，弋射即是田獵也。”漢代又稱“曼矰”。漢王褒《四子講德論》：“空柯無刃，公輸不能

以斲；但懸曼矰，蒲且不能以射。"南朝梁還稱
"鳥箭"。南朝梁簡文帝《九日侍皇太子樂游苑》
詩："橫飛鳥箭，半轉蛇弓。"

【田矢】

即矰矢。此稱先秦時期已行用。見該文。

【曼矰】

即矰矢。此稱漢代已行用。見該文。

【鳥箭】

即矰矢。此稱南北朝時期已行用。見該文。

【矰】[1]

即矰矢。此稱先秦時期已行用。《呂氏春
秋・直諫》："荊文王得茹黃之狗，宛路之矰，以
畋於雲夢，三月不反。"高誘注："矰，弋射短
矢。"《楚辭・九章・惜誦》："矰弋機而在上兮，
罻羅張而在下。"《史記・老子韓非列傳》："走者
可以爲罔，游者可以爲綸，飛者可以爲矰。"唐
杜甫《寄劉峽州伯華使君四十韻》："咄咄寧書
字，冥冥欲避矰。"元張翥《蛻庵歲晏排遣以
詩》之二："蟄豸深環户，冥鴻巧避矰。"漢代
起亦稱"弋"。《史記・楚世家》："若王之於弋
誠好而不厭，則出寶弓，碆新繳，射噣鳥於東
海。"宋陸游《東齋夜興》詩："忽憶江湖泊夜
船，號鳴避弋鬧群鴻。"

【弋】

即矰矢。此稱漢代已行用。見該文。

【矰弋】

即矰矢。此稱先秦時期已行用，亦作"矰
雉"。《莊子・應帝王》："且鳥高飛，以避矰弋之
害。"《楚辭・嚴忌〈哀時命〉》："外迫脅於機臂
兮，上牽聯於矰雉。"王逸注："言已居常怖懼，
若附強弩機臂，畏其妄發，上恐牽聯於雉躲，
身被矰繳也。"洪興祖補正："雉，與弋同。"《漢

書・貨殖傳序》："鷹隼未擊，矰弋不施於徯隧。"
《淮南子・脩務訓》："夫雁順風以愛氣力，銜蘆
而翔，以備矰弋。"宋王安石《集禧觀池上咏野
鵝》："京洛塵沙工點汙，江湖矰弋飽驚猜。"清
沈宸荃《謁梅子真祠》詩："明哲早見幾，冥鴻
避矰弋。"元代亦稱"弋繳"。元李獻能《四皓》
詩："弋繳安足致冥鴻，自是兼懷翊贊功。"清
代又稱"弋矰"。清顧炎武《寄次耕時被薦在燕
中》詩："孤迹似鴻冥，心尚防弋矰。"

【矰雉】

同"矰弋"。此體先秦時期已行用。見該文。

【弋繳】

即矰弋。此稱元代已行用。見該文。

【弋矰】

即矰弋。此稱清代已行用。見該文。

【矰繳】

即矰矢。此稱先秦時期已行用，亦作"繒
繳"。《戰國策・楚策四》："不知夫射者方將修
其碆盧，治其矰繳，將加己乎百仞之上。"按，
一本作"繒繳"。吳師道補正："繒、矰通，見
《三輔黃圖》。繒，弋射矢。繳，生絹縷。"晋陶
潛《歸鳥》詩："晨風清興，好音時交；矰繳奚
施，已卷安勞。"五代馬縞《中華古今注・雁》：
"雁自河北渡江南，瘠瘦能高飛，不畏繒繳。"
明方孝孺《二禽咏》："文彩羨孔鸞，繒繳或暗
投。"龐成宇《東園雜咏》："飲啄力以致，繒繳
安所施。"程善之《贈陳子松藤》詩："有時化
作比翼禽，無奈矰繳長相尋。"漢代起亦作"矕
繳"，省稱"繳"。漢陳琳《爲袁紹檄豫州》：
"矕繳充蹊，坑穽塞路。"《史記・楚世家》："楚
人有好以弱弓微繳加歸雁之上者，頃襄王聞，
召而問之。"唐白居易《馬上作》詩："高有矕

繳憂，下有陷穽虞。"唐代又作"矰繳"，又稱"弋繳"。唐戴叔倫《孤鴻篇》詩："已無矰繳患，豈乏稻粱資。"唐敬括《蜘蛛賦》："龍竟入於炮醢，隼終嬰於弋繳。"

【繒繳】

同"矰繳"。此體先秦時期已行用。見該文。

【罾繳】

同"矰繳"。此體漢代已行用。見該文。

【矰嫩】

同"矰繳"。此體唐代已行用。見該文。

【繳】 [1]

"矰繳"之省稱。此稱漢代已行用。見該文。

【弋繳】

即矰繳。此稱唐代已行用。見該文。

【矰砮】

即矰矢。此稱漢代已行用。《後漢書·馬融傳》："矰砮飛流，纖羅絡縸，游雉群驚，晨梟輩作。"李賢注："矰，弋矢也。砮與'磻'同……《説文》曰：'以石著隹繳也。'"

茀矢

周代八矢之一，用於射殺飛鳥。此稱先秦已行用。見"矰矢"文。

没羽

古代良箭名。此稱先秦時期已行用。《竹書紀年》卷上："帝堯二十九年春，僬僥氏來朝，貢没羽。"北周庾信《哀江南賦》："西賮浮玉，南琛没羽。"

忘歸

古代良箭名。因一去不復返，故稱。此稱先秦時期已行用。《公孫龍子·迹府》："龍聞楚王張繁弱之弓，載忘歸之矢，以射蛟兕於雲夢之圃。"《文選·嵇康〈贈秀才入軍〉》五首詩之一："左攬繁弱，右接忘歸。"李周翰注："忘歸，矢名。"

鏃矢 [1]

一種輕疾而鋒利的小箭。此稱先秦時期已行用。《莊子·天下》："鏃矢之疾，而有不行不止之時。"《鶡冠子·世兵》："出實觸虛，禽將破軍，發如鏃矢，動如雷霆。"《吕氏春秋·貴卒》："所爲貴鏃矢者，爲其應聲而至。"高誘注："鏃，矢輕利也。小曰鏃矢，大曰篇矢。"

篇矢

一種大箭頭的箭。此稱漢代已行用。見"鏃矢 [1]"文。

盧矢

黑色箭。此稱先秦時期已行用。《書·文侯之命》："盧弓一，盧矢百。"漢揚雄《法言·五百》："彤弓、盧矢，不爲有矣。"見"盧弓"文。

鏃矢 [2]

一種大箭頭的箭。此稱漢代已行用，唐代亦稱"兵箭"。《漢書·膠東康王劉寄傳》："淮南王謀反時，寄微聞其事，私作兵車鏃矢，戰守備，備淮南之起。"顔師古注："鏃矢，大鏃之矢，今所謂兵箭者也。"

【兵箭】

即鏃矢 [2]。此稱唐代已行用。見該文。

珍羽

古代良箭。此稱漢代已行用。《後漢書·馬融傳》："納僬僥之珍羽，受王母之白環。"李賢注引《帝王紀》："堯時僬僥氏來貢没羽，西王母慕舜之德，來獻白環也。"北魏亦稱"美箭"。北魏温子昇《爲安豐王延明讓國子祭酒表》：

"臣聞寶劍未砥，猶乏切玉之功；美箭闕羽，尚無衝石之勢。"

【美箭】

即珍羽。此稱南北朝時期已行用。見該文。

蒿矢

一種以禾秆製作箭杆的箭。此稱漢代已行用。《後漢書・儒林傳上・劉昆》："每春秋饗射，常備列典儀，以素木瓠葉爲俎豆，桑弧蒿矢，以射'菟首'。"宋王安石《送董伯懿歸吉州》詩："亦曾戲篇章，揮翰疾蒿矢。"

無羽箭

不綴羽毛的箭。此稱宋代已行用。《宋史・兵志十一》："〔淳熙九年〕湖北、京西造納無羽箭。上曰：'箭不用羽，可謂精巧。'"

菆

古代良箭。此稱先秦時期已行用，漢代亦作"䂂"，唐代亦稱"䂂矢""菆矢"。《左傳・宣公十二年》："吾聞致師者，左射以菆。"杜預注："菆，矢之善者。"《漢書・晁錯傳》："材官䂂發，矢道同的，則匈奴之革笥木薦弗能支也。"顏師古注："䂂謂矢之善者也。《春秋左氏傳》作菆字，其音同耳……䂂發，發䂂矢以射也。"唐劉禹錫《澤宮》詩序："晋昌唐如晦以信誼爲良弓，文學爲菆矢，規爵禄猶衆禽。"

【䂂】

同"菆"。此體漢代已行用。見該文。

【䂂矢】

即菆。此稱唐代已行用。見該文。

【菆矢】

即菆。此稱唐代已行用。見該文。

蒲弋

箭的美稱。因古代善射者蒲且而得名。此稱唐代已行用。宋計有功《唐詩紀事》卷六引唐任希古《和東觀群賢七夕臨泛昆明》："鶩鴻絓蒲弋，鯉入莊游筌。"清代亦稱"蒲矢"。清錢謙益《王師》詩之一："彎弓蒲矢在，棄甲兜皮多。"

【蒲矢】

即蒲弋。此稱清代已行用。見該文。

破葉箭

指可百步穿楊的箭。此稱唐代已行用。唐元稹《酬盧秘書》詩："私調破葉箭，定飲搴旗盃。"

夏服

古代良箭名。此稱漢代已行用。《文選・司馬相如〈子虛賦〉》："左烏號之雕弓，右夏服之勁箭。"郭璞注引服虔曰："服，盛箭器也。夏后氏之良弓，名繁弱；其矢亦良，即繁弱箭服，故曰夏服也。"一說指古之善射者夏羿的箭囊，參閱《史記・司馬相如列傳》司馬貞索隱。亦泛指箭或箭囊。唐許敬宗《奉和九月九日應制》詩："鶩嶺飛夏服，娥魄亂雕弓。"北周起亦稱"夏箭"。北周庾信《〈三月三日華林園馬射賦〉序》："唐弓九合，冬幹春膠；夏箭三成，青莖赤羽。"唐賀敳《奉和九月九日應制》："帶星飛夏箭，映月上軒弧。"

【夏箭】

即夏服。此稱南北朝時期已行用。見該文。

飛䖟

古代箭名。此稱漢代已行用。《方言》第九："箭，其小而長、中穿二孔者，謂之鈳鑢。其三鐮長尺六者，謂之飛䖟。"按，一本作"飛虻"。《東觀漢記・赤眉載記》："光武作飛䖟箭，以攻赤眉。"

【飛宝】

同"飛䖟"。此體漢代已行用。見該文。

雊矢

古代箭名。此稱漢代已行用。《西京雜記》卷四:"用雊矢以射之,日連百數。"

飛鳧

古代箭名。以銅爲首。此稱先秦時期已行用。《六韜·軍用》:"陷堅陣,敗强敵,大黄參連弩,大扶胥三十六乘,材士强弩矛戟爲翼,飛鳧電影自副。飛鳧、赤莖、白羽,以銅爲首;電影、青莖、赤羽,以鐵爲首。"《初學記》卷二二引《太公六韜》注:"飛鳧,矢名。"

赤莖

古代箭名。以銅爲首。此稱先秦時期已行用。見"飛鳧"文。

白羽

古代箭名。以銅爲首。此稱先秦時期已行用。見"飛鳧"文。

電影

古代箭名。以鐵爲首。此稱先秦時期已行用。見"飛鳧"文。

青莖²

古代箭名。以鐵爲首。此稱先秦時期已行用。見"飛鳧"文。

赤羽

古代箭名。以鐵爲首。此稱先秦時期已行用,見《六韜·軍用》。唐李白《登邯鄲洪波臺置酒觀發兵》詩:"我把兩赤羽,來游燕趙間。"王琦注:"赤羽,謂箭之羽染以赤者。"見"飛鳧"文。

安矢

柔緩的箭。此稱先秦時期已行用。《周禮·考工記·弓人》:"豐肉而短,寬緩以荼,若是者爲之危弓,危弓爲之安矢。"賈公彦疏:"豐肉寬緩,是不足,則危弓濟之,危弓爲贏,則以安矢損之。"隋代亦稱"緩箭"。《太平廣記》卷二五四引隋侯白《啓顏録·歐陽詢》:"瑀箭俱不着垛,一無所獲。歐陽詢咏之曰:'急風吹緩箭,弱手取彊弓。'"見"安弓"文。

【緩箭】

即安矢。此稱隋代已行用。見該文。

激矢

疾飛的箭。此稱先秦時期已行用。《吕氏春秋·去宥》:"夫激矢則遠,激水則旱。"《後漢書·文苑傳下·趙壹》:"繳彈張右,羿子彀左,飛丸激矢,交集于我。"宋代亦稱"風箭"。宋郭彖《睽車續志》卷六:"土囊之口,直當風門,急如激矢者,名曰風箭。"

【風箭】

即激矢。此稱宋代已行用。見該文。

矰²

一種短箭。此稱先秦時期已行用。《國語·吴語》:"萬人以爲方陣,皆白裳、白旂、素甲、白羽之矰,望之如荼。"《山海經·海内經》:"帝俊賜羿彤弓素矰,以扶下國。"郭璞注:"矰,矢名,以白羽羽之。"明何景明《歲晏行》:"近聞狐兔亦徵及,列網持矰徧山城。"

錐矢

一種鋭利的短箭,射出後飛行勁疾。此稱先秦時期已行用。《戰國策·齊策一》:"五家之兵,疾如錐矢。"高誘注:"錐矢,小矢,喻勁疾也。"《淮南子·兵略訓》:"積弩陪後,錯車衛旁,疾如錐矢,合如雷電,解如風雨。"

綦衛

古代綦地出産的良箭。此稱先秦時期已行用。《列子・仲尼》：“引烏號之弓，綦衛之箭，射其目。”張湛注：“烏號，黃帝弓；綦，地名，出美箭；衛，羽也。”《淮南子・原道訓》：“射者扞烏號之弓，彎綦衛之箭。”高誘注：“綦，美箭所出地名也。衛，利也。”

釽

一種箭頭較薄而闊、箭杆較長的箭。此稱唐代已行用。唐杜甫《七月三日亭午已後校熱退晚加小涼穩睡有詩因論壯年樂事戲呈元二十一曹長》：“長釽逐狡兔，突羽當滿月。”仇兆鰲注：“《廣韵》：釽，箭也。《通俗文》：骨鏃曰骲，鐵鏃曰鏑，鳴箭曰骹，霹棄曰釽，皆古制。”元喬吉《梁州第七・射雁》套曲：“端直了燕尾釽，搭上虎筋弦。”明代亦稱“金釽箭”“釽子箭”。《三國演義》第二〇回：“操就討天子寶雕弓、金釽箭，扣滿一射，正中鹿背。”《水滸傳》第八三回：“帶一張鵲畫鐵胎弓，懸一壺雕翎釽子箭。”清代又稱“釽箭”。《清會典圖・武備四・弓箭一》：“皇帝行圍箭二，楊木爲笴。其一釽箭，長二尺九寸，鐵鏃長二寸五分，闊一寸三分，笴首飾黑桃皮，皁鵰羽，羽閑朱，括髹朱，旁裹綠繭。”《清會典・兵部十・武庫清吏司》：“笴用柳木或樺木，首飾鶴羽，鏃以鐵爲之，曰釽箭。”

【金釽箭】

即釽。此稱明代已行用。見該文。

【釽子箭】

即釽。此稱明代已行用。見該文。

【釽箭】

即釽。此稱清代已行用。見該文。

鐵絲箭

一種箭杆較細而箭頭尖鋭的箭。此稱唐代已行用。唐杜甫《久雨期王將軍不至》詩：“憶爾腰間鐵絲箭，射殺林中雪色鹿。”

柳箭

柳枝爲杆之箭。此稱宋代已行用。《朱子語類》卷一九：“柳，北人以此爲箭，謂之柳箭，即蒲柳也。”明李時珍《本草綱目・木二・柳》〔集解〕引蘇頌曰：“蒲柳即水楊也，枝勁韌，可爲箭笴。”

鑿子箭

箭名。因箭頭像鑿子，故稱。此稱明代已行用。《水滸傳》第一三回：“一張皮靶弓，數根鑿子箭。”

鞭箭

一種可放在杆上所綴銅環（溜子）中發射的箭。此稱明代已行用。明茅元儀《武備志・軍資乘・器械一》：“鞭箭者，銅爲溜子以發之。”

金僕姑

古代箭名。此稱先秦時期已行用。《左傳・莊公十一年》：“乘丘之役，公以金僕姑射南宮長萬。”杜預注：“金僕姑，矢名。”唐盧綸《和張僕射〈塞下曲〉》之一：“鷲翎金僕姑，燕尾繡蝥弧。”《四游記・鍾離將兵伐寇》：“大將出皇都，腰懸金僕姑。”清劉大櫆《張約夫刻石歌》：“和璧三寸廉且腴，冷光射人金僕姑。”南朝陳起亦省稱“金僕”。《陳書・高祖紀上》：“公三籌既畫，八陣斯張，裁舉靈鉦，亦抽金僕。”清毛奇齡《〈梅中詩存〉序》：“世無甘蠅，非謂辭金僕而却銛珧也。”明代亦作“金僕錞”。明無名氏《運甓記・彭李黌峻》：“㟦箭簇飛狐，箭盛金僕鐸。"

【金僕鐸】

同"金僕姑"。此體明代已行用。見該文。

【金僕】

"金僕鐸"之省稱。此稱南北朝時期已行用。見該文。

竹矢

竹子爲杆之箭。此稱先秦時期已行用。《書·顧命》："兌之戈、和之弓、垂之竹矢在東房。"《漢書·地理志下》："〔儋耳、珠厓郡〕兵則矛、盾、刀，木弓弩，竹矢，或骨爲鏃。"《後漢書·東夷傳·倭》："其兵有矛、楯、木弓，竹矢或以骨爲鏃。"

金鏃箭

飾以金箭頭之箭。常用爲信契。此稱南北朝時期已行用。《周書·异域傳下·突厥》："其徵發兵馬，科税雜畜，輒刻木爲數，并一金鏃箭，蠟封印之，以爲信契。"唐温庭筠《蕃女怨》詞："玉連環，金鏃箭，年年征戰。"唐代起亦省稱"金箭"。《新唐書·吐蕃傳上》："其舉兵，以七寸金箭爲契。"元馬祖常《題〈明皇端箭圖〉》詩："開元天子忽思武，手中金箭照眼光。"

【金箭】

"金鏃箭"之省稱。此稱唐代已行用。見該文。

鵰翎

以雕翎爲箭羽的箭。此稱唐代已行用。唐元積《痁卧聞幕中諸公征樂會飲因有戲呈三十韵》："蛇蠱迷弓影，鵰翎落箭菆。"元無名氏《争報恩》楔子："肩擔的無非長刀大斧，腰掛的盡是鵲畫鵰翎。"元代亦稱"鵰翎箭"。元喬吉《梁州第七·射雁》套曲："忙拈鵲畫弓，急取鵰翎箭。"

【鵰翎箭】

即鵰翎。此稱元代已行用。見該文。

楛矢

楛木爲杆之箭。此稱先秦時期已行用。《國語·魯語下》："有隼集于陳侯之庭而死，楛矢貫之。"三國魏曹植《白馬篇》："宿昔秉良弓，楛矢何參差！"《舊五代史·外國傳二·黑水靺鞨》："黑水靺鞨，其俗皆編髮。性凶悍……兵器有角弓、楛矢。"清魏源《聖武記》卷一"有古肅慎氏之國"自注："肅慎國在今遼東吉林寧古塔地。肅慎即女真之轉音，楛矢肇騎射之本俗。"明代省稱"楛"。明徐禎卿《談藝録》："或緩發如朱弦，或急張如躍楛。"

【楛】

"楛矢"之省稱。此稱明代已行用。見該文。

棘矢

棘木爲杆之箭。此稱先秦時期已行用，晋代亦稱"棘箭"。《左傳·昭公四年》"桃弧、棘矢"晋杜預注："桃弓、棘箭，所以禳除凶邪。"又同書《昭公十二年》："昔我先王熊繹，辟在荆山……跋涉山林，以事天子。唯是桃弧、棘矢，以共禦王事。"杜預注："桃弧，棘矢，以禦不祥。言楚在山林，少所出有。"晋葛洪《抱朴子·名實》："曠棘矢而望高手於渠廣，策疲駑而求繼軌於周穆。"

【棘箭】

即棘矢。此稱晋代已行用。見該文。

篠簵之箭

篠竹、簵竹爲杆之箭。此稱漢代已行用。漢王充《論衡·效力》："干將之刃，人不推頓，苊瓠不能傷；篠簵之箭，機不動發，魯縞不能穿。非無干將、篠簵之才也，無推頓發動之主。苊瓠、魯縞不穿傷，焉望斬旗穿革之功乎？"

箘簵之矰

箘竹、簵竹爲杆之箭。此稱漢代已行用。漢劉向《說苑·正諫》："荊文王得如黃之狗，箘簵之矰，以畋於雲夢。"

嚆矢

箭頭有孔，發射時有響聲的箭。此稱先秦時期已行用。《莊子·在宥》："焉知曾史之不爲桀跖嚆矢也。"成玄英疏："嚆，箭鏃有吼猛聲也。"明宋應星《天工開物·弧矢》："響箭則以寸木空中，錐眼爲竅，矢過招風而飛鳴，即《莊子》所謂嚆矢也。"唐代亦稱"骱矢"。唐杜甫《天狗賦》："圄骱矢與流星兮，圍要害而俱破。"《新唐書·地理志三》："〔媯州〕土貢：樺皮、胡祿、甲楡、骱矢、麝香。"宋代又稱"敲矢"。宋張載《正蒙·動物》："形軋氣，羽、扇、敲矢之類。"王夫之注："敲……鳴鏑也。三者形破氣，氣爲之鳴。"明代起還稱"響箭"。《水滸傳》第一一回："朱貴把水亭上窗子開了，取出一張鵲畫弓，搭上那一枝響箭，覷着對港敗蘆折葦裏面射將去。"《儒林外史》第三四回："響箭過處，就有無數騎馬的從林子裏奔出來。"清代亦作"骹矢"。清紀昀《閱微草堂筆記·如是我聞四》："一日將曙，有烏啞啞對戶啼。惡其不吉，引骹矢射之。"

【骱矢】

即嚆矢。此稱唐代已行用。見該文。

【骹矢】

同"骱矢"。此體清代已行用。見該文。

【敲矢】

即嚆矢。此稱宋代已行用。見該文。

【響箭】

即嚆矢。此稱明代已行用。見該文。

【鳴鏑】

即嚆矢。此稱漢代已行用，亦稱"鳴箭""鳴鏃"。《史記·匈奴列傳》："冒頓乃作爲鳴鏑，習勒其騎射，令曰：'鳴鏑所射而不悉射者，斬之。'"裴駰集解："《漢書音義》曰：'鏑，箭也，如今鳴箭也。'韋昭曰：'矢鏑飛則鳴。'"漢陳琳《武庫賦》："矢則申息、肅慎，箘簵空流，焦銅毒鐵，犛鏃鳴鏃。"三國魏曹植《名都篇》："攬弓捷鳴鏑，長驅上南山。"唐元稹《小胡笳引》詩："潺湲疑是雁鵾鷄，嗸骕如聞發鳴鏑。"明無名氏《運甓記·帥閫賓賢》："羽書鳴鏑警常聞，揚鞭静折愁無策。"宋代起又稱"鳴髇"。宋蘇軾《人日獵城南》詩："忽發兩鳴髇，相趁飛蟲小。"王文誥輯注引《唐韻》："髇箭，即鳴鏑也。"清姚燮《雙鴆篇》："三城黑沙黑，黑沙同鳴髇。"

【鳴箭】

即鳴鏑。此稱漢代已行用。見該文。

【鳴鏃】

即鳴鏑。此稱漢代已行用。見該文。

【鳴髇】

即鳴鏑。此稱宋代已行用。見該文。

【髇箭】

即嚆矢。此稱三國時期已行用。《太平御覽》卷三五〇引《魏百官名》："三公拜賜鵾尾鵾尾髇箭十二枚。"元劉詵《感舊行》："舉家避兵竄山巖，道逢哨騎落髇箭。"晉代亦作"骹箭""骱箭"。《山海經·南山經》"其狀如鷄"

晋郭璞注：“鶾，似鳧而小，脚近尾。音骹箭之骹。”晋陸翽《鄴中記》：“虎乃登臺射骼箭一發。”唐代又作“髐箭”。《漢書·匈奴傳上》：“冒頓乃作鳴鏑。”唐顔師古注：“應劭曰：‘髐箭也。’鏑音嫡。髐音呼交反。”《後漢書·文苑傳上·杜篤》“椎鳴鏑”唐李賢注：“《前書》‘冒頓作鳴鏑’。今之髐箭也。”

【骹箭】

同“髇箭”。此體晋代已行用。見該文。

【骼箭】

同“髇箭”。此體晋代已行用。見該文。

【髐箭】

同“髇箭”。此體唐代已行用。見該文。

【髇】

即嚆矢。此稱唐代已行用，亦作“骭”。唐李白《行行且游獵篇》：“弓彎滿月不虛發，雙鶬迸落連飛髇。”唐陸龜蒙《奉和襲美新秋言懷三十韵次韵》：“漁情隨鍤網，獵興起鳴骭。”清代亦作“骹”。清紀昀《閲微草堂筆記·如是我聞三》：“吾鳴骹躍馬三十年。所劫奪多矣，見人劫奪亦多矣！”

【骭】

同“髇”。此體唐代已行用。見該文。

【骹】

同“髇”。此體清代已行用。見該文。

骲箭

骨製或木製箭頭之嚆矢。此稱宋代已行用。《資治通鑑·宋順帝昇明元年》：“左右王天恩曰：‘領軍腹大，是佳射堋；一箭便死，後無復射；不如以骲箭射之。’帝乃更以骲箭射，正中其齊。”胡三省注：“余謂骨鏃亦能害人，況以之射人腹乎！蓋當時所謂骲箭者，必非骨鏃。”明

王志堅《表异録·器用》：“骲箭，響箭也。”《爾雅·釋器》：“骨鏃不翦羽謂之志。”清郝懿行義疏：“骲箭古用骨，今亦用木，仍曰骲頭。”

金髇

金屬所製的箭。此稱唐代已行用，亦作“金骭”。唐温庭筠《開成五年秋抱疾書懷寄友人一百韵》：“粉垛收丹彩，金髇隱僕姑。”唐皮日休《新秋言懷寄魯望三十韵》：“鶴鳴轉清角，鵰下撲金骭。”

【金骭】

同“金髇”。此體唐代已行用。見該文。

鏃[2]

箭的首端。尖鋭鋒利，便於射物。多以獸骨、木材、石頭、金屬等製作。此稱先秦時期已行用。《管子·參患》：“射而不能中，與無矢者同實；中而不能入，與無鏃者同實。”漢桓寬《鹽鐵論·誅秦》：“往者兵革亟動，師旅數起，長城之北，旋車遺鏃相望。”《宋書·袁淑傳》：“今塗有遺鏃，薑未息蜂，敢思涼識，少酬閔施。”元王逢《觀錢塘江潮時教化平章大宴江上》詩：“錢王射强弩，至今有遺鏃。”明宋應星《天工開物·弧矢》：“〔箭〕杆長二尺，鏃長一寸，其大端也……凡鏃，冶鐵爲之，北虜制如桃葉槍尖，廣南黎人矢鏃如平面鐵鏟，中國則三棱錐象也。”按，中國古代鏃還有雙翼、圓錐等形式，參閲《文物》1976年第10期。唐代起亦稱“箭頭”。唐劉禹錫《連州臘日觀莫徭獵西山》詩：“箭頭餘鵠血，鞍傍見雉翹。”又其《飛鳶操》詩：“旗尾飄揚勢漸高，箭頭春骕骦聲相似。”唐賈島《上邠寧邢司徒》詩：“箭頭破帖渾無敵，杖底抛毬遠有聲。”元代亦作“鑿”。元無名氏《衣襖車》第二折：“咱先鋒着

箭鑿，史牙恰則一刀。"明代又稱"箭矢"。《水滸傳》第二〇回："那三阮去船艙裏各拿起一片青狐皮來遮那箭矢。"

【鑿】

同"鏃"。此體元代已行用。見該文。

【箭頭】

即鏃。此稱唐代已行用。見該文。

【箭矢】²

即鏃。此稱明代已行用。見該文。

【金】¹

即鏃。此稱先秦時期已行用。《孟子・離婁下》："抽矢扣輪去其金。"朱熹集注："金，鏃也。"山東臨沂銀雀山漢墓竹簡《孫臏兵法・兵情》："矢，金在前，羽在後，故犀而善走。"《戰國策・齊策五》："堅箭利金，不得弦機之利，則不能遠殺矣。"諸祖耿集注引金正煒曰："按，金謂矢鏃也。"漢代起亦稱"鏑""鍉"。《史記・秦楚之際月表》："墮壞名城，銷鋒鏑，鉏豪傑，維萬世之安。"《漢書・項籍傳》："收天下之兵聚之咸陽，銷鋒鍉，鑄以爲金人十二，以弱天下之民。"顏師古注："鍉與鏑同，即箭鏃也。"《文選・潘岳〈射雉賦〉》："仿佇中輟，馥焉中鏑。"徐爰注："鏑，矢鏃也。"宋韓琦《答孫植太博後園宴射》詩："須臾一鏑入鵠心，畫鼓連轟盡聲喝。"南朝齊亦作"鏷"。《南齊書・戴僧靜傳》："啓世祖以鍛箭鏷用鐵多，不如鑄作。東冶令張侯伯以鑄鏷鈍，不合用，事不行。"唐代關西又稱"箭金"，山東又稱"箭足"，還稱"金鏑"。唐玄應等《一切經音義》卷一一："箭金：箭鏃也。關西名箭金；山東名箭足，或言鏑。辨異名也。"唐馬戴《酬李景章先輩》詩："金鏑自宜先中鵠，鉛刀甘且學雕蟲。"

【鏷】

同"金¹"。此體南北朝時期已行用。見該文。

【鏑】²

即金¹。此稱漢代已行用。見該文。

【鍉】

即金¹。此稱漢代已行用。見該文。

【箭金】

即金¹。此稱唐代已行用。見該文。

【箭足】

即金¹。此稱唐代已行用。見該文。

【金鏑】

即金¹。此稱唐代已行用。見該文。

【矢鋒】

即鏃。此稱先秦時期已行用。《列子・湯問》："〔紀昌、飛衛〕相遇於野，二人交射；中路矢鋒相觸，而墜於地，而塵不揚。"漢代起亦稱"箭鏃"。《後漢書・西域傳・西夜》："〔西夜國〕地生白草，有毒，國人煎以爲藥，傅箭鏃，所中即死。"唐王建《射虎行》："遠立不敢汙箭鏃，聞死還來分虎肉。"清吳偉業《臨江參軍》詩："日暮箭鏃盡，左右刀鋌集。"三國蜀起又稱"矢鏃"。《三國志・蜀書・關羽傳》："矢鏃有毒，毒入于骨。"《新五代史・唐臣傳・符存審》："〔存審〕臨終……因出其平生身所中矢鏃百餘而示之曰：'爾其勉哉！'"明宋應星《天工開物・佳兵》："凡鏃，冶鐵爲之（《禹貢》砮石，乃方物，不適用）。北虜制如桃葉鎗尖，廣南黎人矢鏃如平面鐵鏟，中國則三棱錐象也。"晉代起還稱"鏃鋒"。晉張華《博物志》卷二："交州夷民曰俚子，俚子弓長數尺，箭長尺餘，以燋銅爲鏑，塗毒藥於鏑鋒，中人即死。"隋代起或稱"矢鏑"。《隋書・東夷傳・倭國》："漆皮爲甲，骨爲矢鏑。"

【箭鏃】

即矢鋒。此稱漢代已行用。見該文。

【矢鏃】

即矢鋒。此稱三國時期已行用。見該文。

【鏑鋒】

即矢鋒。此稱晋代已行用。見該文。

【矢鏑】[2]

即矢鋒。此稱隋代已行用。見該文。

錍

寬長而薄棱的箭頭。此稱先秦時期已行用，漢代亦稱"鈀"。《墨子·雜守》："吏樿桐卤，爲鐵錍。"《方言》第九："凡箭鏃……其廣長而薄鐮者，謂之錍，或謂之鈀。"三國魏曹丕《飲馬長城窟行》："武將齊貫錍，征人伐金鼓。"明徐渭《次夕降搏雪徑滿鵝鴨卵余睡而復起燒竹照之八十韵》："蕩甲摇犀明練組，長鸝大鏃拭弧錍。"

【鈀】

即錍。此稱漢代已行用。見該文。

鐮

箭頭棱角。此稱漢代已行用。《方言》第九："凡箭鏃胡合嬴者，四鐮，或曰拘腸；三鐮者謂之羊頭。"郭璞注："鐮，棱也。"

拘腸

四个棱角的箭頭。見"鐮"文。

羊頭

三个棱角的箭頭。見"鐮"文。

鋌

箭頭後部插入箭杆的部分。此稱先秦時期已行用。《周禮·考工記·冶氏》："冶氏爲殺矢，刃長寸，圍寸，鋌十之。"鄭玄注引鄭司農曰：

"鋌，箭足入槀中者也。"孫詒讓正義："箭足謂金也。《釋名·釋兵》云：'矢又謂之箭，其本曰足，矢形似木，木以下爲本，以根爲足也。又謂之鏑。齊人謂之鏃。'案：槀即矢幹，箭足著金，惟見其刃，其莖入幹中不見者謂之鋌也。"元代亦稱"鈀"。《元史·輿服志二》："馬鼓，彎勒、後勒、當胸，皆綴紅纓拂銅鈴，杏葉鉸具，金塗鈀。"

【鈀】

即鋌。此稱元代已行用。見該文。

骨鏃

骨製箭頭。此稱先秦時期已行用。《儀禮·既夕禮》："翭矢一乘，骨鏃短衛。"漢桓寬《鹽鐵論·論功》："素弧骨鏃，馬不粟食。"漢代亦稱"骲"。《唐六典·兩京武庫》"箭之制有四"李林甫等注引漢服虔《通俗文》："骨鏃曰骲。"晋代又稱"骨骲"。《爾雅·釋器上》"骨鏃不翦羽"晋郭璞注："今之骨骲是也。"郝懿行義疏："郭云'骨骲也'者，《釋文》引《埤蒼》云：'骨鏃也。'按，骲箭古用骨，今亦用木，仍曰骲頭。"元代還稱"髐"。《元朝秘史》卷三："在後春閑，帖木真、札木合各用小木弓射箭時，札木合將一個小牛的角粘作響髐頭與了帖木真。帖木真也將一個柏木頂的髐頭與了札木合。"

【骲】

即骨鏃。此稱漢代已行用。見該文。

【骨骲】

即骨鏃。此稱晋代已行用。見該文。

【髐】

即骨鏃。此稱元代已行用。見該文。

骲頭

骨製或木製箭頭。此稱明代已行用。《兒女

英雄傳》第一一回：“只聽得山腰裏吱的一聲觔頭響箭，一直射在半空裏去。”清和邦額《夜譚隨録・朱外委》：“于是駐馬，把弓抽矢，向空施一觔頭響箭。聲如唳鶴，直出林表。”

石砮

石製箭頭。此稱先秦時期已行用，三國吳起省稱“砮”。《國語・魯語下》：“仲尼在陳，有隼集于陳侯之庭而死，楛矢貫之，石砮，其長尺有咫。”韋昭注：“砮，鏃也，以石爲之。”《宋書・夷蠻傳・高句驪國》：“大明三年，高句驪王高璉又獻肅慎氏楛矢、石砮。”唐田義暉《先聖廟堂碑》：“辯防風之巨節，吳使嗟稱；稽肅慎之遺砮，陳人悦服。”宋王觀國《學林・矢》：“矢刃又謂之鏃，又謂之砮。”清魏源《聖武記》卷一：“惟國初吳兆騫謫寧古塔記之，云石砮出混同江中，相傳松脂入水千年所化，厥色青紺，厥理如木，厥堅過鐵石，土人以之礪刃，知爲肅慎砮矢之遺。”梁啓超《讀十月初三日上諭感言》：“以之與無主義、無統一之官僚内閣相遇，其猶以千鈞之砮潰癰也。”

【砮】[1]

“石砮”之省稱。此稱三國時期已行用。見該文。

【磻】

即石砮。此稱先秦時期已行用。《戰國策・楚策四》：“彼礛磻，引微繳，折清風而抎矣。”高誘注：“磻，以石維繳也。”漢張衡《西京賦》：“磻不特絓，往必加雙。”三國魏嵇康《贈兄秀才入軍》詩之一四：“流磻平皋，垂綸長川。”南朝宋謝靈運《山居賦》：“罝羅不披，磻弋靡用。”

【碆盧】

即石砮。此稱先秦時期已行用。《戰國策・楚策四》：“不知夫射者，方將脩其碆盧，治其矰繳，將加己乎百仞之上。”

【石鏃】

即石砮。此稱南北朝時期已行用。《北史・勿吉傳》：“自拂涅以東，矢皆石鏃，即古肅慎氏也。”唐代亦稱“石箭”“碏”。唐楊炯《遂州長江縣先聖孔子廟堂碑》：“按東海之金刀，飛北斗之石箭。”唐李賀《黄家洞》詩：“雀步蹙沙聲促促，四尺角弓青石碏。”王琦彙解：“《後漢書》：邑婁國弓長四尺，力如弩矢，用楛矢，長一尺八寸，青石爲鏃。”

【石箭】

即石鏃。此稱唐代已行用。見該文。

【碏】

即石鏃。此稱唐代已行用。見該文。

砮[2]

可製箭頭之石。此稱先秦時期已行用，晋代亦稱“砮石”。《書・禹貢》：“厥貢羽毛齒革，惟金三品，杶榦栝柏，礪砥砮丹。”孔穎達疏引賈逵曰：“砮，矢鏃之石也。”晋常璩《華陽國志・蜀志》：“臺登縣有孫水，一曰白沙江，入馬湖水。山有砮石，火燒成鐵，剛利，《禹貢》厥賦砮是也。”《文選・左思〈蜀都賦〉》：“其中則有青珠黄環，碧砮芒消。”劉良注：“砮，可作箭鏃。”唐歐陽詹《石韞玉賦》：“内抱貞明，蓄珪璋而自异；外封磽确，與砮礪而攸同。”

【砮石】

即砮[2]。此稱晋代已行用。見該文。

黄矢

銅製箭頭。此稱先秦時期已行用。《易・解》：

"九二，田獲三狐，得黄矢，貞吉。"

楛砮

楛木製箭頭。此稱唐代已行用。《新唐書·北狄傳·黑水靺鞨》："其矢石鏃，長二寸，蓋楛砮遺法。"清俞樾《茶香室叢鈔·昂威赫》："楛矢自肅慎氏至今凡五貢中國……或曰'石鏃'，或曰'楛砮'。"

金鏃

金屬製箭頭。此稱漢代已行用，五代亦稱"金笴"。漢揚雄《長楊賦》："喙鋋瘢者，金鏃淫夷者，數十萬人。"唐皮日休《館娃宮懷古》詩："弩臺雨壞逢金鏃，香徑泥銷露玉釵。"五代鍾允章《射》詩："金笴離弦三尺電，星鏑破的一聲雷。"清張養重《板子磯》詩："荒城草長埋金鏃，廢壘沙深臥鐵衣。"

【金笴】

即金鏃。此稱五代時期已行用。見該文。

剛罫

鐵製箭頭。此稱晋代已行用，亦作"剛挂"，亦稱"剛鏃"。《文選·潘岳〈射雉賦〉》："捧黄間以密縠，屬剛罫以潜擬。"李善注："剛罫，弩矢鏃也。以鐵爲之，形如十字，各長三寸，方似罔罫，故曰罫焉。罫、挂同。"按，六臣本作"剛挂"。劉良注："剛挂，矢名。"晋左思《吴都賦》："剛鏃潤，霜刃染。"唐敬騫《射隼高墉賦》："原夫剛鏃初架，勁弦正張。"

【剛挂】

同"剛罫"。此體晋代已行用。見該文。

【剛鏃】

即剛罫。此稱晋代已行用。見該文。

碧砮

可製箭頭的碧玉。此稱晋代已行用。《文選·左思〈蜀都賦〉》："其中則有青珠、黄環、碧砮、芒消。"張銑注："碧砮、碧玉，可爲矢鏃。"南朝齊王融《三月三日曲水》詩序："文鉞碧砮之琛，奇幹善芳之賦。"南朝梁簡文帝《大法頌》序："金鱗鐵面，貢碧砮之琛；航海梯山，奉白環之使。"唐王維《送高判官從軍赴河西序》："膺騰白波，驟輸碧砮之貢；腹阻赤坂，傳致紫琥之琛。"

笴 [2]

連接箭頭的箭杆。箭的主體部分，多用竹、木製作。此稱先秦時期已行用，漢代亦稱"矢幹"，晋代又稱"箭莖"，唐代起還稱"箭笴"。《儀禮·鄉射禮》："阼階下之東南，堂前三笴，西面北上坐。"鄭玄注："笴，矢幹也。"賈公彦疏："案《矢人》注：'矢幹長三尺。'是去堂九尺也。"《周禮·考工記序》："燕之角，荆之幹，妢胡之笴，吴粤之金錫，此材之美者也。"鄭玄注："笴，矢幹也。"唐玄應等《一切經音義》卷一五："箭笴，《字林》云：箭莖也。"明宋應星《天工開物·弧矢》："凡箭笴，中國南方竹質，北方萑柳質，北虜樺質，隨方不一。"清魏源《聖武記》卷三："鄂爾多斯部在河套中……地宜馬駝，有麥垛山鐵可爲兵，河柳可爲笴。"

【矢幹】

即笴 [2]。此稱漢代已行用。見該文。

【箭莖】

即笴 [2]。此稱晋代已行用。見該文。

【箭笴】

即笴 [2]。此稱唐代已行用。見該文。

【簳】

即笴 [2]。此稱先秦時期已行用。《列子·湯問》："〔紀昌〕乃以燕角之弧、朔蓬之簳射之，貫虱之心，而懸不絕。”南朝齊亦作“幹”。南朝齊王融《謝武陵王賜弓啓》：“文韜鏤景，逸幹梢雲。”

【幹】[2]

同“簳”。此體南北朝時期已行用。見該文。

【槀】

即笴[2]。此稱先秦時期已行用，漢代亦稱“矢槀”“箭槀”。《周禮·夏官·序官》：“槀人，中士四人。”鄭玄注引鄭司農曰：“槀讀爲芻豢之豢。”《周禮·考工記·矢人》：“參分其長而殺其一。”漢鄭玄注：“矢槀，長三尺，殺其前一尺，令趣鏃也。”《文選·馬融〈長笛賦〉》：“特箭槀而莖立兮，獨聆風於極危。”李善注：“箭槀，二竹名也。言似二竹，或生而莖立，或生於極危。”

【矢槀】

即笴[2]。此稱漢代已行用。見該文。

【箭槀】

即笴[2]。此稱漢代已行用。見該文。

【箭竿】

即笴[2]。此稱漢代已行用。《漢書·匈奴傳下》：“匈奴有斗入漢地，直張掖郡，生奇材木，箭竿就羽，如得之，於邊甚饒，國家有廣地之實，將軍顯功，垂於無窮。”晋代起亦作“箭簳”。《晋書·王恭傳》：“時内外疑阻，津邏嚴急，仲堪之信因庾楷達之，以斜絹爲書，内箭簳中，合鏑漆之，楷送於恭。”唐薛用弱《集異記·汪鳳》：“〔張勵〕居與忠同里，每旦詣曹，路經其門，則遥見二青氣，粗如箭簳，而緊銳徹天焉。”元楊顯之《瀟湘雨》第三折：“這雨呵，他似箭簳懸麻，粧助我十分苦。”宋代亦作“箭幹”。《爾雅翼·釋木四》：“《職方氏》：揚州，其

利竹箭。箭一名篠，是竹之小者，可爲箭幹。”

【箭簳】

同“箭竿”。此體晋代已行用。見該文。

【箭幹】

同“箭竿”。此體宋代已行用。見該文。

青莖[3]

青色的箭杆。此稱先秦時期已行用。《六韜·軍用》：“電影，青莖赤羽，以鐵爲首。”北周庾信《三月三日華林園馬射賦》：“唐弓九合，冬幹春膠。夏箭三成，青莖赤羽。”

金簳

箭杆的美稱。此稱唐代已行用。唐李賀《長平箭頭歌》：“白翎金簳雨中盡，直餘三脊殘狼牙。”王琦彙解：“金簳，箭幹。以其堅好如金，故曰金簳。”

栝[1]

箭的末端，與弓弦交會處。此稱先秦時期已行用，亦作“括”，亦稱“拔”“比”。唐代起又作“筈”。清代又稱“扣”。《國語·魯語下》：“故銘其栝曰：‘肅慎氏之貢氏。’”韋昭注：“栝，箭羽間也。”《書·太甲上》：“若虞機張，往省括于度則釋。”孔穎達疏：“括，謂矢末。”《詩·秦風·駟驖》：“公曰左之，舍拔則獲。”毛傳：“拔，矢末也。”鄭玄箋：“拔，括也。”孔穎達疏：“舍放矢括，則獲得其獸。”《周禮·考工記·矢人》：“夾其陰陽以設其比，夾其比以設其羽。”鄭玄注引鄭司農曰：“比，謂括也。”孫詒讓正義：“比，今人謂之‘扣’，所以扣弦也。”漢劉向《説苑·談叢》：“言猶射也，括既離弦，雖有所悔焉，不可從而追已。”晋陸機《爲顧彦先贈婦》詩之二：“離合非有常，譬彼弦與括。”南朝宋顔延之《陽給事誄》：“義立邊疆，身終

鋒栝。"唐元稹《觀兵部馬射賦》:"信候蹄之不爽,則舍拔之無遺。"唐鍾元章逸句:"金筈離弦三尺電,星鵠破的一聲雷。"

【括】

同"栝"。此體先秦時期已行用。見該文。

【筈】

同"栝"。此體唐代已行用。見該文。

【拔】

即栝。此稱先秦時期已行用。見該文。

【比】

即栝。此稱先秦時期已行用。見該文。

【箭栝】

即栝。此稱漢代已行用。《淮南子·兵略訓》:"夫栝,淇衛箘簵,載以銀錫,雖有薄縞之幨,腐荷之矰,然猶不能獨射也。"高誘注:"栝,箭栝。"清杜岕《賦得群山夜來晴》:"疊成圖障形,較若箭栝抽。"南朝亦稱"箭脚"。《南史·齊廬陵王子卿傳》:"子卿在鎮,營造服飾,多違制度,作瑇瑁乘具。詔責之,令速送都:又作銀鐙、金薄裹箭脚,亦便速壞去。"唐代起亦作"箭筈"。唐玄應等《一切經音義》卷一五:"箭筈:箭其末曰筈。筈,會也,謂與弦會也。"《新五代史·雜傳七·周知裕》:"梁晋相拒河上,思鐸鏤其姓名於箭筈以射晋軍,而矢中莊宗馬鞍,莊宗拔矢,見思鐸姓名,奇之。"清王夫之《讀四書大全説·論語·先進篇六》:"只在箭筈離弦時,前手高便飄過去,前手低便就近落耳。"清張尚瑗《仙霞關》詩:"雖云負固不可恃,車箱箭筈名益隆。"清代又作"箭括"。清劉獻廷《廣陽雜記》卷三:"姜子發云:'曾聞朱未孩言,火砲中彈子,必于沙中磨之極圓,出砲門後,空中之氣,不能阻礙,其去必

遠。搗蚯蚓成漿,以箭括淬之,其鋒之銛利,過於磨錯。'"

【箭筈】

同"箭栝"。此體唐代已行用。見該文。

【箭括】

同"箭栝"。此體清代已行用。見該文。

【箭脚】

即箭栝。此稱南北朝時期已行用。見該文。

羽[3]

箭末端的羽毛。此稱先秦時期已行用。《吕氏春秋·精通》:"養由基射兕中石,矢乃飲羽。"高誘注:"飲羽,飲矢至羽。"唐崔元翰《奉和登玄武樓觀射即事書懷賜孟涉應制》:"飲羽連百中,控弦踰六鈞。"清李漁《秦淮健兒傳》:"時有鷙嗖空,後生一發飲羽,鷙墜馬前。"唐代亦稱"箭羽""瓊羽""玉羽""風羽"。唐白居易《放旅雁》詩:"健兒饑餓射汝喫,拔汝翅翎爲箭羽。"唐溫庭筠《昆明池水戰詞》:"箭羽槍纓三百萬,蹋翻西海生塵埃。"唐楊巨源《贈鄰家老將》詩:"箭飛瓊羽合,旗動火雲張。"唐李端《度關山》詩:"拔劍金星出,彎弧玉羽鳴。"唐段成式《酉陽雜俎·廣知》:"雕翎能食諸鳥羽,復善作風羽。風羽法,去括三寸鑽小孔,令透筍及鏤風渠深一粒,自括達于孔,則不必羽也。"清代還稱"翎花"。《鏡花緣》第七九回:"香雲道:'正是。家父往往遇著天陰下雨,衙門無事,就在這裏射鵠消遣。恐濕了翎花,所以搭這敞篷。'"

【箭羽】

即羽[3]。此稱唐代已行用。見該文。

【瓊羽】

即羽[3]。此稱唐代已行用。見該文。

【玉羽】

即羽[3]。此稱唐代已行用。見該文。

【風羽】

即羽[3]。此稱唐代已行用。見該文。

【翎花】

即羽[3]。此稱清代已行用。見該文。

【括羽】

即羽[3]。語本《孔子家語·子路初見》："子路曰：'南山有竹，不柔自直。斬而用之，達於犀革。以此言之，何學之有？' 孔子曰：'括而羽之，鏃而礪之，其入之不亦深乎！'"南朝梁簡文帝《徵君何先生墓志》："括羽儒囿，舟輿席珍。"此稱南北朝時期已行用。南朝梁劉孝標《儀賢堂監策秀才》詩："碩學類括羽，奇文若錦繢。"《北史·儒林傳序》："貴游之輩，飾以明經，可謂稽山竹箭，加之括羽，俯拾青紫，斷可知焉。"

朔蓬

蓬梗製作之箭。古代男子出生後，以桑木弓、蓬梗矢射天地四方，象徵男兒有四方之志。後用作勉勵人們應有大志之辭。此稱先秦時期已行用。《列子·湯問》："乃以燕角之弧、朔蓬之簳射之，貫蝨之心而懸不絕。"張湛注："以彊弓勁矢貫蝨之心，言其用手之妙也。"宋代起亦稱"蓬矢"。宋蘇軾《謝生日詩啓》："蓬矢之祥，雖世俗之所尚，蓼莪之感，追衰老而不忘。"清唐孫華《杜門》詩："蓬矢前期羞白首，芒鞵晚興負青山。"見"桑弧蓬矢"文。

【蓬矢】

即朔蓬。此稱宋代已行用。見該文。

弩矢[1]

弩所發射之箭。此稱漢代已行用。《後漢

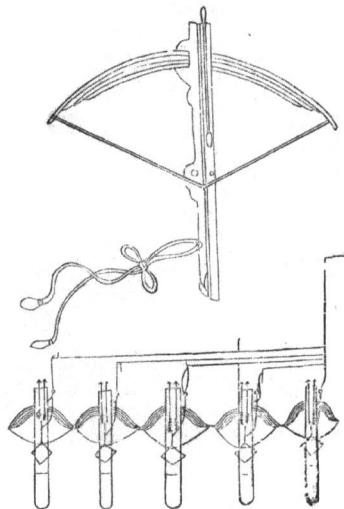

弩箭矢
（明王圻等《三才圖會·器用》）

書·天文志上》："弩矢雨集，城中負户而汲。"《西京雜記》卷四："茂陵輕薄者化之，皆以雜寶錯廁翳障，以青州蘆葦爲弩矢，輕騎妖服，追隨於道路，以爲懽娛也。"三國魏起亦稱"弩箭"。《漢書·韓延壽傳》"抱弩負蘭"顏師古注引三國魏如淳曰："蘭，盛弩箭箙也。"唐李商隱《射魚曲》："思牢弩箭磨青石，繡額蠻渠三虎力。"《元典章新集·刑部·諸殺》："何慶七狀招不合，于至大元年十月初六日將弩箭毒藥於荒草内安下，要射野猪等物。"《水滸傳》第八四回："天山勇聽了便道：'大王放心，教這蠻子吃俺一弩箭！'"

【弩箭】

即弩矢。此稱三國時期已行用。見該文。

楛羽

楛木箭末端的羽毛。此稱清代已行用。清昭槤《嘯亭雜錄·太和門箭》："每翠華南幸時，有司飾其楛羽，以示威德焉。"

丸

彈弓發射的丸狀物，用以獵取禽獸等。多

用泥土、石頭、金屬製作。此稱先秦時期已行用。《左傳·宣公二年》：“晋靈公不君：厚斂以彫牆；從臺上彈人，而觀其辟丸也。”漢李尤《平樂觀賦》：“飛丸跳劍，沸渭回擾。”章炳麟《駁康有爲論革命書》：“民變者，其徒以口舌變乎？抑將以長戟勁弩飛丸發鎗變也？”漢代起亦稱“彈丸”。《韓詩外傳》卷一〇：“黄雀方欲食螳螂，不知童挾彈丸在下，迎而欲彈之。”宋文瑩《湘山野録》卷上：“明珠自有千金價，肯與游人作彈丸。”《水滸傳》第五四回：“李逵接過瓜錘，如弄彈丸一般。”清代又稱“彈”。清吴偉業《臨淮老妓行》：“錦帶輕衫嬌結束，城南挾彈貪馳逐。”

【彈丸】

即丸。此稱漢代已行用。見該文。

【彈】 2

即丸。此稱清代已行用。見該文。

【彈子】

即丸。此稱宋代已行用。宋錢易《洞微志》：“有術士於腕間出彈子三丸，皆五色。”《兒女英雄傳》第六回：“這個當兒，又是照前噗的一聲，一個彈子左耳朵眼兒裏打進去。”《儒林外史》第三四回：“小弟生平有一薄技，百步之内，用彈子擊物，百發百中。”

土

泥土製作的彈丸。此稱漢代已行用。漢趙曄《吴越春秋·勾踐陰謀外傳》：“孝子不忍見其父母爲禽獸所食，故作彈以守之，絶鳥獸之害。故歌曰‘斷竹續竹，飛土逐害’之謂也。”亦作“飛土逐肉”。清紀昀《閲微草堂筆記·灤陽續録五》：“夫飛土逐肉，兒戲之常。”

金丸

金屬製作的彈丸。此稱漢代已行用。《西京雜記》卷四：“韓嫣好彈，常以金爲丸，所失者日有十餘。長安爲之語曰：‘苦饑寒，逐金丸。’京師兒童每聞嫣出彈輒隨之，望丸之所落輒拾焉。”宋代省稱“金”。宋梅堯臣《觀拽龍舟懷裴宋韓李》詩：“却入上苑看鬥鷄，擊球彈金無不爲。”

【金】 2

“金丸”之省稱。此稱宋代已行用。見該文。

珠丸

珠玉製作的彈丸，或用爲彈丸之美稱。此稱南北朝時期已行用。南朝梁劉孝威《東飛伯勞歌》：“珠丸出彈不可追，空留可憐持與誰？”宋宋祁《宋景文公筆記·雜説》：“珠丸之珍，雀不祈彈也；金鼎之貴，魚不求烹也。”南朝陳亦稱“珠彈”。南朝陳徐陵《紫騮馬》詩：“角弓連兩兔，珠彈落雙鴻。”

【珠彈】

即珠丸。此稱南北朝時期已行用。見該文。

第三節　狩獵網器、車器考

網器不僅可用於捕撈，而且可用於狩獵。狩獵網器是用棕櫚、麻繩、絲綫等以打結、絞拈或經編方法織成的捕捉獵物的網眼器具，新石器時代即已在中國多地使用；車器除用爲一般代步工具外，自先秦時期起就被人們廣泛用於狩獵活動。

網 ²

用棕櫚、麻繩、絲綫等以打結、絞拈或經編方法織成的捕捉獵物的網眼器具。可據捕捉種類的不同，調整網的形狀、尺寸與網眼疏密。新石器時代，中國多地使用過捕撈魚類的網，也有多地曾使用捕捉鳥類的網。兩類"網"的名稱，先秦時期均已行用。前者如《詩·邶風·新臺》，參見第二章第二節"魚網"。後者如《史記·殷本紀》："湯出，見野張網四面，祝曰：'自天下四方皆入吾網。'湯曰：'嘻，盡之矣！'乃去其三面，祝曰：'欲左，左。欲右，右。不用命，乃入吾網。'諸侯聞之，曰：'湯德至矣，及禽獸。'"其後，兩類之"網"綿延不斷。南朝梁沈約《漢東流》詩："至仁解網，窮鳥入懷。"唐駱賓王《疇昔篇》詩："涸鱗去轍還游海，幽禽釋網便翔空。"唐李義府《咏鸚鵡》詩："牽弋辭重海，觸網去層巒。"清錢謙益《都察院右副都御史錢公神道碑》："公於是百道長圍，一面解網。"漢代起亦稱"鳥網"。《詩·王風·兔爰》"雉離于羅"毛傳："鳥網爲羅。"《文選·左思〈吳都賦〉》："罿罻普張，罜罳瑣結。"劉逵注："罿罻罜罳，皆鳥網也。"唐白居易《代書詩一百韵寄微之》："繁張獲鳥網，堅守釣魚坻。"晋代又稱"纖網"。《晋書·樂志下》："酷祝振纖網，當奈黄雀何？"明代亦作"罔"。明劉基《春秋明經·宋皇瑗帥師取鄭師于雍丘》："是宋人之志在於盡割其衆，而异於解罔祝禽者矣。"

【罔】 ²

同"網 ²"。"網"的本字。此體明代已行用。見該文。

【鳥網】

即網 ²。此稱漢代已行用。見該文。

【纖網】

即網 ²。此稱晋代已行用。見該文。

【羅】 ¹

即網 ²。此稱先秦時期已行用。《楚辭·九章·惜誦》："矰弋機而在上兮，罻羅張而在下。"王逸注："罻、羅，鳥網也。"三國魏曹植《野田黄雀行》："不見籬間雀，見鷂自投羅。"南朝梁簡文帝《玄圃園講頌序》："鱗羽被解羅之澤，黎元沐仁壽之慈。"唐白居易《感興》詩之二："魚能深入寧憂釣，鳥解高飛豈觸羅。"唐代亦稱"鳥羅"。唐孟郊《空城雀》詩："魚網不在天，鳥羅不張水。"

【鳥羅】

即羅 ¹。此稱唐代已行用。見該文。

【罝】 ¹

即網 ²。此稱先秦時期已行用，如《吕氏春秋·季春》："田獵罼弋，置罘羅網，餧獸之藥，無出九門。"漢代亦稱"罔罝"。漢桓寬《鹽鐵論·散不足》："今富者逐驅殲罔罝，掩捕麑鷇。"宋代又稱"羅罝"。宋周密《齊東野語·杭學游士聚散》："時有引喙鳴靈鴉，失脚奇禍遭羅罝。"明代還稱"禽罝"。明高啓《溪上》詩："魚罾和星瀝，禽罝帶雨張。"

【罔罝】 [1]

即罝 [1]。此稱漢代已行用。見該文。

【羅罝】

即罝 [1]。此稱宋代已行用。見該文。

【禽罝】

即罝 [1]。此稱明代已行用。見該文。

【網羅】

即網 [2]。此稱漢代已行用。漢焦贛《焦氏易林》卷三："雀行求粒，誤入網羅。"

【罛】 [2]

即網 [2]。此稱晋代已行用。《文選·潘岳〈射雉賦〉》："褰微罛以長眺，已踉蹡而徐來。"徐爰注："罛，網也。古者當以細網掩翳窗上視外處。"

罦

裝設機關以捕捉鳥獸之網。此稱先秦時期已行用，漢代亦作"罦"，亦稱"覆車""罜"，三國魏又稱"覆車網"，晋代還稱"翻車"。《詩·王風·兔爰》："雉離于罦。"毛傳："罦，覆車也。"孔穎達疏："孫炎曰：'覆車網，可以掩兔者也。'《爾雅·釋器》：'罜謂之罦。罦，覆車也。'郭璞注：'今之翻車也。有兩轅，中施罝以捕鳥。'"《宋書·袁淑傳》："如有充罦漏網，逡窠逗穴，命淮汝戈船，遏其還徑，充部勁卒，梗其歸塗。"唐柳宗元《放鷓鴣詞》："循媒得食不復慮，機械潛發罹罝罦。"唐代還稱"幡車罔"。《漢書·司馬相如傳上》："列卒滿澤，罦罔彌山。"顏師古注："罦，覆車也，即今幡車罔也。"

【罦】 [1]

同"罦"。此體漢代已行用。見該文。

【覆車】

即罦。此稱漢代已行用。見該文。

【罜】

即罦。此稱漢代已行用。見該文。

【覆車網】

即罦。此稱三國時期已行用。見該文。

【翻車】

即罦。此稱晋代已行用。見該文。

【幡車罔】

即罦。此稱唐代已行用。見該文。

【罝】 [2]

即罦。此稱先秦時期已行用《詩·王風·兔爰》："雉離于罝。"按，《爾雅·釋器》："罝，罜也；罜謂之罦；罦，覆車也。"《文選·班固〈西都賦〉》："撫鴻罝，御矰繳，方舟并騖，俛仰極樂。"呂延濟注："鴻，大；罝，網。"《説文·网部》："罜，捕鳥覆車也。"王筠句讀："覆車，吾鄉謂之翻車。不用網目，以雙繩貫柔條，張之如弓。繩之中央縛兩竹，竹之末箕張，亦以繩貫之，而張之以機，機上繫蛾。鳥食蛾則機發，竹覆於弓而羅其項矣。以其弓似半輪，故得車名。"《紅樓夢》第七八回："孰料鳩鴞惡其高，鷹鷟翻遭罦罜。"

襦

細密的捕鳥網，可以捕小鳥。此稱先秦時期已行用。《周禮·夏官·羅氏》："羅氏：掌羅烏鳥。蠟，則作羅襦。"鄭玄注引鄭司農曰："襦，細密之羅，襦讀爲'繻有衣衯'之繻。"孫詒讓正義："云'襦，細密之羅'者，謂罔目之數密，可以捕小鳥者。"

罻

捕鳥小網。此稱先秦時期已行用，亦作"尉"《禮記·王制》："鳩化爲鷹，然後設罻羅。"鄭玄注："罻，小網也。"《荀子·禮論》："無惉絲罻縷罦，其貌以象菲帷幬尉也。"楊倞注："尉讀爲罻。罻，網也。"晋葛洪《抱朴子・良規》："翔集而不擇木者，必有離罻之禽矣。"《文選・張華〈鷦鷯賦〉》："鷹鸇過猶俄翼，尚何懼於罿罻。"李善注："罿、罻，皆網也。"唐柳宗元《哀溺文》："夫人固靈於鳥魚兮，胡昧罻而蒙鈎。"明李東陽《寄題謝寶慶逸老堂得乞字》詩："逸驥方脱衘，冥鴻不受罻。"晋代亦稱"緍"。《文選・左思〈吳都賦〉》："精衛銜石而遇繳，文鰩夜飛而觸緍。"李周翰注："緍，小網也。"

【罻】

同"罻"。此體先秦時期已行用。見該文。

【緍】[2]

即罻。此稱晋代已行用。見該文。

畢

捕鳥用長柄小網。此稱先秦時期已行用，亦稱"罕"。《詩・小雅・鴛鴦》："鴛鴦于飛，畢之羅之。"孔穎達疏："羅則張以待鳥，畢則執以掩物。"《莊子・胠篋》："夫弓弩畢弋機變之知多，則鳥亂於上矣。"戰國楚宋玉《高唐賦》："弓弩不發，罘罕不傾。"漢代亦作"罼"，亦稱"率"。《禮記・月令》："〔季春之月〕田獵罝罘、羅網、畢翳。"漢鄭玄注："網小而柄長謂之畢。"《說文・率部》："率，捕鳥畢也。象絲罔，上下其竿柄也。"《後漢書・文苑傳下・趙壹》："畢網加上，機穽在下，前見蒼隼，後見驅者。"《文選・張衡〈西京賦〉》："飛罕潚箾，流鏑擂掇。矢不虛舍，鋌不苟躍。"吕向注："罕，鳥網。"明湯顯祖《南柯記・侍獵》："金鼓震天，旌旗耀日，雷砲霜刀，風罾雨畢。"

【罼】

同"畢"。此體漢代已行用。見該文。

【罕】

即畢。此稱先秦時期已行用。見該文。

【率】

即畢。此稱漢代已行用。見該文。

雲網

高張的捕鳥大網。此稱三國時期已行用，亦稱"高羅"。三國魏嵇康《贈秀才入軍》詩之一九："雲網塞四區，高羅正參差。"晋陸機《祖德賦》："彼劉公之矯矯，固雲網之逸禽。"《晋書・樂志下》："宏獸允塞，高羅雲布。"唐李咸用《依韵修睦上人山居》之八："鳹鶊敢辭棲短棘，鳳凰猶解怯高羅。"南朝宋起亦稱"雲羅"。《文選・鮑照〈舞鶴賦〉》："厭江海而游澤，掩雲羅而見羈。"吕延濟注："雲羅，言羅高及雲。"唐陳子昂《感遇》詩之二五："崑崙見玄鳳，豈復虞雲羅。"元劉因《太常引》詞："冥鴻有意避雲羅。問何處、是行窩。"南朝齊起亦稱"層羅"。南朝齊王融《剋責身心篇頌》："層羅一舉，空念高翔。"

【高羅】

即雲網。此稱三國時期已行用。見該文。

【雲羅】

即雲網。此稱南北朝時期已行用。見該文。

【層羅】

即雲網。此稱南北朝時期已行用。見該文。

【飛羉】

即雲網。此稱晋代已行用。《文選・張協〈七命〉》："屯羽隊於外林，縱輕翼於中荒。爾乃布飛羉，張脩罠。"李善注："罟謂之羉。"

竿網

裝有長竿（杆）的捕鳥網。網呈兜狀，俗稱兜網。此稱宋代已行用。宋曾慥《高齋漫録》：“南唐有畫黄頭子數十枚集於風枝之上。山谷題云：‘蒿下蹄間，適燕飲啄；争雄穿枝，竿網將作。’”

雀羅

捕雀的網。此稱漢代已行用，亦作“爵羅”。《史記·汲鄭列傳》：“始翟公爲廷尉，賓客闐門；及廢，門外可設雀羅。”《漢書·鄭當時傳》：“下邽翟公爲廷尉，賓客填門，及廢，門外可設爵羅。”《晋書·會稽文孝王道子傳》：“時謂道子爲東録，元顯爲西録。西府車騎填湊，東第門下可設雀羅矣。”宋司馬光《閑居》詩：“故人通貴絶相過，門外真堪置雀羅。”宋蘇軾《答任師中家漢公》詩：“雀羅吊廷尉，秋扇悲婕妤。”清錢謙益《歲暮雜懷》詩：“卒歲閨門有雀羅，流年徂謝意如何。”

【爵羅】

同“雀羅”。此體漢代已行用。見該文。

網 3

用繩綫等製作的捕捉鳥獸用的網眼器具。此稱先秦時期已行用，見《史記·殷本紀》。其後，亦綿延不斷。宋田況《儒林公議》卷上：“傷弓之禽，聞虛弦而破膽；逸網之獸，胃垂蔓以殞心。”清錢謙益《都察院右副都御史錢公神道碑》：“公於是百道長圍，一面解網。”晋代亦作“罔”。《文選·張協〈七命〉》：“於是撤圍頓罔，卷斾收鳶。”李善注：“頓猶捨也。”劉良注：“撤，去；頓，下也。言獸已盡開去其圍，頓下其網。”參見第二章第二節“網 1”。

【罔】 3

同“網 3”。“罔”爲“網”之本字。此體晋代已行用。見該文。

【置罦】

即網 3。此稱先秦時期已行用，亦稱“網罦”。漢代起亦稱“獸罦”，省稱“罦”。《禮記·月令》：“田獵置罦羅罔。”鄭玄注：“獸罦曰置罦。”《管子·勢》：“獸厭走而有伏網罦。”《文選·張衡〈東京賦〉》：“成禮三毆，解罦放麟。”薛綜注：“罦，網也。”三國魏曹植《七啓》：“緣山置置，彌野張罦。下無漏迹，上無逸飛。”唐李嶠《奉和杜員外扈從教閲》：“夾岸虹旗轉，分明獸罦張。”

【網罦】 2

即置罦。此稱先秦時期已行用。見該文。

【獸罦】

即置罦。此稱漢代已行用。見該文。

【罦】 2

“置罦”之省稱。此稱漢代已行用。見該文。

【纙】

即網 3。此稱先秦時期已行用。《吕氏春秋·上農》：“然後制四時之禁……纙網置罘不敢出於門。”陳奇猷校釋：“纙亦是捕獸之具，與羅網同類。”

【紘】 1

即網 3。此稱漢代已行用，亦作“紭”。《漢書·揚雄傳上》：“沈沈容容，遥嚎虖紘中。”顔師古注：“紘，古紭字。”《文選·揚雄〈羽獵賦〉》：“沈沈溶溶，遥嚎乎紭中。”李善注引晋灼曰：“言禽獸奔走倦極，皆遥張嚎吐舌於紭網之中也。”唐韓愈、孟郊《城南聯句》：“殺候肆凌翦，籠原匝置紘。”南朝梁亦稱“紭綱”。《藝文類聚》卷一四引南朝梁沈約《齊明帝謚議》：“聰明神武，逖聽邇聞，萬目備張，紭綱靡漏。”

【紘】[1]

同“紭[1]”。此體漢代已行用。見該文。

【紘網】[1]

即紭[1]。此稱南北朝時期已行用。見該文。

【獵弶】

即網[3]。此稱晋代已行用。晋竺法護《鹿母經》:“有一鹿母，懷妊獨逝，被逐飢疲，失侶悵怏。時生二子，捨行求食，煢悸失措，墮獵弶中。”宋代亦稱“弶網”。《大方便佛報恩經·親近品》:“堅誓師子獸中之王，弓箭所不及，弶網所不制，我今後當更設异計。”明代又稱“弶”。明單本《蕉帕記·揭果》:“花園内你落了狐狸弶，肚兒裏還道真個做新郎。”

【弶網】

即獵弶。此稱宋代已行用。見該文。

【弶】

即獵弶。此稱明代已行用。見該文。

【羅】[2]

即網[3]。此稱晋代已行用，亦稱“罠”。晋葛洪《抱朴子·譏惑》:“近人值政化之蚩役，庸民遭道網之絶紊，猶網魚之去水罟，圍獸之出陸羅也。”《文選·張協〈七命〉》:“爾乃布飛羉，張脩罠。”李周翰注:“羅、罠，網也。”章炳麟《駁建立孔教議》:“譬多張罝羅待雉兔，嘗試爲之，無所堅信也。”唐代起亦稱“罦”。唐孟郊《石淙》詩之六:“意獸鮮猜懼，羅人巧罝罦。”清顧炎武《答原一公肅兩甥書》:“因罦覓菟，見彈求鴞。”

【罠】[1]

即網[3]。此稱晋代已行用。見該文。

【罦】[1]

即網[3]。此稱唐代已行用。見該文。

兔罝

捕兔用的挂網。此稱先秦時期已行用，漢代亦稱“兔罟”。《詩·周南·兔罝》:“肅肅兔罝，椓之丁丁。”毛傳:“兔罝，兔罟也。”唐李白《送韓準裴政孔巢父還山》詩:“獵客張兔罝，不能掛龍虎。”清閻爾梅《嵩乐廟有感》詩:“殘宫草際埋鴟吻，廢閣階前置兔罝。”南朝宋起省稱“罝”。南朝宋鮑照《擬古》詩之一:“伐木清江湄，設罝守毚兔。”唐王維《戲贈張五弟諲》詩之三:“設罝守毚兔，垂釣伺游鱗。”

【兔罟】

即兔罝。此稱漢代已行用。見該文。

【罝】[2]

“兔罝”之省稱。此稱南北朝時期已行用。見該文。

【蹄】

即兔罝。此稱先秦時期已行用。晋代亦作“蹏”，亦稱“兔網”。唐代又稱“兔罥”“兔弶”。《莊子·外物》:“蹄者所以在兔，得兔而忘蹄。”陸德明釋文:“蹄，兔罥也。又云:兔弶也，係其脚，故曰蹄也。”成玄英疏:“蹄，兔罝也。”《文選·左思〈吴都賦〉》:“罼罕瑣結，罠蹏連綱。”劉逵注:“蹏，兔網。”清俞樾《茶香室續鈔·側定政宗》:“因蹏得兔，忘言而後可言。”

【蹏】

同“蹄”。此體晋代已行用。見該文。

【兔網】

即蹄。此稱晋代已行用。見該文。

【兔罥】

即蹄。此稱唐代已行用。見該文。

【兔弶】

即蹄。此稱唐代已行用。見該文。

【罟】

即兔罝。此稱漢代已行用。《説文·网部》："罟，兔罟也。"唐代起亦作"罘"。唐白居易《想東游五十韵》："蛾須遠燈燭，兔勿近罝罘。"《集韻·脂韻》："罘，兔罟也。或省。"清代亦稱"罤"。清顧炎武《答原一公肅兩甥書》："因罤覓菟，見彈求鴞。"

【罘】[3]

同"罟"。此體唐代已行用。見該文。

【罤】[2]

即罟。此稱清代已行用。見該文。

纝

捕野猪用的網。此稱漢代已行用。唐代亦稱"彘網""罟"。《後漢書·馬融傳》："營圍恢廓，充斥川谷，罦罝羅纝，彌綸阬澤，皐牢陵山。"李賢注："纝，彘網也。"《文選·張協〈七命〉》："屯羽隊於外林，縱輕翼於中荒。爾乃布飛纝，張脩罠。"李善注："罟謂之纝。"

【彘網】

即纝。此稱唐代已行用。見該文。

【罟】[3]

即纝。此稱唐代已行用。見該文。

罠[2]

捕麋用的網。此稱晋代已行用，宋代亦稱"麋網"。《文選·左思〈吴都賦〉》："罠蹏連網。"劉逵注："罠，麋網。"

【麋網】

即罠。此稱宋代已行用。見該文。

鹿網

捕鹿用的網。此稱明代已行用。嘉靖《安吉州志》："鹿網出青松里者爲上，有生致之者。"

維綱

獵取禽獸之網的總繩。此稱先秦時期已行用。《儀禮·大射》："司射西面命曰，中離維綱，揚觸梱復，公則釋獲，衆則不與。"《管子·禁藏》："法令爲維綱，吏爲網罟。"尹知章注："維綱所以張也。"三國魏亦稱"大綱"。三國魏曹植《白鶴賦》："冀大綱之解結，得奮翅而遠游。"晋代省稱"綱"。《晋書·劉頌傳》："故善爲政者綱舉而網疏，綱舉則所羅者廣，網疏則小必漏。"

【大綱】

即維綱。此稱三國時期已行用。見該文。

【綱】[2]

"維綱"之省稱。此稱晋代已行用。見該文。

【紘】[2]

即維綱。此稱漢代已行用。漢班固《西都賦》："罘網連紘，籠山絡野。列卒周匝，星羅雲布。"晋代亦作"紭"，亦稱"紘綱"。《文選·左思〈吴都賦〉》："輕禽狡獸，周章夷猶，狼跋乎紭中。"劉逵注："紭，網綱也。"晋歐陽建《臨終詩》："天網布紘綱，投足不獲安。"

【紭】[2]

同"紘[2]"。此體晋代已行用。見該文。

【紘綱】[2]

即紘[2]。此稱晋代已行用。見該文。

田車

帝王等出獵時所乘之車，初制駕馬四匹，車輪六尺三寸。此稱先秦時期已行用。因其輕便，車上有窗，亦稱"飛軨"。漢代起又稱"窗車""罕車""輕軒"，唐代又稱"輕輿"。《詩·小雅·車攻》："田車既好，四牡孔阜。"朱熹集傳："田車，田獵之車。"《周禮・考工記序》："故兵車之輪六尺有六寸，田車之輪六尺有三寸。"《尚書大傳》卷二："未命爲士，車不得有飛軨。"鄭玄注："如今窗車也。"《後漢書・馬融傳》："屯田車於平原，播同徒於高岡。"《文選・枚乘〈七發〉》："將爲太子馴騏驥之馬，駕飛軨之輿，乘牡駿之乘。"李周翰注："飛軨，輕輿也。"漢揚雄《羽獵賦》："及至罕車飛揚，武騎聿皇。"漢張衡《東京賦》："乃御小戎，撫輕軒。"晉左思《吳都賦》："飛輕軒而酌緑酃，方雙轙而賦珍羞。"南朝梁劉孝威《行行且游獵篇》："罕車已戒道，風馬復起行。"明王世貞《宛委餘編》一一："又有玄旗卓旐之制，罕車之飾。"

【飛軨】

　　即田車。此稱先秦時期已行用。見該文。

【窗車】

　　即田車。此稱漢代已行用。見該文。

【罕車】

　　即田車。此稱漢代已行用。見該文。

【輕軒】

　　即田車。此稱漢代已行用。見該文。

【輕輿】

　　即田車。此稱唐代已行用。見該文。

【蹋猪車】

　　即田車。此稱漢代已行用，亦作"闟豬車"，亦稱"闟戟車"。魏文帝曹丕改名"闟虎車""蹋獸車""蹋虎車"，晉代起又稱"獵車"。漢蔡邕《獨斷》卷下："又有蹋猪車，幔輪有畫，田獵乘之。"《後漢書・輿服志上》："〔田車〕一曰闟豬車，親校獵乘之。"李賢注："魏文帝改曰闟虎車。"《文選・揚雄〈羽獵賦〉》："及至

罕車飛揚，武騎聿皇。"吕向注："罕車，獵車也。"《晉書・輿服志》："獵車，駕四馬，天子校獵所乘也。重輞漫輪，繚龍繞之。一名闟戟車，一名蹋猪車。魏文帝改名蹋獸車。"《宋書・禮志五》："獵車，輞幰，輪畫繆龍繞之。一名蹋猪車。魏文帝改曰蹋虎車。"

【闟豬車】

　　同"蹋猪車"。此體漢代已行用。見該文。

【闟戟車】

　　即蹋猪車。此稱漢代已行用。見該文。

【闟虎車】

　　即蹋猪車。此稱三國時期已行用。見該文。

【蹋獸車】

　　即蹋猪車。此稱三國時期已行用。見該文。

【蹋虎車】

　　即蹋猪車。此稱三國時期已行用。見該文。

【獵車】

　　即蹋猪車。此稱晉代已行用。見該文。

使車

　　用以驅趕禽獸進入狩獵範圍之車。因其職在使役，故稱。此稱先秦時期已行用。《周禮・夏官・馭夫》："掌馭貳車、從車、使車。"鄭玄注："使車，驅逆之車也。"

佐車

　　古代天子、諸侯用於田獵的副車。此稱先秦時期已行用。《禮記・少儀》："乘貳車則式，佐車則否。"鄭玄注："貳車、佐車，皆副車也。朝祀之副曰貳，戎獵之副曰佐。"南朝梁亦稱"佐乘"。南朝梁劉勰《文心雕龍・指瑕》："蓋車貳佐乘，馬儷驂服。"

【佐乘】

　　即佐車。此稱南北朝時期已行用。見該文。

獲車

装載禽獸等獵獲物之車。此稱先秦時期已行用。《文選·宋玉〈高唐賦〉》：“飛鳥未及起，走獸未及發，何節奄忽，蹄足灑血，舉功先得，獲車已實。”吕向注：“獲車，載獸車也。”《文選·班固〈東都賦〉》：“指顧倐忽，獲車已實。”李善注：“獲車，載禽車。”三國魏曹植《孟冬篇》：“獲車既盈，日側樂終。”《隋書·禮儀志三》：“後齊春蒐禮，有司規大防，建獲旗，以表獲車。”

獵輦

一種人抬的田獵用車。初爲晋人石虎設計。此稱晋代已行用。晋陸翽《鄴中記》：“石虎少好游獵，後體壯大，不復乘馬，作獵輦，二十人擔之，如今之步輦。”

輅 [1]

大車。多指帝王或貴族所乘之車，可用於狩獵等。此稱先秦時期已行用，亦作“路”。《書·顧命》：“大輅在賓階面，綴輅在阼階面，先輅在左塾之前，次輅在右塾之前。”《儀禮·覲禮》：“路先設西上，路下四亞之。”鄭玄注：“路謂車也，凡君所乘之車曰路。”《釋名·釋車》：“天子所乘曰路，路亦車也，謂之路者，言行於道路也。”《文選·張衡〈東京賦〉》：“龍輅充庭，雲旗拂霓。”薛綜注：“輅，天子之車也，故曰龍輅。”宋孫奕《履齋示兒編·雜記·人物通稱》：“車亦得稱路。襄公二十六年，享子展，賜之先路，賜子産大路，皆車之總名。”宋洪邁《夷堅乙志·青童神君》：“一人乘輅如王者，戴捲雲玉冠，被青衣。”

【路】

同“輅[1]”。此體三國時期已行用。見該文。

【路車】

即輅[1]。此稱先秦時期已行用，亦作“輅車”，漢代亦稱“路輿”。《詩·大雅·韓奕》：“其贈維何？乘馬路車。”鄭玄箋：“人君之車曰‘路車’。”高亨注：“貴族所乘的一種車。”《國語·晋語七》：“輅車十五乘。”漢賈誼《新書·容經》：“古之爲路輿也，蓋圜以象天，二十八橑以象列星，軫方以象地，三十輻以象月。”《漢書·郊祀志上》：“詔有司增雍五時路車各一乘。”《周書·蘇亮傳》：“朝廷以其作牧本州，特給路車、鼓吹。”《左傳·桓公二年》“大路越席”唐孔穎達疏：“路，訓大也。君之所在以大爲號，門曰‘路門’，寢曰‘路寢’，車曰‘路車’；故人君之車，通以路爲名也。”《舊唐書·劉子玄傳》：“至如陵廟巡謁，王公册命，則盛服冠履，乘彼輅車。”明朱鼎《玉鏡臺記·擊幘》：“輅車鹵簿，教坊樂器，八寶九鼎，異器奇珍，不知其數。”

【輅車】

同“路車”。此體先秦時期已行用。見該文。

【路輿】

即路車。此稱三國時期已行用。見該文。

輿 [1]

指車箱。此稱先秦時期已行用。《論語·衛靈公》：“立則見其參於前也，在輿則見其倚於衡也，夫然後行。”漢王符《潛夫論·相列》：“巧匠因象，各有所授，曲者宜爲輪，直者宜爲輿。”宋王安石《易泛論》：“輿，有承載之材，而亦非車之全者也。”

輅馬

天子所乘車輛之駕馬。此稱漢代已行用。《後漢書·張湛傳》：“湛曰：《禮》，下公門，軾輅馬。"李賢注:"輅,大也。君所居曰路寢,車曰輅車,馬曰輅馬。"《舊唐書·薛登傳》:"昭王錫輅馬以止讒,永固戮樊世以除譖。"《元史·輿服志一》:"輅馬、誕馬,並青色。"

牛車

用牛拉的車。此稱先秦時期已行用,亦稱"車牛"。《韓非子·內儲說上》:"市南門之外甚眾牛車,僅可以行耳。"《書·酒誥》:"肇牽車牛,遠服賈。"《晉書·王祥傳》:"徐州刺史呂虔檄為別駕,祥年垂耳順,固辭不受。覽勸之,為具車牛,祥乃應召,虔委以州事。"唐韓愈《論變鹽法事宜狀》:"平叔又請令所在及農隙時,併召車牛,般鹽送納都倉,不得令有闕絕者。州縣和雇車牛,百姓必無情願,事須差配,然付腳錢。"《資治通鑑·漢景帝後三年》:"漢興,接秦之弊,作業劇而財匱,自天子不能具鈞駟,而將相或乘牛車,齊民無藏蓋。"胡三省注引顏師古曰:"以牛駕車也。余據漢時以牛車為賤,魏晉以後,王公始多乘牛車。"清陳維崧《南鄉子·江南雜詠》詞:"毀屋得緡上州府,歸去。獨宿牛車滴秋雨。"

【車牛】

即牛車。此稱先秦時期已行用。見該文。

車牙

車輪的外周,也藉指車。此稱先秦時期已行用。《周禮·考工記·車人》"行澤者反輮,行山者仄輮"唐賈公彥疏:"此經言車牙所宜外內堅濡之事。"唐李商隱《安平公》詩:"公時受詔鎮東魯,遣我草奏隨車牙。"馮浩箋注:"車牙,輪輮也。"

車箱

車中用來載人或裝物的部分,也藉指車。

此稱隋代已行用。《隋書·蘇夔傳》:"夔為弩樓車箱獸圈,一夕而就。"宋曾鞏《讀書》詩:"落日號虎豹,吾未停車箱。"

軶

車轅前端用以扼控牛馬等頸部的器具。此稱先秦時期已行用,亦稱"車軶",三國時期又稱"車杚"。《楚辭·卜居》:"寧與騏驥亢軶乎?"朱熹集注:"軶,車轅前衡也。"《韓非子·外儲說左上》:"鄭縣人有得車軶者,而不知其名。"《文選·張衡〈西京賦〉》"商旅聯槅,隱隱展展"三國吳薛綜注:"言賈人多,車杚相連屬。"明宋應星《天工開物·舟車》:"凡大車,脫時則諸物星散收藏;駕則先上兩軸,然後以次間架。凡軾、衡、軫、軶,皆從軸上受基也。"

【車軶】

即軶。此稱先秦時期已行用。見該文。

【車杚】

即軶。此稱三國時期已行用。見該文。

輅[2]

車轅上用來牽挽車子的橫木,或代指所拉的車子。此稱先秦時期已行用,漢代亦稱"輓輅""輅輓"。《儀禮·既夕禮》:"賓奉幣,由馬西當前輅,北面致命。"鄭玄注:"輅,轅縛,所以屬引。"賈公彥疏:"云輅轅縛所以屬引者,謂以木縛於杚車轅上,以屬引於上而挽之,故名轅縛也。"漢劉向《新序·善謀下》:"高皇帝五年,齊人婁敬戍隴西,過雒陽,脫輅輓,見齊人虞將軍曰:'臣願見上言便宜事。'"《史記·劉敬叔孫通列傳》:"婁敬脫輓輅,衣其羊裘,見齊人虞將軍曰:'臣願見上言便事。'"司馬貞索隱:"輓者,牽也。音晚。輅者,鹿車前橫木,二人前輓,一人後推之。"漢桓寬《鹽鐵論·褒賢》:"然戍卒陳勝釋輓輅,首爲叛逆。"《漢書·婁敬傳》:"敬脱輓輅。"顔師古注引蘇林曰:"輅……一木横遮車前,二人挽之,一人推之。"《明史·孫傳庭傳》:"廣恩軍將火車者呼曰:'師敗矣!'脱輓輅而奔,車傾塞道,馬絓於衡不得前。"

【輓輅】

即輅[2]。此稱漢代已行用。見該文。

【輅輓】

即輅[2]。此稱漢代已行用。見該文。

轅[1]

大車前部駕牲口用的直木。壓在車軸上,伸出車輿的前端,左右各一。此稱先秦時期已行用。《墨子·公孟》:"應孰辭而稱議,是猶荷轅而擊蛾也。"張純一集解:"轅,駕車木也。"漢劉向《九嘆·離世》:"執組者不能制兮,必折軛而摧轅。"《紅樓夢》第三七回:"遠招近揖,投轄攀轅。"徐珂《清稗類鈔·舟車·跑快車》:"車行至此,必長驅鬭捷,然往往有敗轅脱輻之虞。"

轅[2]

車輪的外緣。此稱明代已行用。明宋應星《天工開物·車》:"凡車輪一曰轅(俗名車陀)。其大車中轂(俗名車腦),長一尺五寸,所謂外"

受輻、中貫軸者……輞際盡頭,則曰輪轅也。"

輈[1]

田車前部駕牲口用的直木。壓在車軸上,伸出車輿的前端,左右各一。此稱先秦時期已行用。《左傳·隱公十一年》:"公孫閼與潁考叔争車,潁考叔挾輈以走。"杜預注:"輈,車轅也。"《後漢書·張衡傳》:"魂眷眷而屢顧兮,馬倚輈而徘回。"宋蘇軾《送張嘉父長官》詩:"都城昔傾蓋,駿馬初服輈。"清龔自珍《同年馮文江索詩贈行》詩:"君辭瘴癘走挾輈,拂衣逝矣鷹脱韝。"

鞅[1]

套在牛馬等頸部或腹部的皮帶。此稱先秦時期已行用,宋代亦稱"車鞅"。《左傳·僖公二十八年》:"晉車七百乘,韅、靷、鞅、靽。"杜預注:"在腹曰鞅。"陸德明釋文:"鞅,《説文》云:'頸皮也。'"唐杜牧《街西長句》詩:"銀鞦騕褭嘶宛馬,繡鞅璁瓏走鈿車。"宋蘇軾《班荆館賜大遼賀坤成節國信使副到闕酒果口宣》:"卿等抗斾遠道,解鞅近郊。"宋曾鞏《送吳秀才》詩:"故人遠來未一醉,車鞅欲去今誰攀?"

【車鞅】

即鞅[1]。此稱宋代已行用。見該文。

第四節　狩獵雜器考

狩獵雜器,指爲開展狩獵活動而製造的器具以及狩獵者的日常用品等,如設有制動裝置的捕捉禽獸的籠子,捕殺野獸的鋼叉,射殺禽鳥的火槍,輔正弓弩的器具,包裝弓箭的袋子,田獵時所立的旌旗,以及狩獵者穿戴的衣服、臂套,飼養、控制獵馬等動物的棚舍與繮繩等。

攫

設有制動裝置的捕捉禽獸的籠子，多以竹木製作。此稱先秦時期已行用，漢代起亦稱"機檻""檻""機"。《書·費誓》："杜乃攫，敜乃穽，無敢傷牿。"孔傳："攫，捕獸機檻。"《後漢書·宋均傳》："郡多虎豹，數爲民患，常募設檻穽而猶多傷害。"李賢注："檻，爲機以捕獸。"又同書《趙壹傳》："有一窮鳥，戢翼原野。罼網加上，機穽在下。"李賢注："機，捕獸機檻也。穽，穿地陷獸。"漢桓寬《鹽鐵論·通有》："設機陷求犀象，張網羅求翡翠。"《禮記·中庸》："驅而納諸罟攫陷阱之中，而莫之知辟也。"朱熹集注："攫，機檻也；陷阱，坑坎也。皆所以掩取禽獸者也。"王夫之稗疏："攫，揉竹木施機設繩於獸往來之徑，以罥其足。"晋葛洪《抱朴子·博喻》："逸麟逍遥大荒之表，故無機穽之禍。"又引晋干寶《搜神記》："長沙有民曾作檻捕虎。"《獨异志》："種僮爲畿令，常有虎害人，僮令設檻，得二虎。"《新唐書·東夷傳·高麗》："莫離支殺君，虐用其下如攫穽，怨痛溢道，我出師無名哉？"宋秦觀《盜賊上》："故捕虎之術，必先設機穽，旁置網罟。"《宋史·李綱傳上》："彼以孤軍入重地，猶虎豹自投檻穽中。"明劉基《吊岳將軍賦》："猿狖麇于機檻兮，羇悲鳴而不食。"

【機檻】

即攫。此稱漢代已行用。見該文。

【檻】[1]

即攫。此稱漢代已行用。見該文。

【機】[3]

即攫。此稱漢代已行用。見該文。

【消格】

即攫。此稱先秦時期已行用。《莊子·胠篋》："消格、羅落、罝罘之知多，則獸亂於澤矣。"陸德明釋文引李頤云："消格所以施羅網也。"郭慶藩集釋引郭嵩燾曰："消格、羅落，皆所以遮要禽獸……消格即阱攫之攫也。"按，消格，一本作"削格"。王先謙集解引郭嵩燾曰："削格、羅落皆所以遮要禽獸。"晋代起還稱"峭格"，唐代又省稱"格"。《文選·左思〈吳都賦〉》："峭格周施，罝罦普張，張罼罕瑣，結罠蹏連。"吕向注："格，張網之木也。"唐李白《大獵賦》："置罘縣原，峭格掩路。"

【削格】

同"消格"。此體先秦時期已行用。見該文。

【峭格】

同"消格"。此體晋代已行用。見該文。

【格】[1]

即消格。此稱唐代已行用。見該文。

機辟[2]

一種捕捉禽獸用的工具。此稱先秦時期已行用，漢代起省稱"辟"。《墨子·非儒下》："盜賊將作，若機辟將發也。"孫詒讓閒詁："機辟蓋掩取鳥獸之物。"《莊子·逍遥游》："東西跳梁，不辟高下；中於機辟，死於網罟。"成玄英疏："辟，法也，謂機關之類也。"漢桓寬《鹽鐵論·刑德》："罘羅張而懸其谷，辟陷設而當其蹊，矯弓飾而加其上，能勿離乎？"明張居正《答松谷陳相公》："機辟盈野，鳳翔九霄。"

【辟】

即機辟。此稱漢代已行用。見該文。

係蹄

一種可用繩索絆纏獸足的狩獵工具。此稱

先秦時期已行用。《戰國策·趙策三》："人有置係蹄者而得虎。虎怒，决蹯而去。"漢陳琳《檄吴將校部曲文》："夫係蹄在足，則猛虎决其蹯；蝮蛇在手，則壯士斷其節。"

梱

一種射鼠器具。此稱漢代已行用，亦稱"梱斗"。《説文·木部》："梱，梱斗，可射鼠。"徐鍇繫傳："此即今人鑿木爲斗，上施柄，安弓爲機，以射鼠是也。"

【梱斗】

即梱。此稱漢代已行用。見該文。

象鞋

一種用大錐深刺足的狩獵象用工具。此稱宋代已行用。宋吴萃《視聽鈔·逐象法》："象鞋者，用厚木，當中鑿之如深竅，劣容其足，中植大錐，其末上向，于竅之外周，回峻鑿之，如今之唾盂而加峻密，密埋于其往來之所，出草覆之。倘投足木上，必滑下竅中，其身既重，錐洞貫其足，不能自拔，即仆，負其痛莫能展轉，謂之着鞋。"

木猫

一種木製的捕鼠器。此稱元代已行用。元陳櫟《木猫賦》："惟木貓之爲器兮，非有取於象形；設機械以得鼠兮，配猫功而借名。"清翟灝《通俗編·獸畜》："今仍呼木作鼠弶爲木貓。"

抹眉小索

防禦或捕捉禽獸陷阱旁所設的繩索。其高齊眉，以免行人誤陷，故稱。此稱明代已行用。《明律·刑律二·窩弓殺傷人》："凡打捕户，於深山曠野猛獸往來去處，穿作阬穽及安置窩弓，不立望竿及抹眉小索者，笞四十。"

餌[2]

誘捕禽獸用的食物。此稱先秦時期已行用。《荀子·法行》："鷹鳶猶以山爲卑而增巢其上，及其得也必以餌。"

藥

一種捕鳥用的籠子。多爲竹製，置於池上。此稱漢代已行用。《文選·張衡〈東京賦〉》："於東則洪池清藥，渌水澹澹。"李善注引《漢書音義》："應劭曰：藥，在池水上作室，可用棲鳥，鳥入則捕之。"晋代起亦作"籞"。晋左思《魏都賦》："表清籞，勒虞箴。"唐錢起《見上林春雁翔青雲寄楊起居李員外》詩："顧影憐青籞，傳聲入紫微。"唐皮日休《奉和魯望漁具·魚梁》："波際插翠筠，離離似清籞。游鱗到溪口，入此無逃所。"

【籞】[1]

同"藥"。此體晋代已行用。見該文。

箱籠

一種盛放雉媒用以誘捕野雉的竹籠。此稱晋代已行用。《文選·潘岳〈射雉賦〉》："眄箱籠以揭驕，睨驍媒之變態。"徐爰注："箱籠，竹器，盛媒者也；凡竹器，箱方而密，籠員而踈。"

黐竿

頂端塗膠用以粘鳥的竿子。此稱唐代已行用。唐薛能《彭門解嘲》詩之二："傷禽棲後意猶驚，偶向黐竿脱此生。"宋洪邁《容齋隨筆·蟲鳥之智》："禽往來行游，且步且啄，則以黐竿取之。"按，一本作"樆竿"。宋代亦作"樆竿"。宋永亨《搜采异聞録》卷一："鵪鴣性好潔，獵人於茂林間净撣掃地，稍散穀於上，禽往來行游，且步且啄，則以樆竿取之。"明代亦稱"拈竿"。《水滸傳》第五二回:"引將閑漢三二十人,手執彈弓……拈竿、樂器,城外游玩了一遭。"

【穅竿】

同"黐竿"。此體宋代已行用。見該文。

【拈竿】

即黐竿。此稱明代已行用。見該文。

鴿竿

以鴿爲餌,用以捕鷹的竿子。此稱唐代已行用。唐段成式《酉陽雜俎·肉攫部》:"〔取鷹法〕七月二十日爲上時,内地者多,塞外者殊少。八月上旬爲次時,八月下旬爲下時,塞外鷹畢至矣……磔竿二:一爲鶉竿,一爲鴿竿。鴿飛能遠察,見鷹,常在人前;若竦身動盼,則隨其所視候之。"

鶉竿

以鶉爲餌,用以捕鷹的竿子。此稱唐代已行用。見"鴿竿"文。

吹筒

一種用於獵取鳥獸的竹筒。此稱元代已行用,亦稱"篳筒"。元高文秀《黑旋風》第二折:"且莫説他馼兒小鷂,吹筒粘竿,有諸般來擺設,只他馬兒上,更馱着一個女艷冶。"元李衎《竹譜詳録·射筒竹》:"《吳都賦》云:'其竹射筒。'弋人有脩竿通其節,箭安其内,從本吹之,古人所謂篳筒以射鳥者也。"《水滸傳》第六回:"〔林冲〕和錦兒徑奔岳廟裏來,搶到五岳樓看時,見了數個人,拿着彈弓、吹筒、粘竿,都立在欄杆邊。"

【篳筒】

即吹筒。此稱元代已行用。見該文。

髀石

一種古代北方少數民族用的狩獵器具,亦可用於游戲。此稱元代已行用,亦稱"髀殖"。《元史·太祖紀》:"復前行至一山下,有馬數百,牧者唯童子數人,方擊髀石爲戲。"《元朝秘史》卷三:"札木合將一個麞子髀石與帖木真,帖木真却將一個銅灌的髀石回與札木合。"李文田注:"《契丹國志》曰:宋真宗時,晁迥往契丹賀生辰,還言國主皆佩金玉錐,又好以銅及石爲槌以擊兔。然則髀石乃擊兔所用,以麞鹿之骨角或銅灌而成也。楊賓《柳邊紀略》曰:寧古塔童子相戲,多剔麞麂麋鹿腿前骨,以錫灌其竅,名嘎什哈,或三或五,堆地上擊之,中者盡取所堆,不中者與堆者一枚,多者千,少者十百,各盛於囊,歲時閑暇,雖壯者亦爲之。據楊此文,則此風不特蒙古,并可知帖木真與札木合所以交換髀石之故。嘎什哈即滿洲語指髀石也。"元關漢卿《哭存孝》第一折:"閑時節打髀殖,醉時節歪唱起。"元鄭光祖《虎牢關三戰呂布雜劇》第一折:"某正在本處與小廝每打髀殖。"

【髀殖】

即髀石。此稱元代已行用。見該文。

剛叉

一種用於捕殺老虎等野獸的三尖刃鋼叉。此稱明代已行用。明馬愈《馬氏日抄·擒虎》:"殺虎手所執兵,剛叉、托叉相半。剛叉三出尖刃,托叉歧出無刃。"

托叉

用於捕殺老虎等野獸的一種無刃鋼叉。此稱明代已行用。見"剛叉"文。

鳥銃

一種用於射殺飛鳥的火槍，也可用於戰爭。此稱明代已行用。明戚繼光《練兵實紀·練手足》：“鳥銃本爲利器，臨陣第一倚賴者也……況名爲鳥銃，謂其能擊飛鳥，以其着準多中也。”明宋應星《天工開物·火器》：“鳥銃：凡鳥銃長約三尺，鐵管載藥，嵌盛木棍之中，以便手握。”清納蘭性德《渌水亭雜識》卷三：“中國鳥銃，利器也，倭人來始得其式。”清代亦稱“鳥槍”“鳥鎗”。清趙翼《陔餘叢考·火炮火槍》：“然則前明（永樂）征交後已有鳥槍，但明制禁外間習用最嚴，故承平日久，皆不知用之。”近代史資料增刊《太平天國資料·清朝檔案與一般記載·虜在目中》：“俟僞指揮、將軍由左右抄出，則滾牌一散，大砲打出，左右繼以抬鎗、鳥鎗，衆賊兵吶喊，遂就勢衝出。”《二十年目睹之怪現狀》第二一回：“他私訪時，便帶了鳥槍去打雕。”

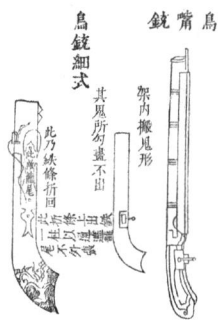

鳥銃細式　銃嘴鳥

其鳳所勾畫不出

架内撥見形

鳥嘴銃
（明王圻等《三才圖會·器用》）

斃鳥

鳥　銃
（明宋應星《天工開物》）

【鳥槍】

即鳥銃。此稱清代已行用。見該文。

【鳥鎗】

即鳥銃。此稱清代已行用。見該文。

排槍

獵槍的一種。此稱清代已行用。清薛福成《庸盦筆記·史料二·謝忠愍公保衛天津》：“村民有弋鳧者，善用排槍，置小舟，上覆以席，推行水中，百發百中，僉呼之爲雁户。”

馬竿

用於捕獲野馬的竿（杆）子。此稱清代已行用。清阮葵生《茶餘客話》卷一三：“馬竿，生駒未就羈勒，放逸不可致，以長竿繫繩縻致之，蒙古最熟其伎。”

錡

古代懸弩之架。此稱漢代已行用。《文選·張衡〈西京賦〉》：“武庫禁兵，設在蘭錡。”李善注引劉逵《魏都賦》注：“受弩曰錡。”明湯顯祖《南柯記·樹國》：“列蘭錡，造城郭，大壯重門。”清黃鷟來《咏懷》詩之一：“車馬羅曲巷，蘭錡夾修戟。”

竹閉

輔正弓弩的器具。用竹木等製作。卸弦後縛於弓裏，使不變形，以防重複使用時受損。此稱先秦時期已行用，亦作“竹柲”，省稱“柲”“柲”“緋”。漢代起又稱“弓檠”“弓枑”“枑”。《詩·秦風·小戎》：“虎韔鏤膺，交韔二弓，竹閉緄縢。”孔穎達疏：“鄭注《周禮》云：‘弓檠曰柲，弛則縛於弓裏，備損傷也，以竹爲之。’”朱熹集傳：“閉，弓檠也……以竹爲閉，而以繩約之於弛弓之裏，檠弓體使正也。”馬瑞辰通釋：“閉，弓檠。古通作‘柲’，又作

'柲'。"《周禮·考工記·弓人》:"今夫茭解中有變焉,故挍。"鄭玄注引鄭司農曰:"茭,謂弓檠也。"《儀禮·既夕禮》:"弓矢之新沽功,有弣飾焉,亦張可也。有柲,設依撻焉。"按,鄭玄注引《詩》作"竹柲緄縢"。《周禮·冬官·弓人》"辟如終紲"漢鄭玄注:"紲,弓戢……弓有戢者,爲發弦時備頓傷。"孫詒讓正義引戴震曰:"戢,以竹爲之。弓弛則紲之於弓裏,張則去之。角長過淵接,引弦送矢俱不利,故曰辟如終紲。"

【竹柲】

同"竹閉"。此體先秦時期已行用。見該文。

【茭】

即竹閉。此稱先秦時期已行用。見該文。

【柲】

即竹閉。此稱先秦時期已行用。見該文。

【紲】

即竹閉。此稱先秦時期已行用。見該文。

【弓檠】

即竹閉。此稱漢代已行用。見該文。

【弓戢】

即竹閉。此稱漢代已行用。見該文。

【戢】

即竹閉。此稱漢代已行用。見該文。

【檠】

即竹閉。此稱先秦時期已行用,亦作"敬",亦稱"排檠"。《韓非子·外儲説左上》:"夫工人張弓也,伏檠三旬而蹈弦,一日犯機。"《管子·樞言》:"先王之書,心之敬執也。"郭沫若等集校:"敬者,檠或弩之省,輔正弓弩之器。"馬王堆漢墓帛書《戰國縱橫家書·蘇秦謂齊王章》:"是故臣以王命甘薛公,驕敬三晉,

勸之爲一,以疾攻秦,必破之。"按,驕敬,同"矯檠"。《荀子·性惡》:"繁弱、鉅黍,古之良弓也。然而不得排檠,則不能自正。"楊倞注:"排檠,輔正弓弩之器。"《淮南子·脩務訓》:"弓待檠而後能調,劍待砥而後能利。"漢代又作"撒",又稱"排檠""輔檠"。《淮南子·説山訓》:"撒不正,而可以正弓。"漢劉向《説苑·建本》:"烏號之弓雖良,不得排檠,不能自任。"漢桓寬《鹽鐵論·申韓》:"是以聖人審於是非,察於治亂,故設明法,陳嚴刑,防非矯邪,若隱括輔檠之正弧刺也。"宋代還稱"弸"。《集韻·平庚》:"弸,《説文》:榜也。或從弓。亦書作檠。"

【敬】

同"檠"。此體先秦時期已行用。見該文。

【撒】

同"檠"。此體漢代已行用。見該文。

【排檠】

即檠。此稱先秦時期已行用。見該文。

【排檠】

即檠。此稱漢代已行用。見該文。

【輔檠】

即檠。此稱漢代已行用。見該文。

【弸】

即檠。此稱宋代已行用。見該文。

【枻】

即竹閉。此稱先秦時期已行用。唐代亦稱"檠枻"。《荀子·非相》:"故君子之度己則以繩,接人則用枻。"楊倞注:"韓侍郎云:枻者,檠枻也,正弓弩之器也。"

【檠枻】

即枻。此稱唐代已行用。見該文。

【榜檠】

即竹閉。此稱先秦時期已行用。《韓非子·外儲説右下》:"椎鍛平夷,榜檠矯直……椎鍛者,所以平不夷也;榜檠者,所以矯不直也。聖人之爲法也,所以平不夷、矯不直也。"北齊亦作"榜檄"。北齊劉晝《新論·貴言》:"楚柘質勁,必資榜檄以成弴弓。"按,榜檄,一本作"搒檄"。清代亦稱"檠榜"。章炳麟《訄書·商鞅》:"迹鞅之進身,與處交游,誠多可議者,獨其當官,則正如檠榜而不可紾。"

【榜檄】

同"榜檠"。此體南北朝時期已行用。見該文。

【搒檄】

同"榜檠"。此體南北朝時期已行用。見該文。

【檠榜】

即榜檠。此稱清代已行用。見該文。

箭端

一種矯直箭杆用的工具。此稱清代已行用。《清會典事例·兵部·弓箭之制》:"箭笴以楊木、柳木、樺木爲質,取圓直之幹削成之,別用數寸之木刻槽一道曰箭端,箭笴必取範於端,以均停其首尾。"

緑縢

古代弓上用於裝飾的緑色繩索。此稱先秦時期已行用。《詩·魯頌·閟宮》:"公車千乘,朱英緑縢。"毛傳:"縢,繩也。"陳奐傳疏:"緑縢,弓飾也。弓納諸䪐而繩之,緑其飾也。"章炳麟《封建考》:"而魯有公徒三萬,其車千乘,備二軍之數,朱英緑縢,蓋精鋭之師也。"

珧 [2]

一種弓上的裝飾物,多以蚌蛤甲殼等製作。此稱晋代已行用。《文選·左思〈魏都賦〉》:"弓珧解檠,矛鋋飄英。"劉良注:"以蛤骨飾弓,曰珧。"

櫜

用來收納弓矢、盔甲等物的器具。此稱先秦時期已行用,亦稱"韔"。漢代起又稱"韜"。《詩·小雅·彤弓》:"彤弓弨兮,受言櫜之。"毛傳:"櫜,韜也。"陸德明釋文:"韜,本又作韔。弓衣也。"《管子·小匡》:"韔無弓,服無矢。"《左傳·成公十六年》:"王召養由基,與之兩矢,使射吕錡,中項,伏韔,以一矢復命。"杜預注:"韔,弓衣。"前蜀韋莊《和鄭拾遺秋日感事一百韵》:"韔弓揮勁鏃,匣劍淬神鋩。"明湯顯祖《紫簫記·換馬》:"金韔玉彎趨朝用,齊道花卿殊衆。"唐代起還稱"鞬櫜""弓韜""韔"。唐李紳《渡西陵十六韵》:"弓日鞬櫜動,旗風虎豹争。"《周禮·考工記·韗人》"弧旌枉矢以象弧也"唐賈公彦疏:"以衣韜其弓,謂之弓韜。"唐柳宗元《唐邕州刺史兼御史中丞李公墓志銘》:"既至,則韔弓櫜甲。集注引童宗説曰:"韔,弓衣……'韔',與'韔'同,它刀切。"金王渥《水龍吟·從商帥國器獵》詞:"看鞬櫜嗚咽,咸陽道左,拜西道駕。"明何景明《蔡州行》:"鞬櫜將軍拜道左,緋衣小兒來天上。"元代還稱"鞬囊"。元虞集《賦洛川老人九十》詩:"清晨上馬薄暮返,累騎毛血懸鞬囊。"

【韔】

即櫜。此稱先秦時期已行用。見該文。

【韜】 [1]

即櫜。此稱漢代已行用。見該文。

【鞬櫜】

即櫜。此稱唐代已行用。見該文。

【弓韜】

即囊。此稱唐代已行用。見該文。

【韇】

即囊。此稱唐代已行用。見該文。

【鞬囊】

即囊。此稱元代已行用。見該文。

韔

包裝弓的袋子。常用動物皮革製作。此稱先秦時期已行用，亦作"𢎨"。漢代起亦稱"弓室"，宋代又稱"弓囊""弓韔"。《詩·秦風·小戎》："虎韔鏤膺，交韔二弓。"毛傳："虎，虎皮也。韔，弓室也。"又同書《鄭風·大叔于田》："抑釋掤忌，抑𢎨弓忌。"孔穎達疏："𢎨者，盛弓之器。"朱熹集傳："𢎨，弓囊也。與韔同。"漢劉向《新序·義勇》："抽弓於韔，援矢於箙。"宋陸游《九月十六日夜夢駐軍河外遣使招降諸城覺而有作》詩："將軍橫上汗血馬，猛士腰間虎文韔。"《宋史·曹瑋傳》："瑋以宿將爲謂所忌，即日上道，從弱卒十餘人，不以弓韔矢箙自隨。"

【𢎨】

同"韔"。此體先秦時期已行用。見該文。

【弓室】

即韔。此稱漢代已行用。見該文。

【弓囊】

即韔。此稱宋代已行用。見該文。

【弓韔】

即韔。此稱宋代已行用。見該文。

【韣】

即韔。此稱先秦時期已行用，漢代亦稱"軒"。《禮記·少儀》："弓則以左手屈韣執拊。"鄭玄注："韣，弓衣也。"漢賈誼《新書·春秋》："婦女抉珠瑱，丈夫釋玦軒。"盧文弨校注："軒，弓衣也。"唐鄭嵎《津陽門詩》："雕弓繡韣不知數，翻身滅没皆蛾眉。"宋梅堯臣《田家語》詩："前月詔書來，生齒復板録，三丁籍一壯，惡使操弓韣。"《明史·蔣貴傳》："令士卒以鞭擊弓韣驚馬，馬盡佚。"唐代起亦作"韣"。唐張説《和麗妃神道碑銘》："帶之弓韣，明潤前星。"明唐寅《嬌女賦》："角弭脱韣，履高牆而。"

【韣】

同"韣"。此體唐代已行用。見該文。

【軒】[1]

即韣。此稱漢代已行用。見該文。

【弓衣】

即韔。此稱漢代已行用。《禮記·檀弓下》"赴車不載囊韔"漢鄭玄注："韔，弓衣。"宋歐陽修《六一詩話》："蘇子瞻學士，蜀人也。嘗於堨井監得西南夷人所賣蠻布弓衣，其文織成梅聖俞《春雪》詩。"清趙翼《六十自述》詩之三："翻來笳拍傳紅粉，繡入弓衣抵碧紗。"唐代亦稱"弧室""弓服"。唐武元衡《兵行褒斜谷作》詩："矢彙弧室豈領軍，儓爵食禄由從宦。"唐韓愈《畫記》："旆車三兩，雜兵器、弓矢、旌旗、刀劍、矛楯、弓服、矢房、甲胄之屬……皆曲極其妙。"宋代又稱"弓袋"。宋高承《事物紀原·戎容兵械·弓袋》："器仗皆自有虞氏始，韣鹿施弓袋，通謂之三仗，蓋大將備儀也。"

【弧室】

即弓衣。此稱唐代已行用。見該文。

【弓服】

即弓衣。此稱唐代已行用。見該文。

【弓袋】

即弓衣。此稱宋代已行用。見該文。

虎韔

虎皮製作的弓袋，或爲畫有虎紋的弓袋。此稱先秦時期已行用，語本《詩·秦風·小戎》，宋代亦稱“虎文韔”。宋陸游《九月十六日夜夢駐軍覺而有作》詩：“將軍櫪上汗血馬，猛士腰間虎文韔。”元王逢《揚子舟中望鵝鼻山時聞黔南消息》詩：“黔陽百粵地，黃霧吹虎韔。”清蒲松齡《聊齋志異·青鳳》：“次日，莫三郎果至，鏤膺虎韔，僕從甚赫。”

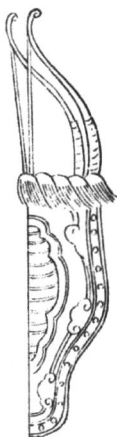

虎　韔
（明王圻等《三才圖會·器用》）

【虎文韔】

即虎韔。此稱宋代已行用。見該文。

豹韜

豹皮製作的弓袋。此稱唐代已行用。唐黃滔《南海韋尚書啓》：“俾以佩豹韜而直下，建龍節以遄征。”明代亦作“豹弢”。明夏完淳《江南曲》：“公子豹弢金屈戌，美人蟬鬢鐵連錢。”

【豹弢】

同“豹韜”。此體明代已行用。見該文。

繳[2]

繫在箭上的生絲繩，用於射鳥。此稱先秦時期已行用。《孟子·告子上》：“一心以爲有鴻鵠將至，思援弓繳而射之。”朱熹集注：“繳，以繩繫矢而射也。”《史記·楚世家》：“王繒繳蘭臺，飲馬西河，定魏大梁，此一發之樂也。”裴駰集解引徐廣曰：“繒，繳也。”張守節正義引鄭玄曰：“繒，屈也，江沔之閒謂之繳，收繩索繳也。”《漢書·蘇武傳》：“武能網紡繳，檠弓弩。”顏師古注：“繳，生絲縷也，可以弋射。”因絲繩纖細，亦稱“微繳”“纖繳”；又因絲繩色青，南朝宋還稱“青繳”；另因絲繩隨箭射出，唐代別稱“射綸”。《戰國策·楚策四》：“被磻礛，引微繳，折清風而抎矣。”《列子·湯問》：“蒲且子之弋也，弱弓纖繳，乘風振之，連雙鶬於青雲之際，用心專，動手均也。”《文選·司馬相如〈子虛賦〉》：“微矰出，纖繳施。”李周翰注：“繳，射綸也。”漢劉向《新序·雜事二》：“引纖繳，揚微波。”南朝宋鮑照《代別鶴操》：“青繳凌瑶臺，丹羅籠紫煙。”

【微繳】

即繳[2]。此稱先秦時期已行用。見該文。

【纖繳】

即繳[2]。此稱先秦時期已行用。見該文。

【青繳】

即繳[2]。此稱南北朝時期已行用。見該文。

【射綸】

即繳[2]。此稱唐代已行用。見該文。

矢箙

包裝箭的皮袋或竹籠，傳説創自有虞氏。參閲宋高承《事物紀原·戎容兵械·箭筒》。此稱先秦時期已行用，亦省稱“服”。漢代又作“矢服”，或省稱“箙”。《周禮·夏官·司弓矢》：“中春獻弓弩，中秋獻矢箙。”鄭玄注：“弓弩成於和，矢箙成於堅。箙，盛矢器也，以獸皮爲之。”又同書《春官·巾車》：“小服皆疏。”鄭玄

注：“服，讀爲‘箙’。”《詩·小雅·采薇》：“四牡翼翼，象弭魚服。”鄭玄箋：“服，矢服也。”漢司馬相如《子虛賦》：“左烏號之彫弓，右夏服之勁箭。”《後漢書·鄭太傳》：“婦女猶戴戟操矛，挾弓負矢，況其壯勇之士，以當妄戰之人乎！”唐柳宗元《唐鐃歌鼓吹曲·獸之窮》：“天厚黃德，狙獷服；甲之囊弓，弭矢箙。”宋沈括《夢溪筆談·器用》：“古法以牛革爲矢服，臥則以爲枕，取其中虛，附地枕之，數里內有人馬聲，則皆聞之。蓋虛能納聲也。”《遼史·禮志六》：“〔再生儀〕在再生室東南，倒植三岐木。其日，以童子及產醫嫗置室中，一婦人執酒，一叟持矢箙，立于室外。”

【矢服】

同“矢箙”。此體漢代已行用。見該文。

【服】

“矢箙”之省稱。此稱先秦時期已行用。見該文。

【箙】

“矢箙”之省稱。此稱漢代已行用。見該文。

【韇】

即矢箙。此稱先秦時期已行用，漢代亦稱“韇丸”，晉代又稱“櫝丸”。《儀禮·士冠禮》：“筮人執筴抽上韇。”鄭玄注：“韇，藏筴之器。今時藏弓矢者謂之韇丸也。”賈公彥疏：“此舉漢法爲況，亦欲見韜弓矢者，以皮爲之……則此韇亦用皮也。”《左傳·昭公二十五年》“執冰而踞”晉杜預注：“冰，櫝丸蓋。或云櫝丸是箭筩，其蓋可以取飲。”《後漢書·南匈奴傳》：“今齎雜繒五百匹，弓鞬韇丸一，矢四發。”李賢注：“《方言》云：‘藏弓爲鞬，藏箭爲韇。’韇丸即箭箙也。”

【韇丸】

即韇。此稱漢代已行用。見該文。

【櫝丸】

即韇。此稱晉代已行用。見該文。

【福】

即矢箙。此稱先秦時期已行用，亦稱“笮”“簡”，漢代又稱“竹箙”“籣”。《儀禮·鄉射禮》：“命弟子設福。”鄭玄注：“福，猶幅也，所以承笴者。”又：“福長如笴，博三寸，厚寸有半，龍首，其中蛇交，韋當。”《新唐書·禮樂志六》：“射……設五福庭前，少西。布侍射者位於西階前。”清俞正燮《癸巳存稿·拾取矢》：“拾取矢儀，當在再射，三射。其初射，則鄉射爲有司授弓矢。此大射不言授，而總衆弓矢福皆適次。”

【笮】

即矢箙。此稱先秦時期已行用。《儀禮·既夕禮》：“役器：甲、冑、干、笮。”鄭玄注：“此皆使役之器。甲，鎧。冑，兜鍪。干，楯。笮，矢箙。”見該文。

【簡】

即矢箙。此稱先秦時期已行用。《墨子·備城門》：“延堞，高六尺，部廣四尺，皆爲兵弩簡格。”孫詒讓閒詁：“《說文·竹部》云：籣，所以盛弩也。”《墨子閒詁·襍守》“厚簡爲衡柱”注云：“‘簡’疑當爲‘籣’之誤。前《備城門》篇亦有‘兵弩簡格’，即籣格也。”見該文。

【籠】[3]

即矢箙。此稱漢代已行用。《周禮·夏官·司弓矢》“田弋充籠箙矢”漢鄭玄注：“籠，竹箙也。”唐賈公彥疏：“籠箙皆盛矢物。”見該文。

【籣】

　　即矢箙。此稱漢代已行用。《漢書·韓延壽傳》：“〔延壽〕令騎士兵車四面營陳，被甲鞮鍪居馬上，抱弩負籣。”顔師古注：“籣者，盛弩矢者也，其形如木桶。”見該文。

【房】

　　即矢箙。此稱先秦時期已行用，晋代亦稱“箭舍”。《左傳·宣公十二年》：“每射，抽矢，菆，納諸厨子之房。”杜預注：“房，箭舍。”唐韓愈《送幽州李端公序》：“及郊，司徒公紅帓首、韡袴、握刀，左右雜佩，弓韔服，矢插房，俯立迎道左。”清唐甄《潛書·卿牧》：“抽矢于房，惟我所使。”唐代又稱“矢房”“房箙”。唐韓愈《畫記》：“雜兵器、弓矢、旌旗、刀劍、矛楯、弓服、矢房、甲胄之屬。”唐柳宗元《唐鐃歌鼓吹曲·獸之窮》“弭矢箙”集注引宋孫汝聽曰：“箙，矢房，所以藏矢。”《元史·朵爾直班傳》：“金商義兵以獸皮爲矢房，狀如瓠，號毛葫蘆軍。”《新唐書·王毛仲傳》：“景龍中，王還長安，二人常負房箙以從。”明鄭若庸《玉玦記·行刺》：“軍門如堵弛房箙，左袒盡歸屬。”元代還稱“矢室”。《元史·輿服志二》：“籣：弩、矢室。”明代另稱“箭房”。《初刻拍案驚奇》卷三：“箭房中新矢二十餘枝，馬額上紅纓一大簇。”

【箭舍】

　　即房。此稱晋代已行用。見該文。

【矢房】

　　即房。此稱唐代已行用。見該文。

【房箙】

　　即房。此稱唐代已行用。見該文。

【矢室】

　　即房。此稱元代已行用。見該文。

【箭房】

　　即房。此稱明代已行用。見該文。

【壺】

　　即矢箙。此稱先秦時期已行用。《左傳·昭公十三年》：“司鐸射懷錦奉壺飲冰。”漢代亦稱“箙”“胡箙”“箭室”，唐代又稱“胡禄”“胡鹿”“胡盠”“胡籙”，五代還稱“胡韣”，宋代亦作“箙”，元代或稱“箭箙”。《玉篇·竹部》：“箙，胡箙，箭室。”《史記·司馬相如列傳》：“左烏嗥之雕弓，右夏服之勁箭。”唐司馬貞索隱：“案夏羿，善射者。又服，箭室之名，故云夏服。”唐段成式《酉陽雜俎·酒食》：“貞元中，有一將軍家出飯食，每説物無不堪喫，惟在火候，善均五味。嘗取敗障泥、胡禄修理食之，其味極佳。”按，胡禄，一本作“胡鹿”，《太平廣記》卷二三四引作“胡盠”。又同書《鱗介篇》：“异魚。東海漁人言近獲魚長五六尺，腸胃成胡鹿刀槊之狀，或號秦皇魚。”《史記·魏公子列傳》“平原君負韣矢”唐司馬貞索隱：“韣音蘭，謂以盛矢，如今之胡籙而短也。”《新唐書·兵志》：“人具弓一，矢三十，胡禄、橫刀、礪石、大觿、氈帽、氈裝、行縢皆一。”《舊五代史·唐書·明宗紀九》：“壬午，葉彦稠進迴鶻可汗先送秦王金裝胡韣，爲黨項所掠，至是得之以獻。”《廣韻·平模》：“箙，箙籙，箭室。”宋辛棄疾《鷓鴣天·有客慨然談功名戲作》詞：“燕兵夜娖銀胡韣，漢箭朝飛金僕姑。”元吴萊《衛將軍歌聞有得漢衛青玉印者賦之》詩：“椎牛釃酒啓鞠室，饗士論功懸箭箙。”

【箙】

　　同“壺”。此體宋代已行用。見該文。

【篋】

即壺。此稱漢代已行用。見該文。

【胡篋】

即壺。此稱漢代已行用。見該文。

【箭室】

即壺。此稱漢代已行用。見該文。

【胡禄】

即壺。此稱唐代已行用。見該文。

【胡鹿】

即壺。此稱唐代已行用。見該文。

【胡盝】

即壺。此稱唐代已行用。見該文。

【胡簏】

即壺。此稱唐代已行用。見該文。

【胡鞬】

即壺。此稱五代時期已行用。見該文。

【箭菔】

即壺。此稱元代已行用。見該文。

【箭服】

即矢箙。此稱漢代已行用。《漢書·五行志下之上》：“檿弧，桑弓也。其服，蓋以其草爲箭服，近射妖也。”顏師古注：“檿，山桑之有點文者也。木弓曰弧。服，盛箭者，即今之步叉也。其草，似荻而細，織之爲服也。”南朝梁庾肩吾《被使從渡江》詩：“夜劍動星芒，秋朝驚箭服。”隋何妥《長安道》詩：“車輪鳴鳳轄，

弓箭葫蘆
（明王圻等《三才圖會·器用》）

箭服耀魚文。”南朝梁亦作“箭箙”。南朝梁劉孝威《結客少年行》：“居延箭箙盡，疏勒井泉枯。”唐李賀《黃家洞》詩：“黑幡三點銅鼓鳴，高作猿啼搖箭箙。”宋陸游《蘭亭道上》詩之四：“箭箙弓弢小獵回，壯心自笑未低催。”

【箭箙】

同“箭服”。此體南北朝時期已行用。見該文。

【步叉】

即矢箙。此稱漢代已行用，亦稱“靬”。《釋名·釋兵》：“步叉，人所帶，以箭叉於其中也。”《玉篇·革部》：“靬，盛箭器。”北魏起又稱“鞁”。北魏賈思勰《齊民要術·煮膠》：“破皮履鞋底……破鞾鞁，但是生皮，無問年歲久遠，不腐爛者，悉皆中煮。”宋王安石《和董伯懿咏裴晉公平淮西將佐題名》：“德宗末年懲戰禍，一矢不試塵蒙鞁。”《元史·輿服志二》：“鞁，制以黑革。”唐代還稱“鞞鞁”“箭鞁”。唐李白《北風行》：“別時提劍救邊去，遺此虎文金鞞鞁。”唐元稹《痁臥聞幕中諸公徵樂會飲因有戲呈三十韻》：“蛇蠱迷弓影，鵰翎落箭鞁。”清陳維崧《齊天樂·綠水亭觀荷》詞：“蓮房箭鞁簇簇，西洲都蓋滿。”元代亦作“鞴鞁”。元劉祁《征婦詞》：“恨妾不爲金鞴鞁，在君腰下隨風埃。”元張翥《前出軍》詩之一：“後軍細鎧甲，白羽攢鞴鞁。”清代又作“步鞁”，或稱“鞁袋”。清俞正燮《癸巳存稿·魚軒》：“〔牛魚〕其皮背上斑文，腹下純青，以爲弓鞬、步鞁。”清李漁《笠翁十種曲·奈何天·分擾》：“二軍齊換女妝，一人戴鳳冠，持錦幡，衆佩弓箭鞁袋上。”

【鞴鞁】

即步叉。此稱元代已行用。見該文。

【步靫】

同"步叉"。此體清代已行用。見該文。

【靬】[2]

即步叉。此稱漢代已行用。見該文。

【靫】

即步叉。此稱南北朝時期已行用。見該文。

【鞞靫】

即步叉。此稱唐代已行用。見該文。

【箭靫】

即步叉。此稱唐代已行用。見該文。

【靫袋】

即步叉。此稱清代已行用。見該文。

【箙】[3]

即矢箙。此稱漢代已行用。漢劉向《新序·義勇》:"〔芊尹文〕抽弓於韔，援矢於箙，引而未發也。"晋代起亦稱"箭箙"。《左傳·昭公十三年》:"司鐸射懷錦奉壺飲冰。"晋杜預注:"冰，箭箙蓋，可以取飲。"孔穎達疏:"冰是箭箙之蓋，相傳爲然。本作此器蓋箭箙，脱而用之可以取飲。此以壺盛飲，用此冰而飲之。"又同書《昭公二十五年》:"公徒釋甲，執冰而踞。"晋杜預注:"冰，櫝丸蓋。或云櫝丸是箭箙，其蓋可以取飲。"孔穎達疏:"賈逵云:'冰，櫝丸蓋也。'則是相傳爲此言也……或説櫝丸是箭箙，其蓋可以取飲。"唐代起又稱"箭筒"。《太平御覽》卷三五○引唐薛用弱《集異記》:"丹陽張承先家，有一鬼，爲張偷得一箭筒，云:慎勿至新亭射，此三井陶家物。"宋高承《事物紀原·戎

箭靫
（宋曾公亮等《武經總要前集》）

容兵械·箭筒》:"《實錄》曰:'箭筒自有虞氏始也，《周禮》有矢箙。'"

【箭箙】

即箙。此稱晋代已行用。見該文。

【箭筒】

即箙。此稱唐代已行用。見該文。

魚 服
（明王圻等《三才圖會·器用》）

魚服

魚皮製作的箭袋。此稱先秦時期已行用。《詩·小雅·采薇》:"四牡翼翼，象弭魚服。"孔穎達疏:"以魚皮爲矢服，故云魚服。"南朝梁江淹《橫吹賦》:"貝胄象弭之威，織文魚服之容。"金馮延登《射虎得山字》詩:"柳營共許千人敵，魚服仍餘一矢還。"晋代起亦稱"魚文"。《文選·左思〈蜀都賦〉》:"若夫王孫之屬，郤公之倫，從禽於外，巷無居人，并乘驥子，俱服魚文。"劉良注:"魚文，盛箭器也。"北周庾信《朱雲折檻贊》:"先求斬馬，遂請魚文。"明皇甫涍《雪山歌奉寄彭太保》:"驥子朝披玉壘雲，魚文夜濕金隄雨。"

【魚文】

即魚服。此稱晋代已行用。見該文。

箕服

箕草製作的箭袋。此稱先秦時期已行用，亦作"萁箙"，漢代又作"箕箙"。《國語·鄭語》:"檿弧箕服，實亡周國。"韋昭注:"箕，木名;服，矢房也。"《漢書·五行志下之上》引作"萁服"，顏師古注:"服，盛箭者，即今之

步叉也。其，草，似荻而細，織之爲服也。”《東周列國志》第一回：“羊被鬼吞，馬逢犬逐，慎之慎之，壓弧箕箙。”

【其服】

同“箕服”。此體先秦時期已行用。見該文。

【箕箙】

同“箕服”。此體漢代已行用。見該文。

雕服

彩繪的箭袋。此稱南北朝時期已行用，亦作“彫服”。南朝宋鮑照《擬古》詩之三：“氈帶佩雙鞬，象弧插雕服。”錢仲聯集注：“《方言》曰：‘所以藏箭弩謂之服，所以盛弓謂之鞬。’……劉坦之曰：‘象弧，語出《考工記》，謂其象天上弧星也。雕，畫也。服所以藏矢，今言弧，互文耳。’”按，一本作“彫服”。

【彫服】

同“雕服”。此體南北朝時期已行用。見該文。

掤

箭筒蓋。此稱先秦時期已行用，亦作“冰”。《詩・鄭風・大叔于田》：“抑釋掤忌，抑鬯弓忌。”毛傳：“掤，所以覆矢。”孔穎達疏：“掤爲覆矢之物。”陸德明釋文：“掤，音冰。所以覆矢也。馬云：櫝丸蓋也。杜預云：櫝丸，箭筩也。”《左傳・昭公十三年》“奉壺飲冰”晋杜預注：“冰，箭筩蓋，可以取飲。”元袁桷《次韻魯子翬長律五十韻》：“陛立齊垂橐，師行陌釋掤。”

【冰】

同“掤”。此體先秦時期已行用。見該文。

大綏

古代天子田獵時所立旌旗。此稱先秦時期已行用，亦作“大緌”。《禮記・王制》：“天子殺，則下大綏。”鄭玄注：“綏，當爲緌。緌，有虞氏之旌旗也。”《隋書・禮儀志三》：“帝發，抗大綏。”

【大緌】

同“大綏”。此體先秦時期已行用。見該文。

小綏

古代諸侯田獵時所立旌旗，形如大綏而稍小。此稱先秦時期已行用，亦作“小緌”。《禮記・王制》：“諸侯殺，則下小綏。”鄭玄注：“綏，當爲緌。”孫希旦集解：“小綏，諸侯田獵所建之旌，制如大綏而稍小者。”《隋書・禮儀志三》：“次王公發，則抗小綏。”

【小緌】

同“小綏”。此體先秦時期已行用。見該文。

虞旗

虞人彙集所獲獵物時使用的旗幟。虞人爲上古官名，掌管山澤苑囿。此稱先秦時期已行用，亦稱“虞旌”。《周禮・地官・山虞》：“若大田獵，則萊山田之野，及弊田，植虞旗于中，致禽而珥焉。”鄭玄注：“植猶樹也。田上樹旗，令獲者皆致其禽而校其耳，以知獲數也。”又同書《澤虞》：“若大田獵，則萊澤野，及弊田，植虞旌以屬禽。”鄭玄注：“屬禽，猶致禽而珥焉，澤虞有旌，以其主澤，澤鳥所集，故得注析羽。”

【虞旌】

即虞旗。此稱先秦時期已行用。見該文。

獲旗

表示獲車所在的旗子。此稱南朝時期已行用。《隋書・禮儀志三》：“後齊春蒐禮，有司規大防，建獲旗，以表獲車。”見“獲車”文。

冠弁

一種古代天子田獵時的裝束，玄冠之上加

以皮帽。此稱先秦時期已行用。《周禮·春官·司服》："凡甸，冠弁服。"孫詒讓正義："此王四時常用之服，蓋玄冠而加弁也。"弁，皮帽。《通志·器服略一》："凡甸，冠弁服。"原注："甸，田獵也。冠弁，委貌，其服緇布衣，亦積素以爲裳。"

冠弁
（宋聶崇義《重校三禮圖》）

射服

田獵時所穿的衣服。此稱漢代已行用。《史記·衛康叔世家》："獻公戒孫文子、甯惠子食，皆往。日旰不召而去，射鴻於囿。二子從之，公不釋射服，與之言；二子怒，如宿。"

艾帳

捕雉者用野草製作的一種蔽體。此稱唐代已行用。唐李商隱《公子》詩："春場鋪艾帳，下馬雉媒嬌。"

箭衣

一種古代獵人所穿的緊袖服裝。袖端上半長可覆手，下半極短，便於射箭。此稱明代已行用，亦稱"箭袖"。明葉紹袁《痛史·啓禎記聞錄》："撫按有司申飭，衣帽有不能備營帽箭衣者，許令黑帽綴以紅纓，常服改爲箭袖。"《儒林外史》第一二回："內中走出一個人來，頭帶一頂武士巾，身穿一件青絹箭衣。"清洪昇《長生殿·賄權》："净扮安禄山箭衣氈帽上。"《紅樓夢》第一五回："見寶玉戴着束髮銀冠，勒着雙龍出海抹額，穿着白蟒箭袖，圍着攢珠銀帶。"《花月痕》第四二回："有個垂髫女子，上身穿件箭袖對襟，魚鱗文金黃色的短襖，下繫綠色兩片馬裙。"清代亦稱"箭襖"。《花月痕》第四八回："掌珠、寶書，首纏青帕，身穿箭襖，腰繫魚鱗文金黃色兩片馬裙。"

【箭袖】

即箭衣。此稱明代已行用。見該文。

【箭襖】

即箭衣。此稱清代已行用。見該文。

捍

臂套。射箭、架鷹時縛於衣袖，以便動作。多用皮革製作。此稱先秦時期已行用，亦稱"拾""遂"。《逸周書·器服》："簟籫捍。"朱右曾校釋："捍，拾也。韜于左臂收拾衣袖以利弦也。"《禮記·內則》："右佩玦、捍、管、遰、大觿、木燧。"鄭玄注："捍，謂拾也。言可以捍弦也。"又同書《曲禮下》："野外軍中無摯，以纓、拾、矢可也。"清虞兆漋《天香樓偶得·捍、拾、遂》："凡射用韜左臂以利弦者，韋爲之，一謂之捍，一謂之拾，一謂之遂，一物而三名也。"《儀禮·鄉射禮》："司射適堂西，袒決遂，取弓於階西。"鄭玄注："遂，射韝也，以韋爲之，所以遂弦者也。"清代亦稱"韝杆"。清俞正燮《癸巳類稿·決韝極遂解》："韝杆者，所以遂弦，其名曰拾，著之則曰遂。"

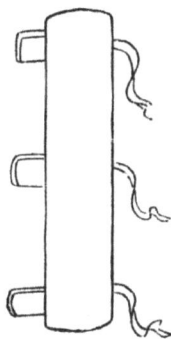

拾圖
（明王圻等《三才圖會·器用》）

【拾】

即捍。此稱先秦時期已行用。見該文。

【遂】

　　即捍。此稱先秦時期已行用。見該文。

【韝杆】

　　即捍。此稱清代已行用。見該文。

【扞】

　　同"捍"。此體先秦時期已行用，亦作"釬""銲"。《韓非子·說林下》："羿執鞅持扞。"王先慎集解引王引之曰："扞，謂韝也。"《管子·戒》："桓公明日弋在廪。管仲、隰朋朝，公望二子，弛弓脫釬而迎之。"尹知章注："廪，所以盛米粟，禽鳥或多集焉，故於此弋也。……釬，所以扞弦。"《漢書·酷吏傳·尹賞》："雜舉長安中輕薄少年惡子，無市籍商販作務，而鮮衣凶服被鎧扞持刀兵者，悉籍記之。"顏師古注："扞，臂衣也。"《太平御覽》卷三五〇引《魯連子》："弦銲相第而矰矢得高焉。"

【釬】

　　同"扞"。此體先秦時期已行用。見該文。

【銲】

　　同"扞"。此體先秦時期已行用。見該文。

【韝】

　　即捍。此稱漢代已行用，亦稱"韝蔽"。南朝宋又稱"臂捍"。《史記·滑稽列傳》："髡帣韝鞠䠱，侍酒於前。"裴駰集解引徐廣曰："韝，臂捍也。"又同書《張耳陳餘列傳》："高祖從平城過趙，趙王朝夕袒韝蔽，自上食，禮甚卑。"《漢書·東方朔傳》："董君綠幘傳韝。"顏師古注引韋昭曰："韝形如射韝，以縛左右手，於事便也。"唐薛逢《俠少年》詩："綠眼胡鷹踏錦韝，五花驄馬白貂裘。"清閻爾梅《汧邑草堂讀史詩》之五："轅騎長鳴思塞下，韝鷹疾視出天邊。"唐代起亦作"韝"，清代還稱"捍臂"。唐

杜甫《見王監兵馬使》詩之一："一生自獵知無敵，百中爭能恥下韝。"仇兆鰲注："韝，捍臂也，以皮爲之。"元無名氏《衣襖車》第一折："則我這劍戟藏收，臂無錦韝，衣袍舊。"清龔自珍《同年馮文江將南歸索詩贈行》詩："君辭瘴癘走挾輈，拂衣逝矣鷹脫韝。"

【韝】

　　同"韝"。此體唐代已行用。見該文。

【韝蔽】

　　即韝。此稱漢代已行用。見該文。

【臂捍】

　　即韝。此稱南北朝時期已行用。見該文。

【捍臂】

　　即韝。此稱清代已行用。見該文。

【射韝】

　　即捍。此稱漢代已行用，亦作"射韝"。《儀禮·鄉射禮》"袒決遂"漢鄭玄注："遂，射韝也。"按，一本作"射韝"。《說文·韋部》"韝"清段玉裁注："射韝者，《詩》之拾，《禮經》之遂，《內則》之捍也……凡因射箸左臂謂之射韝，非射而兩臂皆箸之以便於是謂之韝。"唐沈佺期《獨坐憶舊游》詩："童子成春服，宮人罷射韝。"

【射韝】[1]

　　同"射韝"。此體漢代已行用。見該文。

【韜】[2]

　　即捍。此稱唐代已行用，亦稱"韜袖"。唐元稹《陰山道》詩："從騎愛奴絲布衫，臂鷹小兒雲錦韜。"又其《代曲江老人百韵》："韜袖誇狐腋，弓弦尚鹿腈。"

【韜袖】

　　即韜[2]。此稱唐代已行用。見該文。

鷹鞲

古代豢鷹者使用的皮製臂套。行獵時用以保護手臂，停立獵鷹。此稱唐代已行用。唐白居易《和夢游春詩一百韻》："鷹鞲中病下，豸角當邪觸。"明張煌言《送徐闇公監軍北征》詩之二："匏繫如余甘瓠落，秋風倘許脱鷹鞲。"明代亦作"鷹韝"。明葉憲祖《鸞鎞記·諧姻》："躲離了劈手鷹韝，打合上齊眉鴛偶。"

【鷹韝】

同"鷹鞲"。此體明代已行用。見該文。

金鞲

"捍"的美稱。此稱元代已行用，亦作"金韝"。元馬祖常《畫鷹》詩："金鞲時一脱，肉飽更須回。"元李孝光《十二月十三日登鳳凰臺望淮南雪中諸山兼書道上所見》詩之二："貂帽金鞲綠袴襦，騎童自押小甌車。"

【金韝】

同"金鞲"。此體元代已行用。見該文。

袖籠

錦帛所製之捍。此稱清代已行用。清王夫之有《雜物贊·袖籠》，題解云："射者衣大裯，則以幅錦裹袖，《詩》之所謂拾也。"

決

用象牙、獸骨、玉石、翡翠、瑪瑙等製作的圓環，套在大拇指上以利射箭時勾弦。此稱先秦時期已行用，亦作"抉""玦"，亦稱"韘""韘"。《詩·小雅·車攻》："決拾既佽，弓矢既調。"毛傳："決，鈎弦也。"又同書《衛風·芄蘭》："童子佩韘。"毛傳："韘，玦也，能射御則佩韘。"《周禮·夏官·繕人》："掌王之用：弓弩、矢箙、矰弋、抉拾。"鄭玄注引鄭司農曰：《詩》云：'抉拾既次。' 詩家説，或

謂抉謂引弦彄也；拾謂韝扞也。"《逸周書·器物》："象玦朱極韋素獨。" 又："樂鉍瑵參冠一竿，皆素獨。"《戰國策·楚策一》："章聞之，其君好發者，其臣抉拾。"鮑彪本抉作"決"。漢劉向《説苑·修文》："能治煩決亂者佩觿，能射御者佩韘。"漢代又稱"射決"，唐代還稱"射韝"，明代另稱"指決"，清代別稱"箭決"。《説文·韋部》："韘，射決也，所以拘弦。"《史記·蘇秦列傳》："韓卒之劍戟皆出於冥山……皆陸斷牛馬，水截鵠鴈，當敵則斬，堅甲鐵幕，革抉㕻芮，無不畢具。"司馬貞索隱："謂以革爲射決。決，射韝也。"明徐渭《雌木蘭》第一齣："指決兒薄，鞨靶兒圓。"《詞人納蘭容若手簡·致張純修》："箭決原付小力奉上，因早間偶失檢察，竟致空手往還，可笑甚矣。"

【抉】

同"決"。此體先秦時期已行用。見該文。

【玦】

同"決"。此體先秦時期已行用。見該文。

【韘】

即決。此稱先秦時期已行用。見該文。

【韘】

即決。此稱先秦時期已行用。見該文。

【射決】

即決。此稱漢代已行用。見該文。

【射韝】[2]

即決。此稱唐代已行用。見該文。

【指決】

即決。此稱明代已行用。見該文。

【箭決】

即決。此稱清代已行用。見該文。

【鈎弦】

即決。此稱先秦時期已行用。《管子·問》："鈎弦之造，戈戟之緊，其厲何若？"尹知章注："鈎弦，所以挽弦。"《詩·小雅·車攻》"決拾既佽"毛傳："決，鈎弦也。"朱熹集傳："決，以象骨爲之，著於右手大指，所以鈎弦開體。"漢代亦稱"扶""彄"。《周禮·夏官·繕人》"弓弩矢箙贈弋抉拾"鄭玄注引漢鄭司農云："抉，或謂扶，謂引弦彄也。"

【扶】

即鈎弦。此稱漢代已行用。見該文。

【彄】[4]

即鈎弦。此稱漢代已行用。見該文。

【護指】

即決。此稱明代已行用。《水滸傳》第九回："穿雲俊鶻頓絨絛，脫帽錦鵰尋護指。"清代亦稱"班指""扳指""搬指""挷指"。清曾國藩《江忠烈公神道碑銘》："上嘉公功，賞二品頂帶，賜翎管班指諸物。"《二十年目睹之怪現狀》第五回："還有一對白玉花瓶；一枝玉鑲翡翠如意；一個班指。"徐珂《清稗類鈔·服飾·扳指》："扳指，一作搬指，又作挷指，又作班指，以象牙、晶玉爲之，著於右手之大指，實即古所謂韘。韘，決也，所以鈎弦也。"

【班指】

即護指。此稱清代已行用。見該文。

【扳指】

即護指。此稱清代已行用。見該文。

【搬指】

即護指。此稱清代已行用。見該文。

【挷指】

即護指。此稱清代已行用。見該文。

極

古代射箭時用的手指套。套在右手食指、中指、無名指上，便於引放弓弦。此稱先秦時期已行用。《儀禮·大射》："小射正坐，奠籌于物南，遂拂以巾，取決興，贊設決，朱極三。"鄭玄注："極猶放也，所以韜指利放弦也，以朱韋爲之。三者，食指、將指、無名指。無極放弦，契於此指，多則痛。小指短，不用。"胡培翬正義："此君極，朱而用三，若臣則用二。"按，將指即中指。《逸周書·器服》："象玦朱極韋素獨。"朱右曾校釋："極，所以韜指利放弦也。"

紲

控制獵馬等的繮繩。此稱先秦時期已行用，晋代亦稱"馬繮"。《左傳·僖公二十四年》："臣負覊紲，從君巡于天下。"晋杜預注："覊，馬覊。紲，馬繮。"元代又稱"馬韁"。元揭傒斯《曹將軍下槽馬圖》詩："朱絲不是凡馬韁，天閑十二皆龍驤。"清蒲松齡《大人行》："圉卒毒掠肢殘傷，驛吏鞭背掣馬韁。"

【馬繮】

即紲。此稱晋代已行用。見該文。

【馬韁】

即紲。此稱元代已行用。見該文。

策

驅趕牛馬等役畜用的鞭棒。此稱先秦時期已行用，晋代亦作"筴"。《左傳·襄公十七年》："左師爲己短策，苟過華臣之門必騁。"孔穎達疏引服虔曰："策，馬捶也。"漢桓寬《鹽鐵論·後刑》："良工不能無策而御。"《漢書·萬石君傳》："慶爲太僕，御出，上問車中幾馬，慶以策數馬畢，舉手曰：'六馬。'"晋葛洪《抱朴子·正郭》：“遨集京邑，交關貴游，輸刋筴弊，匪遑啓處。”明馮夢龍《智囊補·捷智·宗典等》：“宇文泰與侯景戰，泰馬中流矢，驚逸，泰墜地，東魏兵及之，左右皆散，李穆下馬，以策擊泰背。”

【筴】

同“策”。此體晋代已行用。見該文。

馬挃

策馬用的鞭子。此稱先秦時期已行用，漢代亦作“馬箠”，亦稱“馬策”，明代又作“馬垂”。《莊子·至樂》：“莊子之楚，見空髑髏，髐然有形，撽以馬挃。”《史記·劉敬叔孫通列傳》：“太王以狄伐故，去豳，杖馬箠居岐，國人爭隨之。”漢劉向《新序·善謀上》：“夫武臣張耳、陳餘杖馬策下趙數十城。”宋梅堯臣《依韵和揚州許待制竹挂杖》：“鳩形殊用刻，馬箠不同功。”宋秦觀《送李端叔從辟中山》詩：“念君遠行役，中夜憂反側。攬衣起成章，贈以當馬策。”明周清原《西湖二集·會稽道中義士》：“馬垂問髐形，南面欲起語。”清蒲松齡《嶗山觀海市作歌》：“直將長袖抴三臺，馬策欲撾天門開。”清和邦額《夜譚隨録·董如彪》：“董（董恒）怒發如雷，馬箠亂下如雨，封頭面皆破，流血滿衣，釋手而退。”

【馬箠】

同“馬挃”。此體漢代已行用。見該文。

【馬垂】

同“馬挃”。此體明代已行用。見該文。

【馬策】

即馬挃。此稱漢代已行用。見該文。

【馬鞭】

即馬挃。此稱大約魏晋已行用，清代亦稱“馬鞭子”。《三國志·魏書·袁紹傳》：“配聲氣狀烈，終無撓辭，見者莫不嘆息，遂斬之。”裴松之注引《先賢行狀》：“是日生縛配，將詣帳下，辛毗等逆以馬鞭擊其頭。”《隋書·李德林傳》：“德林從駕還在途中，高祖以馬鞭南指。”《儒林外傳》第二一回：“左手拿着馬鞭子，右手捻着鬍子。”

【馬鞭子】

即馬鞭。此稱清代已行用。見該文。

【馬檛】

即馬挃。此稱晋代已行用，唐代亦稱“馬杖”，省稱“檛”，亦作“馬撾”。《左傳·文公十三年》“繞朝贈之以策”晋杜預注：“策，馬檛。”陸德明釋文：“檛，張瓜切，馬杖也。”《漢書·張耳陳餘傳》：“夫武臣、張耳、陳餘，杖馬箠下趙數十城，亦各欲南面而王。”唐顔師古注：“箠爲馬檛也。”唐袁郊《甘澤謡·紅綫》：“使者以馬檛扣門，非時請見。”宋蘇軾《是日至下馬磧憩於北山僧舍》詩：“吏士寂如水，蕭蕭聞馬檛。”宋黄庭堅《寄耿令幾父過新堂邑作迺幾父舊治之地》詩：“勉哉恩愛日，贈言同馬檛。”

【馬撾】

同“馬檛”。此體唐代已行用。見該文。

【檛】

“馬檛”之省稱。此稱唐代已行用。見該文。

【馬杖】

即馬檛。此稱唐代已行用。見該文。

勒

帶嚼子的馬絡頭。此稱先秦時期已行用。《儀禮·既夕禮》：“皮弁服，纓轡貝勒，縣于衡。”《東觀漢記·馬皇后傳》：“上望見車騎鞍勒，皆純黑，無金銀采飾。"唐杜甫《哀江頭》詩："輦前才人帶弓箭，白馬嚼齧黃金勒。"明沈鯨《雙珠記·從軍別意》："玉驄金勒已嘶頻，亂雲山色燕城晚。"

勒面

馬面飾，用白黑二色熟皮製成。此稱先秦時期已行用。《周禮·春官·巾車》："王后之五路，重翟，錫面，朱總。厭翟，勒面，繢總。安車，彫面，鷖總。皆有容蓋。"鄭玄注："勒面，謂以如王龍勒之韋，爲當面飾也。"《隋書·儀禮志五》："雕輅、篆輅，皆勒面，繢總。"

馬鞍

置於馬背供人騎坐的器具。兩頭高，中間低。此稱漢代已行用。《玉臺新詠·古詩爲焦仲卿妻作》："舉手拍馬鞍，嗟歎使心傷。"唐杜甫《王竟攜酒高亦同過》詩："自愧無鮭菜，空煩卸馬鞍。"《新唐書·地理志三》："〔太原府太原郡〕土貢：銅鏡、鐵鏡、馬𩍐、梨、蒲萄酒及煎玉粉屑。"

韂

馬鞍下的墊子，藉指馬鞍、馬。此稱晋代已行用，北魏起亦作"韉"，唐代起又作"鞯"。《晋書·張方傳》："於是軍人便亂入宮閣，爭割流蘇武帳而爲馬韂。"《魏書·段承根傳》："暉置金於馬韂中，不欲逃走，何由爾也？"唐李賀《馬詩》之一一："内馬賜宮人，銀韂刺麒麟。"唐李真《丈人樂山詩》："春凍曉韂露重，夜寒幽枕雲生。"宋王安石《次楊樂道韻》之六："東門人物亂如麻，想見新韂照路華。"明顧大典《青衫記·郊游訪興》："六街歌舞馬頭塵，最喜連韂是故人。"清孔尚任《桃花扇·沉江》："跨上白騾韂，空江野路，哭聲動九原。"

【韉】

同"韂"。此體南北朝時期已行用。見該文。

【鞯】

同"韂"。此體唐代已行用。見該文。

馬靽

拴馬用的繩子。此稱南北朝時期已行用，宋代亦作"馬絆"，清代亦稱"馬絡"。《北史·宋弁傳》："軍人有盜馬靽者，斬而徇，於是三軍震懼，莫敢犯法。"宋洪邁《夷堅支志乙·馬將軍田俊》："方解衣將寢，忽一鬼朱髮青軀，高七八尺，自外入，解其馬絆。"清王士禛《池北偶談·談異七·空中婦人》："見空中一婦人，乘白馬華袿素幝；一小奴牽馬絡，自北而南。"

【馬絆】

同"馬靽"。此體宋代已行用。見該文。

【馬絡】

即馬靽。此稱清代已行用。見該文。

豹文鞯

用豹紋皮製作的馬鞍，藉指駿馬。此稱唐代已行用。《舊唐書·王毛仲傳》："初，太宗貞觀中，擇官户蕃口中少年驍勇者百人，每出游獵，令持弓矢於御馬前射生，令騎豹文鞯，著畫獸文衫，謂之'百騎'。"

鞯汗

馬鞍下的墊子。其飾垂於馬的汗溝處，故稱。此稱唐代已行用。唐杜牧《長安雜題長句》之二："韓嫣金丸莎覆綠，許公鞯汗杏黏紅。"

鞯面

馬鞍下墊子的面料層。此稱唐代已行用。《舊唐書·五行志》："〔安樂公主〕又令尚方取百獸毛爲鞯面，視之各見本獸形。韋后又集鳥毛爲轡面。”

控

控制獵馬等用的器具，如嚼子、繮繩等。此稱宋代已行用。宋文天祥《與胡都丞穎書》：“輒遣一介，先道其私，幸豫戒猿鶴，勿以俗駕爲拒。率然馳控，倚卜面叙。”

馬銜

勒在獵馬等口裏的小鐵鏈。此稱宋代已行用。宋趙與時《賓退録》卷三：“夏文莊嘗有《寄題琵琶亭》一絶云：‘流光過眼如車轂，薄宦拘人甚馬銜。若遇琵琶應大笑，何須泣淚滿青衫。’”明代起亦稱“馬嚼環”“馬嚼”“馬勒”。《金瓶梅詞話》第八回：“〔王婆〕向前一把手把馬嚼環扯住。”又第七一回：“西門慶再三固辭，何千户令手下把馬嚼拉住……於是併馬相行。”明李時珍《本草綱目·金石一·諸鐵器》：“馬銜，即馬勒口鐵也。”

【馬嚼環】

即馬銜。此稱明代已行用。見該文。

【馬嚼】

即馬銜。此稱明代已行用。見該文。

【馬勒】

即馬銜。此稱明代已行用。見該文。

馬鞍鞒

馬鞍上拱起的部分，或指馬鞍。此稱元代已行用。元鄭光祖《智勇定齊》第四折：“白馬金鞍碧玉鞒，無鹽端的是英豪。”《金瓶梅詞話》第二七回：“第三是那邊塞上戰士，頭頂重盔，身披鐵甲，渴飲刀頭血，困歇馬鞍鞒，經年征戰，不得回歸。”

馬鈴

繫在馬身上的鈴鐺。此稱明代已行用。《初刻拍案驚奇》卷九：“那管門的老院公，聽見墻外有馬鈴響，走出來看，只見這一個騎馬郎君，呆呆的對墻裏觀看。”

第五節　狩獵裝置、場地考

狩獵設施指爲開展狩獵活動而建立的大型裝置、場地、房屋等，如防禦或用以捕捉禽獸的陷阱，依山谷而作的遮捕禽獸的欄圈或圍陣，包圍起來用於打獵的場地，供狩獵者瞭望或射箭等的高臺及居住的房屋等。

井

防禦或用以捕捉禽獸的陷阱。其上浮蓋僞裝物，禽獸踩踏即可掉入坑裏。此稱先秦時期已行用，亦作“阱”“宑”，亦稱“陷”。《易·井》：“舊井無禽。”王引之《經義述聞·周易上》：“井當讀爲阱。”高亨注：“‘舊井’之井，謂捕獸之陷井，陷井它書多作陷阱，古無阱字，只作井。”漢代亦稱“埳”。《説文·井部》：

"阱，陷也。窞，阱或从穴。"段玉裁注："穿地陷獸，於大陸作之如井。"唐玄應等《一切經音義》卷一引《倉頡篇》："窞謂掘地為坑，張禽獸者也。"《周禮·秋官·雍氏》："春令為阱擭溝瀆之利於民者，秋令塞阱杜擭。"鄭玄注："阱，穿地為塹，所以禦禽獸。其或超踰則陷焉，世謂之陷阱。"《書·費誓》："敜乃穽。"孔傳："穽，穿地陷獸，當以土敜之。"孔穎達疏："穽以捕小獸，穿地為深坑，入必不能出，其上不設機也。"《韓非子·六反》："犯而誅之，是為民設陷也。"漢陳琳《為袁紹檄豫州》："舉手挂網羅，動足觸機埳。"《漢書·司馬遷傳》："猛虎處深山，百獸震恐，及其在穽檻之中，搖尾而求食，積威約之漸也。"唐駱賓王《釣磯應詰文》："猛獸搏也，拘於檻穽。"清陳廷敬《平滇雅三篇》之三："獸窮於阱。"

【阱】

　　同"井"。此體先秦時期已行用。見該文。

【穽】

　　同"井"。此體先秦時期已行用。見該文。

【陷】

　　即井。此稱先秦時期已行用。見該文。

【埳】

　　即井。此稱漢代已行用。見該文。

【陷阱】

　　即井。此稱先秦時期已行用。《禮記·中庸》："人皆曰予知，驅而納諸罟擭陷阱之中，而莫之知辟也。"孔穎達疏："陷阱，謂坑也。穿地為坎，豎鋒刃于中以陷獸也。"《漢書·食貨志下》："夫縣法以誘民，使入陷阱。"顏師古注："阱，穿地以陷獸也。"宋陸游《初歸雜咏》："平地本知多陷阱，群兒隨處覓梯媒。"清戴名世《盲者

說》："俍俍焉躓且蹶而不之悟，卒蹈於網羅入於陷阱者，往往而是。"漢代起亦作"陷穽"。《後漢書·寇榮傳》："臣思入國門，坐於肺石之上，使三槐九棘平臣之罪。而閽闥九重，陷穽步設。"唐李白《君馬黃》詩："猛虎落陷穽，壯士時屈厄。"清紀昀《閱微草堂筆記·如是我聞三》："汝何必自投陷穽也。"漢代亦稱"阬埳"。《後漢書·蔡邕傳》："衰老白首，橫見引逮，隨臣摧沒，并入阬埳，誠冤誠痛。"唐代又作"窨穽"。唐韓愈《守戒》："今人有宅於山者，知猛獸之為害，則必高其柴棳而外施窨穽以待之。"清代還稱"陷坑"。《儒林外史》第三九回："前日總鎮馬大老爺出兵，竟被青楓城的番子用計挖了陷坑，連人和馬都跌在陷坑裏。"見"井"文。

【陷穽】

　　同"陷阱"。此體漢代已行用。見該文。

【窨穽】

　　同"陷阱"。此體唐代已行用。見該文。

【阬埳】

　　即陷阱。此稱漢代已行用。見該文。

【陷坑】

　　即陷阱。此稱清代已行用。見該文。

【阬穽】

　　即井。此稱漢代已行用。漢陳琳《為袁紹檄豫州》："罾繳充蹊，阬穽塞路。"晉葛洪《抱朴子·仁明》："赴阬穽而無猜，入罻羅而不覺。"唐玄奘《大唐西域記·室羅伐悉底國》："執法者奉王教，刖其手足，投諸阬穽。"《明律·刑律二·窩弓殺傷人》："凡打捕戶，於深山曠野猛獸往來去處，穿作阬穽及安置窩弓。"宋代亦作"阬阱"。《宋史·趙通傳》："〔卜漏〕乃壘石為城，外樹木柵，當道穿阬阱。"清代又作"坑阱"。

清李漁《凰求鳳·翻卷》："非聘，被人勾引入天臺，原不是自投坑阱。"

【阬阱】

同"阬穽"。此體宋代已行用。見該文。

【坑阱】

同"阬穽"。此體清代已行用。見該文。

虎穽

防禦或捕捉老虎用的陷阱。此稱唐代已行用。唐李商隱《商於新開路》詩："六百商於路，崎嶇古共聞。蜂房春欲暮，虎穽日初曛。"元郝經《原古上元學士》詩："今乃得溟勃，問津有龜鏡。挈我登龍門，綆我出虎穽。"

杜格

陷阱中的尖樁，多用柞木製作。可防禦或捕捉禽獸，亦可據以阻礙軍行。此稱先秦時期已行用，亦稱"鄂""柞格"。《墨子·備蛾傅》："杜格，貍四尺，高者十丈，木長短相雜，兑其上，而外内厚塗之。"孫詒讓閒詁："杜格義難通，疑當作柞格。《國語·魯語》云：'設穽鄂。'韋注云：'穽，柞格也。'柞、杜形近而誤。"岑仲勉注："柞格者阻礙軍行之物，或即柞鄂。"按，"柞格"原作"杜格"，據孫詒讓説改。漢代起亦稱"柞鄂"。《周禮·秋官·雍氏》"春令爲阱擭"漢鄭玄注："擭，柞鄂也。"賈公彥疏："柞鄂者，或以爲豎柞於中，向上鄂鄂然，所以載禽獸，使足不至地，不得躍而出，謂之柞鄂也。"唐代亦稱"柞楉"。《禮記·中庸》："驅而納諸罟擭陷阱之中。"唐孔穎達疏："擭，謂柞楉也。"

【鄂】

即杜格。此稱先秦時期已行用。見該文。

【柞格】

即杜格。此稱先秦時期已行用。見該文。

【柞鄂】

即杜格。此稱漢代已行用。見該文。

【柞楉】

即杜格。此稱唐代已行用。見該文。

轅門

古代帝王巡狩、田獵止宿處以車爲藩，出入時仰起兩車，車轅相嚮，稱爲轅門。此稱先秦已行用。《周禮·天官·掌舍》："設車宮、轅門。"鄭玄注："謂王行止宿阻險之處，備非常。次車以爲藩，則仰車以其轅表門。"

阹

依山谷而作的遮捕禽獸用的欄圈或圍陣。此稱漢代已行用，亦稱"周阹"。《史記·司馬相如列傳》："河江爲阹，泰山爲櫓。"裴駰集解引郭璞曰："櫓，望樓也。因山谷遮禽獸爲阹。"《文選·揚雄〈長楊賦序〉》："以網爲周阹，縱禽獸其中。"李善注引李奇曰："阹，遮禽獸圍陣也。"《文選·左思〈吳都賦〉》："阹以九疑，御以沅、湘。"劉逵注："阹，闌也，因山谷以遮獸也。"唐李白《〈大獵賦〉序》："《長楊》誇胡設網，爲周阹，放麋鹿其中，以搏攫充樂。"又其《大獵賦》："而南以衡、霍作襟，北以岱、桓作阹。"王琦注引蘇林曰："獵者圍陣遮禽獸也。"清魏源《聖武記》卷七："又旁布奇兵箐外，以截遁逸，如阹網獸，漁竭澤，重重合圍，以漸進偪。"

【周阹】

即阹。此稱漢代已行用。見該文。

柴援

遮捕禽獸用的柵欄、籬笆。此稱唐代已行

用。唐韓愈《守戒》："知猛獸之爲害，則必高其柴楥而外施窞穽以待之。"

營圍

包圍起來用於打獵的場地。此稱漢代已行用。《後漢書・馬融傳》："於時營圍恢廓，充斥川谷，罦罝羅羉，彌綸阬澤，皋牢陵山。"晋代起省稱"圍"，或稱"狩地"。晋張協《七命》："於是撤圍頓罔，卷旆收鳶。"《春秋・桓公四年》"公狩于郎"晋杜預注："冬獵曰狩……周之春，夏之冬也，田狩從夏時。郎非國内之狩地，故書地。"《隋書・禮儀志三》："〔監獵〕布圍……百官戎服騎從，鼓行入圍。諸將并鼓行赴圍。"唐代亦稱"行圍"。唐李白《觀獵》詩："江沙横獵騎，山火繞行圍。"宋代起又稱"圍場"。《宋史・禮志二四》："太祖建隆二年，始校獵於近郊，先出禁軍爲圍場。"元陳以仁《存孝打虎》第二折："〔周德威云〕元帥，除非是打圍射獵得見。〔李克用云〕既是這等，義兒家將，你聽咱，快布圍場出塞沙。"

【圍】

"營圍"之省稱。此稱晋代已行用。見該文。

【狩地】

即營圍。此稱晋代已行用。見該文。

【行圍】

即營圍。此稱唐代已行用。見該文。

【圍場】

即營圍。此稱宋代已行用。見該文。

【獵場】

即營圍。此稱南北朝時期已行用。南朝宋劉義慶《世説新語・言語》："〔孫盛〕從獵，其二兒俱行，庾公不知，忽於獵場見齊莊。"清孫枝蔚《走狗塘》詩："吴王厭對宫中柳，獵場日暮不回首。"宋代亦稱"游場"。宋王禹偁《籍田賦》："撫御耦以無怠，履游場而有踪。"元代又稱"斷場"。元李五《虎頭牌》第一折："是叔叔嬸子，且收了斷場，快家去來。"清代還稱"獼場"。清昭槤《嘯亭雜録・西域用兵始末》："兆文襄由博羅布爾蘇，富公由賽里木如獼場中分兩翼合圍，約相會於伊犂。凡山陬水涯，可漁獵資生之地，悉搜剔無遺。"徐珂《清稗類鈔・戰事・兆惠富德平準噶爾》："兆由博羅布爾蘇，富由賽里木，如獼場中分兩翼合圍，約相會於伊犂。"

【游場】

即獵場。此稱宋代已行用。見該文。

【斷場】

即獵場。此稱元代已行用。見該文。

【獼場】

即獵場。此稱清代已行用。見該文。

【哨】

即營圍。此稱清代已行用。清吴振棫《養吉齋叢録》卷一四："曩時，歲行秋獼，中秋後一日始，由山莊啓蹕進哨。"又卷一六："進哨行圍，大駕親御弓矢，殪猛獸。"《清續文獻通考・王禮十二》："今歲值有閏月，哨内已降霜雪。"清魏源《聖武記》卷一〇："初，上行獼至伊瑪圍，將進哨，忽山潦驟發，遂旋蹕。"

哨鹿

一種狩獵方式。打獵時吹哨模仿鹿聲以引鹿而殺之。此稱清代已行用。《清續文獻通考・王禮十二》："每歲白露後，鹿始出聲而鳴。效其聲呼之可至，謂之'哨鹿'。國語曰'木蘭'。今以爲圍場之通稱。"按，國語，指滿語。見該文。

木蘭

清代獵場，約今河北省圍場縣地。"木蘭"係滿語，意爲"吹哨引鹿"。清代皇帝常於每年秋率王公權要等到此圍獵習武。雍正時，四周立柵，關防甚嚴。咸豐以後，逐漸放墾，民衆漸集。此稱清代已行用。清魏源《聖武記》卷三："本朝撫綏蒙古之典，以木蘭秋獮爲最盛。木蘭者，圍場之通稱也。"原注："仲秋之後，虞人效鹿鳴以致鹿曰哨鹿，國語謂之木蘭，因以名圍場云。"《清通典·禮軍一》："每歲巡幸木蘭，大舉秋獮之典。"

春場

春季射雉的場所。此稱南北朝時期已行用。這種場所，至遲西晋已經出現，《文選·潘岳〈射雉賦〉》及吕延濟注所載甚詳，祇是無其名而已。其名自北周之後時常見詩篇描述，如北周庾信《鬥鷄》詩："狸膏燻鬥敵，芥粉壒春場。"唐李商隱《公子》詩："春場鋪艾帳，下馬雉媒嬌。"宋楊億《南朝》詩："繁星曉棟聞鷄渡，細雨春場射雉歸。"

【雉場】

即春場。此稱南朝宋已行用。《宋書·始安五休仁傳》："吾春中多期射雉，每休仁清閑，多往雉場。"《南史·褚炫傳》："〔褚炫〕從宋明帝射雉，帝至日中無所得，甚猜羞。召問侍臣曰：'吾旦來如皋，遂空行，可笑。'坐者莫答。炫獨曰：'今節候雖適，而雲霧尚凝……'帝意解，乃於雉場置酒。"

射防

打獵場所的界限，驅獸於内，越而不追。此稱漢代已行用。漢袁康《越絶書·越絶外傳記地傳》："因奏吴上姑蘇臺，則治射防于宅亭、

賈亭北。"參閲《穀梁傳·昭公八年》及《廣雅·釋天》。

徼墨

打獵時燒田的區域。此稱漢代已行用，亦作"徼壓"。《文選·枚乘〈七發〉》："馳騁角逐，慕昧争先；徼墨廣博，觀望之有圻。"唐李善注："墨，燒田也；言逐獸于燒田廣博之所，而觀望之有圻埒也。墨或爲壓也。"

【徼壓】

同"徼墨"。此體唐代已行用。見該文。

後表

古代田獵時樹木爲表，用以標識步數，并正進退行列。北面的一表稱後表。此稱先秦時期已行用。《周禮·夏官·大司馬》："虞人萊所田之野爲表，百步則一，爲三表，又五十步爲一表，田之日，司馬建旗於後表之中。"賈公顔疏："從南頭立表，以北頭爲後表也。"

鴻臺

秦始皇二十七年（公元前220）所築高臺。因其曾於臺上射鴻，故稱。此稱先秦時期已行用。《三輔黄圖·長樂宫》："鴻臺，秦始皇二十七年築，高四十丈，上起觀宇，帝嘗射鴻於臺上，故號鴻臺。"《漢書·惠帝紀》："長樂宫鴻臺災。"《藝文類聚》卷五七引漢劉梁《七舉》："鴻臺百層，千雲參差。"

看城

清代皇帝打獵時設在高地的瞭望點。此稱清代已行用。清昭槤《嘯亭雜録·木蘭行圍制度》："離駐蹕行營約略二三里許，惟視高敞處設黄幕，幄中設氈帳，是之謂看城。"

内帳

帝后巡幸、游獵時所居的帳篷。此稱南北

朝時期已行用。《北史·牛弘傳》:"從拜恒岳……還下太行山,煬帝嘗召弘入內帳,對皇后賜以同席飲食。"

鵰帳

射鵰人(泛指獵人)的帳幕。此稱唐代已行用。唐馬戴《別靈武令狐校書》詩:"雁池戎馬飲,鵰帳戍人過。"

周斐

游獵地區一種用樺樹皮構築的輕便可移的房子。此稱清代已行用。清阮葵生《茶餘客話》卷一三:"周斐:樺木之用在皮,厚者盈寸,取以爲室,上覆爲瓦,旁爲牆壁戶牖。體輕而工省,逐獸而頻移。"

燒火

夜間打獵所用火把等。夜間打獵活動早有記載,稱爲"燎獵""宵田""夜獵"等。如漢焦贛《易林·旅之鼎》:"文君燎獵,呂尚獲福。"漢王符《潛夫論·賢難》:"昔有司原氏者,燎獵中野。"汪繼培箋:"《爾雅·釋天》:'宵田爲燎。'郭注:'即今夜獵載鑪照也。'"晉葛洪《抱朴子·微旨》:"春夏燎獵,晷冒神靈。""燒火"之稱,南北朝時期已行用。南朝陳張正見《和諸葛覽從軍游獵》:"雲根飛燒火,鳥道絕禽蹤。"唐李世民《出獵》詩:"寒野霜氛白,平原燒火紅。"唐代亦稱"獵火"。唐高適《燕歌行》:"校尉羽書飛瀚海,單于獵火照狼山。"

【獵火】

即燒火。此稱唐代已行用。見該文。

第六節　狩獵訓練器具、設施考

狩獵訓練器具指爲開展狩獵訓練活動而製造的物品,如弓弩、箭器、彈丸、小型箭靶等;狩獵訓練設施指爲開展狩獵活動而建立的裝置、場地、房屋等,如大型箭靶、箭道、射堂等。

恒矢

周代八矢之一。用於習射、禮射。此稱先秦時期已行用。《周禮·夏官·司弓矢》:"恒矢、庳矢,用諸散射。"鄭玄注:"恒矢,安居之矢也。庳矢,象也。二者皆可以散射也,謂禮射及習射也。"林尹注:"恒矢、庳矢前後輕重平均,其行較平穩,用以禮射、習射等。"

庳矢

古代八矢之一。用於習射、禮射。此稱先秦時期已行用。見"恒矢"文。

志矢

訓練用箭。無鏃。此稱先秦時期已行用,漢代起省稱"志"。《儀禮·既夕禮》:"志矢一乘,軒輖中,亦短衛。"鄭玄注:"志,猶擬也,習射之矢。"李如圭集釋："志矢不言鏃，則無鏃也。"《爾雅·釋器》："骨鏃不翦羽謂之志。"

【志】

"志矢"之省稱。此稱漢代已行用，見該文。

侯

方十尺的箭靶。泛指箭靶，可用於習射。此稱先秦時期已行用。《詩·齊風·猗嗟》："終日射侯，不出正兮。"《周禮·天官·司裘》"皆設其鵠"漢鄭玄注："方十尺曰侯，四尺曰鵠，二尺曰正，四寸曰質。"明高啓《大駕親祀方丘選射齋宫奉次御製韵》："郊射貫侯初復古，汾祠獲鼎未云奇。"漢代起亦作"矦"。《説文·矢部》："矦，春饗所射矦也。从人，从厂，象張布，矢在其下。"清李調元《卍齋瑣録》卷一："射侯古皆作矦……古者以射選賢，中者獲封爵，故因謂之諸侯。"

【矦】

同"侯"。此體漢代已行用。見該文。

鵠

方四尺的箭靶。泛指箭靶。此稱先秦時期已行用。《儀禮·大射》："遂命量人巾車張三侯，大侯之崇見鵠於參，參見鵠於干，干不及地武。"鄭玄注："鵠，所射之主。"元袁桷《王叔載以江梅有佳實托根桃李場爲韵見貽因次其韵》："君才如江梅，不入桃李場；徬徨念先猷，貫鵠始挽彊。"清查慎行《恭和御製初夏新晴較射》："隔花初樹鵠，穿葉不驚鶯。"清代起亦稱"鵠子"。《紅樓夢》第七五回："天香樓下箭道内立了鵠子，皆約定每日早飯後時射鵠子。"《兒女英雄傳》第一一回："他還是射鵠子呢，還是射帽子呢？"見"侯"文。

【鵠子】

即鵠。此稱清代已行用。見該文。

正

方二尺的箭靶。泛指箭靶。此稱先秦時期已行用，漢代起亦稱"侯中"。《詩·齊風·猗嗟》"不出正兮"漢鄭玄箋："正，所以射於侯中者。"孔穎達疏："正者，侯中所射之處。"北周庾信《三月三日華林園馬射賦》："正繪五采之雲，壺寧百福之酒。"見"侯"文。

【侯中】

即正。此稱漢代已行用。見該文。

質 [2]

方四寸的箭靶。泛指箭靶。此稱先秦時期已行用，見《周禮·天官·司裘》。《後漢書·馬融傳》："流矢雨墜，各指所質。"明徐光啓《器勝策》："能射鳥二三百步，騎而馳，而擊方寸之質。"見"侯"文。

槷

方六寸的箭靶。泛指箭靶。此稱漢代已行用，亦作"臬"。《小爾雅·廣器》："射有張皮謂之侯，侯中者謂之鵠，鵠中者謂之正，正方二尺，正中者謂之槷，槷方六寸。"漢張衡《東京賦》："桃弧棘矢，所發無臬；飛礫雨散，剛癉必斃。"

【臬】

同"槷"。此體漢代已行用。見該文。

正鵠

箭靶的中心。泛指箭靶。此稱先秦時期已行用。《禮記·中庸》："子曰：'射有似乎君子，失諸正鵠，反求諸其身。'"鄭玄注："畫布曰正，棲皮曰鵠。"陸德明釋文："正、鵠皆鳥名也。一曰：正，正也；鵠，直也。大射則張皮侯而棲鵠，賓射張布侯而設正也。"唐李咸用《和友人喜相遇》詩之一："且固初心希一試，箭穿正鵠豈無緣。"清王闓運《李仁元傳》："然子知射乎？志正體直以求正鵠，此射者之所能也。"

【的】

即正鵠。此稱先秦時期已行用。《荀子・勸學》："是故質的張而弓矢至焉。"楊倞注："質，射侯；的，正鵠也。"《晋書・謝尚傳》："嘗與翼（庾翼）共射。翼曰：'卿若破的，當以鼓吹相賞。'尚應聲中之。翼即以其副鼓吹給之。"唐姚承構《張侯下綱判對》："矢流貫的，侯服親於主皮；樂奏《采蘩》，笙鏞備於和體。"唐韓偓《送人棄官入道》詩："側身期破的，縮手待呼盧。"宋梅堯臣《依韻和韓子華陪王舅道損宴集》："邀射弓鉤開，破的翦羽白。"漢代亦稱 "藝" "藝" "準的" "射準"。《史記・司馬相如列傳》："弦矢分，藝殪僕。"裴駰集解引徐廣曰："射準的曰藝。"《漢書・司馬相如傳上》作 "藝"，顔師古注："藝爲射的。"《文選・司馬相如〈上林賦〉》"弦矢分，藝殪仆"郭璞注引漢文穎曰："所射準的爲藝。"《淮南子・兵略訓》："夫射，儀度不得，則格的不中。"高誘注："的，射準也。"晋葛洪《抱朴子・廣譬》："準的陳，則流鏑赴矣。"北齊顏之推《顏氏家訓・雜藝》："別有博射，弱弓長箭，施於準的，揖讓昇降，以行禮焉。"清代又稱 "射的"。清龔自珍《以天台宗修净土偈》："如盡大地以爲射的，豈有箭發而不中者哉！"

【藝】

即的。此稱漢代已行用。見該文。

【藝】

即的。此稱漢代已行用。見該文。

【準的】

即的。此稱漢代已行用。見該文。

【射準】

即的。此稱漢代已行用。見該文。

【射的】

即的。此稱清代已行用。見該文。

【鵠的】

即正鵠。此稱先秦時期已行用。《戰國策・齊策五》："今夫鵠的，非咎罪於人也，便弓引弩而射之，中者則善，不中則愧。"漢代起亦稱 "質的" "準執"。《淮南子・原道訓》："先者敗績，則後者違之。由此觀之，先者則後者之弓矢質的也。"高誘注："質的，射者之準執也。"宋孫奕《履齋示兒編・正誤・正鵠》："鵠高遠而難中，故射者取以爲質的焉。"

【質的】

即鵠的。此稱漢代已行用。見該文。

【準執】

即鵠的。此稱漢代已行用。見該文。

【椹質】

即正鵠。此稱先秦時期已行用。《周禮・夏官・司弓矢》："王弓弧弓，以授射甲革椹質者。"鄭玄注："質，正也。樹椹以爲正。"漢代亦稱 "格"。《淮南子・兵略訓》："射儀，度不得，則格的不中。"高誘注："格，射之椹質也。"

【格】 [2]

即椹質。此稱漢代已行用。見該文。

【暈】

即正鵠。此稱南北朝時期已行用。北周庾信《三月三日華林園馬射賦》："珊雲五色，的暈重圓。”倪瑤注：“的暈謂射侯之中如月暈。”
宋韓琦《宴射》詩：“分朋角勝各記暈。”亦稱
“貼暈”。宋林逋《射弓次寄彭城四君》詩：“襟
掩皂貂斜，晴鼙響水涯。箭翎沈白雪，貼暈破
微霞。”

【貼暈】

即暈。此稱宋代已行用。見該文。

【遮齊】

即正鵠。遮，古代覆在箭垛正面的布帛製
品，上畫五個由小到大的同心圓圈；齊，中心。
此稱唐代已行用。唐張鷟《游仙窟》：“五嫂曰：
‘張郎射長垛如何？’僕答曰：‘且得不闕事而
已。’遂射之，三發皆遶遮齊，衆人稱好。”

招

箭靶。此稱先秦時期已行用，亦稱“彀”。
《戰國策·楚策四》：“〔黃雀〕不知夫公子王孫，
左挾彈，右攝丸，將加己乎十仞之上，以其類
（頸）爲招。”《管子·小稱》：“匠人有以感斤欘，
故繩可得斷也；羿有以感弓矢，故彀可得中
也。”尹知章注：“彀，謂射質棲皮者也。”銀雀
山漢墓竹簡《孫臏兵法·兵情》：“矢輕重得，前
後適，而弩張正，其送矢壹，發者非也，猶不
中招也。”漢代又稱“埻的”。《呂氏春秋·本生》
“萬人操弓，共射其一招，招無不中”漢高誘
注：“招，埻的也。”唐代還稱“標的”。唐韓愈
《國子助教河東薛君墓志銘》：“後九月九日，大
會射，設標的，高出百數十尺，令曰：中，酬
錦與金若干。”

【彀】

即招。此稱先秦時期已行用。見該文。

【埻的】

即招。此稱漢代已行用。見該文。

【標的】

即招。此稱唐代已行用。見該文。

虎侯

飾以虎皮的箭靶。周代供王射箭用。此稱
先秦時期已行用。《周禮·天官·司裘》：“王大
射，則共虎侯、熊侯、豹侯，設其鵠。”鄭玄
注：“侯者，其所射也。以虎、熊、豹、麋之皮
飾其側……王之大射，虎侯，王所自射也；熊
侯，諸侯所射；豹侯，卿大夫以下所射。”

熊侯

飾以熊皮的箭靶。周代供諸侯射箭用。此
稱先秦時期已行用。《周禮·天官·司裘》“虎侯、
熊侯、豹侯”唐賈公彥疏：“熊侯者，以熊皮飾
其側，七十步之侯，諸侯射之也。”唐韋應物
《始建射侯》詩：“虎竹忝明命，熊侯始張皇。”

豹侯

飾以豹皮的箭靶。周代供卿大夫以下射箭
用。此稱先秦時期已行用。《周禮·天官·司裘》：
“虎侯、熊侯、豹侯。”漢鄭玄注：“豹侯，卿大
夫以下所射。”清吳偉業《贈馮訥進士教授雲
中》詩：“絳帳縣弓設豹侯，講堂割肉操鼉鼓。”

豻侯

飾以豻皮的箭靶。周代供士人射箭用。豻，
古代北方的一種野狗，似狐，黑嘴。此稱先
秦時期已行用。《周禮·夏官·射人》：“士以三
耦射豻侯。”鄭玄注：“士與士射，則以豻皮飾
侯。”賈公彥疏：“豻皮明於兩畔，以豻皮飾之，
故得豻侯之名。”孫詒讓正義：“《大射儀》注
云：‘豻侯者，豻鵠、豻飾也。’然則此豻侯亦
當兼以豻皮爲鵠，鄭止言飾者，文不具。”

五采之侯

彩繪的箭靶。周代供王大射用，後世也

供帝王等射箭用。此稱先秦時期已行用。《周禮·考工記·梓人》："張五采之侯,則遠國屬。"鄭玄注:"五采之侯,謂以五采畫正之侯也。"唐代亦稱"畫的"。唐張說《玄武門侍射》詩:"雕弧月半上,畫的暈重圓。"宋代又稱"畫暈"。《宋史·禮志十七》:"凡游幸池苑,或命宗室、武臣射……苑中皆有射棚、畫暈的。射則用招箭班三十人,服緋紫繡衣、帕首,分立左右,以唱中否。"清代還稱"采侯"。清朱大韶《實事求是齋經義·賓射及正鵠解》:"采侯者,大射之侯也。"

【畫的】

即五采之侯。此稱唐代已行用。見該文。

【畫暈】

即五采之侯。此稱宋代已行用。見該文。

【采侯】

即五采之侯。此稱清代已行用。見該文。

獸侯

畫有獸圖的箭靶。此稱先秦時期已行用。《周禮·考工記·梓人》:"張獸侯,則王以息燕。"鄭玄注:"獸侯,畫獸之侯也。"唐崔元翰《奉和登玄武樓觀射》:"城高鳳樓聳,場迥獸侯新。"

麋侯

用麋皮製作的箭靶。此稱先秦時期已行用。《周禮·天官·司裘》:"卿大夫則共麋侯。"《儀禮·鄉射禮》:"凡侯,天子熊侯,白質;諸侯麋侯,赤質。"宋聶崇義《三禮圖·射侯·麋侯》:"《司裘》云,卿大夫則共麋侯。此謂王朝卿大夫畿內有采地者,將祭祖先,亦行大射之禮。張麋侯君臣共射焉……漢以皮方制其鵠……著於侯中,其侯道亦五十弓。侯廣鵠方丈尺之數,

亦與王之豹侯同。"

木楬

木製的箭靶。此稱先秦時期已行用。《周禮·考工記·弓人》"利射革與質"漢鄭玄注:"革,謂干盾;質,謂木楬。"

射垛

土築的箭靶。此稱漢代已行用,亦稱"射堋"。唐玄應等《一切經音義》卷一九:"《說文》:'射垛也。'《廣雅》:'堋,的也。即射堠也,以熊虎之皮飾其側。'又云:'製之以爲堋。'《通俗文》:'射堋曰堋,堋中木曰的也。'"《南史·齊紀上》:"帝威名既重,蒼梧深相猜忌,刻木爲帝形,畫腹爲射堋,自射之。"《北齊書·高隆之傳》:"顯祖曾至東山,因射謂隆之曰:'射堋上可作猛獸,以存古義,何爲置人?終日射人,朕所不取。'"宋周密《癸辛雜識別集·汴京宮殿》:"禁中錦莊前有射垛,太祖始受禪即暫坐於此。"南朝宋梁起又稱"棚""棚垛",北魏起又稱"射堋"。《太平廣記》卷三五七引南朝宋劉義慶《宣驗記·張融》:"融曾將看射,令人拾箭還,恒苦遲。融孫云:'自爲公取也。'後射纔發,便赴,遂與箭俱至棚,倏已捉矢而歸。"《說郛》卷七三引南朝梁陶弘景《真誥》:"爲道當如射箭,直往不顧,乃能徑造棚垛。"北魏酈道元《水經注·汝水》:"林中有栗堂射堋,甚閒敞,牧宰及英彥,多所游薄。"唐代起還稱"射棚"。唐段成式《酉陽雜俎續集·貶誤》:"今軍中將射鹿,往往射棚上亦畫鹿。"《宋史·禮志十七》:"苑中皆有射棚,畫暈的。"明代起或稱"躲子"。明陳與郊《義犬記》第一折:"普天下的利害,偏我做當頭陣的鎗刀;千萬口的是非,偏我做箇大教場的躲子。"

【射堋】

即射垛。此稱漢代已行用。見該文。

【堋】

即射垛。此稱南北朝時期已行用。見該文。

【堋垛】

即射垛。此稱南北朝時期已行用。見該文。

【射埻】

即射垛。此稱南北朝時期已行用。見該文。

【射棚】

即射垛。此稱唐代已行用。見該文。

【躲子】

即射垛。此稱明代已行用。見該文。

鐵簾

鐵製的箭靶。此稱宋代已行用。宋葉適《中大夫直敷文閣兩浙運副趙公墓志銘》：“始，有旨射鐵簾，公多與金銀，鼓舞將士。”《宋史·兵志九》：“淳熙間，立槍手及射鐵簾格。上謂輔臣曰：‘聞射鐵簾，諸軍鼓躍奮厲。’”

馬蹄

一種箭靶。此稱三國時期已行用。三國魏曹丕《典論·自敍》：“執事未覩夫項發口縱，俯馬蹄而仰月支也。”三國魏邯鄲淳《藝經·馬射》：“馬射左邊爲月支二枚，馬蹄三枚也。”南朝宋亦稱“玄蹄”。《文選·顏延之〈赭白馬賦〉》：“經玄蹄而電散，歷素支而冰裂。”李善注：“玄蹄，馬蹄也；素支，月支也。皆射帖名也。”

【玄蹄】

即馬蹄。此稱南北朝時期已行用。見該文。

月支

一種箭靶。此稱三國時期已行用。三國魏曹植《白馬篇》：“控弦破左的，右發摧月支。”

南朝宋亦稱“素支”，參閱顏延之《赭白馬賦》。見“馬蹄”文。

【素支】

即月支。此稱南北朝時期已行用。見該文。

懸侯

挂着的箭靶。此稱隋代已行用。《隋書·禮儀志三》：“皇帝入便殿，更衣以出，驊騮令進御馬，有司進弓矢。帝射訖，還御坐，射懸侯，又畢，群官乃射五埒。”

烏珠

箭靶上的黑心。此稱南北朝時期已行用。《南史·柳惲傳》：“〔柳惲〕嘗與琅邪王瞻博射，嫌其皮闊，乃摘梅帖烏珠之上，發必命中，觀者驚駭。”

貼

箭靶中心周圍部分。此稱唐代已行用，亦稱“栝”。唐賈島《上邠州邢司徒》詩：“箭頭破帖渾無敵，杖底敲毬遠有聲。”按，帖，一本作“栝”。《朱子語類》卷六二：“如人射箭，期於中紅心，射在貼上，亦可謂中，終不若他射中紅心者。”《金史·兵志》：“凡選弩手之制……取身與杖等，踏弩至三石，鋪弦解索登踏閑集，射六箭皆上垛，内二箭中貼者。”元無名氏《鎖魔鏡》第五折：“二郎神正射着紅心射貼，忽見正北上一點光明，二郎神又放一箭，正射破了鎖魔鏡也。”

【栝】[2]

即貼。此稱唐代已行用。見該文。

躬

箭靶的上下幅。此稱先秦時期已行用。《儀禮·鄉射禮》：“侯道五十弓。弓二寸，以爲侯中；倍中以爲躬；倍躬以爲左右舌。”鄭玄注：

"躬，身也，謂中之上下幅也，用布各二丈。"
賈公彥疏："身謂中、上中下各橫接一幅布者。"
清夏炘《學禮管釋・釋射侯》："侯之制，以布爲
之……有侯中，有躬，有左右舌。"

舌

箭靶兩旁超出躬的部分。此稱先秦時期已
行用。《儀禮・鄉射禮》"倍躬以爲左右舌"鄭
玄注："居兩旁謂之個，左右出謂之舌。"

綱³

結射侯的繩子。此稱先秦時期已行用。《周
禮・考工記・梓人》："上綱與下綱出舌尋，緄
寸焉。"鄭玄注："綱所以繫侯於植者也，上下
皆出舌一尋者，亦人張手之節也。鄭司農云：
'綱，連侯繩也；緄，籠綱者。'"《儀禮・鄉射
禮》："乃張侯下綱，不及地武。"鄭玄注："綱，
持舌繩也。"

緄

結射侯的紐襻。用以穿繩縛住箭靶上下兩
頭粗繩，使其固定。此稱先秦時期已行用。《周
禮・考工記・梓人》："上綱與下綱出舌尋，緄寸
焉。"孫詒讓正義："綱貫緄中。緄籠絡綱使不
脫，故曰籠綱。"見"綱²"文。

射堂

射箭訓練場所。此稱晉代已行用。《晉書・成
帝紀》："帝常欲於後園作射堂，計用四十金，以
勞費乃止。"唐韓翃《寄徐州鄭使君》詩："射堂
草遍收殘雨，官路人稀對夕天。"清吳偉業《楚

兩生行》："祁連高冢泣西風，射堂賓客嗟蓬鬢。"
宋代亦稱"射圃"。宋吳自牧《夢粱録・園圃》：
"射圃，走馬廊，流杯池，山洞，堂宇宏麗。"
元代又稱"射圍"。《續資治通鑑・元順帝至正七
年》："十月、辛卯，開東華射圍。"

【射圃】

即射堂。此稱宋代已行用。見該文。

【射圍】

即射堂。此稱元代已行用。見該文。

馬埒

射箭訓練場所的馳道，兩邊設有界限，以
避免獵馬跑出道外。此稱晉代已行用。《晉
書・王濟傳》："濟買地爲馬埒，編錢滿之，時人
謂之'金溝'。"唐劉禹錫《題于家公主舊宅》
詩："馬埒蓬蒿藏狡兔，鳳樓煙雨嘯愁鴟。"宋
蘇軾《次韻王晉卿和煙江疊嶂圖》："管絃去盡
賓客散，惟有馬埒編金泉。"北朝亦稱"場埒"。
《魏書・高祖紀下》："將於馬射之前，先行講武
之式，可敕有司豫修場埒。"唐代起又稱"箭
道"。唐元稹《酬竇校書二十韻》："令誇齊箭
道，力鬭抹弓弦。"《兒女英雄傳》第二四回：
"從後門順着東邊界牆，向南有個箭道，由那一
路出去，便是馬圈廚房。"

【場埒】

即馬埒。此稱南北朝時期已行用。見該文。

【箭道】

即馬埒。此稱唐代已行用。見該文。

第七節　狩獵及其訓練動物考

本節所考狩獵動物，分爲三類：一是可助人捕捉、引誘禽獸的動物，如助人捕捉禽獸的獵犬、獵馬、獵鷹，助人引誘禽獸的鳥媒、獸媒；二是被人捕捉、引誘來的禽獸，如頭鵝；三是供人飼養以備捕捉、獵殺的動物，如蓄菟。

犬

哺乳綱犬科家畜，人類最早馴化的家畜之一。耳短直立或長大下垂，聽覺靈敏。牙齒鋭利。舌長而薄，有散熱功能。前肢五趾，後肢四趾，有鈎爪。尾上捲或下垂。嗅覺敏鋭，生性機警，易受訓練。發情多在春秋兩季，持續三周，妊娠期約60天，年產兩胎，每胎產仔2~8隻。壽命15~20年。品種很多，按用途可分爲牧羊犬、獵犬、警犬、玩賞犬以及挽曳犬、皮肉用犬等。此稱先秦時期已行用，亦稱"狗"。《詩·小雅·巧言》："躍躍毚兔，遇犬獲之。"《左傳·閔公二年》："歸公乘馬，祭服五

犬
（明王圻等《三才圖會·鳥獸》）

稱，牛、羊、豕、雞、狗皆三百。"《爾雅·釋畜》："未成豪，狗。"郝懿行疏："狗，犬通名，若對文則大者名犬，小者名狗。"《後漢書·袁術傳》："少以俠氣聞，數與諸公子飛鷹走狗，後頗折節。"晋陶潛《歸園田居》詩之一："狗吠深巷中，雞鳴桑樹巔。"南朝梁沈約《齊故安陸昭王碑文》："邑居不聞夜吠之犬，牧人不覩晨飲之羊。"唐柳澤《上睿宗書》："或打毬擊鼓，比周伎藝；或飛鷹奔犬，盤游藪澤。"元關漢卿《救風塵》第四折："雨後有人耕綠野，月明無犬吠花村。"元李直夫《虎頭牌》第一折："我如今欲待去消愁悶，則除是飛鷹走犬，逐逐追奔。"《三國演義》第一〇七回："却説曹爽正飛鷹走犬之際，忽報城內有變，太傅有表。"《説唐演義全書》第一六回："〔麻叔謀〕急急然如喪家之狗，忙忙然如漏網之魚。"

【狗】

即犬。此稱先秦時期已行用。見該文。

猧子

小犬。此稱唐代已行用，清代亦稱"猧"。唐段成式《酉陽雜俎·忠志》："上夏日嘗與親王棋，令賀懷智獨彈琵琶，貴妃立於局前觀之。上數枰子將輸，貴妃放康國猧子於坐側。猧子乃上局，局子亂，上大悦。"宋趙與時《賓退

録》卷六："鸑鷟金鏇繫，猧子綵絲牽。"清陳維崧《傾杯樂・正月十三夜預卜元宵月》詞："絲雨如酥，小窗似夢，睡猧難穩。"清洪昇《長生殿・覓魂》："等到那二更以後，三鼓之前，眠猧不吠，宿鳥無喧。"

【猧】

即猧子。此稱清代已行用。見該文。

狡犬

少壯之犬。此稱先秦時期已行用，漢代亦稱"狡狗""狡"。《逸周書・王會》："匈戎狡犬。狡犬者巨身四足果，皆北嚮。"《淮南子・俶真訓》："狡狗之死也，割之猶濡。"高誘注："狡，少也。"《說文・犬部》："狡，少犬也。"晋王該《日燭》："銳釘槐槍，狡狗擬牙。"

【狡狗】

即狡犬。此稱漢代已行用。見該文。

【狡】

即狡犬。此稱漢代已行用。見該文。

獒

高大凶猛的犬。此稱先秦時期已行用，前蜀亦作"獓"。《書・旅獒》："西旅獻獒。"孔傳："西戎遠國貢大犬。"《左傳・宣公二年》："晋侯飲趙盾酒，伏甲，將攻之。其右提彌明知之……遂扶（趙盾）以下。公嗾夫獒焉，明搏而殺之。"杜預注："獒，猛犬也。"唐舒元輿《坊州按獄》詩："攫搏如猛虎，吞噬若狂獒。"前蜀貫休《送楊秀才》詩："玻璃門外仙獓睡，幢節森森絳煙密。"明詹同《出獵圖》詩："蒼鷹欻起若飛電，四尺神獒作人立。"太平天国關容寬《詔書蓋璽頒行論》："於是元首明，股肱良，貢獒獻雉，航海梯舟冊，莫敢不來享，莫敢不來王。"

【獓】

同"獒"。此體五代時期已行用。見該文。

獜

強健的犬。此稱漢代已行用，亦稱"猛"。《說文・犬部》："獜，健也。"段玉裁注："《廣韵》引'犬健也'。今本奪'犬'字。"又："猛，健犬也。"段玉裁注："叚借爲凡健之偁。"

【猛】

即獜。此稱漢代已行用。見該文。

盧 [2]

經過訓練，能助人打獵的犬。通稱獵犬。此稱先秦時期已行用，亦稱"遇犬""田犬"。《詩・齊風・盧令》："盧令令，其人美且仁。"毛傳："盧，田犬；令令，緱環聲。"陳奐傳疏："韓之田犬稱盧，義實本於《詩》之盧也。"《詩・小雅・巧言》："躍躍毚兔，遇犬獲之。"鄭玄箋："遇犬，犬之馴者，謂田犬也。"《禮記・少儀》："犬則執緤，守犬、田犬，則授擯者，既受乃問犬名。"孔穎達疏："田犬，田獵所用也。"《戰國策・楚策四》："見兔而顧犬，未爲晚也。"漢劉向《說苑・善說》："韓氏之盧，天下疾狗也。"晋張華《博物志》卷四："韓國有黑犬，名盧。"唐韓愈《畫記》："騎擁田犬者一人。"明李時珍《本草綱目・獸一・狗》："狗類甚多，其用有三：田犬長喙善獵，吠犬短喙善守，食犬體肥供饌。"清王夫之《〈詩經〉稗疏・齊風》："犬以盧名，因其色也。獵犬有取黑者，能捕禽於不見也；有取白者，令射者不致迷誤也。"宋代亦稱"田盧"。宋趙彦衞《雲麓漫鈔》卷一："《詩》亦有田盧。箋云：盧，黑也。犬之黑色者多善走而猛，故田犬以盧名之。"

【遇犬】

　　即盧²。此稱先秦時期已行用。見該文。

【田犬】

　　即盧²。此稱先秦時期已行用。見該文。

【田盧】

　　即盧²。此稱宋代已行用。見該文。

【走狗】

　　即盧²。此稱先秦時期已行用。《戰國策·齊策四》："世無東郭俊盧氏之狗，王之走狗已具矣。"《晏子春秋·諫下二三》："景公走狗死，公令外共之棺，内給之祭。"漢代亦稱"走犬"。《淮南子·原道訓》："陳酒行觴，夜以繼日，强弩弋高鳥，走犬逐狡兔，此其爲樂也。"

【走犬】

　　即走狗。此稱漢代已行用。見該文。

【黃狗】

　　即盧²。此稱先秦時期已行用。《逸周書·王會》："都郭先生若黃狗，人面能言。"宋蘇軾《石鼓歌》："當年何人佐祖龍，上蔡公子牽黃狗。"漢代起亦稱"黃犬"。《史記·李斯列傳》："二世二年七月，具斯五刑，論腰斬咸陽市。斯出獄，與其中子俱執，顧謂其中子曰：'吾欲與若復牽黃犬俱出上蔡東門逐狡兔，豈可得乎！'遂父子相哭，而夷三族。"晉向秀《思舊賦》："昔李斯之受罪兮，歎黃犬而長吟。"唐李白《襄陽歌》："咸陽市上歎黃犬，何如月下傾金罍。"明楊珽《龍膏記·脱難》："且向那勢利場中弄滑，把英雄來叱咤。到頭來燃臍有樣，黃犬堪嗟。"唐代起亦省稱"黃"。見"黃"文。

【黃犬】

　　即黃狗。此稱漢代已行用。見該文。

【黃】

　　"黃狗"之省稱。即盧²。此稱唐代已行用。《太平廣記》卷四五五引唐皇甫枚《三水小牘·張直方》："直方飛蒼走黃，莫親徼道之職。"宋蘇軾《江城子·密州出獵》詞："左牽黃，右擎蒼。"宋羅大經《鶴林玉露》卷一六："彼牽黃臂蒼，馳獵於聲利之場者，但見衮衮馬頭塵，匆匆駒隙影耳。"清和邦額《夜譚隨録·董如彪》："性好武勇，所交游悉射皮飲胄、飛蒼走黃之人。"

【畋犬】

　　即盧²。此稱先秦時期已行用。《逸周書·皇門》："譬若畋犬，驕用逐禽，其猶不克有獲。"《新唐書·文宗本紀》："〔開成元年〕二月乙亥，停獻鷙鳥、畋犬。"

【獵犬】

　　即盧²。此稱漢代已行用，亦稱"獵狗""良狗"。《文子·上德》："狡兔得而獵犬烹，高鳥盡而良弓藏。"《史記·淮陰侯列傳》："野獸已盡而獵狗亨。"又："信曰：'果若人言，"狡兔死，良狗亨；高鳥盡，良弓藏；敵國破，謀臣亡。"天下已定，我固當亨！'"《晉書·劉牢之傳》："鄙語有之：'高鳥盡，良弓藏；狡兔殫，獵犬烹。'故文種誅於句踐，韓白戮於秦漢。"唐王維《淇上田園即事》詩："牧童望村去，獵犬隨人還。"《晉書·五行志中》："有獵狗咋殺兩鳥，餘鳥因共啄殺狗。"唐沈既濟《任氏傳》："是時，西門圉人教獵狗於洛川，已旬日矣。適值於道，蒼犬騰出於草間，鄭子見任氏欻然墜於地，復其本形。"舊題宋蘇軾《艾子雜説》："艾子有從禽之僻，畜一獵犬，甚能搏兔。"《説岳全傳》第一五回："兀朮依允，點起軍士，帶了獵犬鶻鷹，望亂山茂林深處打圍。"

【獵狗】

即獵犬。此稱漢代已行用。見該文。

【良狗】

即獵犬。此稱漢代已行用。見該文。

【駿狗】

即盧[2]。良狗。此稱晋代已行用。《西京雜記》卷四："茂陵少年李亨，好馳駿狗，逐狡獸，或以鷹鶻逐雉兔，皆爲之佳名。

獫

一種長嘴的獵犬。此稱先秦時期已行用。《詩 · 秦風 · 駟驖》："輶車鸞鑣，載獫歇驕。"毛傳："獫、歇驕，田犬也。長喙曰獫，短喙曰歇驕。"宋王邁《送林公似有之宰古田》詩之二："攫肉比飢鷹，噬膚如獰獫。"明王問《始至山家》詩："豹脚飛幽房，山獫竇中吠。"唐代亦稱"獫獢"。唐韓愈《送文暢師北游》詩："庇身指蓬茅，逞志縱獫獢。"明代又稱"獫歇"。明唐順之《書〈秦風 · 蒹葭〉三章後》："秦時風俗：不雄心於戈矛戰鬥，則養技於獫歇射獵。"

【獫獢】

即獫。此稱唐代已行用。見該文。

【獫歇】

即獫。此稱明代已行用。見該文。

歇驕

一種短嘴的獵犬。此稱先秦時期已行用，見《詩 · 秦風 · 駟驖》。明錢宰《題蕃王出獵圖》詩："驄駒并載雙歇驕，海青翻臂思超越。"清王士禛《葵圖爲牧仲郎中賦》詩："重鉤繫頸氣何驚，望之非獫非歇驕。"漢代起亦作"猲獢""獦獢"，亦稱"猲""獦"。《爾雅 · 釋獸》："〔狗〕長喙獫，短喙猲獢。"漢張衡《西京賦》：

"屬車之簉，載獫猲獢。"張銑注："獫、猲獢，皆獵狗也。"《説文 · 犬部》："猲，短喙犬也。"《太平御覽》卷五九八引漢戴良《失父零丁》："我父軀體與衆異……鴟頭鵠頸猲狗啄。"按，《集韵 · 入曷》："獦，短喙犬。"晋傅玄《走狗賦》："聆轄車之鸞鑣兮，逸猲獢而盤桓也。"唐韓愈《送文暢師北游》詩："庇身指蓬茅，逞志縱獫猲。"

【猲獢】

同"歇驕"。此體漢代已行用。見該文。

【獦獢】

同"歇驕"。此體漢代已行用。見該文。

【猲】

即歇驕。此稱漢代已行用。見該文。

【獦】

即歇驕。此稱漢代已行用。見該文。

韓盧

戰國時期韓國行獵用黑色良犬。此稱先秦時期已行用，亦稱"韓子盧"。《戰國策 · 秦策三》："以秦卒之勇，車騎之多，以當諸侯，譬若放韓盧而逐蹇兔也。"鮑彪注："韓盧，俊犬名。《博物志》：'韓有黑犬，名盧。'"又同書《齊策三》："韓子盧者，天下之壯犬也。"三國魏亦作"韓獹"。《廣雅 · 釋獸》："韓獹。"王念孫疏證："《初學記》引《字林》云：'獹，韓良犬也……獹，通作盧。'"後泛指良犬。宋辛棄疾《滿江紅 · 和廓之雪》詞："記少年，駿馬走韓盧，掀東郭。"明梁辰魚《浣紗記 · 問疾》："憐你依林越鳥，走險韓盧，喘月吳牛。"

【韓獹】

同"韓盧"。此體三國時期已行用。見該文。

【韓子盧】

即韓盧。此稱先秦時期已行用。見該文。

宋鵲

戰國時期韓國行獵用白黑色良犬。此稱先秦時期已行用。《孔叢子·執節》:"申叔問曰:'犬馬之名,皆因其形色而名焉,唯韓盧、宋鵲獨否,何也?'子順答曰:'盧,黑色;鵲,白黑色。非色而何?'"漢代亦作"宋狘"。《禮記·少儀》"乃問犬名"漢鄭玄注:"謂若韓盧、宋鵲之屬。"孔穎達疏:"桓譚《新論》云:'夫畜生,賤也。然其尤善者皆見記識,故犬道韓盧、宋狘。'又魏文帝說諸方物亦云:'狗於古則韓盧、宋鵲。'則狘、鵲音同字异耳。"

【宋狘】

同"宋鵲"。此體漢代已行用。見該文。

輕足

長於奔跑的獵犬。此稱漢代已行用。漢張衡《西京賦》:"乃有迅羽輕足,尋景追括。"薛綜注:"輕足,好犬也。"

鵠蒼

傳說中的神犬名,後世用爲獵犬名。此稱晋代已行用。晋張華《博物志》卷七:"《徐偃王志》云:徐君宮人,娠而生卵,以爲不祥,棄之水濱。獨孤母有犬,名'鵠蒼',獵於水濱,得所棄卵,衔以來歸。獨孤母以爲异,覆煖之,遂蚨成兒,生時正偃,故以爲名。徐君宮中聞之,乃更録取。長而仁智,襲君徐國。後鵠蒼臨死生角而九尾,實黄龍也。"清代亦作"鵠倉"。清趙翼《娘娘叫狗山》詩:"宛如獨母撫鵠倉,莫疑帝女偶槃瓠。"見"脩毫"文。

【鵠倉】

同"鵠蒼"。此體清代已行用。見該文。

脩毫

獵犬名。良狗之美稱。此稱晋代已行用,見《西京雜記》卷四:"狗則有脩毫、釐睫、白望、青曹之名。"按,釐睫,一本"釐睫"。明代亦作"修豪"。明王稺登《悼物賦》:"復有宋狘、韓盧、盤瓠、旅獒、修豪、釐睫,白望、青曹。"《駢雅·釋獸》:"韓盧、宋狘、鵠倉、修毫、釐睫、青曹、白望、狼狐、狂獢、如黄,皆良狗也。"

【修豪】

同"脩毫"。此體明代已行用。見該文。

釐睫

獵犬名。良狗之美稱。此稱晋代已行用。見"脩毫"文。

【釐睫】

同"釐睫"。此體晋代已行用。見"脩毫"文。

白望

獵犬名。良狗之美稱。此稱晋代已行用。見"脩毫"文。

青曹

獵犬名。良狗之美稱。此稱晋代已行用。見"脩毫"文。

青骹[1]

晋代楊萬年獵犬名。此稱晋代已行用。《西京雜記》:"楊萬年有獵狗,名'青骹',直百金。"

青鶻

獵犬名。良狗之美稱。此稱宋代已行用。宋蘇舜欽《獵狐篇》:"養犬號青鶻,逐獸馳不再。"

黄奴

宋代耒陽廖習之獵犬名。此稱宋代已行用。宋陶穀《清异録·獸》:“耒陽廖習之家，生一黄犬，識人喜怒頤指，習之嘗作歌云:‘吾家黄奴類黄耳。’”按，此爲給狗起的名字，犹如今之“旺財”“富貴”之類。

神獒

獵犬的美稱。此稱宋代已行用。宋虞儔《次韻漢老弟假山》:“神獒獅子豈其朋，伏虎卧馳非若類。”元張憲《神絃十一曲·聖郎》:“神獒帖尾卧床前，頑蛟尚染刀鐶血。”明詹同《出獵圖》詩:“蒼鷹欻起若飛電，四尺神獒作人立。”清代亦稱“金獒”。清洪昇《長生殿·合圍》:“疾忙裏一壁廂把翅摩霄的玉爪騰空散，一壁廂把足駕霧的金獒逐路攔。”徐朔方校注:“金獒，指獵犬。”

【金獒】

即神獒。此稱清代已行用。見該文。

鷹背狗

獵犬名。傳爲皂雕卵所化。此稱宋代已行用。清潘永因編《宋稗类鈔》卷三五:“北方凡皂鵰作巢所在，官司必令人窮巢探卵，較其多寡。如一巢而三卵者，置卒守護，日覘視之，及其成鷇，一乃狗耳，取以飼養，進之於朝。其狀與狗無异，但耳尾多毛羽數根而已。田獵之際，鵰則戾天，狗則走陸，所逐同至，名曰鷹背狗。”

狼狐

獵犬名。此稱明代已行用。見“脩毫”文。

狂獖

獵犬名。此稱明代已行用。見“脩毫”文。

馬

哺乳綱馬科草食動物。頭小面長，耳殼直立，頸上有鬣，尾有長毛，四肢强健，内側有附蟬，第三趾最發達，趾端爲蹄，其餘各趾退化。毛色複雜，有騮、栗、青、黑等。性温順而敏捷，善跑。多在春夏發情，性周期21~22天，發情持續3~7天。3~4歲開始配種，妊娠期11個月，每胎産駒一隻。壽命約30年。此稱先秦時期已行用，并沿用至今。《易·屯》:“屯如邅如，乘馬班如。”三國魏曹丕《典論·自序》:“又教余騎馬，八歲而知騎射矣。”唐孟浩然《裴司士員司户見尋》詩:“誰道山公醉，猶能騎馬回。”宋歐陽修《乞奬用孫沔劄子》:“沔今年雖七十，聞其心力不衰，飛鷹走馬尚如平日。”宋辛棄疾《小重山》詞:“十里水晶宫。有時騎馬去，笑兒童。”明程本立《喜晴》詩:“夜雨朝晴喜欲狂，西屯騎馬過東岡。”清宋犖《雨中西涸讌集》詩:“衝泥騎馬到林丘，坐向空堂俯碧流。”

馬
（明王圻等《三才圖會·鳥獸》）

乘[1]

指馬。此稱先秦時期已行用。《左傳·僖公二年》:“晋荀息請以屈産之乘與垂棘之璧，假道于虞以伐虢。”杜預注:“屈地生良馬。”宋王讖《唐語林·補遺二》："嘶如龍，顧如鳳，乃天下之駿乘也。"清魏源《聖武記》卷一四："毒其水泉，以渴其人；毒其草劵，以飢其乘。"

馬子

幼馬。清李元《蠕範·物生》："馬子：畢、駒、騑、駣。"

赤驥[1]

傳爲周穆王"八駿"之一。此稱先秦時期已行用。《穆天子傳》卷一："天子之駿，赤驥、盜驪、白義、踰輪、山子、渠黃、華騮、綠耳。"晋張華《博物志》卷四："周穆王八駿：赤驥、飛黃、白蟻、華騮、騄耳、騧騟、渠黃、盜驪。"

盜驪[1]

傳爲周穆王"八駿"之一。頸細，色淺黑。此稱先秦時期已行用。《穆天子傳》卷一："天子之駿，赤驥、盜驪。"郭璞注："爲馬細頸；驪，黑色也。"《列子·周穆王》："右服渠黃而左踰輪，左驂盜驪而右山子。"《史記·趙世家》："造父取驥之乘匹，與桃林盜驪、驊騮、綠耳，獻之繆王。"元姚燧《鄧州長官趙公神道碑》："至周造父爲穆王御，服盜驪、驊騮、綠耳之驥西巡，樂而忘歸。"按，《通雅·衣服》："竊藍，淺藍。八駿有盜驪，盜亦竊意，謂淺驪也。"參見"赤驥[1]"。

白義

爲周穆王"八駿"之一。此稱先秦時期已行用，晋代亦作"白蟻"。見《穆天子傳》卷一、晋張華《博物志》卷四。見"赤驥[1]"文。

【白蟻】

同"白義"。此體晋代已行用。見該文。

踰輪

傳爲周穆王"八駿"之一。此稱先秦時期已行用。見《穆天子傳》卷一。見"赤驥[1]""盜驪[1]"文。

山子[1]

傳爲周穆王"八駿"之一。此稱先秦時期已行用。見《穆天子傳》卷一。見"赤驥[1]""盜驪[1]"文。

渠黃[1]

傳爲周穆王"八駿"之一。此稱先秦時期已行用。見《穆天子傳》卷一。見"赤驥[1]""盜驪[1]"文。

華騮[1]

傳爲周穆王"八駿"之一。此稱先秦時期已行用，亦作"驊騮"，漢代又作"驊騟"。《穆天子傳》卷一："天子之駿：……華騮、綠耳。"郭璞注："色如華而赤，今名馬驃赤者爲棗騮；騮，赤馬也。"《荀子·性惡》："驊騮、騹驥、纖離、綠耳，此皆古之良馬也。"楊倞注："皆周穆王八駿名。"《淮南子·主術訓》："夫華騮、綠耳，一日而至千里，然使之搏兔，不如豺狼，伎能殊也。"《史記·秦本紀》："造父以善御幸於周繆王，得驥、溫驪、驊騟、騄耳之駟，西巡狩，樂而忘歸。"

【驊騮】[1]

同"華騮[1]"。此體先秦時期已行用。見該文。

【驊騟】

同"華騮[1]"。此體漢代已行用。見該文。

綠耳[1]

傳爲周穆王"八駿"之一。此稱先秦時期已行用，亦作"騄耳"。見《穆天子傳》卷一。

又卷四："癸酉，天子命駕八駿之乘，右服華騮，而左綠耳。"《竹書紀年》卷下："〔周穆王〕八年春，北唐來賓，獻一驪馬，是生騄耳。"《史記·秦本紀》："造父以善御幸於周繆王，得驥、溫驪、驊駵、騄耳之駟。西巡狩，樂而忘歸。"裴駰集解引郭璞曰："八駿皆因其毛色以爲名號。"見"赤驥[1]""盜驪[1]"文。

【騄耳】[1]

同"綠耳[1]"。此體先秦時期已行用。見該文。

騧褕

傳爲周穆王"八駿"之一。此稱晋代已行用。見晋張華《博物志》卷四。見"赤驥[1]"文。

騑[1]

駕在車轅兩旁的馬。此稱先秦時期已行用。《墨子·七患》："徹驂騑，塗不芸，馬不食粟，婢卑不衣帛，此告不足之至也。"孫詒讓閒詁："畢云：'高誘注《呂氏春秋》云：在中曰服，在邊曰騑。'"《後漢書·章帝紀》："騑馬可輟解，輟解之。"李賢注："夾轅者爲服馬，服馬外爲騑馬。"

騑[2]

駕在車轅右邊的馬。此稱先秦時期已行用。漢賈誼《惜誓》："蒼龍蚴虬於左驂兮，白虎騁而爲右騑。"《文選·顏延之〈陽給事誄〉》："如彼騑駟，配服驂衡。"李善注："在服之左曰驂，右曰騑。"

駙馬

駕副車之馬。此稱先秦時期已行用，唐代省稱"駙"。《韓非子·外儲説右下》："然馬過於圃池，而駙馬敗者，非弱水之利不足也，德分於圃池也。"按，漢代設置駙馬都尉一職。《漢書·百官公卿表上》："奉車都尉掌御乘輿車，駙馬都尉掌駙馬，皆武帝初置。"顏師古注："駙，副馬也。非正駕車，皆爲副馬。"唐楊炯《後周明威將軍梁公神道碑》："駃騠將駙駼齊衡，驥騮共駒驗伏櫪。"《隸續·漢魯峻石壁殘畫像》宋洪適釋："横車之後，後有駙馬二匹。"又按，因後世帝王女婿常爲駙馬都尉一職，故以"駙馬"代稱帝婿。

【駙】

即駙馬。此稱唐代已行用。見該文。

馬母

雌馬。此稱漢代已行用，亦稱"騇"，北齊又稱"騲"，明代還稱"騍"，清代另稱"騍馬"。《史記·平準書》："於是誅北地太守以下，而令民得畜牧邊縣，官假馬母，三歲而歸，及息什一，以除告緡，用充仞新秦中。"《爾雅·釋畜》"牡曰騭，牝曰騇"清郝懿行義疏："今東齊人以牡爲兒馬，牝爲騍馬。"北齊顏之推《顏氏家訓·書證》："良馬，天子以駕玉輅，諸侯以充朝聘郊祀，必無騲也。"又："《駉頌》既美僖公牧于坰野之事，何限騲騭乎？"唐郤昂《岐邠涇寧四州八馬坊頌碑》："騭騇異群，驪驥亦分。"明余繼登《典故紀聞》卷一八："種馬養在民間，一兒四騍，此祖宗定制，不可輕易。"清趙翼《戲筆》詩："驅驢索輔脊，送騍嫌跛蹄。"又其《陔餘叢考·騍馬騙馬騸馬》："唐以前本呼牝馬爲草馬，及牧監設課後，遂呼課馬，後人又易以馬旁爲騍馬耳。"清蔡奭《官話彙解·禽獸魚蟲》："馬母：騍馬。"

【騇】

即馬母。此稱漢代已行用。見該文。

【騍】

　　即馬母。此稱南北朝時期已行用。見該文。

【騍】

　　即馬母。此稱明代已行用。見該文。

【騍馬】

　　即馬母。此稱清代已行用。見該文。

騭

　　雄馬。此稱南北朝時期已行用，清代亦稱"馬公""兒騷"。北齊顏之推《顏氏家訓·書證》："《詩》云：'駉駉牡馬。'江南書皆作牝牡之牡，河北本悉爲放牧之牧，鄴下博士見難云：《駉頌》既美僖公牧于坰野之事，何限騭騭乎？"唐郗昂《岐邠涇寧四州八馬坊頌碑》："騭駓異群，驪駬亦分。"清蔡奭《官話彙解·禽獸魚蟲》："馬公：兒騷。"

【馬公】

　　即騭。此稱清代已行用。見該文。

【兒騷】

　　即騭。此稱清代已行用。見該文。

馭

　　藉指馬或車駕。此稱隋代已行用。《隋書·音樂志中》："風爲馭，雷爲車，無轍迹，有煙霞。"唐歐陽詹《回鸞賦》："雲車烟馭，春心日客。"明張居正《挽歌》："春風依舊到，仙馭不重回。"

田馬

　　經過訓練，能助人打獵的馬。此稱先秦時期已行用，亦作"畋馬"。《周禮·夏官·校人》："掌王馬之政，辨六馬之屬。種馬一物，戎馬一物，齊馬一物，道馬一物，田馬一物，駑馬一物。"鄭玄注："田路駕田馬。"《穆天子傳》："天子賜奔戎畋馬十駟，歸之太牢。"唐段成式

《酉陽雜俎·毛篇》："舊種馬：戎馬八尺，田馬七尺，駑馬六尺。"南朝梁起亦稱"獵馬"。南朝梁宗懍《和歲首寒望》詩："稻車迴故塢，獵馬轉新村。"唐王績《野望》詩："牧人驅犢返，獵馬帶禽歸。"明李東陽《陵祀歸聞賜暖耳》詩之四："鶏鶒衹解戎冠著，狐貉空隨獵馬騎。"清王筠《菉友肊説》："《詩》言戎馬，必云四牡。《車攻》之詩，言田馬也，亦云四牡。則道車齊車，其用四牡，可推知也。"

【畋馬】

　　同"田馬"。此體先秦時期已行用。見該文。

【獵馬】

　　即田馬。此稱南北朝時期已行用。見該文。

騮

　　紅身黑鬃尾的馬。此稱先秦時期已行用，見《穆天子傳》卷一。北魏起亦稱"騮馬"。《梁書·張率傳》："《禮》稱驪駬，《詩》誦騮駱。"北魏賈思勰《齊民要術·養牛馬驢騾》："騮馬、驪肩、鹿毛……皆善馬也。"唐王昌齡《出塞二首》詩之二："騮馬新跨白玉鞍，戰罷沙場月色寒。"宋嚴仁《鷓鴣天·別意》詞："紫騮嚼勒金銜響，衝破飛花一道紅。"清李調元《送編修諸桐嶼出守辰州》詩："冊府仙郎駕五騮，一麾出守下瀛洲。"清黄遵憲《番客篇》："駕車四騮馬，一色紫絲韁。"參見"華騮[1]"。

【騮馬】

　　即騮。此稱南北朝時期已行用。見該文。

騏

　　有青黑斑紋的馬。此稱先秦時期已行用，晉代亦稱"騏駼"，唐代亦作"騏"，明代又稱"騏雄"。《荀子·性惡》："驊騮騏驥，纖離綠耳，此皆古之良馬也。"楊倞注："此皆周穆王

八駿名。驖，讀爲騏。"唐張說《大唐開元十三年隴右監牧頌德碑》："差其毛物，則有蒼白驪黃……騧騏驈騜。"明劉琬《馬賦》："我有駿馬，名曰騏雄。"

【騏】

同"驖"。此體唐代已行用。見該文。

【騏雄】

即驖。此稱明代已行用。見該文。

騏駬

騏和駬。騏，青黑色的馬；駬，速度很快的馬。泛指良馬。此稱晉代已行用。晉葛洪《抱朴子・喻蔽》："騏駬追風，不能近其迹，鴻鵠奮翅，不能卑其飛。"

驔

後足爲白色的馬。此稱先秦時期已行用。《易・説卦》："其於馬也，爲善鳴，爲驔足，爲作足，爲的顙。"孔穎達疏："爲驔足，馬後足白爲驔，取其動而見也。"《詩・秦風・小戎》："文茵暢轂，駕我騏驔。"毛傳："左足白曰驔。"

驪

純黑色的馬。此稱先秦時期已行用，亦稱"驪馬"，漢代起又稱"驪駒"，北魏還稱"驪肩"。《詩・魯頌・駉》："有驪有黃。"毛傳："純黑曰驪。"《墨子・小取》："白馬，馬也。乘白馬，乘馬也。驪馬，馬也。乘驪馬，乘馬也。"《禮記・檀弓上》："夏后氏尚黑……戎事乘驪。"鄭玄注："馬黑色曰驪。"《樂府詩集・相和歌辭三・陌上桑》："何用識夫壻，白馬從驪駒。"三國魏曹植《求自試表》："若東屬大司馬，統偏師之任，必乘危蹈險，騁舟奮驪，突刃觸鋒，爲士卒先。"北魏賈思勰《齊民要術・養牛馬驢騾》："驪馬、驪肩、鹿毛……駱馬，皆善馬

也。"唐杜甫《泥功山》詩："白馬爲鐵驪，小兒成老翁。"又其《奉寄別馬巴州》詩："知君未愛春湖色，興在驪駒白玉珂。"明劉基《君馬黃》詩："黃馬曜日黃金晶，驪馬謂是玄天精，眼前好醜那能明。"清蒲松齡《聊齋志異・嬌娜》："偶獵郊野，逢一美少年，跨驪駒，頻頻瞻顧。"

【驪馬】

即驪。此稱先秦時期已行用。見該文。

【驪駒】

即驪。此稱漢代已行用。見該文。

【驪肩】

即驪。此稱南北朝時期已行用。見該文。

騏

斑紋似魚鱗的馬。此稱先秦時期已行用，亦稱"騏驎"。漢代起又稱"騏驥"。《詩・魯頌・駉》"有驒有駱"毛傳："青驪驎曰騏。"孔穎達疏："孫炎云：色有淺深，似魚鱗也。"《戰國策・齊策四》："君之廄馬百乘，無不被繡衣而食菽粟者，豈有騏驎駬耳哉？"漢桓寬《鹽鐵論・訟賢》："騏驎之輓鹽車，垂頭於太行。"漢焦贛《易林・解之小過》："丹書之信，言不負語，易我騏驥，君子有德。"《魏書・李平傳》："將欲講武淇陽，大習鄴魏，馳驪駬於綠竹之區，騁騏驥於漳滏之壤。"唐杜甫《驄馬行》："近聞下詔喧都邑，肯使騏驎地上行。"

【騏驎】

即騏。此稱先秦時期已行用。見該文。

【騏驥】

即騏。此稱漢代已行用。見該文。

驄

青白色相雜的馬。此稱漢代已行用，南朝

宋起亦稱"驄馬"，宋代亦作"驄"，又稱"驕驄"。《樂府詩集·雜歌謡辭三》載漢代《鮑司隸歌》："鮑氏驄，三人司隸再入公，馬雖瘦，行步工。"南朝宋鮑照《結客少年場行》："驄馬金絡頭，錦帶佩吴鈎。"南朝梁《驄馬》詩："驄馬鏤金鞍，柘彈落金光。"唐李賀《浩歌》："青毛驄馬參差錢，嬌春楊柳含細煙。"唐周繇《公子行》："回望玉樓人不見，酒旗深處勒花驄。"宋孫光憲《生查子》詞之二："暖日策花驄，醉輅垂楊陌。"宋辛棄疾《江神子·和人韵》詞："何處踏青人未去，呼女伴，認驕驄。"宋韓淲《西江月·走筆因宋九韵示黄六》詞："花底醉眠芳草，柳邊嘶入驕驄。"清孫枝蔚《艷曲》之二："青樓十萬户，驄馬向誰家。"《醒世姻緣傳》第一回："大官人騎追風駮騏……小阿媽跨耀日驕驄。"

【驄】

同"驄"。此體宋代已行用。見該文。

【驄馬】

即驄。此稱南北朝時期已行用。見該文。

【驕驄】

即驄。此稱宋代已行用。見該文。

駮馬

赤鬣、白身、黄目的馬。此稱先秦時期已行用，南朝宋亦稱"駹"，明代又稱"駮"。《説文·馬部》："駮馬，赤鬣縞身，目若黄金，名曰吉皇之乘，周成王時，犬戎獻之。"《初學記》卷二九引南朝宋何承天《纂文》："駹，黄目之馬也。"明葉憲祖《金鎖記補·計貸》："好一似賦秋風招放臣，好一似駮鳴哭故人。"

【駹】

即駮馬。此稱南北朝時期已行用。見該文。

【駮】

即駮馬。此稱明代已行用。見該文。

文馬

毛色有紋彩的馬。此稱先秦時期已行用，亦作"駹馬"。《左傳·宣公二年》"文馬百駟"王叔岷注："畫馬爲文，四百匹爲駟。"《説文·馬部》引《春秋傳》作"駹馬"。

【駹馬】

同"文馬"。此體先秦時期已行用。見該文。

騅

毛色蒼白相間的馬。此稱先秦時期已行用。《詩·魯頌·駉》："有騅有駓，有騂有騏。"毛傳："蒼白雜毛曰騅。"唐李商隱《無題》詩："白道縈迴入暮霞，斑騅嘶斷七香車。"清劉大櫆《送洛陽客》詩："日落斑騅遠，山寒夕鳥迴。"

駓

毛色黄白相雜的馬。此稱先秦時期已行用。《詩·魯頌·駉》："有騅有駓。"《爾雅·釋畜》："黄白雜毛，駓。"郭璞注："今之桃花馬。"元耶律楚材《懷古一百韵寄張敏之》："穿廬或白黑，驛騎半黄駓。"

騂

赤色的馬。此稱先秦時期已行用，漢代起亦稱"騂駒"。《詩·魯頌·駉》："有騂有騏。"毛傳："赤黄曰騂。"孔穎達疏："騂爲純赤色，言赤黄者，謂赤而微黄。"《漢書·郊祀志下》："紫壇僞飾女樂、鸞路、騂駒、龍馬、石壇之屬，宜皆勿修。"南朝梁沈約《郊居賦》："神寢匪一，靈館相距。席布騂駒，堂流桂醑。"

【騂駒】

即騂。此稱漢代已行用。見該文。

騢

赤白相間的雜毛馬。此稱先秦時期已行用。《詩·魯頌·駉》："薄言駉者，有驈有騢。"毛傳："彤白雜毛曰騢。"唐張説《大唐開元十三年隴右監牧頌德碑》："差其毛物，則有蒼白驪黄……駰騢騅雒。"

駿駁

毛色斑駁的馬。此稱漢代已行用，亦稱"駁駿""駁騮"。《文選·張衡〈西京賦〉》："天子乃駕彫軨，六駿駁。"薛綜注："天子駕六馬。駁，白馬而黑畫爲文如虎者。"《藝文類聚》卷五七引漢張衡《七辯》："駟秀騏之駁駿，載輪獵之輶車。"漢焦贛《易林·隨之噬嗑》："白馬駁騮，更生不休，富有商人，利得如邱。"

【駁駿】

即駿駁。此稱漢代已行用。見該文。

【駁騮】

即駿駁。此稱漢代已行用。見該文。

騔

黑白雜毛的馬。此稱漢代已行用。《爾雅·釋畜》："驪白雜毛，騔。"郭璞注："今之烏驄。"《詩·鄭風·大叔于田》"乘乘騔"唐陸德明釋文："騔音保，依字作騔。"宋崔伯易《感山賦》："驊騔騜駉，騧驪騭駔，繁鬣赤喙，黄脊白顙。"

騂駬

赤毛、黑鬣的馬。此稱晉代已行用。《晉書·王接傳》："夫騂駬不總轡，則非造父之肆；明月不流光，則非隨侯之掌。"

盜驪[2]

深黑色的馬。此稱唐代已行用，宋代亦稱"駿驪"。唐柳宗元《吊萇弘文》："盜驪折足兮，

罷駑抗臆。"宋梅堯臣《依韻酬永叔再示》："怪我書亂若簡略，疲駑豈敢攀駿驪。"宋蘇轍《湖陰曲》："驊騮服箱驂盜驪，巡城三匝漫不知。"

【駿驪】

即盜驪[2]。此稱宋代已行用。見該文。

騵

一歲的馬。泛指幼馬。此稱漢代已行用，宋代亦作"騲"。《古文苑·黃香〈九宮賦〉》："騵騮驕以羌羸，磋礫皓皛以駿樂。"章樵注："騵音環，字或作騲，馬一歲也。"

【騲】

同"騵"。此體宋代已行用。見該文。

駒[1]

二歲的馬。泛指幼馬。此稱先秦時期已行用，汉代亦稱"驂駒"，宋代起又稱"馬駒"，清代還稱"騑駒""馬仔""駒子"。《周禮·夏官·校人》："春祭馬祖，執駒。"鄭玄注引鄭司農曰："二歲曰駒。"《莊子·天下》："孤駒未嘗有母。"漢劉向《新序·雜事五》："未有呲角驂駒而能服重致遠者也。"唐韓愈《柳州羅池廟碑》："侯乘駒兮入廟，慰我民兮不嚬以笑。"宋蘇軾《塵外亭》詩："馬駒獨何疑，豈墮山鬼計。"明宋應星《天工開物·攻稻》："牛犢馬駒，惟人所使。"清惜秋旅生《維新夢·外交》："騑駒周道此騰驤，指點亂雲疊嶂。"清蔡奭《官話彙解·禽獸魚蟲》："馬仔：駒子。"

【驂駒】

即駒[1]。此稱宋代已行用。見該文。

【馬駒】

即駒[1]。此稱宋代已行用。見該文。

【騑駒】

即駒[1]。此稱清代已行用。見該文。

【馬仔】

即駒[1]。此稱清代已行用。見該文。

【駒子】

即駒[1]。此稱清代已行用。見該文。

駣

三歲的馬。此稱先秦時期已行用。《周禮·夏官·廋人》:“教駣攻駒。”鄭玄注引鄭司農曰:“馬三歲曰駣，二歲曰駒。”唐郄昂《岐邠涇寧四州八馬坊頌碑》:“屬張氏替職，圉師敗官，馬之教駣，日失其序。”宋程武《念奴嬌·題馬嵬圖》詞:“龍扆星聯，羽林風肅，未放鸞駣去。”明湯顯祖《紫簫記·假駿》:“金褭駣錦塗蘇，碧桃春藍橋路。”一説爲四歲的馬，見《玉篇·馬部》。

馱

八歲的馬。此稱元代已行用。元楊維楨《些馬賦》:“在度爲騋，在歲爲馱。”

駒[2]

六尺高的馬。此稱先秦時期已行用，亦稱“驕”。《詩·小雅·皇皇者華》:“我馬維駒，六轡如濡。”陸德明釋文:“駒音俱，本亦作驕。”馬瑞辰通釋:“《説文》:‘馬高六尺爲驕。’引《詩》:‘我馬維驕。’是《毛詩》古本作驕之證。驕與駒雙聲，古蓋讀驕如駒……後人據音以改字，遂作駒耳。”《説文·馬部》“駒”清段玉裁注:“《詩》‘駒’四見，而《漢廣》《株林》《皇皇者華》於義皆當作驕，乃與毛傳、《説文》合，不當作駒；依韵讀之，則又當作駒，乃入韵，不當作驕。深思其故……則皆讀者求其韵不得，改驕爲駒也。”

【驕】

即駒[2]。此稱先秦時期已行用。見該文。

騋

七尺高的馬。此稱先秦時期已行用，唐代起亦稱“騋牝”。《周禮·夏官·廋人》:“馬八尺以上爲龍，七尺以上爲騋，六尺以上爲馬。”唐杜甫《沙苑行》:“苑中騋牝三千匹，豐草青青寒不死。”明陸采《懷香記·氐羌謀叛》:“鐵騎銅駝當百萬，當百萬，休誇騋牝有三千，有三千。”明徐渭《抱琴美人圖》詩:“將來换駿馬，期在得高騋。”清蔣士銓《空穀香·報選》:“敢則要調和騋牝三千牡。”清李調元《恭題先大夫射雁圖》詩:“自此華堂開畫戟，先命貫楊馳其騋。”

【騋牝】[1]

即騋。此稱唐代已行用。見該文。

駥

八尺高的馬。此稱漢代已行用，晉代亦稱“駥驤”。《爾雅·釋畜》:“馬八尺爲駥。”郭璞注引《周禮》:“馬八尺已上爲駥。”今本《周禮·夏官·廋人》“駥”作“龍”。晉葛洪《抱朴子·名實》:“駑蹇矯首於琱輦，駥驤委牧乎林坰。”宋樓鑰《再題行看子》詩:“韓生所貌定傑出，七尺爲騋八尺駥。”

【駥驤】

即駥。此稱晉代已行用。見該文。

駔

强壯的馬。此稱先秦時期已行用，亦稱“奘駔”，南朝宋起又稱“駔駿”，南朝梁還稱“駔驥”。《晏子春秋·外篇下十六》:“景公游于菑，聞晏子死，公乘侈輿服繁駔驅之。”張純一校注:“言公意求速至，趨駕乘輿，用壯馬而驅之。”《楚辭·劉向〈九嘆·憂苦〉》:“同駑驘與奘駔兮，雜班駮與闒茸。”王逸注:“奘駔，駿馬也。"南朝宋顏延之《赭白馬賦》:"於時駔駿，充階銜兮。"宋梅堯臣《蔡河阻淺》詩:"丈夫少壯時，必在馳駔駿。"《文選·劉孝標〈廣絕交論〉》:"附駔驥之旄端，軼歸鴻於碣石。"李善注:"《説文》曰:'駔，壯馬也。'"《梁書·文學傳·劉峻》引此文作"駔驥"。明高濂《玉簪記·手談》:"鶺鴒方托枝，駔駿嘶歸路。"

【桀駔】

即駔。此稱先秦時期已行用。見該文。

【駔駿】

即駔。此稱南北朝時期已行用。見該文。

【駔驥】

即駔。此稱南北朝時期已行用。見該文。

駰

淺黑帶白色的雜毛馬。此稱先秦時期已行用，清代亦稱"駰騏"。《詩·小雅·皇皇者華》:"我馬維駰，六轡既均。"毛傳:"陰白雜毛曰駰。"宋愈德鄰《題郭元德所藏龔聖予瘦馬圖》詩:"思昔先朝十二閑，駆駰騏駱充其間。"清龔自珍《爲家大人丙辰同年祭江西巡撫陽湖吳公文》:"當同年之奮迹兮，走駰騏于周道。"

【駰騏】

即駰。此稱清代已行用。見該文。

駱

白身、黑鬣的馬。此稱先秦時期已行用，亦稱"駱馬"。《詩·魯頌·駉》:"有驔有駱，有騮有雒。"毛傳:"白馬黑鬣曰駱。"又同書《小雅·四牡》:"四牡騑騑，嘽嘽駱馬。"《淮南子·時則訓》:"天子衣白衣，乘白駱。"高誘注:"白馬黑毛，白駱也。"唐白居易《不能忘情吟》:"駱力猶壯，又無虺隤。"又:"鬻駱馬兮

放楊枝，掩翠黛兮頓金羈。"宋俞德鄰《題郭元德所藏龔聖予瘦馬圖》詩:"思昔先朝十二閑，駆駰騏駱充其間。"清袁枚《隨園詩話》卷一:"阮亭亦云:'萬種心情消未盡，忍辭駱馬遣楊枝。'"

【駱馬】

即駱。此稱先秦時期已行用。見該文。

騧

黑嘴的黃毛馬。此稱先秦時期已行用，漢代亦稱"騧馬"，元代起又稱"驕騧"。《詩·秦風·小戎》:"騏駵是中，騧驪是驂。"毛傳:"黃馬黑喙曰騧。"《西京雜記》卷四:"衛將軍青生子，或有獻騧馬者，乃命其子曰騧，字叔馬。"《後漢書·班超傳》:"于寶俗信巫。巫言:'神怒何故欲向漢?漢使有騧馬，急求取以祠我。'"《太平廣記》卷三四五引唐谷神子《博異志·劉方玄》:"往年阿郎貶官時，常令老身騎偏面騧，抱阿荆郎。"元成廷珪《送人之武林》詩:"白鼻驕騧紫綺裘，湧金門外醉瀛洲。"明顧大典《青衫記·蠻素餞別》:"門外促驕騧，趁東風踏落花。"清吳翌鳳《春從天上來》詞:"白鼻驕騧，記鞭絲徐拂，帽影微斜。"清李調元《郊天禮成恭紀》詩之一:"十二鑾鈴陳彩雉，三千犀甲擁黃騧。"

【騧馬】

即騧。此稱漢代已行用。見該文。

【驕騧】

即騧。此稱元代已行用。見該文。

皇

毛色黃白相雜的馬。此稱先秦時期已行用，亦作"騜"。《詩·魯頌·駉》:"薄言駉者，有驕有皇。"《説文·馬部》"驕"引《詩》作"有驕

有騜”。段玉裁注：“按《毛詩》作‘皇’，許無‘騜’字，《字林》乃有之。此‘騜’後人所改。《韵會》作‘有皇’，是也。《爾雅》作‘黄白騜’亦是俗本。”《爾雅·釋畜》：“黄白，騜。”郭璞注：“《詩》曰‘騜駁其馬’。”郝懿行義疏：“黄色兼有白色者名騜。騜，《詩》作‘皇’。”

【騜】

同“皇”。此體先秦時期已行用。見該文。

駹

淺黑色的馬。此稱先秦時期已行用。《尸子》卷下：“馬有秀騏逢駹。”《晋書·輿服志》：“皇后先蠶，乘油畫雲母安車，駕六駹馬。”《宋書·樂志四》：“易之有駹蔡有赭，美人歸以南，駕車馳馬。”

騊駼

良馬名。此稱先秦時期已行用。《逸周書·王會》：“禺氏騊駼。”孔晁注：“騊駼，馬之屬也。”《爾雅·釋畜》：“騊駼，馬。”郭璞注引《山海經》：“北海内有獸，狀如馬，名騊駼，色青。”唐權德輿《奉和許閣老酬淮南崔十七端公見寄》：“方看簪獬豸，俄歎縶騊駼。”明孫柚《琴心記·給管求文》：“雙鳳花袍來廣漢，都看仙仗迴旋；交螭團扇聽騊駼，盡訝神儀閃爍。”清鄂爾泰《昭陵石馬歌恭和御製元韵》：“文皇雙馬特超絶，騊駼駃騠堪齊踪。”

驥駑

駿馬名。此稱先秦時期已行用，漢代亦稱“駑”。《吕氏春秋·察今》：“良馬期乎千里，不期乎驥駑。”高誘注：“駑，千里馬名也。王者乘之游駑，因曰驥駑也。”章炳麟《訄書·明獨》：“余，越之賤氓也，生又贏弱，無驥駑之氣，焦明之志，猶憒憒悽切怛，悲世之不淑，耻

不逮重華。”

【駑】

即驥駑。此稱漢代已行用。見該文。

驔

膝脛有長毛的馬。此稱先秦時期已行用。《詩·魯頌·駉》：“有驔有魚，以車祛祛。”毛傳：“豪骭曰驔。”孔穎達疏：“傳言‘豪骭白’者，蓋謂豪毛在骭而白長，名爲驔也。”阮元校勘記：“‘骭’下有‘白’字。”宋王安石《送江寧彭給事赴闕》詩：“投壺饗客魚無乙，伐鼓搜兵馬有驔。”

驈

赤身白腹的馬。此稱先秦時期已行用。《詩·大雅·大明》：“檀車煌煌，駟驈彭彭。”毛傳：“驪馬白腹曰驈。”《淮南子·主術訓》：“伊尹賢相也，而不能與胡人騎驈馬而服騊駼。”金董解元《西廂記諸宫調》卷二：“吃地勒住戰驈。”

駩

白毛黑唇之馬。此稱漢代已行用。《爾雅·釋畜》：“白馬黑唇，駩。”唐張説《大唐開元十三年隴右監校頌德碑》：“差其毛物則有……驈駁驔駩。”宋崔伯易《感山賦》：“騂犗駩騚，騧驪騽駔，繁鬃赤喙，黄脊白顙。”

驖

面、額爲白色而毛爲黑色的馬。此稱漢代已行用。《漢書·匈奴傳上》：“匈奴騎，其西方盡白，東方盡驖，北方盡驪，南方盡騂馬。”顔師古注：“驖，青馬也。”《爾雅·釋畜》：“面顙皆白，惟驖。”《玉篇·馬部》：“驖，馬黑，白面。”

騏

青黑色的馬。此稱漢代已行用。宋崔伯易《感山賦》："騂馲駼騏，騧驪驈騟，繁鬣赤喙，黃脊白纇。"參閱《爾雅·釋畜》。

驈

身黑股白的馬。此稱先秦時期已行用。《詩·魯頌·駉》："薄言駉者，有驈有皇。"毛傳："驪馬白跨曰驈。"唐張說《河西節度副大使安公碑銘》："其在農牧，大田多稼，如茨如梁，思馬斯才，有驈有皇。"

騜

赤黑色的馬。此稱先秦時期已行用。《詩·秦風·駟驖》："駟驖孔阜，六轡在手。"元虞集《金人出塞圖》詩："闕支出迎騎小騜，琵琶兩姬紅顴頰。"

肅爽

毛色白皙、脖子修長的馬。此稱先秦時期已行用，亦作"肅霜""驌驦"，晉代起又作"驌驦"。《左傳·定公三年》："唐成公如楚，有兩肅爽馬，子常欲之。"杜預注："肅爽，駿馬名。"孔穎達疏："爽或作霜。賈逵云：'色如霜紈。'馬融說：'肅爽，鴈也。其羽如練，高首而脩頸，馬似之，天下稀有。'"《後漢書·馬融傳》："登于疏鏤之金路，六驌驦之玄龍。"李賢注："驌驦，馬名。《左傳》云唐成公有兩驌驦馬。"《晉書·郭璞傳》："昆吾挺鋒，驌驦軒髦。"北魏酈道元《水經注·湒水》引作"肅霜"。唐杜甫《秦州雜詩》之五："聞說真龍種，仍殘老驌驦。"程善之《古意》詩："羽林孤兒騎上頭，驌驦寶馬吉光裘。"

【肅霜】

同"肅爽"。此體先秦時期已行用。見該文。

【驌驦】

同"肅爽"。此體先秦時期已行用。見該文。

【驌驦】

同"肅爽"。此體晉代已行用。見該文。

驎

毛呈鱗狀斑紋的馬。此稱先秦時期已行用。《詩·魯頌·駉》："薄言駉者，有驒有駱。"毛傳："青驪驎曰驒。"北魏賈思勰《齊民要術·養牛馬驢騾》："騧馬、驪肩……驒、駱馬，皆善馬也。"明何景明《七述》："掩雲鴻，縶文驎，折錦脅，鍛繡翰。"

騝

黃脊、黑鬣、黑尾的紅馬。此稱唐代已行用。唐張說《大唐開元十三年隴右監牧頌德碑》："差其毛物，則有蒼白驪黃……騧騏騟騝。"明吳世美《驚鴻記·祿山叛逆》："管教勝算飛黃騝，行看大烈耀青編。"

騴

膝下色白的馬。此稱唐代已行用。唐張說《大唐開元十三年隴右監牧頌德碑》："差其毛物，則有蒼白驪黃……騭駮騴騝。"

騧

色黑而脊黃的馬。此稱唐代已行用。唐張說《大唐開元十三年隴右監牧頌德碑》："差其毛物，則有蒼白驪黃……騧騏騟騝、豪骭驏足。"

騟

紫色的駿馬。此稱唐代已行用。唐段成式《酉陽雜俎·忠志》："骨利幹國獻馬百匹，十匹尤駿，上爲製名，爲決波騟者，近後足有距，走歷門三限不躓，上尤惜之。"宋岳珂《桯史·義騟傳》："吾鄉有義騟，事甚奇，余嘗爲作傳曰：'義驗者，九江戍校之王成鎧騎也。'"

騵

前足全白的馬。此稱漢代已行用。《爾雅·釋畜》："〔馬〕前足皆白，騵。"

驤

後右足白的馬。此稱漢代已行用。《爾雅·釋馬》："後右足白，驤。"

驔

黑脊的白馬。此稱三國時期已行用。《廣雅·釋獸》："白馬黑脊，驔。"宋張鎡《宿吳江華嚴院》詩："刀弓負帶競碑矼，驔駉驑驖雕驗驄。"

活褥蛇

一種能捕鼠的蛇。此稱唐代已行用，亦作"活褥虵"。《舊唐書·西戎傳·波斯國》："〔貞觀〕二十一年，伊嗣候遣使獻一獸，名活褥蛇，形類鼠而色青，身長八九寸，能入穴取鼠。"《通典·邊防九》："大唐貞觀二十一年，其國又獻活褥虵。"明李時珍《本草綱目·鱗二·諸蛇》："活褥蛇，能捕鼠。"

【活褥虵】

同"活褥蛇"。此體唐代已行用。見該文。

鷹

一種猛禽。雄鳥體長約 50 厘米。除頭部全爲黑色外，上體其餘部分主要爲蒼灰色，故亦稱"蒼鷹"。下體灰白，且密布暗灰色横斑和近黑色羽幹紋。雌鳥體型較大，羽色與雄鳥相似。上嘴呈鈎形，頸短，脚部有長毛，足趾有長而鋭利的爪。性凶猛，善捕食小獸及其他鳥類。喜晝間活動，多栖息於山林或平原地帶。幼鳥經馴養可用於狩獵，通稱"獵鷹"。"鷹"之名稱，先秦時期已經行用。《禮記·月令》："〔仲春

之月〕始雨水，桃始華，倉庚鳴，鷹化爲鳩。"孔穎達疏引《周書時訓》："驚蟄之日桃始華，又五日倉庚鳴，又五日鷹化爲鳩，至秋，則鳩化爲鷹。"鷹之用於狩獵，漢代即有記載。《東觀漢記·和熹鄧皇后傳》："太后臨朝，上林鷹犬悉斥放之。"其後纍代不斷。晋陸雲《答車茂安書》："密罔彌山，放鷹走犬，弓弩亂發，鳥不得飛，獸不得逸。"《後漢書·梁冀傳》："又好臂鷹走狗，騁馬鬥鷄。"《魏書·島夷蕭昭業傳》："擲塗賭跳，放鷹走狗。"唐白居易《放鷹》詩："鷹翅疾如風，鷹爪利如錐。"唐韓偓《苑中》詩："外使調鷹初得按，中官過馬不教嘶。"原注："五坊外按使，以鷹隼初調習，始能擒獲，謂之得按。"《新五代史·唐臣傳·安重誨》："佗日，按鷹于西郊，戒左右：'無使重誨知也！'"宋林逋《雪》詩之二："更想天山兩三騎，臂鷹拳鐙簇駸駸。"金劉從益《泛舟回瀾亭坐中作》詩："韝鷹乍脱臂，但學天地寬。"元薛玄曦逸句："臂鷹過雁磧，老馬上龍堆。"明李時珍《本草綱目·禽三·鷹》："鷹出遼海者上，北地及東北胡者次之。北人多取雛養之，南人八九月以媒取之。乃鳥之疏暴者。"《明史·韓文傳》：

鷹
（明王圻等《三才圖會·鳥獸》）

"擊毬走馬，放鷹逐犬，俳優雜劇，錯陳於前。"
清顧炎武《將去關中別中尉存杠于慈恩寺塔下》
詩："荒郊紆策馬，獵徑傍韝鷹。"《説岳全傳》
第三二回："〔劉猊〕忽一日帶了二三百家將，
往鄉村打圍作樂，一路來到一個地方，名爲孟
家莊，一衆人放鷹逐犬。"

【蒼鷹】

即鷹。此稱晋代已行用。晋張華《鷦鷯
賦》："蒼鷹鷙而受緤，鸚鵡慧而入籠。"唐岑
參《衛節度赤驃馬歌》："草頭一點疾如飛，却
使蒼鷹翻向後。"宋陳淵《觀獵》詩："蒼鷹黄
犬五花驄，木落風高箭上弓。"元劉永之《題金
人獵騎圖》詩："駕鵝驚飛百獸駭，蒼鷹脱臂騰
高空。"明詹同《題松鶴蔡先生家藏李伯時西嶽
降靈圖》詩："後有三人總徒步，蒼鷹黄犬行相
從。"清王士禎《東丹王射鹿圖》詩："俊鶻初
變爲正鶻，蒼鷹塌翅隨馬韁。"

青骹 [2]

一種青腿的獵鷹。此稱漢代已行用。漢
張衡《西京賦》："青骹摯於韝下，韓盧噬於綟
末。"薛綜注："青骹，膚青脛者。"晋張載《榷
論》："青骹繁霜，繋于籠中，何以效其攝東郭
于韝下也。"唐章孝標《少年行》："手擘白馬嘶
春雪，臂竦青骹入暮雲。"宋王禹偁《放五坊
鷹犬詔》："況又青骹黄耳，耗民用以居多；雨
血風毛，匪朕心之所欲。"明朱謀㙔《駢雅·釋
鳥》："青骹，鷹也。"清毛奇齡《少年行》之
二："紫燕穿雲疾，青骹掣露長。"唐代亦作
"青骭"。唐皮日休《獨在開元寺避暑頗懷魯望
因飛筆聯句》："望塔青骭識，登樓白鴿知。"

【青骭】

同"青骹"。此體唐代已行用。見該文。

猛鷙

猛禽，特指鷹。此稱南北朝時期已行用。
《文選·王中〈頭陀寺碑文〉》："〔宗法師〕以爲
宅生者緣，業空則緣廢；存軀者惑，理勝則惑
亡，遂欲捨百齡於中身，殉肌膚於猛鷙。"李周
翰注："猛鷙，鷹也。"

田鷹

經馴養可用於狩獵的鷹。此稱南北朝時期
已行用。《魏書·釋老志》："三年十二月，顯祖
因田鷹獲鴛鴦一。其偶悲鳴，上下不去，帝乃
惕然。"元王惲《雄狐行》："乘機侵刻恣所欲，
草棘蔽翳無田鷹。"宋代起亦稱"獵鷹"。宋華
岳《雪》詩："撲雀獵鷹翻白縞，得鱸漁父指青
帝。"清姚之駰《元明事類鈔》卷三七："《涉異
志》：大興劉公機爲諸生時，畿郡有鷹神，乃一
獵鷹也。"

【獵鷹】

即田鷹。此稱宋代已行用。見該文。

【鷹隼】 [1]

即田鷹。此稱唐代已行用。唐韓偓《苑中》
詩："外使調鷹初得按，中官過馬不教嘶。"原
注："五坊外按使，以鷹隼初調習，始能擒獲，
謂之得按。"宋吕本中《黄池西阻風》："嚴霜未
放鷹隼擊，盤渦恐致蛟龍怒。"元范梈《將赴江
淛大府校進士試會疾止建安驛上後山東眺郡城
作十二韵》："淡淡鴻鵠舉，蒼蒼鷹隼候。"明蔣
山卿《送林以乘赴任江西僉憲》詩："霄漢看鷹
隼，江湖覓鯉魚。"清吴偉業《臨江參軍》詩：
"鷹隼伏指爪，其氣嘗突兀。"

【鷹鶻】 [1]

即田鷹。此稱宋代已行用。宋陸游《老學
庵筆記》卷二："平居惟好獵，常自飼犬。有妾

焦氏者，爲之飼鷹鶻。寢食之外，但治獵事。”

新鷹

剛訓練好的獵鷹。此稱唐代已行用。唐張籍《宮詞二首》之一：“新鷹初放兔猶肥，白日君王在内稀。”宋陳杰《讀邸報》詩之二：“蓋聞老犬曾供嗾，轉上新鷹正待呼。”元耶律鑄《新鷹》詩：“逼駱駝山馳快馬，送駕鶯漵按新鷹。”

兔鶻

一種羽毛多爲白色而間帶赫色的獵鷹。此稱元代已行用。元虞集《金人出塞圖》詩：“銀黃兔鶻明繡袍，鸕鶘小管隨鳴鞘。”明張次仲《醉題萍道人墨竹》詩：“落落手腕間，兔鶻相追逐。”《紅樓夢》第二六回：“這臉上是前日打圍，在鐵網山叫兔鶻梢了一翅膀。”清乾隆《鷹始摯》：“鶻較鷹爲大，善搏兔，故亦謂之兔鶻。”按，一説鶻較鷹小。清陳元龍《格致鏡原·鳥类·鶻》：“兔鶻食狸、兔等獸。”

隼

鷹類中最小的一種猛禽。嘴短而寬，上嘴彎曲并有齒狀凸起。飛得很快，善於襲擊其他鳥類等。經馴養可用於狩獵。此稱先秦時期已行用。《易·解》：“公用射隼于高墉之上，獲之，無不利。”孔穎達疏：“隼者，貪殘之鳥，鸇鷂

隼
（明王圻等《三才圖會·鳥獸》）

之屬。”唐韓愈《畫記》：“騎而下倚馬，臂隼而立者一人。”梁啓超《少年中國説》：“鷹隼試翼，風塵吸張。”唐代起亦稱“鶻”“籠脱”。唐杜甫《義鶻行》：“斯須領健鶻，痛憤寄所宣。”唐王建《宮詞》之二四：“内鷹籠脱解紅條，鬥勝爭飛出手高，直上碧雲還却下，一雙金爪掬花毛。”宋蘇軾《石鐘山記》：“而山上棲鶻，聞人聲亦驚起。”明代起又稱“鶻子”。明李時珍《本草綱目·禽四·鶻》：“鶻，小於鵰而最猛捷，能擊鳩、鴿，亦名鶻子，一名籠脱。”《廣雅·釋鳥》：“鶻鷳、鶻子、籠脱，鷂也。”

【鶻】

即隼。此稱唐代已行用。見該文。

【籠脱】

即隼。此稱唐代已行用。見該文。

【鶻子】

即隼。此稱明代已行用。見該文。

【決雲兒】[1]

即隼。此稱唐代已行用，宋代亦稱“海東青”。宋吳坰《五總志》：“登州崖林中有鶻，能自高麗一飛度海，號曰海東青，唐人呼爲決雲兒。”

【海東青】

即決雲兒[1]。此稱宋代已行用。見該文。

獵隼

經馴養可用於狩獵的隼。此稱宋代已行用。宋曾鞏《咏雪》詩：“饑鼯嘷卧伏牙爪，獵隼飛摯矜羽翮。”元同恕《喜雪和勤齋先生韵》：“怒張獵隼恣憑陵，凍雀求哀竟何恃。”

鷂

鷹類中較小的一種猛禽。雌鳥體長約 45 厘米。上體大部爲灰褐色；下體白色而綴有棕褐

色橫斑。雄鳥較小，上體灰色較深，下體斑紋也較深、較細。常棲息於山地林間，亦見於村落溪河附近。經馴養可用於狩獵。此稱先秦時期已經行用。戰國楚宋玉《高唐賦》："雕鶚鷹鷂，飛揚伏竄。"李善注引《説文》："鷂，鷙鳥也。"《新唐書・方技傳・杜生》："它日又有亡奴者，生戒持錢五百伺於道，見進鷂使者，可市其一，必得奴。"清史震林《記何山逸士》："嗟呼！與魚善而獺忌之，與鳥善而鷂嫉之。"南北朝起又俗稱"鷂子"。《樂府詩集・橫吹曲辭五・企喻歌辭一》："鷂子經天飛，群雀兩向波。"唐段成式《酉陽雜俎續集・支諾皋上》："和子驚懼，乃棄鷂子拜祈之。"宋王讜《唐語林・方正》："太宗得鷂子俊異，私自臂之。"《紅樓夢》第三〇回："倒像'黃鷹抓住鷂子的腳'，兩個人都'扣了環了'！"

【鷂子】

即鷂。此稱南北朝時期已行用。見該文。

【鷂鷹】

即鷂。因其外形似鷹，故稱。此稱宋代已行用。宋蔡卞集解《毛詩名物解・鷹》："一曰一歲爲黃鷹，二歲爲鷂鷹，三歲爲鶻鷹。"《水滸傳》第四六回："小二道：'我店裏的雞，却那裏去了？'時遷道：'敢被野貓拖了，黃猩子吃了，鷂鷹撲了去，我却怎地得知！'"《兒女英雄傳》第二六回："要不是我方才提他是屬馬的，大約直到今日姐姐還不知道他是屬鷂鷹的、屬駱駝的呢！"

【雀鷹】

即鷂。因常捕食雀類，故稱。此稱漢代已行用。漢劉向《古列女傳・趙靈吳女》："乃探雀鷹而食之，三月餘遂餓死沙丘。"三國吳陸機

《毛詩草木鳥獸蟲魚疏》："隼，鷂屬也。齊人謂之擊征，或謂之題肩，或謂之雀鷹，春化爲布穀者是也。"一説即隼。宋陸佃《埤雅・隼》："《禽經》曰：鷹好跱，隼好翔，鳧好没，鷗好浮。隼，鷂屬也，一名雀鷹，蓋迅疾之鳥。"

鷂雛

幼鷂。此稱唐代已行用。唐元稹《有鳥》詩之一七："有鳥有鳥名鷂雛，鈴子眼睛蒼錦襦。"《舊唐書・孫伏伽傳》："有獻鷂雛者，此乃前朝之弊風。"

木鷂

一種較大的鷂。可以捕烏鵲。此稱宋代已行用。宋吳曾《能改齋漫録・方物》："鷂有數種，俊而大者，俗謂之木鷂，可以捕烏鵲。"明劉嵩《莫君寫鷹圖》詩："皂鵰最大木鷂小，老鶻兩翅森開張。"

鵰

一種大型猛禽。嘴呈鈎狀，視力很強，腿部羽毛直達趾間，雌雄同色。此稱先秦時期已行用，亦作"雕"，亦稱"鷲"。戰國楚宋玉《高唐賦》："虎豹豺兕，失氣恐喙；鵰鶚鷹鷂，飛揚伏竄。"《山海經・南山經》："水有獸焉……其狀如雕而有角。"漢劉向《説苑・談叢》："曾

鵰
（明王圻等《三才圖會・鳥獸》）

子曰：'鷹鷲以山爲卑，而增巢其上。'"《淮南子·原道訓》："鷹鵰搏鷲，昆蟲蟄藏。"《史記·李將軍列傳》："是必射雕者也。"司馬貞索隱："雕，一名鷲。"《北齊書·斛律光傳》："見一大鳥，雲表飛颺，光引弓射之，正中其頸。此鳥形如車輪，旋轉而下，至地乃大鵰也。"唐王維《觀獵》詩："回看射雕處，千里暮雲平。"五代譚用之《塞上》詩之二："牛羊集水煙黏步，鵰鶚盤空雪滿圍。"元吳師道《送李僉憲行部之越》詩："馬蹄秋原風獵獵，雕盤霜浦日寅寅。"明李時珍《本草綱目·禽四·鵰》："鵰似鷹而大，尾長翅短，土黃色，鷙悍多力，盤旋空中，無細不視。"清厲鶚《遼史拾遺》卷二四："田獵，鵰則戾天，狗則走陸。"

【雕】

同"鵰"。此體先秦時期已行用。見該文。

【鷲】

即鵰。此稱先秦時期已行用。見該文。

【鶚】

即鵰。此稱先秦時期已行用，亦作"敫"。按，"敫""鶚"上古詩音相通。《詩·小雅·四月》"匪鶚匪鳶，翰飛戾天"毛傳："鶚，鵰也。"《説文·鳥部》："敫，雕也，从鳥，敫聲。《詩》曰：'匪敫匪鳶。'"明李時珍《本草綱目·禽四·雕》〔釋名〕引《禽經》："鷲以就之，敫以搏之。"

【敫】

同"鶚"。此體先秦時期已行用。見該文。

鵠

一種鳥。形狀像鵝而體形較大，全身白色，上嘴分黃色和黑色兩部分，腳和尾都短，腳黑色，有蹼。生活在海濱或湖邊，飛翔甚高，吃植物、昆蟲等。此稱先秦時期已行用，唐代

鵠
（明王圻等《三才圖會·鳥獸》）

起亦稱"天鵝"。《莊子·天運》："夫鵠不日浴而白。"唐韓愈《琴操·別鵠操》："雄鵠銜枝來，雌鵠啄泥歸。"唐李商隱《鏡檻》詩："撥弦驚火鳳，交扇拂天鵝。"宋陸游《入蜀記》："又有水禽雙浮江中，色白類鵝而大，楚人謂之天鵝……或曰即鵠也。"《元史·祭祀志三》："〔大德〕二年正月，特祭太廟，用馬一、牛一、羊、鹿、野豕、天鵝各七。"明李時珍《本草綱目·禽一·鵠》："鵠大于鴈，羽毛白澤，其翔極高而善步，所謂鵠不浴而白，一舉千里，是也。亦有黃鵠丹鵠，湖海江漢之間皆有之。"

【天鵝】

即鵠。此稱唐代已行用。見該文。

晨風

一種凶猛的鳥。形似鷂，羽色青黃，主要以鳩鴿燕雀爲食。此稱先秦時期已行用，亦稱"鸇"。《詩·秦風·晨風》："鴥彼晨風，鬱彼北林。"毛傳："晨風，鸇也。"《孟子·離婁上》："爲叢驅爵者，鸇也。"晉陸機《擬〈行行重行行〉》詩："王鮪懷河岫，晨風思北林。"北周庾信《三月三日華林園馬射賦》："紅陽飛鵠，紫燕晨風。"唐張籍《贈殷山人》詩："夕陽悲病

鶴，霜氣動饑鷾。"

【鷾】

即晨風。此稱先秦時期已行用。見該文。

雉

鳥名。雄者羽色美麗，尾長，可做裝飾品。雌者尾較短，灰褐色。善走，不能遠飛。肉味鮮美。此稱先秦時期已行用，漢代亦稱"野雞"。《易·旅》："六五：射雉一矢亡。"《史記·封禪書》："野雞夜雊。"裴駰集解引如淳曰："野雞，雉也。"唐韓愈《送區弘南歸》詩："蜃沈海底氣昇霏，彩雉野伏朝扇翬。"宋代亦稱"野雞"。宋陸游《雜題》詩之四："黍醅新壓野雞肥，茆店酤歌送落暉。"明李時珍《本草綱目·禽二·雉》："雉，南北皆有之，形大如雞，而斑色繡異。雄者文采而尾長，雌者文暗而尾短。"《醒世姻緣傳》第七一回："野雞戴着皮帽，還充得甚麼鷹？"一説即爲郊野所蓄養的雞。《廣雅·釋鳥》"野雞，雉也"清王念孫疏證："謂之野雉者，野鄙所畜之雞矣。"

【野雞】

即雉。此稱漢代已行用。見該文。

【野鶏】

即雉。此稱宋代已行用。見該文。

狄

雉名。此稱先秦時期已行用，亦作"翟"，漢代亦稱"夏狄"。《周禮·天官·内司服》："褘衣揄狄闕狄。"鄭玄注："狄當爲翟。翟，雉名。"《史記·夏本紀》："貢維土五色，羽畎夏狄。"裴駰集解引孔安國曰："夏狄，狄，雉名也。"

【翟】

同"狄"。此體先秦時期已行用。見該文。

【夏狄】

即狄。此稱漢代已行用。見該文。

鹿

哺乳綱鹿科動物的通稱。四肢細長，尾巴較短，雄性頭上有角，個別種類雌性頭上也有角，另有雌雄均無角者。毛多爲褐色，或有花斑或條紋，聽覺、嗅覺都很靈敏。我國所產種類很多，包括麞、麂、水鹿、梅花鹿、白唇鹿、馬鹿、麋鹿、駝鹿、馴鹿、獐、麝等。此稱先秦已行用。《詩·召南·野有死麕》："林有樸樕，野有死鹿。"宋梅堯臣《魯山山行》詩："霜落熊升樹，林空鹿飲溪。"

鹿
（明王圻等《三才圖會·鳥獸》）

麋

鹿類哺乳動物。俗稱"四不像"。毛淡褐色，雄性有角，角像鹿，尾像驢，蹄像牛，頸像駱駝，但整體看來哪種動物都不像。性温順，吃植物。原產中國，是一種稀有的珍貴獸類。此稱先秦時期已行用，亦稱"麋鹿"，清代亦稱"四不像"。《楚辭·九歌·湘夫人》："麋何食兮庭中？蛟何爲兮水裔？"《墨子·非樂上》："今人固與禽獸麋鹿、蜚鳥、貞蟲異者也。"唐崔道融《元日有題》詩："自量麋鹿分，只合在山林。"宋周煇《清波雜志》卷三："麋食艾，生茸，入藥。"清孫枝蔚《送陸粲石之金陵省令兄繡闈時歸自關外》詩："東頭重聚因麋鹿，原上相關有鶗鴂。"清西清《黑龍江外紀》卷八："四不像，亦鹿類。俄倫春役之如牛馬，有事哨之則來，舐以鹽則去，部人賴之，不殺也。國語謂之'俄倫布呼'，而《異域錄》稱之爲角鹿。嘗見《清文彙書》云：'四不像，牝、牡皆有角。'則稱角鹿不爲無本。土人飼以石花，即苔也。"

【麋鹿】[1]

即麋。此稱先秦時期已行用。見該文。

【四不像】

即麋。此稱清代已行用。見該文。

麋麑

幼麋。此稱唐代已行用。唐柳宗元《三戒·臨江之麋》："臨江之人，畋得麋麑，畜之。"童宗説注："麋麑，鹿子也。"

麑鹿

幼鹿。古代卿大夫用以爲贄。此稱漢代已行用，三國魏起亦稱"麑"。漢班固《白虎通·文質》："卿大夫贄，古以麑鹿，今以羔鴈。"三國魏曹丕《短歌行》："呦呦游鹿，銜草鳴麑。"唐白居易《雜興》詩之三："姑蘇臺下草，麋鹿暗生麑。"

【麑】

即麑鹿。此稱三國時期已行用。見該文。

麞

哺乳動物。形狀似鹿而小，無角；毛粗長，背部黄褐色，腹部白色；行動靈敏，善跳，能游泳。產於我國長江中下游及東南沿海一帶，朝鮮也有分布。肉可食，皮可製革。此稱先秦時期已行用，亦作"麕""獐"，漢代又作"麏"，晉代還作"麇"，明代亦稱"獐子"。《詩·召南·野有死麕》："野有死麕，白茅包之。"《左傳·哀公十四年》："逢澤有介麋焉。"陸德明釋文："麋，獐也。"《吕氏春秋·士容》："此良狗也，其志在獐麋豕鹿，不在鼠。"《楚辭·淮南小山〈招隱士〉》："白鹿麕麚兮，或騰或倚。"洪興祖補注："麕，麞也。"《淮南子·主術訓》："鹿之上山，獐不能跂也。"晉崔豹《古今注·鳥獸》："麞有牙而不能噬。鹿有角而不能觸。麞，一名麕，青州人謂麕爲麞。"唐韓愈《鱷魚文》："而鱷魚睅然不安溪潭，據處食民畜熊豕鹿麞，以肥其身，以種其子孫。"五代馬縞《中華古今注·鹿》："青州人謂鹿爲獐也。"宋陸游《兩獐》詩："吾園畜兩獐，善驚未易馴。"明李時珍《本草綱目·獸二·麞》："麞，秋冬居山，春夏居澤。似鹿而小，無角，黄黑色，大者不過二三十斤。雄者有牙出口外，俗稱牙麞。其皮細軟，勝於鹿皮，夏月毛毿而皮厚，冬月毛多而皮薄也。"《水滸傳》第八六回："不多時，只見門外兩個人，扛着一個獐子入來。"清黄景仁《上朱笥河先生》詩："假如公有烟霞思，此必弟子相追隨，前驅猨猱後麞麋。"《説岳全傳》第六七回："一日，衆人擡了許多獐狸鹿兔回來。"

【麕】

同"麞"。此體先秦時期已行用。見該文。

【麏】

同"麞"。此體漢代已行用。見該文。

【獐】

即麞。此稱先秦時期已行用。見該文。

【麢】

即麢。此稱晋代已行用。見該文。

【獐子】

即麢。此稱明代已行用。見該文。

熊

哺乳動物。身體肥大，尾巴較短，外形似大豬，四肢短而粗，脚掌大，爪有鈎，能攀緣，會游泳。冬多穴居，至春始出。主要吃動物性食物，也吃水果、堅果等。肉、膽、脂中醫入藥，掌爲珍貴食品。有羆、黑熊、白熊等種類。此稱先秦時期已行用，明代亦稱"豬熊"。《詩·小雅·斯干》："吉夢維何？維熊維羆，維虺維蛇。"漢馬融《長笛賦》："寒熊振頷，特麚昏影。"明李時珍《本草綱目·獸二·熊》："俗呼熊爲豬熊，羆爲人熊、馬熊，各因形似以爲別也。"明徐弘祖《徐霞客游記·粤西游日記一》："山不甚高，而屹立扼流，有當熊勢。"

【豬熊】

即熊。此稱明代已行用。見該文。

羆

熊的一種。此稱先秦時期已行用，因其直立行走時如人，體大如馬，明代亦稱"人熊""馬熊"，今人又稱"棕熊"。《書·牧誓》："如虎如貔，如熊如羆。"《山海經·西山經》："獸多犀兕熊羆。"郭璞注："羆似熊而黄白色，猛憨能拔樹。"唐柳宗元《羆説》："羆之狀，被髪人立，絶有力而甚害人焉。"宋陸游《夏日雜題》詩："耽耽醜石羆當道，矯矯長松龍上天。"《爾雅·釋獸》"羆如熊"清郝懿行義疏："蓋熊羆相類，俗人不識羆，故呼爲人熊耳。"見"熊"文。

【人熊】

即羆。此稱明代已行用。見該文。

【馬熊】

即羆。此稱明代已行用。見該文。

【棕熊】

即羆。此稱現代方行用。見該文。

黑熊

毛皮爲黑色的熊。此稱漢代已行用，今人亦稱"狗熊"。《神異經·東荒經》："東荒山中，有大石室，東王公居焉，長一丈，頭髪皓白，人形鳥面而虎尾，載一黑熊，左右顧望，恒與一玉女投壺。"瞿秋白《現實·關於左拉》："他的生活一直是很孤獨的，像狗熊躲在自己的洞兒裏似的。"

【狗熊】

即黑熊。此稱現代方行用。見該文。

白熊

毛皮爲白色的熊。此稱南北朝時期已行用。《北史·魏紀一·太宗明元帝》："遂射白熊於頹牛山，獲之。"前蜀貫休《送僧入馬頭山》詩："苦竹大於杉，白熊卧如馬。"

兔

哺乳動物。頭部略似鼠，耳朵較大，上唇中部分裂，尾短而上翹，前肢較後肢短，能跑善躍。有野生、家飼不同種類。肉可食，毛可紡織，毛皮可製衣物。此稱先秦時期已行用，宋代亦稱"兔子"。《詩·王風·兔爰》："有兔爰爰，雉離于羅。"《韓非子·五蠹》："田中有株，兔走觸株，折頸而死。"三國魏曹植《名都篇》："馳馳未能半，雙兔過我前；攬弓捷鳴鏑，長驅上南山。"宋梅堯臣《和永叔内翰戲答》詩："固勝兔子固勝鶻，四蹄撲握長啄啄。"

兔
（明王圻等《三才圖會·鳥獸》）

【兔子】

即兔。此稱宋代已行用。見該文。

虎

哺乳類猫科動物。毛黄褐色，有黑色横紋。聽覺、嗅覺敏鋭，性凶猛，力氣大。慣於捕食鳥獸，有時亦殘害人畜。此稱先秦時期已行用，亦作“俿”，漢代又作“𧆞”，亦稱“山獸之君”“山君”，北周起又稱“彪”，宋代起還稱“老虎”，清代另稱“獸君”。《易·乾》：“雲從龍，風從虎。”《詩·小雅·何草不黄》：“匪兕匪虎，率彼曠野。”《墨子·經説上》：“民若畫俿也。”畢沅校注：“俿，虎字異文。”漢應劭《風俗通·祀典·桃梗葦茭畫虎》：“虎者陽物，百獸

虎
（明王圻等《三才圖會·鳥獸》）

之長也，能執搏挫鋭，噬食鬼魅。”山東嘉祥東漢畫像石題記：“猛𧆞延視”。《説文·虎部》：“虎，山獸之君。”北周庾信《枯樹賦》：“乃有拳曲擁腫，盤坳反覆，熊彪顧盼，魚龍起伏。”《南史·檀珪傳》：“飢彪能嚇，人遽與肉，餓驎不噬，誰爲落毛。”唐韓愈《崔十六少府攝伊陽以詩及書見投因酬三十韻》：“上言酒味酸，冬衣竟未攢。下言人吏稀，惟足彪與戲。”《宋元以來俗字譜》：“虎，《目連記》《金瓶梅》作𧆞。”宋蘇轍《湖陰曲》：“老虎穴中卧，獵夫不敢窺。”元王惲《趙邈齪虎圖行》：“耽耽老虎底許來，抱石踞坐何雄哉。”《兒女英雄傳》第二二回：“我們山裏，可就出來一隻碩大的老虎。”清厲荃《事物異名録·獸畜·虎》：“《説文》：虎，西方獸，曰獸君。以其爲山獸之君也，亦曰山君。”

【俿】

同“虎”。此體先秦時期已行用。見該文。

【𧆞】

同“虎”。此體漢代已行用。見該文。

【山獸之君】

即虎。此稱漢代已行用。見該文。

【彪】

即虎。此稱南北朝時期已行用。見該文。

【老虎】

即虎。此稱宋代已行用。見該文。

【獸君】

即虎。此稱清代已行用。見該文。

【山君】

即虎。此稱清代已行用。見該文。

虎子

小虎、乳虎。此稱漢代已行用，北周亦稱

"獸子"。《後漢書·班超傳》："不入虎穴，不得虎子。"《三國志·吳書·呂蒙傳》："不探虎穴，安得虎子。"《周書·李遠傳》："古人有言：'不入獸穴，安得獸子？'"

【獸子】

即虎子。此稱南北朝時期已行用。見該文。

猛武

凶猛之虎。"武"爲唐太祖李虎之"虎"的諱字。此稱唐代已行用，亦稱"猛獸"。唐李白《送張秀才從軍》詩："六駮食猛武，恥從駑馬群。"王琦注引蕭士贇曰："猛武，當作猛虎。唐國諱虎，故以'武'易之。"瞿蛻園、朱金城校注："蕭本作虎。按唐人避諱，虎皆作'武'，作'虎'者後人所改。"唐高彥休《唐闕史·虎食伊璠》："〔璠〕及藍關，爲猛獸搏而食之。"明朱國禎《湧幢小品·大明會典》："自來稱虎爲獸，考《晉書》成於唐魏徵等，唐太宗稱制臨之，以太祖名虎，改稱曰猛獸。"《小五義》第六一回："盧珍、丁大爺都看見在山峰缺處，一隻斑斕猛獸，每遇要行走之時，把身子往後一坐，將尾巴亂攪，尾巴一動，自來的就有風起，不然怎麽虎行有風呢？"

【猛獸】[1]

即猛武。此稱唐代已行用。見該文。

豹

貓科哺乳動物。狀似虎而較小，白面團頭；毛黃褐色或赤褐色，有很多斑點或花紋。性凶猛，能上樹，善奔走。常捕食其他獸類，傷害人畜。毛皮可製衣褥。有赤豹、白豹、金錢豹等。此稱先秦時期已行用。《左傳·襄公四年》："因魏莊子納虎豹之皮，以請和諸戎。"漢張衡《西京賦》："總會仙倡，戲豹舞羆。"唐王珪

豹
（明王圻等《三才圖會·鳥獸》）

《詠淮陰侯》："斬蛟堰灘水，擒豹熠夏陽。"徐珂《清稗類鈔·動物·豹》："豹，産亞非兩洲，似虎而小，毛黃褐色，背有黑色圓斑，俗稱金錢豹。"

赤豹

毛赤而有黑色斑紋的豹。此稱先秦時期已行用。《詩·大雅·韓奕》："獻其貔皮，赤豹黃羆。"毛傳："毛赤而文黑謂之赤豹。"《楚辭·九歌·山鬼》："乘赤豹兮從文狸，辛夷車兮結桂旗。"唐白居易《奉和汴州令狐令公二十二韵》："槍森赤豹尾，纛吒黑龍髯。"

貘

毛白而有黑色斑紋的豹，一說爲形狀似熊的食鐵之獸。此稱先秦時期已行用，漢代起亦作"獏"，亦稱"白豹"。《逸周書·王會》："不令支，玄貘。"《爾雅·釋獸》："貘，白豹。"郭璞注："似熊，小頭庳脚，黑白駁，能舐食銅、鐵及竹骨。骨節強直，中實少髓，皮辟溼。或曰豹白色者別名貘。"郝懿行義疏："《說文》：'貘，似熊而黃黑色，出蜀中。'《釋文》引《字林》云：'似熊而白黃，出蜀郡。'《王會》篇云：'不令支，玄貘。'是貘兼黑、白、黃三色。《神異經》云：'南方有獸，名曰齧鐵，其糞可爲兵器，毛黑如漆。'按此即《王會》所云'玄貘'者也。《白帖》引《廣志》云：'貘，大如

驢，色蒼白，舐鐵消千斤，其皮温燠。'"漢揚雄《蜀都賦》："獸則麢羊野麋，罷犛獏貐。"三國吳陸璣《毛詩草木鳥獸蟲魚疏·羔裘豹飾》："毛白而文黑，謂之白豹。"明李時珍《本草綱目·獸二·豹》〔集解〕引蘇頌曰："《爾雅》有白豹，即貘也，毛白而文黑。"清王引之《經義述聞·爾雅下》"貘白豹"："豹與熊殊類，似熊則不得謂之豹，當以後説爲長……《列子·天瑞》篇：'青寧生程，程生馬。'《釋文》引《尸子》云：'程，中國謂之豹，越人謂之貘。'又引《山海經》云：'南山多貘豹。'郭注云：'貘是豹之白者。'此皆《爾雅》所謂貘也。"

【獏】

同"貘"。此體漢代已行用。見該文。

【白豹】

即貘。此稱漢代已行用。見該文。

金錢豹

斑紋如金色錢幣的豹。此稱明代已行用。明李時珍《本草綱目·獸二·豹》："豹，遼東及西南諸山時有之。狀似虎而小，白面團頭，自惜其毛采。其文如錢者，曰金錢豹。"

兕

一種野獸。皮厚，可以製甲。此稱先秦時期已行用。《詩·小雅·吉日》："發彼小豝，殪此大兕。"《左傳·宣公二年》："牛則有皮，犀兕尚多，棄甲則那。"孔穎達疏："《釋獸》云：'兕似牛。'郭璞云：'一角青色，重千斤。'《説文》云：'兕如野牛，青毛，其皮堅厚，可制鎧。'"唐陳子昂《感遇》詩之二八："霓旌翠羽蓋，射兕雲夢林。"一説兕爲雌犀。見明李時珍《本草綱目·獸一》。

狼

犬科哺乳動物。形狀似犬，面部較長，耳朵直立，毛黃色或灰褐色，尾巴下垂，晝伏夜出，栖息於山林中。性凶殘而貪婪，往往結群傷害人畜，是畜牧業的主要害獸之一。毛皮可製衣褲等。此稱先秦時期已行用。《詩·齊風·還》："並驅從兩狼兮，揖我謂我臧兮。"《吕氏春秋·明理》："有狼入於國，有人自天降。"漢桓寬《鹽鐵論·襃賢》："文學言行……不過高瞻下視，潔言污行，觴酒豆肉，遷延相讓，辭小取大，鷄廉狼吞。"唐段成式《酉陽雜俎·毛篇》："或言狼狽是兩物，狽前足絶短，每行常駕兩狼，失狼則不能動，故世言事乖者稱狼狽。"宋蘇舜欽《獵狐篇》："所向不能入，有類狼失狽。"《埤雅·釋獸》："里語曰：'狼卜食。'狼將遠逐食，必先倒立以卜所嚮。故今獵師遇狼輒喜，蓋狼之所嚮，獸之所在也。"元喬吉《兩世姻緣》第四折："那壁似狼吃了幞頭般寧耐，這壁如草地裏毬兒般打快。"明賈仲名《對玉梳》第一折："俺家裏也使了他數錠銀，不勾二年，銀兩使盡，剗地趕他出去，他則索狼吃幞頭，心兒裏自忍。"

狢

一種野獸。栖息在山林中，晝伏夜出。是一種重要的毛皮獸。此稱先秦時期已行用。《穆天子傳》卷一："天子獵于滲澤，於是得白狐玄狢焉，以祭於河宗。"《淮南子·齊俗訓》："猨狖得茂木，不舍而穴；狟狢得埵坊，弗去而緣。"北魏酈道元《水經注·江水一》："此峽多猨，猨不生北岸，非惟一處；或有取之放著北山中，初不聞聲，將同狢獸渡汶而不生矣。"南朝宋劉義慶《世説新語·品藻》："曹蜍、李志雖見在，厭厭如九泉下人。人皆如此，便可結繩而治，但恐狐狸猫狢噉盡。"《西游記》第三八回："那各神即着本處陰兵，刮一陣聚獸陰風，捉了些野雞山雉，角鹿肥獐，狐貛狢兔，虎豹狼蟲，共有百千餘只，獻與行者。"

狐

哺乳動物。形似狼，面部較長，耳朵三角形，尾巴長，毛色一般呈赤黃色。性狡猾多疑，晝伏夜出，雜食蟲類、小型鳥獸、野果等。毛皮極爲珍貴。此稱先秦時期已行用，漢代起亦稱"狐狸"。《詩・邶風・北風》："莫赤匪狐，莫黑匪烏。"《史記・趙世家》："吾聞千羊之皮，不如一狐之腋。"《東觀漢記・張綱傳》："侍御史張綱獨埋輪于雒陽都亭，曰：'豺狼當道，安問狐狸！'"唐杜甫《久客》詩："狐狸何足道，豺虎正縱橫。"清紀昀《閱微草堂筆記・灤陽消夏錄五》："狐未犯人，人乃犯狐，竟爲狐所中。"《説岳全傳》第一三回："得意狐狸强似虎，敗翎鸚鵡不如鷄。"

【狐狸】

即狐。此稱漢代已行用。見該文。

第八節　狩獵及其訓練器具、設施、動物并稱與泛稱考

同捕撈器具、設施、動物的并稱與泛稱一樣，中國狩獵器具、設施、動物的并稱與泛稱，也有數千年的歷史。以狩獵器具爲例，"六弓"并稱見於《周禮・夏官・司弓矢》等先秦典籍；再以狩獵動物爲例，"鵰鶚鷹鷂"泛稱亦載入戰國楚宋玉《高唐賦》等先秦典籍。

六弓

周代的六種弓，即王弓、弧弓、夾弓、庾弓、唐弓、大弓。此稱先秦時期已行用。《周禮・夏官・司弓矢》："司弓矢，掌六弓……王弓、弧弓，以授射甲革、椹質者；夾弓、庾弓，以授射犴侯、鳥獸者；唐弓、大弓，以授學射者、使者、勞者。"

四弩

周代的四種弩，即夾弩、庾弩、唐弩、大弩。此稱先秦時期已行用。《周禮・夏官・司弓矢》："凡弩，夾、庾利攻守，唐、大利車戰、野戰。"

夾庾

夾弓與庾弓，泛指弓弩。此稱漢代已行用，亦作"夾臾"。《周禮・夏官・司弓矢》"夾弓、庾弓，以授射犴侯鳥獸者"漢鄭玄注："往體多，來體寡，曰夾庾。"又同書《考工記・弓人》："往體多，來體寡，謂之夾臾之屬。"孫詒讓正義："往體，謂弓體外撓；來體，謂弓體内向。凡弓必兼往來兩體，而後有張弛之用。但以往來之多少，爲强弱之差。此夾臾，謂弓之最弱者也。"

【夾臾】

同 "夾庚"。此體漢代已行用。見該文。

弦[3]

泛指弓弩。此稱漢代已行用。《文選·班固〈西都賦〉》："鳥驚觸絲，獸駭值鋒，機不虛掎，弦不再控。"李善注："匈奴名引弓曰控。控，引也。"晋張協《七命》："論最犒勤，息馬韜弦。"《新唐書·突厥傳上》："控弦且百萬，戎狄熾彊，古未有也。"

秋膠

泛指弓弩。此稱唐代已行用。唐鄭損《藝堂》詩："堂開凍石千年翠，藝講秋膠百步威。"按，《周禮·考工記·弓人》："爲弓取六材必以其時，六材既聚，巧者和之。幹也者以爲遠也，角也者以爲疾也，筋也者以爲深也，膠也者以爲和也……凡爲弓，冬析幹而春液角，夏治筋，秋合三材。"鄭玄注："三材，膠、絲、漆。"賈公彦疏："幹、角、筋須三材乃合，則秋是作弓之時。"

弩牙[2]

藉指弓弩。此稱明代已行用。明杜岕《小鳥》詩："弩牙羞彈汝，抱膝發長吟。"

決拾[1]

藉指弓弩。決，通 "抉"。此稱清代已行用。《清史稿·聖祖紀三》："朕自幼讀書，尋求治理。年力勝時，挽强決拾。"

八矢

周代的八種箭，即枉矢、殺矢、鍭矢、恒矢、絜矢、鍭矢、茀矢、庳矢。此稱先秦時期已行用。《周禮·夏官·司弓矢》："凡矢，枉矢、絜矢，利火射，用諸守城車戰；殺矢、鍭矢，用諸近射田獵；矰矢、茀矢，用諸弋射；恒矢、庳矢，用諸散射。"鄭玄注："此八矢者，弓弩各有四焉，枉矢、殺矢、矰矢、恒矢，弓所用也；絜矢、鍭矢、茀矢、庳矢，弩所用也。"

弓矢

弓與矢。泛指弓箭。此稱先秦時期已行用，亦稱 "弧矢" "弓繳"。繳，繫着生絲繩的箭。《易·繫辭下》："弓矢者器也，射之者人也。"又："弦木爲弧，剡木爲矢，弧矢之利，以威天下。"《國語·周語上》："載戢干戈，載櫜弓矢。"《孟子·告子上》："一人雖聽之，一心以爲有鴻鵠將至，思援弓繳而射之。"唐杜甫《喜聞官軍已臨賊境二十韵》："戈鋋開雪色，弓矢向秋毫。"唐鄭棨《開天傳信記》："上封泰山，進次滎陽旂然河上，見黑龍，命弧矢射之，矢發龍潜藏。"《續資治通鑑·宋孝宗乾道五年》："初，帝御弧矢，以弦激致目眚，至是始愈。"清和邦額《夜譚隨録·董如彪》："汝欲食羊豕，我偏以汝飼虎狼，遽喝下馬，奪其弧矢。"鄭觀應《盛世危言·教養》："鳥之飛者用弓矢以射之。"漢代起又稱 "弦矢" "絃矢"。漢司馬相如《上林賦》："弦矢分，藝殪仆，然後揚節而上浮。"漢趙曄《吳越春秋·王僚使公子光傳》："伍舉曰：'不飛不鳴，將爲射者所圖；絃矢卒發，豈得冲天而驚人乎？'"唐玄奘《大唐西域記·摩揭陀國上》："縱火飛煙，揚沙激石，備矛楯之具，極弦矢之用。"唐代起還稱 "弓箭"。唐杜甫《兵車行》："車轔轔，馬蕭蕭，行人弓箭各在腰。"明代或稱 "弰"。明唐順之《古北口城》詩："到此令人思猛士，天山萬里縱鳴弰。"

【弧矢】

即弓矢。此稱先秦時期已行用。見該文。

【弓繳】

即弓矢。此稱先秦時期已行用。見該文。

【弦矢】

即弓矢。此稱漢代已行用。見該文。

【絃矢】

即弓矢。此稱漢代已行用。見該文。

【弓箭】

即弓矢。此稱唐代已行用。見該文。

【弰】[2]

即弓矢。此稱明代已行用。見該文。

筋竿

筋與竿。泛指弓箭。此稱南北朝時期已行用。《文選・鮑照〈出自薊北門行〉》：“嚴秋筋竿勁，虜陣精且強。”李善注：“《周禮》曰：‘弓人爲弓。筋也者，所以爲深也。’竿，箭幹也。并公旱切。”劉良注：“筋爲弓，竿謂箭也。”《南齊書・王融傳》：“設棄秣有儲，筋竿足用，必以草竊關燧，寇擾邊疆。”唐代亦作“筋幹”“筋䈸”。唐李白《相和歌辭・胡無人行》：“嚴風吹霜海草彫，筋幹精堅胡馬驕。”按，幹，一本作“䈸”。

【筋幹】

同“筋竿”。此體唐代已行用。見該文。

【筋䈸】

同“筋竿”。此體唐代已行用。見該文。

弩矢[2]

弩與矢。泛指弓箭。此稱漢代已行用。《史記・司馬相如列傳》：“蜀太守以下郊迎，縣令負弩矢先驅，蜀人以爲寵。”司馬貞索隱：“亭吏二人，弩矢合是亭長負之，今縣令自負矢，則亭長當負弩矢。”《漢書・霍光傳》：“會爲票騎將軍擊匈奴，道出河東，河東太守郊迎，負弩矢先驅。”

鵠箭

鵠與箭。泛指弓箭。此稱唐代已行用。唐李咸用《贈陳望堯》詩：“鵠箭親疏雖异的，桂花高下一般香。”

銑珧

泛指寶弓。弓之兩端飾金者名銑，飾蚌者名珧。此稱清代已行用。清毛奇齡《〈梅中詩存〉序》：“世無甘蠅，非謂辭金僕而却銑珧也。”

羅網

羅與網。泛指捕鳥的網。此稱先秦時期已行用，亦作“羅罔”。《呂氏春秋・季春》：“田獵罼弋、罝罘、羅網、餧獸之藥，毋出九門。”《禮記・月令》：“田獵罝罘羅罔。”《淮南子・主術訓》：“鷹隼未摯，羅網不得張於溪谷。”清吳偉業《松鼠》詩：“終當就羅網，不如放山澤。”漢代起亦稱“網羅”。《淮南子・兵略訓》：“飛鳥不動，不絓網羅。”南朝宋鮑照《代空城雀》詩：“高飛畏鴟鳶，下飛畏網羅。”宋蘇軾《次韻答邦直子由》：“聞道鵷鴻滿臺閣，網羅應不到沙鷗。”清顧炎武《一雁》詩：“塞上愁書信，人間畏網羅。”

【羅罔】

同“羅網”。此體先秦時期已行用。見該文。

【網羅】

即羅網。此稱漢代已行用。見該文。

罻羅

罻與羅。泛指捕鳥的網。此稱先秦時期已行用，語本《禮記・王制》。宋司馬光《白鷴圖》詩：“罻羅不可取，滅影還雲霄。”明楊慎《書興》詩：“争傳鳴鳳巢阿閣，又見飛鴻出先驅。”

尉羅。"明代亦稱"羅尉"。明陳子龍《寄獻石齋先生》詩:"羅尉如雲不見天,秦人高歌楚人舞。"

【羅尉】

即尉羅。此稱明代已行用。見該文。

羅落

泛指獵取禽獸的器具。此稱先秦時期已行用。《莊子·胠篋》:"削格、羅落、罝罘之知多,則獸亂於澤矣。"王先謙集解引郭嵩燾曰:"削格、羅落皆所以遮要禽獸。"

網[4]

泛指獵取禽獸的網眼器具。此稱先秦時期已行用,語本見《史記·殷本紀》。唐柳宗元《寄韋珩》詩:"幸因解網入鳥獸,畢命江海終游遨。"參見本章第三節"網[2]""網[3]"。

罥

泛指獵取禽獸之網。此稱漢代已行用,亦作"絹"。漢蔡邕《琴操·思親操》:"深谷鳥鳴兮嚶嚶,設置張罥兮思我父母力耕。"《周禮·秋官·翨氏》:"翨氏掌攻猛鳥,各以其物爲媒而掎之。"漢鄭玄注:"猛鳥,鷹隼之屬,置其所食之物於絹中,鳥來下則掎其脚。"賈公彦疏:"云各以其物爲媒者,若今取鷹隼者,以鳩鴿置於羅網之下以誘之。"明徐渭《啓諸南明侍郎》:"辟如雉兔觸罥於籠牢,盻盻焉不知伏處而待命。"

【絹】

同"罥"。此體漢代已行用。見該文。

羅纙

羅與纙。泛指獵取禽獸之網。此稱漢代已行用。《後漢書·馬融傳》:"營圍恢廓,充斥川谷,罘罝羅纙,彌綸阬澤,皋牢陵山。"李賢注:"纙,麂網也。"

罘罝

罘與罝。泛指獵取禽獸之網。此稱漢代已行用,亦作"罦罝"。《後漢書·寇榮傳》:"舉趾觸罘罝,動行絓羅網。"又同書《馬融傳》:"罘罝羅纙,彌綸阬澤,皋牢陵山。"李賢注:"罘,雉網也;罝,兔罟也。"見"罝罘"文。

【罦罝】

同"罘罝"。此體漢代已行用。見該文。

罘罟

罘與罟。泛指捕鳥的網。此稱漢代已行用。漢揚雄《太玄·應》:"次四,援我罘罟,絓羅于野,至,測曰,援我罘罟,不能以仁也。"

罿罦

罿與罦。泛指捕鳥的網。此稱漢代已行用。《周禮·秋官·冥氏》"冥氏掌設弧張"漢鄭玄注:"弧張,罿罦之屬,所以扃絹禽獸。"

罿尉

罿與尉。泛指捕鳥的網。此稱晋代已行用。《文選·左思〈吴都賦〉》:"罿尉普張,罼罕瑣結。"劉逵注:"罿尉罼罕,皆鳥網也。"

矰尉

矰與尉,泛指捕鳥的網。此稱晋代已行用,亦稱"矰羅"。晋陸雲《九湣·悲郢》:"仰剪翮於凌霄,俯歸飛於矰尉。"又其《九愍·感逝》:"亂曰:浮雲晻藹,天明息兮,矰羅重設,鳳矯翼兮。"

【矰羅】

即矰尉。此稱晋代已行用。見該文。

罼罕

罼與罕。泛指捕鳥的網。此稱晋代已行用。《文選·左思〈吴都賦〉》:"罿尉普張,罼罕

瑣結。"劉逵注："罿罻罼罕，皆鳥網也。"參見
"罿罻"文。

虞羅

　　虞人之羅。泛指獵取禽獸之網。此稱唐代
已行用。唐陳子昂《感遇詩》之二三："豈不
在遐遠，虞羅忽見尋。多材信爲累，歎息此珍
禽。"宋司馬光《重經車輞谷》詩："我生微尚
在丘壑，强若麋鹿嬰虞羅。"明文徵明《八月
六日事》詩："冥鴻已在虞羅外，殘鮞方游鼎釜
間。"清鄭燮《道情》之一〇："黄沙白草無人
迹，古戍寒雲亂鳥還；虞羅慣打孤飛雁。"

羅罿

　　羅與罿。泛指獵取禽獸之網。此稱唐代已
行用。唐李商隱《李肱所遺畫松詩書兩紙得
四十一韵》："一旦鬼瞰室，稠疊張羅罿。"

羅弋

　　羅與弋。泛指獵取禽獸的器具。此稱唐代
已行用，亦稱"弋羅"。唐白居易《犬鳶》詩：
"上無羅弋憂，下無羈鎖牽。"又其《贈諸少年》
詩："老慚退馬霑芻秣，高喜歸鴻脱弋羅。"明
夏完淳《細林野哭》詩："我欲歸來振羽翼，誰
知一舉入羅弋。"

【弋羅】

　　即羅弋。此稱唐代已行用。見該文。

罦罬

　　罦與罬。泛指獵取鳥類之網。此稱清代已
行用。《紅樓夢》第七八回："孰料鳩鴆惡其高，
鷹鷥翻遭罦罬。"

弧張

　　弧與張。弧，機弩之類；張，羅網之屬。
此稱先秦時期已行用。《周禮·秋官·冥氏》：
"冥氏掌設弧張，爲阱擭，以攻猛獸，以靈鼓

歐之。"鄭玄注："弧張，置罘之屬，所以扃絹
禽獸。"賈公彦疏："弧，弓也，謂張弓以取猛
獸；云'置罘之屬'者，《詩》云：'雉離于置，
雉離于罦。'并是取禽獸之物。"孫詒讓正義：
"《爾雅·釋詁》云：'張，施也。'凡網羅之屬并
爲機軸張施之，故即謂之張……《輈人》注云：
'弧，木弓也。'則是機弩之類。弧與網羅不必
并設一處，此'設弧張'與下'爲阱擭'文相
對，弧張、阱擭各爲二物。注并釋之，似微誤。
賈疏謂張弓以取猛獸，似亦誤，合爲一物也。"

罘網

　　泛指獵取禽獸之網。此稱先秦時期已行用，
亦作"罘罔"。《吕氏春秋·慎人》："編蒲葦，
結罘網，手足胼胝不居，然後免於凍餒之患。"
《晏子春秋·雜上二七》："齊有北郭騷者，結罘
罔，捆蒲葦，織萉屨，以養其母。"《史記·司
馬相如列傳》："列卒滿澤，罘罔彌山。"漢班固
《西都賦》："罘網連紘，籠山絡野。列卒周匝，
星羅雲布。"漢代亦稱"罔置"。漢桓寬《鹽鐵
論·散不足》："今富者逐驅殲罔置，掩捕麑鷇。"

【罘罔】

　　同"罘網"。此體先秦時期已行用。見該文。

【罔置】 [2]

　　即罘網。此稱漢代已行用。見該文。

置羅

　　置與羅。泛指獵取禽獸的器具。此稱漢代
已行用。漢張衡《西京賦》："觀置羅之所羂結，
竿殳之所揘畢，叉蔟之所攙捔，徒搏之所撞
拉。"南朝宋謝靈運《山居賦》："緡綸不投，置
羅不披。"章炳麟《駁建立孔教議》："譬多張置
羅待雉兔，嘗試爲之，無所堅信也。"

罩羅

　　罩與羅。泛指獵取禽獸的器具。此稱晋代已行用。晋葛洪《抱朴子・博喻》："靈鷦振翅玄圃之峰，以違罩羅之患。"

荃蹄

　　荃與蹄。泛指獵取禽獸的器具。此稱晋代已行用，南北朝起亦作"筌蹄"。晋葛洪《抱朴子・重言》："意得則齊荃蹄之可棄，道乖則覺唱高而和寡。"北周庾信《彭城公夫人爾朱氏墓志銘》："幾神獨照，默言象而無施；空有兼忘，束荃蹄而不用。"南朝宋謝靈運《辯宗論》："筌蹄既已紛錯，群黎何由歸真。"唐王績《薛記室收過莊見尋率題古意以贈》詩："何事須筌蹄，今已得兔魚。"唐駱賓王《秋日送陳文林陸道士》："雖漆園荃蹄，已忘言於道術；而陟陽風雨，貴抒情於咏歌。"宋周必大《陳平叔相從四年文行粹然臨分惠詩有立身行道之問敢用陽司業勉學者之意次韵爲贈》："好因輪斲悟觀書，莫守筌蹄覓兔魚。"元吳萊《憶寄方子清時子清久留吳中》詩："中悁真抑鬱，外物總筌蹄。"明張吉《重刊先儒學範序》："概以魚兔荃蹄目之，則豈直有宋諸儒之罪人。"南朝宋起亦稱"蹄筌"。《宋書・謝靈運傳》："緡綸不投，置羅不披，磻弋靡用，蹄筌誰施。"宋李綱《次韵李似之秋居雜咏》十首之五："典籍亦可棄魚，鱼兔非蹄筌。"明楊基《李道士歌》："時有嘖嘖愛來相牽，未若得兔忘蹄筌。"清彭孫遹《賜御書恭謝》詩："豈知聖學亦游藝，脱略迹象捐蹄筌。"明代亦稱"蹄荃"。明婁堅《合祭王逸季文》："其矻矻於丹鉛者，特干禄之蹄荃。"參見卷後附"罦筌"文。

【蹄荃】

　　即荃蹄。此稱明代已行用。見該文。

【筌蹄】

　　同"荃蹄"。此體南北朝時期已行用。見該文。

【蹄筌】

　　即筌蹄。此稱南北朝時期已行用。見該文。

籠籞

　　籠與籞。泛指獵取禽獸的器具。此稱唐代已行用。唐柳宗元《放鷦鴣詞》："羽毛摧折觸籠籞，煙火煽赫驚庖厨。"宋蘇籀《黄荃畫金盆鴿孟蜀屏風者也一首》詩："綵翎降趾戲宫廷，啄哺馴和謝籠籞。"

車輿

　　泛指車輛、車轎。此稱先秦已行用，漢代起亦作"車轝"。《管子・禁藏》："故聖人之制事也，能節宫室，適車輿以實藏，則國必富，位必尊。"《史記・禮書》："是以君臣朝廷、尊卑貴賤之序，下及黎庶車輿衣服宫室飲食嫁娶喪祭之分，事有宜適，物有節文。"漢劉向《説苑・臣術》："子方曰：'何子賜車轝之厚也。'"唐杜甫《送何侍御歸朝》詩："舟楫諸侯餞，車輿使者歸。"宋孟元老《東京夢華録・雜賃》："如方相、車轝、結絡、綵帛，皆有定價，不須勞力。"又《朱雀門外街巷》："其門尋常士庶，殯葬車輿，皆不得經由此門而出。"

【車轝】

　　同"車輿"。此體漢代已行用。見該文。

輗[3]

　　泛指車輛。此稱先秦時期已行用。《左傳・宣公十二年》："王病之，告令尹，改乘輗而北之。"南朝齊孔稚珪《北山移文》："截來輗於谷口，杜妄轡於郊端。"唐韓愈《奉和兵部張侍郎酬郵州馬尚書》："來朝當路日，承詔改轅時。"

輈 [2]

泛指車輛。此稱先秦時期已行用。《楚辭·九歌·東君》："駕龍輈兮乘雷，載雲旗兮委蛇。"金元好問《游龍山》詩："快哉萬里風，一掃天四周。誰言太始再開闢，日馭本自無停輈。"清朱彝尊《同諸君聖安寺餞曹檢討》詩："傾城出祖餞，於此聚行輈。"

車輦

泛指車輛。此稱先秦時期已行用，亦稱"車器"，漢代起亦稱"車路""車輅""兩"，南朝宋又稱"車兩"，唐代還稱"車輈"，元代起另稱"車輛"。《周禮·地官·小司徒》："使各登其鄉之眾寡，六畜車輦，辨其物，以歲時入其數，以施政教，行徵令。"《管子·形勢解》："奚仲之為車器也，方圓曲直，皆中規矩鉤繩。"漢班固《白虎通·考黜》："禮天子賜諸侯民服車路。"同書《輿服志贊》："車輅各庸，旌旃異局。"《後漢書·吳祐傳》："此書若成，則載之兼兩。"李賢注："車有兩輪，故稱'兩'也。"《宋書·張暢傳》："近以騎至，車兩在後。"唐杜牧《洛中送冀處士東游》詩："處士有儒術，走可挾車輈。"《舊唐書·職官志三》："令掌王公以下車輅，辨其名數及馴馭之法。"前蜀貫休《讀玄宗幸蜀記》詩："聖兩歸丹禁，承乾動四夷。"《元史·百官志六》："器物局，秩從五品。掌……帳房車輛，金寶器物。"《兒女英雄傳》第二回："這公子一直等一行車輛人馬都已走了，又讓那些送行的親友先行，然後才帶華忠并一應家人回到莊園。"

【車器】

即車輦。此稱先秦時期已行用。見該文。

【車路】

即車輦。此稱漢代已行用。見該文。

【車輅】

同"車路"。即車輦。此體漢代已行用。見該文。

【兩】

即車輦。此稱漢代已行用。見該文。

【車兩】

即車輦。此稱南北朝時期已行用。見該文。

【車輈】

即車輦。此稱唐代已行用。見該文。

【車輛】

即車輦。此稱元代已行用。見該文。

車馬

車與馬。泛指陸上交通工具。此稱先秦時期已行用，亦稱"騎""車騎"，晋代起又稱"騎乘"，宋代還稱"車駁"。《詩·小雅·十月之交》："擇有車馬，以居徂向。"《楚辭·遠游》："騎膠葛以雜亂兮，斑漫衍而方行。"姜亮夫校注："騎，車騎也。"晋葛洪《抱朴子·崇教》："指摘衣服之鄙野，爭騎乘之善否，論弓劍之疎密。"南朝梁劉勰《文心雕龍·指瑕》："夫車馬小義，而歷代莫悟。"宋王禹偁《三黜賦》："去無騎乘，留無田園。"宋梅堯臣《依韵和劉察院送客回過溴水馬上有作》："車騎踏春堤，翛然思如濯。"宋方夔《立冬前後大雷電震者數》詩："雲如車駁低壓城，紅光閃電枉矢行。"明孫柚《琴心記·王孫作醵》："早求車馬，同行共赴。"清顧炎武《河上作》詩："車騎如星流，衣裝兼橐駝。"

【騎】

　　即車馬。此稱先秦時期已行用。見該文。

【車騎】

　　即車馬。此稱先秦時期已行用。見該文。

【騎乘】

　　即車馬。此稱晋代已行用。見該文。

【車駮】

　　即車馬。此稱宋代已行用。見該文。

車

　　泛指陸地上有輪子的交通運輸工具。此稱先秦時期已行用，宋代起亦稱“車子”。《詩·秦風·車鄰》：“有車鄰鄰，有馬白顛。”《史記·張釋之馮唐列傳》：“上就車，召釋之參乘，徐行，問釋之秦之敝。”唐杜甫《兵車行》：“車轔轔，馬蕭蕭，行人弓箭各在腰。”宋陸游《老學庵筆記》卷二：“成都諸名族婦女，出入皆乘犢車。惟城北郭氏車最鮮華，爲一城之冠，謂之‘郭家車子’。”《説郛》卷三九引宋王明清《投轄錄》：“章丞相初來京師，年少美風姿，當日晚獨步禁街，覘車子數乘，輿衛甚嚴。”《水滸傳》第一六回：“楊志趕來看時，只見松林裏一字兒擺着七輛江州車兒。”《儒林外史》第三四回：“莊紹光從水路過了黄河，雇了一輛車，曉行夜宿，一路來到山東地方。過兖州府四十里，地名叫做辛家驛，住了車子吃茶。”

【車子】

　　即車。此稱宋代已行用。見該文。

【輿】[2]

　　即車。此稱先秦時期已行用，晋代起亦稱“輿軨”，南朝陳起亦作“轝”。《易·剥》：“君子得輿，小人剥廬。”孔穎達疏：“是君子居之則得車輿也。”《文選·干寶〈晋紀總論〉》：“遂服輿軨，驅馳三世。”李周翰注：“輿軨，車也。謂乘輿也。”《陳書·侯安都傳》：“安都乘轝麾軍，容止不變。”唐盧照鄰《行路難》詩：“春景春風花似雪，香車玉轝恒闐咽。”宋王安石《與微之同賦梅花得香字》之一：“風亭把盞酬孤艷，雪徑回輿認暗香。”

【轝】

　　同“輿”，即車。此體南北朝時期已行用。見該文。

【輿軨】

　　即輿，亦即車。此稱晋代已行用。見該文。

駕

　　泛指馬駕的車。此稱先秦時期已行用，亦稱“車駕”。《左傳·定公十三年》：“齊侯曰：‘比君之駕也，寡人請攝。’”《管子·大匡》：“乃命車駕，鮑叔御，小白乘而出於莒。”漢司馬相如《子虛賦》：“王車駕千乘，選徒萬騎，畋於海濱。”《漢書·景帝紀》：“詔曰：‘夫吏者，民之師也，車駕衣服宜稱。’”南朝梁江淹《赤虹賦》：“既以爲駢饗四氂之駕，方瞳一角之人。”宋陳與義《道中寒食》詩：“斗粟掩吾駕，浮雲笑此生。”

【車駕】

　　即駕。此稱先秦時期已行用。見該文。

軼 [2]

　　藉指馬駕的車。此稱南北朝時期已行用。《文選·謝朓〈京路夜發〉詩》：“行矣倦路長，無由税歸軼。”李周翰注：“軼，駕也。”宋宋祁《再游海雲寺作》詩：“斜陽歸軼促，飛蓋冒輕埃。”明馮惟敏《〈新水令·留別邢雉山〉套曲序》：“於是督郵入郡，迅軼載途。”

輦

泛指人拉的車。此稱先秦時期已行用。《竹書紀年》卷上：“遷于河南，初作輦。”《周禮·地官·鄉師》：“大軍旅，會同，正治其徒役，與其輂輦。”鄭玄注：“輦，人輓行，所以載任器也，止以爲蕃營。《司馬法》曰：‘夏后氏謂輦曰余車，殷曰胡奴車，周曰輜輦。輦一斧、一斤、一鑿、一梩、一鋤，周輦加二版二築。’”《後漢書·逸民傳·井丹》：“及就（陰就）起，左右進輦。丹笑曰：‘吾聞桀駕人車，豈此邪？’坐中皆失色。”

乘[2]

春秋時多指兵車，包括一車四馬。也泛指車輛。此稱先秦時期已行用。《左傳·成公十六年》：“苗賁皇徇曰：‘蒐乘、補卒，秣馬、利兵，修陳、固列，蓐食、申禱，明日復戰！’”《資治通鑑·宋文帝元嘉二十八年》：“初，上聞魏將入寇，命廣陵太守劉懷之逆燒城府、船乘，盡帥其民渡江。”胡三省注：“乘，謂車也。”明劉基《郁離子·城莒》：“蕞爾國于晉不百一，以一企百，何異乎以羔服象乘乎？”

馬鞁

泛指馬具。此稱先秦時期已行用。《國語·晉語九》：“吾兩鞁將絕，吾能止之。”韋昭注：“鞁，靷也。能止馬徐行，故不絕。”明田汝成《西湖游覽志餘·委巷叢談二》：“〔李陽旻〕將赴春闈，友人鎖懋堅者送之，賦《正宮謁金門》詞云：‘人艤畫船，馬鞁上錦韉，催起瓊林宴。’”

鞅勒

鞅與勒。泛指馬具。此稱晋代已行用。《晉書·愍懷太子傳》：“愛埤車小馬，令左右馳騎，斷其鞅勒，使墮地爲樂。”

馬飾

泛指馬身上的裝飾物。此稱唐代已行用。唐韓愈、孟郊等《會合聯句》：“朝紳鬱青緑，馬飾曜珪珖。”

轡彎

鞍墊和籠頭。泛指馬具。此稱宋代已行用，明代亦稱“轡勒”。宋文瑩《續湘山野録》：“〔晏殊〕既辭，〔寇萊公〕命所乘賜馬、轡彎送還旅邸，復諭之曰：‘馬即還之，轡彎奉資桂玉之費。’知人之鑒今尠其比。”明田藝蘅《留青日劄》卷三：“〔明太祖有神駿〕，振鬣一鳴，萬馬辟易，轡勒不可近，近輒作人立而吼。”

【轡勒】

即轡彎。此稱明代已行用。見該文。

抉拾

抉與拾，即扳指與臂衣。此稱先秦時期已行用，亦作“決拾”。《周禮·夏官·繕人》：“掌王之用：弓弩、矢箙、繒弋、抉拾。”漢鄭玄注引鄭司農曰：《詩》云：‘抉拾既次。’詩家説，或謂抉謂引弦彄也；拾謂韝扞也。”《詩·小雅·車攻》：“決拾既佽，弓矢既調。”毛傳：“決，鈎弦也；拾，遂也。”《儀禮·大射》：“小射正奉決拾以笴，大射正執弓。”《戰國策·楚策一》：“章聞之，其君好發者，其臣抉拾。”鮑彪本抉作“決”。漢張衡《東京賦》：“決拾既次，彫弓斯彀。”清李漁《閑情偶寄·聲容·選姿》：“手以揮絃，使其指節纍纍，幾類彎弓之決拾。”

【決拾】[2]

同“抉拾”。此體先秦時期已行用。見該文。

【決遂】

即決拾。決，通"抉"。此稱先秦時期已行用。《儀禮·鄉射禮》："司射適堂西，袒決遂。"鄭玄注："決，猶闓也，以象骨爲之，著大臂指，以鉤弦闓體也。遂，射韝也，以韋爲之，所以遂弦也。其非射時則謂之拾。拾，斂也，所以蔽膚斂衣也。"

六材

指製弓的六種材料：幹、角、筋、膠、絲、漆。此稱先秦時期已行用。《周禮·考工記·弓人》："爲弓取六材必以其時，六材既聚，巧者和之。幹也者以爲遠也，角也者以爲疾也，筋也者以爲深也。"

三材

指製弓的三種材料：膠、絲、漆。此稱先秦時期已行用。《周禮·考工記·弓人》："凡爲弓，冬析幹而春液角，夏治筋，秋合三材。"鄭玄注："三材，膠、絲、漆。"賈公彥疏："幹、角、筋須三材乃合，則秋是作弓之時。"

筋角

動物的筋與角。泛指製弓材料。此稱先秦時期已行用。《周禮·天官·獸人》："皮毛筋角，入于玉府。"唐賈公彥疏："獸人所得禽獸，其中皮毛筋角，擇取堪作器物者，送入於玉府，擬給百工飾作器物。"《管子·山至數》："皮革、筋角、羽毛、竹箭、器械、財物，苟合於國器君用者，皆有矩券於上。"《魏書·蕭衍傳》："北風轉勁，實筋角之時；沍寒方猛，正氈裘之利。"唐鮑溶《塞上行》："西風應時筋角堅，承露牧馬水草冷。"《資治通鑑·魏元帝景元二年》："今者筋角濡弱，水潦方降，廢盛農之務，要難必之利，此事之危者也。"

阱擭

阱與擭。陷阱與設於其中的捕獸裝置。此稱先秦時期已行用。《周禮·秋官·雍氏》："春令爲阱擭溝瀆之利於民者，秋令塞阱杜擭。"鄭玄注："阱，穿地爲塹，所以禦禽獸。其或超踰，則陷焉，世謂之陷阱。擭，柞鄂也。堅地阱淺，則設柞鄂於其中。秋而杜塞阱擭，收刈之時，爲其限害人也。"又同書《冥氏》："爲阱擭以攻猛獸。"

檻穽

檻與穽。捕捉野獸的機具與陷阱。此稱漢代已行用。《後漢書·宋均傳》："郡多虎暴，數爲民患，常募設檻穽，而猶多傷害。"李賢注："檻，爲機以捕獸。穽，謂穿地陷之。"《新唐書·二王韋陸二李杜列傳》："屬邑多虎，前守設檻穽。璪至徹之，而虎不爲暴。"宋李綱《靖康傳信錄》卷二："彼以孤軍入重地，猶虎豹自投檻穽中，當以計取之，不必與角一旦之力。"《醒世恒言·大樹坡義虎送親》："〔勤自勵〕行至中途，地名大樹坡，見一黃斑老虎，誤陷於檻穽之中。"清代亦作"檻阱"。清心青《廿世紀女界文明燈彈詞·茶會》："如果一個女子，雖是十分文明，卻只家庭中與男子相見，不能出外交游，仍是束縛其自由之權，與檻阱中牛馬無異。"清汪琬《春秋論一》："今夫豢猛獸者，非能狎而翫之也。惟吊諸檻阱而稍飼以粱肉，雖有噬人之狀，無能爲也。"

【檻阱】

同"檻穽"。此體清代已行用。見該文。

田備

泛指狩獵器具。此稱先秦時期已行用。《左傳·昭公三年》："鄭伯如楚，子產相。楚子享之，賦《吉日》。既享，子産乃具田備，王以田江南之夢。"北魏亦稱"田具"。北魏酈道元《水經注·夏水》："魯昭公三年，鄭伯如楚，子産備田具，以田江南之夢。"

【田具】

即田備。此稱南北朝時期已行用。見該文。

六獸

六種野獸：麋、鹿、熊、麕、豕、兔；或謂"熊"當爲"狼"。此稱先秦時期已行用。《周禮·天官·庖人》："掌六畜、六獸、六禽，辨其名物。"鄭玄注："鄭司農云：'六獸，麋、鹿、熊、麕、野豕、兔。'……《獸人》：'冬獻狼，夏獻麋。'又《內則》無熊，則六獸當有狼，而熊不屬。"

獸

泛指四足、全身生毛的哺乳動物。此稱先秦時期已行用，亦稱"獸物"，漢代起又稱"狩"，清代還稱"獸類"。《周禮·天官·庖人》"六獸"鄭玄注引鄭司農曰："六獸：麋、鹿、熊、麕、野豕、兔。"又同書《獸人》："冬獻狼，夏獻麋，春秋獻獸物。"賈公彥疏："春秋寒溫適，故獸物皆獻之。"漢張衡《東京賦》："薄狩于敖。"《詩·小雅·車攻》作"搏獸于敖"。王念孫《讀書雜誌·漢隸拾遺》："狩與獸同。"晉束皙《補亡詩》之四："獸在于草，魚躍順流。"晉干寶《搜神記》卷八："今日獵得一狩，非龍、非螭、非熊、非羆。"唐韓愈《送浮屠文暢師序》："夫鳥，俛而啄，仰而四顧；夫獸，深居而簡出：懼物之爲己害也。"清陳夢雷《西洋貢獅子賦》："德亞足蟲之長，威稱獸類之王。"

【狩】

同"獸"。此體漢代已行用。見該文。

【獸物】

即獸。此稱先秦時期已行用。見該文。

【獸類】

即獸。此稱清代已行用。見該文。

盧鵲

韓盧與宋鵲。泛指獵犬。此稱晉代已行用。晉葛洪《抱朴子·釋滯》："繁弱既韜，盧鵲將烹。"又同書《廣譬》："高鳥聚則良弓發，狡兔多則盧鵲走。"唐皇甫冉《答張謂劉方平兼呈賀蘭廣》："復有故人在，寧聞盧鵲喧。"宋蘇籀《知人》："縱猱狗而求盧鵲之功，架鷄鷔而責鷹揚之效。"清葉酉《盛京恭謁祖陵大禮慶成詩》："戈矛森獻伎，盧鵲各呈能。"

狗馬

犬與馬。此稱漢代已行用。唐韓愈《四門博士周況妻韓氏墓志銘》："開封卓越豪縱，不治資業，喜酒色狗馬。"清侯方域《南省試策三》："人主好狗馬，則韓盧之駿足，蒲梢之龍種，不問而充太子之御矣。"

馬匹

馬的泛稱。馬以匹計，故稱。此稱漢代已行用，亦作"馬疋"。《易·中孚》："六四，月幾望，馬匹亡，无咎。"《類説》卷三六引漢應劭《風俗通》："馬疋，俗説馬比君子，與人相疋，或説馬夜目明照前四丈，或説馬縱橫適得一疋，或説馬匹賣直一疋帛。"《水滸傳》第二〇回："見眾頭領盡把車輛扛上岸來，再叫撑船去載頭口馬匹，眾頭領大喜。"

【馬疋】

同"馬匹"。此體漢代已行用。見該文。

八駿 [1]

傳爲周穆王的八匹名馬。具體名稱，諸説不一。此稱先秦時期已行用。《穆天子傳》卷一："天子之駿，赤驥、盜驪、白義、踰輪、山子、渠黄、華騮、綠耳。"郭璞注："八駿，皆因其毛色以爲名號耳。"晋張華《博物志》卷四："周穆王八駿：赤驥、飛黄、白蟻、華騮、騄耳、騧騟、渠黄、盜驪。"晋王嘉《拾遺記·周穆王》："王取八龍之駿：一名絶地，足不踐土；二名翻羽，行越飛禽；三名奔霄，夜行萬里；四名越影，逐日而行；五名踰輝，毛色炳耀；六名超光，一形十影；七名騰霧，乘雲而奔；八名挾翼，身有肉翅。"明胡應麟認爲王嘉所載爲一時詭撰，不足爲徵，見《少室山房筆叢》卷三四。後亦用以泛指駿馬。唐杜甫《驄馬行》："豈有四蹄疾於鳥，不與八駿俱先鳴。"明徐渭《贈陳君》詩："王良御八駿，技絶物有神。"

八駿 [2]

泛指皇帝的車駕。此稱宋代已行用。宋蔡絛《鐵圍山叢談》卷一："其後雖八駿忘返，然鸞輿竟還矣。"

八駿 [3]

明成祖的八匹名馬。此稱明代已行用。明田藝蘅《留青日劄·大明名馬》："龍駒、赤兔、烏兔、飛兔、飛黄、銀褐、棗騮、黄馬，成祖八駿名。"

騏駬

青身驪文而黑鬣的馬。此稱先秦時期已行用，晋代起亦作"騏騮"。《詩·秦風·小戎》："騏駬是中，騧驪是驂。"晋葛洪《抱朴子·文行》："厩馬千駟，而騏駬有逸群之價。"《南史·王融傳》："周穆馬迹遍於天下，若騏駬之性，因地而遷，則造父之策，有時而躓。"唐張九齡《故太僕卿上柱國華容縣男王府君墓志》："揮干鏌之鋒，截無不斷；展騏駬之足，行無不至。"宋沈遘《次韻和王仲至李審言見寄》："顧慚局趣何能駕，望絶騏騮不得前。"

【騏騮】

同"騏駬"。此體晋代已行用。見該文。

騏騽

身有青黑斑紋而左足爲白色的馬。泛指良馬。此稱先秦時期已行用。《詩·秦風·小戎》："文茵暢轂，駕我騏騽。"毛傳："騏，騏文也。左足白曰騽。"孔穎達疏："色之青黑者名爲綦。馬名爲騏，知其色作綦文。"南朝齊謝朓《酬德賦》："臨邦途之永陽，懷予馬于騏騽。"唐陳忠師《駟不及舌賦》："儻善守于輔車，何遽煩乎騏騽。"

騄駬

泛指良馬。此稱唐代已行用，亦作"綠駬"，清代還作"綠耳""騄耳"。唐韓愈《寄盧仝》詩："近來自説尋坦途，猶上虛空跨綠駬。"唐曹唐《病馬五首呈鄭校書章三吴十五先輩》詩之一："騄駬何年別渥洼，病來顔色半泥沙。"宋石介《感興》詩："倚鞍思駿骨，撫轡念綠駬。"宋岳珂《宮詞》之一五："驥騄雙馳挽六鈞，一枝花藥委紅塵。"清湯璁《〈交翠軒筆記〉後序》："然而走其野而無九方之法以相之，則赤驥、綠耳與駑馬、草駒齊價矣。"清方文《贈張甥哲如冠》詩："鳳毛原有種，騄耳豈無輿。"

【綠駬】

同"騄駬"。此體唐代已行用。見該文。

【騄】

鷄騄駬。此稱宋代已行用。見該文。

【綠耳】²

同 "騄駬"。此體清代已行用。見該文。

【騄耳】²

同 "騄駬"。此體清代已行用。見該文。

驥

泛指良馬。此稱先秦時期已行用，亦稱 "騏驥"，漢代又稱 "驥子"，宋代還稱 "驥馬"。《論語·憲問》："驥不稱其力，稱其德也。"《楚辭·離騷》："乘騏驥以馳騁兮，來吾道夫先路。" 漢枚乘《七發》："將爲太子馴騏驥之馬，駕飛軨之輿，乘牡駿之乘。" 漢桓譚《新論·求輔》："于邊郡求得駿馬，惡貌而正走，名驥子。" 漢曹操《步出夏門行·龜雖壽》詩："老驥伏櫪，志在千里；烈士暮年，壯心不已。" 南朝陳徐陵《移齊文》："所獲龍駒驥子，百千其群。" 唐韓愈《駑驥贈歐陽詹》詩："騏驥生絕域，自矜無匹儔。" 宋梅堯臣《依韵和劉原甫舍人赴揚州途次》："驥馬方騰雲，野鶴還就籠。" 宋孫奕《履齋示兒編·雜記·因物得名》："冀北出良馬，則名馬曰驥。"《白雪遺音·八角鼓·精忠》："牛頭山大戰，單人獨驥，搶皇靈，識破了兀朮的哭喪計。" 元許有壬《馬酒》詩："驥子飢無乳，將軍醉臥氈。" 清王闓運《上巡撫惲侍郎書》："譬猶孫陽逢騏驥，造父御騄駬。"

【騏驥】

即驥。此稱漢代已行用。見該文。

【驥子】

即驥。此稱漢代已行用。見該文。

【驥馬】

即驥。此稱宋代已行用。見該文。

【驥駬】

泛指良馬。此稱先秦時期已行用。《韓非子·難勢》："是猶乘驥駬而分馳也，相去亦遠矣。"

駿

泛指良馬。此稱先秦時期已行用，亦稱 "駿馬"，漢代起又稱 "駿良" "良"。《呂氏春秋·權勛》："垂棘之璧，吾先君之寶也；屈產之乘，寡人之駿也。"《韓非子·十過》："垂棘之璧，吾先君之寶也；屈產之乘，寡人之駿馬也。"《史記·越世家》："至如少弟者，生而見我富，乘堅驅良，逐狡兔，豈知財所從來，故輕棄之，非所惜吝。" 又同書《李斯列傳》："犀象之器不爲玩好，鄭衛之女不充後宮，而駿良駃騠，不實外厩。" 南朝宋顏延之《赭白馬賦》："總六服以收賢，掩七戎而得駿。" 唐杜甫《李鄠縣丈人胡馬行》詩："丈人駿馬名胡騮，前年避胡過金牛。" 唐韓愈《送區弘南歸》詩："王都觀闕雙巍巍，騰蹋衆駿事鞍韉。" 清李漁《玉搔頭·呼嵩》："一任我雕鞍駿馬，自覓良緣。" 康有爲《過昌平城望居庸關》詩："雲垂大野鷹盤勢，地展平原駿走風。" 章炳麟《訄書·顏學》："且御者必辨於駿良玄黃，遠知馬性。"

【駿馬】

即駿。此稱先秦時期已行用。見該文。

【良】

即駿。此稱漢代已行用。見該文。

【駿良】

即駿。此稱漢代已行用。見該文。

駿騄

泛指良馬。此稱三國時期已行用。三國魏曹植《七啓》："駿騄齊驤，揚鑣飛沫。"

騄驥

泛指良馬。此稱漢代已行用，亦稱 "驥

騄"，晋代又稱"騄騏"，唐代還稱"驥駿"，宋代另稱"騄駿"，明代另稱"騄驪"。《文選·張衡〈南都賦〉》："騄驥齊鑣，黄間機張。"李善注："騄驥，駿馬之名也。"漢王充《論衡·案書》："故馬效千里，不必驥騄；人期賢知，不必孔墨。"三國魏曹丕《典論·論文》："咸以自騁驥騄於千里，仰齊足而并馳。"宋劉克莊《賀新郎·張倅生日》詞："馳驥騄，佩龜紫。"晋劉琨《答盧諶》詩序："昔騄驥倚輈於吳坂，鳴於良樂，知與不知也。"晋葛洪《抱朴子·博喻》："是以同否則元凱與斗筲無殊，竝任則騄騏與駑駘不異。"唐閻寬《溫湯御毬賦》："宛駒驥駿，體佶心閑；銀鞍月上，華勒星還。"唐羅隱《經耒陽杜工部墓》詩："騄驥喪來空塞蹏，芝蘭衰後長蓬蒿。"宋張耒《干湖曲》："巴滇騄駿風作蹄，去如滅没來不嘶。"明高明《琵琶記·杏園春宴》："逸驃、騄驪、龍子、驎駒。"清方履籛《〈周伯恬詩集〉序》："握靈蚖之尺珠，騁騄驥於千里。"

【驥騄】

即騄驥，亦即駿。此稱漢代已行用。見該文。

【騄騏】

即騄驥，亦即駿。此稱晋代已行用。見該文。

【驥駿】

即騄驥，亦即駿。此稱唐代已行用。見該文。

【騄駿】

即騄驥，亦即駿。此稱宋代已行用。見該文。

【騄驪】

即騄驥，亦即駿。此稱明代已行用。見該文。

駿驥

泛指良馬。此稱漢代已行用，晋代亦稱"駿珍"，唐代又稱"駿乘""駿騎"。漢焦贛《易林·履之巽》："蹇驢不材，駿驥失時，筋勞力盡，罷於沙邱。"晋盧諶《贈劉琨》詩："飾獎駑猥，方駕駿珍。"《南齊書·王融傳》："秦西冀北，實多駿驥，而魏主所獻良馬，乃駑駘之不若。"唐白行簡《李娃傳》："日會倡優儕類，狎戲游宴。囊中盡空，乃鬻駿乘及其家僮。歲餘，資財僕馬蕩然。"宋王讜《唐語林·補遺二》："嘶如龍，顧如鳳，及天下之駿乘也。"《敦煌變文集·秋吟一本》："凋按（雕鞍）駿騎，打毬綽綻之衣；玉管金盃，令舞酒沾□□。"《秦併六國平話》卷上："如龍駿騎已空回，似虎將軍還落馬。"元金仁傑《追韓信》第一折："俺乘駿騎懼登山，你駕孤舟怕逢灘。"清張逸少《北征凱旋詩》之三："犀衣頒七校，駿騎給千屯。"清方履籛《爲金近園答朝鮮進士尹玉壺書》："駿驥馳空，迴顧駑蹇。"

【駿珍】

即駿驥，亦即駿。此稱晋代已行用。見該文。

【駿乘】

即駿驥，亦即駿。此稱唐代已行用。見該文。

【駿騎】

即駿驥，亦即駿。此稱唐代已行用。見該文。

千里馬

泛指一日可行千里的駿馬。此稱先秦時期已行用。《戰國策·燕策一》："臣聞古之君人，有以千金求千里馬者，三年不能得。"《史記·匈奴列傳》："千里馬，匈奴寶馬也。"唐韓愈《雜説》："世有伯樂，然後有千里馬。千里馬常有，而伯樂不常有。"

駿足

藉指良馬。此稱漢代已行用，唐代亦稱"駿骨""駿蹄"。晋張協《七命》："田游馳蕩，利刃駿足。"唐李世民《臨洛水》詩:"春蒐馳駿骨,總轡俯長河。"唐韓愈《贈別元十八協律》六首之一:"何人識章甫,而知駿蹄踠?"錢仲聯集釋:"司馬彪曰:'章甫,冠名也。'魏本引孫汝聽曰:'言無人識章甫,並知此駿蹄也。章甫、駿蹄皆以喻元十八。'"宋梅堯臣《傷馬》詩:"空傷駿骨埋,固乏弊帷葬。"宋蘇軾《賜知大名府馮京進奉賀端午節馬詔》:"馮京受鉞將壇,剖符畿甸,效充庭之駿足,慶冲火之良辰。"

【駿骨】

即駿足。此稱唐代已行用。見該文。

【駿蹄】

即駿足。此稱唐代已行用。見該文。

赤驥 [2]

泛指駿馬。此稱唐代已行用。唐白居易《酬裴令公贈馬相戲》詩:"安石風流無奈何,欲將赤驥換青娥。"明何景明《六子詩·康修撰海》:"赤驥鳴烟霄,不受黃金羈。"

駿駒

泛指良馬。此稱唐代已行用,宋代亦稱"駒龍""驊駒",明代又稱"駒騤""驎駒"。唐岑參《玉門關蓋將軍歌》:"櫪上昂昂皆駿駒,桃花叱撥價最殊。"宋梅堯臣《得孫仲方畫美人一軸》詩:"駿駒少馴良,美女少賢德。"又其《師厚生日因以詩贈》:"龍驥産龍駒,良金出良冶;良冶無頑礦,駒龍豈凡馬。"又其《送崔黃臣殿丞之任廬山》詩:"驊駒西行四千里,直度經橋百尋水。"明徐渭《代邊帥壽張相公母夫人序》:"至相公秉鈞,而俛首息喙,奉質稱臣,偃然於馬蹄駝脊之間。至其曳駒騤而來也,即小有睢盱,抱關操戈之吏,猶得揮尺捶而鞭笞

之。"明高明《琵琶記·杏園春宴》:"〔末〕有甚麼好名兒?〔丑〕飛龍、赤兔……龍子、驎駒、騰霜驄。"清孫枝蔚《客句容五歌》之一:"平際青雲如足底,白面紅顏騎駿駒。"

【駒龍】

即駿駒。此稱宋代已行用。見該文。

【驊駒】

即駿駒。此稱明代已行用。見該文。

【駒騤】

即駿駒。此稱清代已行用。見該文。

【驎駒】

即駿駒。此稱明代已行用。見該文。

山子 [2]

泛指良馬。此稱宋代已行用。宋蘇舜欽《夏熱晝寢感詠》:"山子逐雷電,安肯服短轅。"

騁足

奔跑之馬的足。藉指良馬。此稱漢代已行用。漢張衡《西京賦》:"百馬同轡,騁足並馳。"《晉書·葛洪傳》:"奮翅則能陵厲玄霄,騁足則能追風躡景。"明楊慎《譚苑醍醐·唐太宗昭陵六馬圖贊》:"朱汗騁足,青旌凱歸。"

渠黃 [2]

泛指良馬。此稱晉代已行用。晉郭璞《江賦》:"飛廉無以睎其踪,渠黃不能企其景。"

驚帆

駿馬名。泛指良馬。此稱晉代已行用。晉崔豹《古今注·雜記》:"驚帆。曹真有駿馬,名爲驚帆,言其馳驟如烈風之舉帆疾也。"宋孫奕《履齋示兒編·雜記·人物異名》:"馬曰驚帆、飛黃、肅爽。"清鄭澍若《虞初續志·吳陳琰〈瞖女琵琶記〉》:"女子笑曰:'且休!今夜令若獲金一斤足矣。'遂別。望女子行若驚帆急足,

不得已歸。夜中果獲金一斤。”

驊騄

泛指良馬。此稱晉代已行用，明代亦稱
“驊”，清代又稱“驊駬”。晉葛洪《抱朴子·尚
博》：“然時無聖人，目其品藻，故不得騁驊騄
之迹於千里之塗，編近世之道於三墳之末也。”
明陳與郊《靈寶刀·青樓乞敕》：“便金母玉池
頭，也不免紫燕黃驊騾。”清侯方域《定鼎説》：
“戀接胭脂，奪匈奴之顏色；烽息祁連，騰上廂
之驊駬。”

【驊】

即驊騄。此稱明代已行用。見該文。

【驊駬】

即驊騄。此稱清代已行用。見該文。

【華騮】 [2]

即驊騄。此稱南北朝時期已行用，唐代起
亦作“驊騮”，清代亦稱“騮驊”。南朝梁蕭
統《相逢狹路間》詩：“華騮服衡軛，白玉鏤犧
鞲。”唐耿湋《上將行》：“櫪下驊騮思敲角，門
前老將識風雲。”宋周必大《二老堂雜誌·井
蛙驊騮》：“井蛙不可以語海，其見小也；驊騮
不可以捕鼠，其用大也。小大雖殊，其不適用
一也。”清李漁《蜃中樓·義舉》：“恨不得一步
驊騮騁到瀟湘。”清陳確《書贈丁二表孫便面》
詩：“春陰良所惜，天路待騮驊。”

【驊騮】 [2]

同“華騮[2]”。此體唐代已行用。見該文。

【騮驊】

即華騮[2]。此稱清代已行用。見該文。

騧騮

駿馬名，泛指良馬。此稱南北朝時期已行
用，亦作“騧駵”。《魏書·奚斤傳》：“時國有良

馬曰騧騮，一夜忽失，求之不得。”按，《北史》
作“騧駵”。

【騧駵】

同“騧騮”。此體南北朝時期已行用。見該
文。

騋牝 [2]

騋與牝。此稱先秦時期已行用。《詩·鄘
風·定之方中》：“騋牝三千。”毛傳：“馬七尺曰
騋，騋馬與牝馬也。”

鷹犬

獵鷹與獵犬。泛指助獵動物。此稱漢代已
行用。《東觀漢記·和熹鄧皇后傳》：“太后臨朝，
上林鷹犬悉斥放之。”晉葛洪《抱朴子·任能》：
“尋飛逐走，未若假伎乎鷹犬。”唐崔顥《古游
俠呈軍中諸將》詩：“地迥鷹犬疾，草深狐兔
肥。”宋蘇轍《同王適賦雪》詩：“撥灰有客顧
尊俎，迹兔何人試鷹犬。”元襲開《自題中山
出游圖》詩：“謂爲小獵無鷹犬，以爲意行有家
室。”明楊基《句曲秋日郊居雜興》詩：“鷄豚
田祖廟，鷹犬獵神祠。”清查慎行《軍中行樂詞
十首》之四：“鷹犬技窮渾不用，旌門別唱打魚
歌。”明代亦稱“鷹盧”。明徐渭《數年來南雪
甚於北十九韻》：“華亭羽翼漫天久，上蔡鷹盧
獵野偏。”

【鷹盧】

即鷹犬。此稱明代已行用。見該文。

鷹馬

獵鷹與獵馬。泛指助獵動物。此稱唐代已
行用。《晉書·呂光載記》：“不樂讀書，唯好鷹
馬。”宋陳善《捫虱新話·女子小人爲難養》：
“天子不可令閑暇……爲諸君計，莫若殖材貨，
盛鷹馬，日以毬獵聲色蠱其心。”《遼史·聖宗

本紀》："〔統和十三年〕十二月已卯，鐵驪遣使來貢鷹馬。"元虞集《曹南王世德碑》："聖皇賞功，寶玉鷹馬。"

鷹鷂 2

鷹與鷂。泛指助獵動物。此稱先秦時期已行用。戰國楚宋玉《高唐賦》："鵰鶚鷹鷂，飛揚伏竄。"晋傅玄《馳射馬賦》："往來若鷹鷂，超騰如逸虎。"晋葛洪《抱朴子·博喻》："摯雉兔則鸞鳳不及鷹鷂，引耕犁則龍鱗不逮雙峙。"《魏書·高祖紀》："詔禁畜鷹鷂，開相告之制。"《宋史·郭廷謂傳》："鷹鷂戶日獻雉兔，田獵戶歲入皮革。"《元史·成宗本紀》："丁丑，禁民間捕鬻鷹鷂。"清乾隆《游千佛洞得古體四十韻》："駕駘怯鵝鴨，駿驥騰鷹鷂。"

鷹隼 2

鷹與隼。泛指猛禽及助獵動物。此稱漢代已行用，亦作"鷹鷻"。《禮記·月令》："〔季夏之月〕行冬令，則風寒不時，鷹隼蚤鷙，四鄙入保。"《大戴禮記·曾子疾病》："鷹鷻以山爲卑，而曾巢其上。"南朝梁劉勰《文心雕龍·風骨》："鷹隼乏采而翰飛戾天，骨勁而氣猛也。"宋葉適《次王道夫舟中韻》之二："鳴鳥不聞千仞遠，搏風鷹隼頓能高。"唐代起亦稱"決雲兒"。五代王仁裕《開元天寶遺事·決雲兒》："申王有高麗赤鷹，岐王有北山黃鷂，上甚愛之，每弋獵必置之駕前。帝目之爲決雲兒。"宋孫奕《履齋示兒編·雜記·人物異名》："鷹鷻曰決雲兒。"宋代起又稱"鷹鷻"。《新唐書·高宗紀》："〔永徽二年十一月〕癸酉，禁進犬馬鷹鷻。"《遼史·太祖紀下》："〔天贊四年〕十一月丁酉，幸安國寺，飯僧，赦京師囚，縱五坊鷹鷻。"

【鷹鷻】

同"鷹隼 2"。此體漢代已行用。見該文。

【決雲兒】 2

即鷹隼 2。此稱唐代已行用。見該文。

【鷹鷻】

即鷹隼 2。此稱宋代已行用。見該文。

鷹鵰

鷹與鵰。泛指猛禽及助獵動物。此稱唐代已行用。唐元稹《馴犀》詩："獸返深山鳥構巢，鷹鵰鸇鶻無覊靮。"宋莊綽《雞肋編》卷中："然鶻又不可居鷹鵰之右也。"明楊士奇《侍從海子飛放應制》詩之三："吾皇盛德惟蕃育，不重鷹鵰搏擊能。"

鵰鶚

雕與鶚。泛指猛禽及助獵動物。此稱先秦時期已行用。戰國楚宋玉《高唐賦》："虎豹豺兕，失氣恐喙；鵰鶚鷹鷂，飛揚伏竄。"漢張衡《思玄賦》："鵰鶚競於貪婪兮，我修潔以益榮。"五代譚用之《塞上》詩之二："牛羊集水煙黏步，鵰鶚盤空雪滿圍。"元李孝光《青天有鵰鶚》："青天有鵰鶚，一日飛萬里。"明徐霖《桐城歸舟漫興》詩："仰窺鵰鶚雲霄上，近狎鳧鷖洲渚間。"

媒

經馴養在狩獵時用於誘捕同類的活鳥獸。此稱先秦時期已行用。《周禮·秋官·翟氏》："掌攻猛鳥，各以其物爲媒而掎之。"賈公彥疏："若今取鷹隼者，以鳩鴿置羅網之下以誘之。"晋潘岳《射雉賦》："盼箱籠以揭驕，睒驕媒之變態。"徐爰注："媒者，少養雉子，至長狎人，能招引野雉，因名曰媒。"《太平御覽》卷九〇六引南朝宋劉義慶《宣驗記》："吳唐，盧陵人也，少好驅媒獵射。"唐柳宗元《放鷓鴣詞》："楚越有鳥甘且腴，嘲嘲自名爲鷓鴣，徇媒得食不復慮，機械潛發罹罝罦。"明李時珍《本草綱目·獸二·象》："捕生象則以雌象爲媒而誘獲之。"宋代亦稱"媒子"。宋張方平《滄州白鳥歌》："漁翁布羅滿葭下，潛教媒子來呼汝。"

【媒子】

即媒。此稱宋代已行用。見該文。

【鶅】

即媒。此稱宋代已行用。《集韻·平灰》："鶅，誘取禽者。"清代亦稱"鶅子"。《鏡花緣》第九回："多九公道：'此獸就是果然，又名猻獸。其性最義，最愛其類……此時在那裏守着死猻慟哭，想來又是獵户下的鶅子。少刻獵户看見，毫不費力，就捉住了。'"

【鶅子】

即鶅。此稱清代已行用。見該文。

囮

經馴養在狩獵時用於誘捕同類的活鳥。此稱漢代已行用。《說文·囗部》："囮，譯也，从囗化。率鳥者繫生鳥以來之，名曰囮。"宋岳珂《桯史·萬歲山瑞禽》："月餘，而囮者四集，不假鳴而致。"元楊維楨《雉子斑》詩："網羅一相失，誤爲囮所危。"明李賢《中順大夫安慶知府周公行狀》："公曰：'此非難見。囮者，誘禽鳥之媒也，意謂誘而殺之耳。'"清毛奇齡《搓挪行》："前飛鷥鸛後駕鵝，荒城投泊愁網囮。"唐代亦稱"圖"。唐段公路《北户録·孔雀》："愚按《說文》曰：'率鳥者繫生鳥以來之曰圖。'《字林》音由，今獵師有圖也。"

【圖】

即囮。此稱唐代已行用。見該文。

【鳥媒】

即囮。此稱唐代已行用。唐陸龜蒙《江墅言懷自和》詩："鳥媒呈不一，魚寨下仍重。"宋梅堯臣《與二弟過溪至廣教蘭若》詩："道逢張羅歸，鳥媒兼死懸。"清唐甄《潛書·主進》："且彼進賢之人，其先進也，皆以是物也，豈鳥媒而致鳳哉！"清代亦稱"鳥囮"。清曹寅《赴淮舟行雜詩》之十一："一水遇龍藏，群帆雜鳥囮。"

【鳥囮】

即鳥媒。此稱清代已行用。見該文。

義鳥

囮的美稱。此稱晉代已行用。晉潘岳《射雉賦》："伊義鳥之應敵，啾攫地以厲響。"徐爰注："義鳥，媒也。爲之致敵，故名曰義。"

籠媒

關在籠中的囮。狩獵者利用其鳴聲、體味等誘捕同類。此稱唐代已行用。唐李賀《艾如張》詩："隴東卧穟滿風雨，莫信籠媒隴西去。齊人織網如素空，張在野田平碧中。"王琦彙解："籠媒，取雛鳥畜之，長乃馴狎，籠而置之壙野，得其鳴聲，以招集同類而掩取之。《西京雜記》：'茂陵文固陽善馴野雉爲媒，用以射雉。'是其事也。"

由鹿

經馴養在狩獵時用於誘捕同類的活鹿。此稱唐代已行用。唐吕温《由鹿賦》序："予南出穰樊之間，遇野人繫鹿而至者。問之，答曰：'此爲由鹿。由此鹿以誘至群鹿也。'"明王世貞《宛委餘編一》："由鹿、雉媒，因以取鹿、雉也。"

游

經馴養在狩獵時用於誘捕同類等的野鷄。此稱晉代已行用,亦作"游",南朝宋起亦稱"雉媒"。晉潘岳《射雉賦》"恐吾游之晏起"南朝宋徐爰注:"游,雉媒名,江、淮間謂之游。"又:"良游呃喔,引之規裏。"唐司空圖《南北史感遇》詩之九:"昔日繁華今日恨,雉媒聲晚草芳時。"宋黃庭堅《大雷口阻風》詩:"鹿鳴猶念群,雉媒竟賣友。"元趙汸《故人》詩:"塵尾呦呦呼厥類,雉媒戛戛求其朋。"清趙翼《木蘭校獵恭紀》詩:"地當深入多熊館,物有相招似雉媒。"宋代起亦稱"媒雉"。宋虞儔《和張簿南坡》詩:"蜜脾未滿蜂子鬧,麥穗欲齊媒雉馴。"元何中《山墅幽居好效穆伯長》詩之二:"曉日明媒雉,晴峰對牧鵝。"

【雉媒】

即游。此稱南北朝時期已行用。見該文。

【媒雉】

即游。此稱宋代已行用。見該文。

驍媒

矯健的雉媒。此稱晉代已行用。晉潘岳《射雉賦》:"眄箱籠以揭驕,睨驍媒之變態。"呂延濟注:"箱籠之中,見驍健之雉媒變態之狀也。"唐駱賓王《上瑕丘韋明府啓》:"狎中牟之馴雉,豈懼驍媒;驚重泉之瑞鸞,非關照舞。"明胡儼《雉鷄圖》詩:"驍媒影絕虞羅休,飲啄山中得自由。"

調翰

雉媒的美稱。此稱晉代已行用。晉潘岳《射雉賦》:"何調翰之喬桀,邈儔類而殊才。"徐爰注:"調翰,謂媒也;媒性調良,故謂調翰。"

鶴媒

用於誘捕野鶴等的活鶴。此稱唐代已行用。唐元稹《欲曙》詩:"鶴媒華表上,鶹鵃柳枝頭。"宋范成大《吳郡志·土物》:"吳人射鳥,養一馴鶴。使行前,而以草木葉爲盾,以自翳挾弩矢以伺之。群鳥見鶴,以爲同類,無猜,遂爲矢所中。"元王惲《鶴媒賦》序:"今人以智計相傾內險外易者,何殊於鶴之取鹿也?"明高啓《鶴媒歌》:"鶴媒獨步荒陂水,仰望雲間飛不起。"

雉兔

野鷄與兔。泛指被人獵殺的動物。此稱先秦時期已行用。《孟子·梁惠王下》:"文王之囿方七十里,芻蕘者往焉,雉兔者往焉,與民同之。"《史記·司馬相如列傳》:"忘國家之政,而貪雉兔之獲。"《新唐書·武俊傳》:"武俊善射。嘗與賓客獵,一日射雉兔九十五,觀者駭伏。"宋蘇舜欽《獵狐篇》:"遠郊盡雉兔,近水殲鱗介。"元張壽《前出軍五首》詩之四:"行行且射獵,雉兔不復存。"明朱孟震《哭孔汝錫先生墓》詩:"殘歲龍蛇逼,新阡雉兔過。"清田雯《題顏修來小照》詩:"短衣快馬獵雉兔,鞲鷹在臂重十斤。"宋代起亦稱"兔雉"。宋毛滂《送邵通直序》:"其餘魚鼈兔雉,蓋盡取以供祭祀,奉賓客養口體。"元貢師泰《歸隱庵記》:"又有雁鳧兔雉,魚鼈鰌鱣,以供其弋釣。"明李賢《天順日錄》:"有司懼其威,斂之於民,聚鹿獐兔雉而獻之。"

【兔雉】

即雉兔。此稱宋代已行用。見該文。

狐兔

狐與兔。泛指被人獵殺的動物。此稱漢代

已行用。漢應劭《風俗通·正失·孝文帝》：“馳射狐兔，果雉刺彘。”唐崔顥《古游俠呈軍中諸將》詩：“地迥鷹犬急，草深狐兔肥。”《醒世恒言·兩縣令競義婚狐女》：“鸞鳳之配，雖有佳期；狐兔之悲，豈無同志。”

駒 [3]

泛指幼獸。此稱先秦時期已行用。《尸子》卷下：“虎豹之駒，未成文而有食牛之氣。”《新唐書·酷吏傳·王旭》：“製獄械，率有名，曰‘驢駒拔橛’‘犢子縣’等，以怖下。”宋王禹偁《神童劉少逸與時賢聯句》詩序：“麒麟之駒，鳳凰之雛。”

猛獸 [2]

泛指體大性凶的野獸。此稱先秦時期已行用，晉代亦稱“獸兕”。《周禮·夏官·服不氏》：“掌養猛獸而教擾之。”鄭玄注：“猛獸，虎豹熊羆之屬者。”晉葛洪《抱朴子·微旨》：“入山則使猛獸不犯，涉水則令蛟龍不害。”《晉書·郤詵傳》：“貪鄙竊位，不知誰升之者？獸兕出檻，不知誰可咎者？”金元好問《兩山行記》：“守真住山五十年，不省有爲猛獸毒螫所傷害者。”

【獸兕】

即猛獸 [2]。此稱晉代已行用。見該文。

狡獸

泛指矯健凶猛的野獸。此稱先秦時期已行用，漢代亦稱“狡蟲”。《墨子·節用中》：“古者聖人，爲猛禽狡獸暴人害民，於是教民以兵行。”《文選·司馬相如〈子虛賦〉》：“案節未舒，即陵狡獸。”李善注引司馬彪曰：“狡獸，狡健之獸也。”《淮南子·覽冥訓》：“淫水涸，冀州平，狡蟲死，顓民生。”高誘注：“蟲，狩也。”《新唐書·吳兢傳》：“方登岱告成，不當逐狡獸。”

【狡蟲】

即狡獸。此稱漢代已行用。見該文。

馴獸

泛指馴服的野獸。此稱漢代已行用。《後漢書·梁冀傳》：“深林絶澗，有若自然，奇禽馴獸，飛走其間。”明吳寬《慶成宴次仲山韻》：“誰道曲終無以獻，舞筵馴獸正蹌蹌。”

狷

泛指三歲之獸。此稱先秦時期已行用。《吕氏春秋·知化》：“今釋越而伐齊，譬之猶懼虎而刺狷，雖勝之其後患無央。”高誘注：“獸三歲曰狷也。”

兕虎

兕與虎。泛指猛獸。此稱先秦時期已行用，亦稱“虎兕”。《老子》：“蓋聞善攝生者，陸行不遇兕虎，入軍不被甲兵。”《論語·季氏》：“虎兕出于柙。”漢張衡《西京賦》：“威懾兕虎，莫之敢當。”晉葛洪《抱朴子·行品》：“赴白刃而忘生，格兕虎於林谷者，勇人也。”

【虎兕】

即兕虎。此稱先秦時期已行用。見該文。

狼虎

狼與虎。泛指猛獸。此稱漢代已行用。漢焦贛《易林·大畜之復》：“狼虎結謀，相聚爲儔，伺嚙牛羊，道絶不通，病我商人。”《説岳全傳》第七一回：“來至一個村中，俱是惡狗，形如狼虎一般。”

狼蟲虎豹

泛指凶猛的動物。此稱明代已行用。明賈仲名《對玉梳》第三折：“轉過這山坡，一簇榆林，黑洞洞的，不知裏面藏着甚麼狼蟲虎豹。”

麋鹿 [2]

麋與鹿。此稱先秦時期已行用。《孟子・梁惠王上》："樂其有麋鹿魚鱉。"唐孟郊《隱士》詩："虎豹忌當道，麋鹿知藏身。"

鷙蟲

泛指凶猛的禽獸。此稱先秦時期已行用，漢代起亦稱"鷙獸"。《禮記・儒行》："鷙蟲攫搏，不程勇者。"鄭玄注："鷙蟲，猛鳥猛獸也。"孔穎達疏："蟲是鳥獸通名，故爲猛鳥猛獸。"《後漢書・馬融傳》："鷙獸毅蟲，倨牙黔口。"唐薛用弱《集異記・永清縣廟》："余名廓，爲上帝所命，於金、商、均、房四郡之間捕鷙獸。"

【鷙獸】

即鷙蟲。此稱漢代已行用。見該文。

狐貉

狐與貉。此稱漢代已行用。漢劉向《説苑・談叢》："猿猴失木，禽於狐貉者，非其處也。"晋葛洪《抱朴子・明本》："侣狐貉於草澤之中，偶猿猱於林麓之間。"清孫枝蔚《行路詩》："老客縱歸情異昨，引領首丘愧狐貉。"

馬鹿

馬與鹿。此稱漢代已行用。漢陸賈《新語・辨惑》："夫馬鹿之異形，衆人所知也。"唐古之奇《秦人謡》："上下一相蒙，馬鹿遂顚倒。"《新唐書・元稹傳》："彼趙高，刑餘之人，傅之以殘忍戕賊之術，日恣睢，天下之人未盡愚，而亥不能分馬鹿矣。"

六禽

六種供膳的禽類。此稱先秦時期已行用。《周禮・天官・庖人》："掌共六畜、六獸、六禽。"鄭玄注引鄭司農曰："六禽，鴈、鶉、鷃、雉、鳩、鴿。"鄭玄注云："六禽，於禽獻及六摯，宜爲羔、豚、犢、麛、雉、鴈，凡鳥獸未孕曰禽。"二説不同。

猛鳥

泛指凶猛的鳥類。此稱先秦時期已行用，亦稱"猛禽"。《周禮・秋官・翨氏》："掌攻猛鳥。各以其物爲媒而掎之，以時獻其羽翮。"鄭玄注："猛鳥，鷹隼之屬。"孫詒讓正義："健鷙之鳥亦稱猛鳥，以其性健鷙善搏擊，故攻之。"《墨子・節用中》："古者聖人爲猛禽狡獸暴人害民，於是教民以兵行，日帶劍。"

【猛禽】

即猛鳥。此稱先秦時期已行用。見該文。

【鷙禽】

即猛鳥。此稱漢代已行用，亦稱"鷙鶹"，唐代又稱"鷙擊"。《淮南子・氾論訓》："爲鷙禽猛獸之害傷人，而無以禁禦也。"漢焦贛《易林・屯之豐》："黄鳥悲鳴，愁不見星。困於鷙鶹，使我心驚。"晋葛洪《抱朴子・博喻》："故鷙禽以奮擊拘繫，言鳥以智慧見籠。"唐劉禹錫《學阮公體》詩之二："朔風悲老驥，秋霜動鷙禽。"唐段成式《酉陽雜俎・肉攫部》："凡鷙擊等，一變爲鴿，二變爲鴟，轉鶻，三變爲正鶻。自此以後，至累變，皆爲正鶻。"

【鷙鶹】

即鷙禽，亦即猛鳥。此稱漢代已行用。見該文。

【鷙擊】

即鷙禽，亦即猛鳥。此稱唐代已行用。見該文。

馴雉

馴順的野雞。此稱晋代已行用。《晋書・孝友傳論》："許孜少而敏學，禮備在三。馴雉棲其梁棟。"

鷙

泛指凶猛的鳥。此稱唐代已行用。唐劉禹錫《養鷙詞》詩："养鷙非玩形，所資擊鮮力。"

獲

泛指狩獵所得禽獸。此稱先秦時期已行用。《墨子·大取》："意獲也，乃意禽也。"孫詒讓閒詁："言獵者求獲，欲得禽也。"《吕氏春秋·貴當》："狗良則數得獸矣，田獵之獲常過人矣。"明劉基《郁離子·虞孚》："卒歲，虎不能有獲。"漢代亦稱"獲鹵"。漢張衡《西京賦》："置互擺牲，頒賜獲鹵。"薛綜注："頒，謂以所鹵獲之禽獸賜士衆也。"唐代又稱"獵"。唐牛僧孺《玄怪録·郭元振》："見一大猪，無前左蹄，血卧其地，突煙走出，斃於圍中。鄉人翻共相慶，會錢以酬公。公不受，曰：'吾爲人除害，非鬻獵者。'"清代還稱"俘獲"。清王士禎《池北偶談·談異七·小獵犬》："一朱衣人下輦，坐别榻，衆次第獻俘獲已，遂上輦肅隊而出。"

【獲鹵】

即獲。此稱漢代已行用。見該文。

【獵】

即獲。此稱唐代已行用。見該文。

【俘獲】

即獲。此稱清代已行用。見該文。

【田獲】

即獲。此稱先秦時期已行用。《易·巽》："田獲三品，有功也。"孔穎達疏："有功者，田獵有獲以喻行命有功也。"《左傳·定公九年》"陽虎歸寶玉、大弓"晋杜預注："謂用器物以有獲，若麟爲田獲，俘爲戰獲。"漢代亦稱"效獲"。漢張衡《西京賦》："逞欲畋敿，效獲麋

麌。"晋左思《吴都賦》："巘潤閒，岡岵童，罾罘滿，效獲衆。"唐李白《大獵賦》："觀壯士之效獲，顧三軍而欣然。"

【效獲】

即田獲。此稱漢代已行用。見該文。

禽

泛指田獵所得禽獸。此稱先秦時期已行用。《周禮·春官·小宗伯》："若大甸，則帥有司而饁獸于郊，遂頒禽。"鄭玄注："頒禽，謂以予群臣。"《禮記·祭義》："古之道，五十不爲甸徒，頒禽隆諸長者。"鄭玄注："頒之言分也。"《詩·小雅·車攻》"徒御不驚，大庖不盈"宋朱熹集傳："此章言其終事嚴而頒禽均也。"

崒

泛指狩獵後堆積於地的禽獸。此稱先秦時期已行用，訛作"柴"，漢代亦作"歹此"。《詩·小雅·車攻》："射夫既同，助我舉柴。"毛傳："柴，積也。"鄭玄箋："必助中者舉積禽也。"朱熹集傳："柴，《説文》作'崒'，謂積禽也。使諸侯之人助而舉之，言獲多也。"《文選·張衡〈西京賦〉》："收禽舉歹此，數課衆寡。"薛綜注："歹此，死禽獸將腐之名也。"李善注："歹此，聚肉名。不論腐敗也。"

【柴】²

同"崒"。爲訛字。此體先秦時期已行用。見該文。

【歹此】

同"崒"。此體漢代已行用。見該文。

殺

泛指田獵所得犧牲。此稱先秦時期已行用。《孟子·滕文公下》："牲殺、器皿、衣服不備，不敢以祭，則不敢以宴，亦不足弔乎？"王夫

之《孟子稗疏》:"畜牧曰牲,漁獵曰殺。大夫用麋,士用兔,皆漁獵所獲,所謂殺也。"清洪昇《長生殿·合圍》:"〔衆上獻獵物科〕稟王爺,衆將獻殺。〔净〕打的鳥獸,散與衆軍。"

飛鳥

泛指射獵的飛禽。此稱漢代已行用。漢趙曄《吳越春秋·闔閭内傳》:"走追奔獸,手接飛鳥。"唐代亦稱"飛"。唐劉商《胡笳十八拍》:"髯胡少年能走馬,彎弓射飛無遠近。"

【飛】

即飛鳥。此稱唐代已行用。見該文。

飛猱

泛指射獵的猱。此稱三國時期已行用。三國魏曹植《白馬篇》:"仰手接飛猱,俯身散馬蹄。"

逸飛

泛指狩獵時漏網之鳥。此稱漢代已行用,亦稱"逸禽"。漢張衡《西京賦》:"上無逸飛,下無遺走。"《後漢書·崔駰傳》:"故英人乘斯時也,猶逸禽之赴深林,蝱蚋之趣大沛。"三國魏曹植《七啓》:"下無漏走,上無逸飛,鳥集獸屯,然後會圍。"《藝文類聚》卷二〇引晉陸機《祖德頌》:"彼劉公之矯矯,固雲網之逸禽。"

【逸禽】

即逸飛。此稱漢代已行用。見該文。

遺走

泛指狩獵時漏網之獸。此稱漢代已行用。見"逸飛"文。

肉

射獵的禽獸。此稱漢代已行用。漢司馬相如《上林賦》:"射游梟,櫟蜚遽;擇肉而後發,先中而命處。"

野味

泛指田獵所獲禽獸。此稱明代已行用。《水滸傳》第六六回:"〔解珍、解寶〕扮做獵户,去北京城内官員府裏獻納野味。"清李漁《閑情偶寄·飲饌·蔬食》:"野味之遜於家味者,以其不能盡肥。"

逸兔

狩獵時漏網之兔。此稱金代已行用。《金史·宗雄傳》:"九歲能射逸兔;年十一,射中奔鹿。"明李東陽《題趙子昂〈射鹿圖〉》詩:"馬前逸兔或可脱,山下老麋身欲赭。"

蓄菟

囿苑飼養的供射獵的兔子。此稱漢代已行用。漢賈誼《新書·勢卑》:"今不獵猛獸而獵田彘,不搏反寇而搏蓄菟,所獵得毋小,所搏得毋不急乎?"

頭鵝

指遼、金皇帝春天狩獵時最初捕得的大天鵝。此稱遼代已行用。《遼史·營衛志中》:"皇帝得頭鵝,薦廟,群臣各獻酒果,舉樂。"明陶宗儀《輟耕録·昔寶赤》:"昔寶赤,鷹房之執役者,每歲以所養海青獲頭鵝者,賞黄金壹錠。頭鵝,天鵝也,以首得之,又重過三十餘斤,且以進御膳,故曰頭。"《續資治通鑑·宋孝宗隆興二年》:"辛亥,金主獲頭鵝,遣使薦山陵,自是歲以爲常。"清吴偉業《宣宗御用戧金蟋蟀盆歌》:"錦韝玉縧競馳逐,頭鵝宴上争輸贏。"清王士禛《東丹王射鹿圖》詩:"秋冬射獵海東磧,頭鵝燕罷傳醍漿。"

第四章　魚類育殖、禽獸馴養説

第一節　魚類育殖器具、設施、幼苗考

人類很早就開始魚類育殖了。人們將暫不需要食用的魚類放入便於捕撈的池塘等處儲存、育殖，既可備不時之需，又有望坐收漁利。後來，更發展成二次捕撈的循環經濟。從這個意義上説，魚類的育殖不僅是人們初次捕撈的一個重要歸宿，而且是人們再次捕撈的一個新的起點。

魚床

育殖魚類的一種器具。多以竹木等編製，宛如床席，上投餌料，沉入水中，供魚類栖息。此稱唐代已行用。唐王勃《春日還郊》詩：“魚床侵岸水，鳥路入山煙。”清朱彝尊《喬侍讀一峰草堂看花歌》：“十餘年來五易主，魚床潦盡成枯潭。”清代亦作“魚床”。清朱彝尊《秋日萬柳堂同譚十一給事沈秀才龔主事同賦》詩之一：“蟲網捎衣桁，魚床齧樹根。”

魚池

育殖魚類的水池。此稱漢代已行用。《史記·滑稽列傳》：“某所有公田、魚池、蒲葦數頃，陛下以賜臣，臣朔乃言。”北魏賈思勰《齊民要術·養魚》引《養魚經》：“夫治生之法有

五，水畜第一。水畜，所謂魚池也。"唐釋寒山《詩三百三首》之五："風吹曝麥地，水溢沃魚池。"宋洪適《滿庭芳》詞："何事扁舟西去，收杖屨、契闊魚池。"明楊慎有《次雲樓上公韵五月十九日魚池雅會》詩。清蔡世遠《齊汴子傳》："近宅，有魚池山地。"宋代起亦稱"養魚池"。宋高翥《贈丁子植撫幹》詩："借宅先尋籠鶴地，買盆權作養魚池。"元陸鵬南《晚涼湖上》詩："唳鶴灘頭水拍天，養魚池上月籠煙。"明趙時春有《養魚池記》。明徐光啓《農政全書》卷三八："養魚池邊勿種臼。落葉入水，變黑色，令魚病。"清陸隴其《上井陘道李梅崖先生》："臺東里許，有養魚池。"

【養魚池】

即魚池。此稱宋代已行用。見該文。

【漁池】

即魚池。此稱漢代已行用。《文選・馬融〈長笛賦〉》："於是山水猥至，渟涔障潰。"李善注引漢薛漢《韓詩章句》："涔，漁池也。音岑。"晉常璩《華陽國志》卷一："各有桑麻、丹漆、布帛、漁池、鹽鐵，足相供給。"唐李白《贈韋祕書子春》詩："舊宅樵漁池，蓬蒿已應沒。"宋王偁《東都事略》卷八六："縣占漁池爲圭田，本悉棄予貧民。"唐代起亦省稱"池"。唐柳宗元《送從弟謀歸江陵序》："湘之西，穿池可以漁，種黍可以酒。"宋范成大《梅雨五絕》之五："雨霽雲開池面光，三年魚苗如許長。"明黃省曾《魚經・種》："古法俱求懷子鯉魚，納之池中。"

【池】

即漁池。此稱唐代已行用。見該文。

【漁塘】

即魚池。此稱唐代已行用。唐韋莊有《漁塘十六韵》詩。明胡應麟《聚順堂記》："斯地也，華山枕其後，漁塘滙其前，紆曲迴旋。"清周宣猷《寄二兄燮軒》詩："鹿柴聽樵斧，漁塘倚釣艫。"宋代起亦作"魚塘"。宋陸游《季秋已寒節令頗正喜而有賦》："風色蕭蕭生麥隴，車聲碌碌滿魚塘。"宋徐照《途中》詩："堁碣苔侵字，魚塘水過欄。"明楊士奇《訓槖子默識・到家當脩敬者》："凡係投送田土、魚塘，皆還原主，切不可留此。"清屈大均《廣東新語・鱗語・魚飼》："蓋九江鄉搤西北江下流，地窊，魚塘十之八，田十之二。"

【魚塘】

同"漁塘"。此體宋代已行用。見該文。

【魚涔】

即魚池。此稱宋代已行用。宋黃庭堅《晁深道祝詞》："魚涔在淵，深則不獲；井有寒泉，短綆不食。"清代亦省稱"涔[2]"。清毛奇齡《刻〈姜左翊文稿〉題詞》："仰翔禽于千仞，緒晰毫芒；俯泳鱗于三涔，坐遺洵沫。"見"漁池"文。

【涔】[2]

"魚涔"之省稱。此稱清代已行用。見該文。

欄

魚池的欄杆。此稱宋代已行用。宋徐照《途中》詩："堁碣苔侵字，魚塘水過欄。"

放生池

購買魚類以蓄養并禁止捕殺的水池。此稱唐代已行用。唐劉餗《隋唐嘉話》卷下："太平公主於京西市掘池，贖水族之生者置其中，謂之放生池。"宋趙彥衛《雲麓漫鈔》卷三："梁武帝崇奉釋氏，置放生池，謂之長命洲。"《宋史·真宗本紀》："壬寅，詔淮浙荊湖治放生池，禁漁采。"明吴本泰《西湖竹枝詞》之三："放生池岸柳叢叢，香閣臨牖四面風。"清金農《海會寺池上觀魚呈道禪師》詩之四："怳在放生池上坐，抛殘香飯聽湖鐘。"參閲清趙翼《陔餘叢考·放生池》。

【放魚池】

即放生池。此稱唐代已行用。唐吴融《廢宅》詩："放魚池涸蛙争聚，棲燕梁空雀自喧。"明張昱《魚池》詩："放魚池中央，池水深尺許。"

長命洲

南朝梁武帝所建放生池。見"放生池"文。

漁澱[2]

育殖魚類的湖泊。此稱宋代已行用。宋韓拙《論人物橋彴關城寺觀山居舟車四時之景》："有廣水處，可畫漁市、漁澱及捕魚、采菱、曬網之類也。"《續文獻通考》卷九一："二月，弛漁澱禁。"遼、元以後亦作"魚澱""漁泊""魚泊"。《遼史·聖宗紀》："戊戌，弛東京道魚澱之禁。"《元史·世祖本紀》："敕江淮勿捕天鵝，弛魚澱禁。"元袁桷《鄉友南歸客舍凄然再次韻》詩："漁泊汶橋煙樹暝，賈團淮浦海潮清。"明唐寅有《江村漁泊圖》。元楊奂《撫州》："月明魚泊夜，霜冷鼠山秋。"《大清會典》卷七八："牧場設田園、魚泊，任壯丁以藝菽麥、蒔瓜果、畜魚。"

【魚澱】[2]

同"漁澱[2]"。此體遼代已行用。見該文。

【漁泊】[2]

同"漁澱[2]"。此體元代已行用。見該文。

【魚泊】

同"漁澱"。此體元代已行用。見該文。

魚蕩

育殖魚類的淺水湖。此稱宋代已行用。《資治通鑑·後梁太祖開平二年》："大破仁保於魚蕩，復取東洲。"明謝承舉《送吴淵甫出令岳陽》詩："草澤課稀魚蕩没，琴堂訟少芋田蕪。"清顧禄《清嘉録·起蕩魚》："今長洲境，北莊基、南莊基，魚蕩尤多。"明代亦作"漁蕩"。明童冀有《漁蕩行》。清代又作"魚宕"。清張岱《陶庵夢憶·品山堂魚宕》："門外魚宕，横亘二百餘畝，多種菱芡。"

【漁蕩】

同"魚蕩"。此體明代已行用。見該文。

【魚宕】

同"魚蕩"。此體清代已行用。見該文。

魚潦

育殖魚類的積水潭。此稱清代已行用。清魏坤、朱彝尊《九日雨阻天寧寺聯句》："馬毛縮，魚潦深。行躑躅，坐沉吟。"

蠔田

育殖牡蠣的水田。蠔，牡蠣。牡蠣育殖，歷史悠久，宋代就有"插竹養蠔"法。"蠔田"之稱，清代也已行用。清李調元《南越筆記·蠔》："東莞新安有蠔田，與龍穴洲相近，以石燒紅散投之，蠔生其上，取石得蠔。"

栅

以竹、木、荆條、蘆葦、金屬等製作的一種透水而可阻攔魚類的栅欄，多用於育殖魚類的水池與江海湖泊等。此稱南北朝時期已行用。《梁書·嚴植之傳》："嘗緣栅塘行，見患人卧塘側。"清代亦稱"魚栅"。清厲鶚《趙北口》詩：

“魚栅低圍蘆作界，酒帘斜挂柳爲城。”

【魚栅】

即栅。此稱清代已行用。見該文。

笆籬

一種透水而可阻攔魚類的竹製籬笆。笆，用竹或荆條編成的障隔。唐柳宗元《同劉二十八院長述舊言懷感時書事》詩：“引泉開故竇，護藥插新笆。”籬，薄竹片。《書·顧命》：“牖間南嚮，敷重籬席，黼純，華玉仍几。”“笆籬”之稱，明代即已行用，亦稱“竹笆”。《水滸傳》第三八回：“原來那大江裏漁船，船尾開半截大孔，放江水出入，養着活魚……因此江州有好鮮魚。這李逵不省得，倒先把竹笆籬提起了，將那一艙活魚都走了。”《醒世恒言·鄭節使立功神臂弓》：“〔員外〕走到一個亭子上歇脚，只聽得斧鑿之聲，看時見一所作場，竹笆夾着。”

【竹笆】

即笆籬。此稱明代已行用。見該文。

竹箔

一種透水而可阻攔魚類的竹製簾子。此稱明代即已行用。明陳應芳《論鹽場海口》：“漁人絶流射利，遍下河之境以竹箔，於要路密布而插之。”

葦箔

一種透水可阻擋魚類的用蘆葦製作的簾子。唐裴鉶《傳奇·裴航》：“俄於葦箔之下，出雙玉手，捧瓷。”

魚卵

魚的卵。此稱先秦時期已行用。《列子·天瑞》：“老羭之爲猨也，魚卵之爲蟲。”唐代起亦稱“魚鮬”“魚子”。《新唐書·地理志五》：“〔揚州廣陵郡〕土貢：金銀銅器……魚臍、魚鮬、糖蟹。”唐皮日休《種魚》詩：“移土湖岸邊，一半和魚子。”清葆光子《物妖志·鱗·白魚》：“以刀剖之，悉是魚子。”清代又稱“魚春子”“魚口”。清屈大均《廣東新語·蟲語·蝦》：“魚卵亦曰魚春子，唐時吴郡貢魚春子即魚子也。”又同書《文語·土言》：“西寧謂魚種曰魚口。”

【魚鮬】

即魚卵。此稱唐代已行用。見該文。

【魚子】

即魚卵。此稱唐代已行用。見該文。

【魚春子】

即魚卵。此稱清代已行用。見該文。

【魚口】

即魚卵。此稱清代已行用。見該文。

魚苗

魚卵初化的供育殖用的幼魚。此稱宋代已行用。宋葉夢得《避暑録話》卷下：“魚苗：一夫可致數千枚，投于陂塘，不三年長可盈尺。但水不廣，魚勞而瘠，不能如江湖間美也。”宋范成大《梅雨五絶》之五：“雨霽雲開池面光，三年魚苗如許長。”元方回《晚春客愁》詩：“春老魚苗動，江肥雪水來。”明李時珍《本草綱目·鱗二·魚子》：“凡魚皆冬月孕子，至春末夏初則於湍水草際生子。有牡魚隨之，灑白蓋其子。數日即化出，謂之魚苗，最易長大。”明徐光啓《農政全書》卷四一：“《閩録》云：‘仲春取子于江，曰魚苗，畜于小池。’”清田雯《移寓》詩：“草閣三重巢燕子，瓦盆二寸種魚苗。”清代亦稱“魚花”“魚種”。清屈大均《廣東新語·鱗語·魚花》：“南海有九江村，其人多以撈魚花爲業，曰魚花户。"又同書《鱗語·養魚種》："魚花者，魚苗也，亦曰魚秧，以其利與田禾等，故曰苗、曰秧，而常名則曰魚種云。"清李調元《南越筆記·魚花》："魚花産於西江。粵有三江，惟西江多有魚花。南海有九江村，其人多以撈魚花爲業，曰魚花户。子曰花者，以其在藻荇之間若花。又方言，凡物之微細者，皆曰花也。亦曰魚苗。"

【魚花】

即魚苗。此稱清代已行用。見該文。

【魚種】

即魚苗。此稱清代已行用。見該文。

魚栽

較魚苗略大的幼魚。此稱元代已行用。元袁士元《借韵咏城南書舍呈倚雲樓公》："閑種石田供鶴料，旋開園沼買魚栽。"明代起亦稱"魚秧"。明徐光啓《農政全書》卷四一："《農圃四書》：魚種，古法倶求懷子鯉魚，納之池中，但自涵育。或在取近江湖藪澤陂泖水際之土數舟，布底，則二年之内，土中自有大魚宿子，得水即生也。今之俗，惟購魚秧。其秧也，漁人泛大江，乘潮而布網取之者。初也如針鋒然，乃飼之以鷄鴨之卵黄，或大麥之麸屑，或炒大豆之末。稍大，則鬻魚池養之家。"清孫枝蔚《春園有感》詩："藥圃修纔畢，魚秧買始回。"

【魚秧】

即魚栽。此稱明代已行用。見該文。

蝦春

蝦的卵。此稱清代已行用。清屈大均《廣東新語·文語·土言》："廣州謂卵曰春，曰魚春，曰蝦春。"

蝦公

蝦卵所化的幼蝦。形似蜈蚣，故名。此稱宋代已行用。宋趙令時《侯鯖録》卷三："苗蝦狀蜈公而擁楯者，曰蝦公。"

第二節　禽獸馴養器具考

禽獸馴養與魚類育殖同中有異，它也應在智人出現不久就已萌芽了。人們將暫不食用或可他用的禽獸置於方便控制的圈欄等處看管、育殖，既可備不時之需，又有望藉以盈利；後來更發展成二次狩獵的精神享受。禽獸的馴養，不僅是人們初次狩獵的一個重要歸宿，而且是人們再次狩獵的一個新的起點。經過馴養的禽獸，不衹可以成爲人們的狩獵對象，有的還可成爲人們的狩獵助手。

籠⁴

馴養禽鳥的籠子。此稱先秦時期已行用。《莊子·天下》："夫得者困，可以爲得乎？則鳩鴞之在於籠也，亦可以爲得矣。"《史記·滑稽列傳》："昔者，齊王使淳于髡獻鵠於楚。出邑門，道飛其鵠，徒揭空籠。"北魏賈思勰《齊民要術·養雞》："雞栖：宜據地爲籠，籠內著棧。"唐韓愈《與張十八同效阮步兵一日復一夕》詩："譬如籠中鶴，六翮無所搖。"宋文瑩《玉壺清話》卷六："一巨賈姓段者，蓄一鸚鵡甚慧……主人惜之，加意籠豢。"近代亦稱"籠子"。《二十年目睹之怪現狀》第一二回："剛出了大門，只見那挑水阿三，提了一個畫眉籠子進來。"

【籠子】

即籠⁴。此稱近代已行用。見該文。

【鳥籠】

即籠⁴。此稱漢代已行用，南楚、江、沔之間亦稱"篞""笯"。《説文·竹部》："笯，鳥籠也。"漢揚雄《方言》卷一三："籠，南楚江沔之間謂之篞，或謂之笯。"唐元稹《別李十一》詩之三："鳥籠猿檻君應會，十步向前非我州。"宋李洪《紀行雜詩》之四："好在鳥籠山靄裏，眼生詩句易詩成。"宋蘇舜欽《遷居》詩："屑屑寸粒食，何异鶏在笯。"元李衎《竹譜》卷一〇："取此木置鳥籠中作架，最宜禽鳥。"元王逢《夜何長三疊寄周參政伯溫鄔僉院本初》詩："鳳凰在笯驥服箱，雪埋石棧冰河梁。"明張應文《論雕刻》："余見其所刻一鳥籠，四面花版上雕山水花鳥及'詹成製'三字，精巧之極。"清彭孫遹《中元後三日送寓庸南還》詩："踞身一鳥籠，張口如蠶食。"

【篞】

即鳥籠。此稱漢代已行用。多用於南楚、江、沔之間的地區。見該文。

【笯】

即鳥籠。此稱漢代或已行用。多用於南楚、江、沔之間的地區。見該文。

【籠笯】

即籠⁴。此稱宋代已行用，亦稱"樊笯""筠笯""青笯"。宋蘇軾《辨道歌》："日懷嗔喜甘籠笯，其去死地猶獵猥。"宋薛季宣《雨中鶴唳》詩："塗泥困淹没，無計開樊笯。"宋周紫芝《送元壽歸華亭》詩："仍煩織筠笯，丹砂寄圓頂。"宋高似孫《松江蟹舍賦》："燎以乾葦，檻以青笯。喧動涼蔬，驚飛宿鳧。"明程用楫《湯泉》詩："嗟予清净本無垢，追逐世好羈籠笯。"明余繼登《放歌》："何須羨陶朱，從今且自脱樊笯。"清王士禎《柴關嶺》詩："誰使野鶴姿，黬黬墮籠笯。"清宋犖《羅浮仙蝶歌寄至兒》詩："筠笯遠致自海嶠，依俙尚帶青羊嵐。"

【樊笯】

即籠笯。此稱宋代已行用。見該文。

【筠笯】

即籠笯。此稱宋代已行用。見該文。

【青笯】

即籠笯。此稱宋代已行用。見該文。

【籠罩】

即籠⁴。此稱晉代已行用。晉葛洪《抱朴子·備闕》："鴻鵰不能振翅於籠罩之中。"《古今小説·陳希夷四辭朝命》："多少彩禽投籠罩，雲中仙鶴不能招。"唐代起亦稱"筠籠"。唐杜牧《爲人題贈》詩之一："蘭徑飛蝴蝶，筠籠語翠襟。"馮集梧注："禰衡《鸚鵡賦》：'綠衣翠衿。'

又：'閉以雕籠。'"宋岳珂《黄鶴謡寄吴季謙侍郎時季謙自德安入城予適以使事在鄂》："一罹置弋沮澤旁，局身筠籠翅摧藏。"明周是修《三義傳》："見雛鳥爲風雨所墜，螻蟻蝕之，叟惕然不忍，取而救之，歸養以筠籠。"清厲鶚《换巢鸞鳳·張東園送洋雞一雙賦此報之》詞："一訊槎風，有雙棲錦羽，攜取筠籠。"

【筠籠】

即籠罩。此稱唐代已行用。見該文。

鶼籠

馴養鶼鳥的籠子。此稱漢代已行用。漢嚴忌《哀時命》："爲鳳凰作鶼籠兮，雖翕翅其不容。"漢王逸注："爲鳳凰作棲以鶼鶵之籠，雖翕其翅翼，猶不得容其形體。"唐李至遠《唐維州刺史安侯神道碑》："服太阿而善斷，覽介石以知機，有顧鶼籠，實懷先覺，迺心鳳宸，奚歟後予。"明張弼《夜雨獨坐懷范季方》詩："龍廐未收千里馬，鶼籠却鎖九霄鷹。"

籠阿

鳥籠中的一角。此稱漢代已行用。漢王粲《鸚鵡賦》："步籠阿以躑躅，叩衆目之希稠。"

鷹架

馴養者栖鷹的木架。此稱唐代已行用。唐賈島《老將》詩："燕雀來鷹架，塵埃滿箭靫。"

柙

馴養、拘囚野獸的籠子。此稱先秦時期已行用，亦作"匣"。《論語·季氏》："虎兕出於柙，龜玉毀於櫝中，是誰之過與？"《太平御覽》卷八九〇引文作"匣"。《韓非子·守道》："故設柙非所以備鼠也，所以使怯懦能服虎也。"《初刻拍案驚奇》卷二二："開柙出虎，孔宣父不責他人；當路斬蛇，孫叔敖蓋非利己。"清魏源《聖武記》卷八："追數千出柙走險之兇虎，毆使歸閑就勒。"

【匣】

同"柙"。此體先秦時期已行用。見該文。

【囊檻】

即柙。此稱先秦時期已行用。《莊子·天地》："而虎豹在於囊檻，亦可以爲得矣。"唐柳宗元《謝襄陽李夷簡尚書撫問啓》："網羅未解，縱羽翼而何施；囊檻方堅，雖虎豹其焉往。"宋李之儀《浣溪沙》詞："邂逅風雷終有用，低徊囊檻要深蹲。"

【圈檻】

即柙。此稱漢代已行用。《周禮》："貉隸掌役服，不氏而養獸，而教擾之，掌與獸言。"漢鄭玄注："不言皁蕃者，猛獸不可服，又不生乳於圈檻也。"《淮南子·主術訓》："故夫養虎豹犀象者，爲之圈檻，供其嗜欲。"唐白居易《祭亡友文》："圈檻豺狼，籠御鵬驥。"宋林之奇《尚書全解》卷一〇："譬猶決圈檻而縱虎狼，彼安得而不噬人者哉！"《元史·百官志六》："儀鸞局：秩正五品，掌殿庭燈燭張設之事及殿閣、浴室門户鎖鑰，苑中龍舟、圈檻、珍異、禽獸給用，内府諸宫太廟等處。"清方苞《灌嬰論》："是猶孤豚局於圈檻，而虎扼其外也。"

【檻】 [2]

即柙。此稱漢代已行用。《淮南子·俶真訓》："置猿檻中，則與豚同。非不巧捷也，無所肆其能也。"晉葛洪《抱朴子·勖學》："兩絆而項領，則騏騄與蹇驢同矣；失林而居檻，則猨狖與豵貉等矣。"宋郭若虚《圖畫見聞志》卷三："曾有貨藥人楊生，檻中養一虎，〔龔〕章因就視寫之，故畫虎最臻形似。"

【樊檻】

即桛。此稱宋代已行用。宋鄧肅《書法帖》："後因臨虞書者數日，繩繩然如在樊檻中。"明文震亨《長物志》卷一："若徒侈土木，尚丹堊真，同桎梏、樊檻而已。"明薛蕙《雉子班》："羂雲羅，掩天綱。就樊檻，辭山梁。"

槎桎

馴養、拘囚野獸的器具。此稱三國時期已行用。《三國志・魏書・蘇則傳》："後則從行獵，槎桎拔，失鹿。"清陳元龍《格致鏡原》卷四八："《庶物異名疏》：'槎桎，檻獸之具。'"

樊

馴養、拘囚鳥獸的籠子。多指鳥籠。此稱先秦時期已行用。《莊子・養生主》："澤雉十步一啄，百步一飲，不蘄畜乎樊中。"郭象注："樊，所以籠雉也。"唐白居易《贖雞》詩："喔喔十四雛，罩縛同一樊。"金趙秉文《送麻徵君知幾》："君看澤中雉，飲啄良自如。一旦蓄樊中，意氣慘不舒。"元郭翼《五禽言》詩之四："富貴一落樊中雞，不如兩翅盤天嬉。"明陳子龍《鬥雞篇・代陳思王本意》詩："豈能樊中老，空懷君稻粱？"清姜宸英《與馮孟勉》："邇來學得此法，脫然如出樊之鳥。"清洪昇《長生殿・疑讖》："不隄防桛虎樊熊，任縱橫社鼠城狐。"

【欄檻】

即樊。此稱漢代已行用。漢禰衡《鸚鵡賦》："順欄檻以俯仰，闚戶牖以踟躕。"宋王炎《與雷知院劄子》："譬如山鹿野麋，放之欄檻，縱之林藪，則未先朝露填溝壑，皆門下之大造也。"明董夢桂《吐綬賦》："若乃霜露零落，風雨凄其，徘徊欄檻，俯仰庭墀。"晉代起亦作"籠檻"。晉潘尼《迎大駕》詩："翔鳳嬰籠檻，

騏驥見維縶。"《南史・范雲傳》："雲曰：'此政會吾心，今羽翮未備，不得不就籠檻，希足下善聽之。'"唐白居易《紅鸚鵡》詩："安南遠進紅鸚鵡，色似桃花語似人。文章辯慧皆如此，籠檻何年出得身。"宋歐陽修《紅鸚鵡賦》序："負才賢以取貴於世，而能自將所適皆安，不知籠檻之與山林，則謝公之說勝。"按，籠，一本作"欄"。明俞允文《來雁賦》："無籠檻以羈縻，甘輯翼而自弭。"清查慎行《清流關》詩："寧知暉鳳擒，猿鳥就籠檻。"

【籠檻】

同"欄檻"。此體晉代已行用。見該文。

【樊籠】

即樊。此稱南北朝時期已行用。北周庾信《擬連珠四十四首》之二一："是以樊籠之鶴，寧有六翮之期；骯髒之馬，無復千金之價。"唐駱賓王《應詰》："猛獸搏也拘於檻穽，鷙鳥攫也縶於樊籠。"宋歐陽修《班班林間鳩寄內》："還爾禽鳥性，樊籠免驚怵。"金元好問《南湖先生雪景乘驟圖》詩："鷄鶩從渠致鐘鼓，野鶴豈合棲樊籠。"清查慎行《村童籠致黃雀二十尾用六十錢買之放生口占一首》："孰出樊籠外，并生天地間。"唐代亦作"煩籠"。唐李白《至陵陽山登天桂石酬韓侍御見招隱黃山》詩："鸞鳳翻羽翼，啄粟坐煩籠。"宋代起又作"藩籠"。宋范仲淹《天驥呈才賦》："矯矯焉，鯨躍乎滄海；昂昂焉，鶴出乎藩籠。"清蒲松齡《聊齋志異・鞏仙》："王於是深重道士，留居府內。道士曰：'野人之性，視宮殿如藩籠，不如秀才家得自由也。'"

【煩籠】

同"樊籠"。此體唐代已行用。見該文。

【藩籠】

　　同 "煩籠"。此體宋代已行用。見該文。

【籠樊】

　　即樊。此稱晋代已行用。《西京雜記》卷四："飲清流而不舉，食稻粱而未安，故知野禽野性，未脱籠樊。"《南史·何尚之傳》："且暴鰓之魚，不念杯酌之水，雲霄之翼，豈顧籠樊之糧。"唐獨孤及《丙戌歲正月出洛陽書懷》詩："王風從西來，春光滿乾坤。蟄蟲競飛動，余亦辭籠樊。"宋蘇軾《王維吳道子畫》詩："摩詰得之於象外，有如仙翮謝籠樊。"元鄭光祖《老

君堂》第一折："恨不聽天罡言語攔，鳳凰雛落在籠樊，惹愁煩。"清代亦稱 "樊籬" "樊籠"。清湯右曾《閑居遺懷》詩之五："鶡或疑九霄，魚嘗樂千里。豈知樊籬間，不出盆盎裏。"清朱彝尊《飲陳孝廉烏石山房》："旅館苦毒熱，若鳥困樊籠。"

【樊籬】

　　即籠樊。此稱清代已行用。見該文。

【樊籠】

　　即籠樊。此稱清代已行用。見該文。

第三節　禽獸馴養設施考

　　禽獸馴養設施指爲馴養禽獸而建立的裝置、場地、房屋等，其中規模較大的是古代帝王蓄養禽獸等以供觀賞與狩獵的有籬笆的園林——苑、有墻的園林——囿、有花草的園林——園等。從傳世文獻看，至遲從西周起，就已開始大興土木、修建苑囿了。《詩·大雅·靈臺》"王在靈囿" 毛傳："靈囿，言靈道行於囿也。"這是周文王之囿。此後歷朝都綿延不斷，著名的苑囿如春秋魯國的鹿囿、春秋吳國的吳苑、秦代的宜春苑、漢代的梁苑、三國魏的西園、南朝宋的樂游苑、北魏的鹿苑、隋代的西苑、宋代的瓊林苑、元代的晾鷹臺、明代的南苑、清代的西苑等。它們與其他禽獸馴養設施一起見證了古代君王的驕奢淫逸，也留下了寶貴的歷史文化資料。

苑

　　古代帝王蓄養禽獸等以供觀賞與狩獵的有籬笆的園林。此稱先秦時期已行用。《周禮·秋官·雍氏》："禁山之爲苑、澤之沈者。"《漢書·元帝紀》："以三輔、太常、群國公田及苑可

省者振業貧民，貲不滿千錢者賦貸種、食。"南朝梁沈約《齊故安陸昭王碑文》："博望之苑載暉，龍樓之門以峻。"唐韓愈《順宗實錄四》："春旱，德宗數獵苑中。"宋王應麟《玉海》卷一七一：《詩》正義：有蕃曰園，有墙曰囿。

《漢書》注：養鳥獸曰苑，苑有垣曰囿，種植謂之園。"漢代起亦稱"天苑"。《史記·天官書》："九星……一曰天旗，二曰天苑。"張守節正義："天苑十六星如環狀，在畢南，天子養禽獸之所。"北周庾信《三月三日華林園馬射賦》："皇帝翊四圍於帝閑，回六龍於天苑。"唐李白《效古》詩之一："朝入天苑中，謁帝蓬萊宮。"

【天苑】

即苑。此稱漢代已行用。見該文。

【莞】

通"苑"。此稱先秦時期已行用。《管子·水地》："地者，萬物之本原，諸生之根莞也。"按，莞，一本作"苑"。《漢書·王嘉傳》："詔書罷莞，而以賜賢二千餘頃，均田之制從此墮壞。"晉左思《魏都賦》："莞以玄武，陪以幽林。"

【宛】

通"苑"。此稱先秦時期已行用。《管子·五行》："然則天為粵宛，民足財，國極富，上下親，諸侯和。"郭沫若等集校引張佩綸云："'粵'當作'奧'。《廣雅·釋詁》'奧，藏也'……'宛'本作'苑'（《莊子·天地》釋文），《白虎通》'苑囿，養萬物者也'。《老子》'道者萬物之奧'。此言以天為萬物之奧苑，故養長蕃實秀大。"

上林苑 [1]

秦代之苑。漢初一度荒廢，至武帝時重新擴建。故址在今陝西西安西及周至、鄠邑界。此稱漢代已行用，亦稱"西園"。《三輔黃圖·園囿》："漢上林苑，即秦之舊苑也。《漢書》云：'武帝建元三年，開上林苑，東南至藍田宜春、鼎湖、御宿、昆吾，旁南山而西，至長楊、五

柞，北繞黃山，瀕渭水而東，周袤三百里。'離宮七十所，皆容千乘萬騎。"漢張衡《東京賦》："歲維仲冬，大閱西園，虞人掌焉，先期戒事。"薛綜注："西園，上林苑也。"《資治通鑑·漢靈帝光和四年》："帝着商賈服，從之飲宴為樂。又於西園弄狗，著進賢冠，帶綬。"

【西園】 [1]

即上林苑 [1]。此稱漢代已行用。見該文。

囿

古代帝王蓄養禽獸等以供觀賞與狩獵的設有圍墻的園林。此稱先秦時期已行用。《詩·大雅·靈臺》："王在靈囿，麀鹿攸伏。"毛傳："囿，所以域養禽獸也。"漢班固《東都賦》："太液昆明，鳥獸之囿。"唐代起亦稱"天囿"。唐李德裕《瑞橘賦》："諒英靈之不測，逮乎霜飛天囿，風落秦川。"宋晁以道《靈璧石有未上供者狼藉兩岸》詩："但識天囿簫韶底，豈期汴岸沙爍餘。"明劉麟《上林苑監左監丞松峰包公墓志銘》："天墀天囿，弗馳以壽。"

【天囿】

即囿。此稱唐代已行用。見該文。

蛇淵囿

春秋魯國之囿。該囿建於魯定公十三年（公元前497），故址在今山東肥城南。此稱先秦時期已行用。《春秋·定公十三年》："夏，築蛇淵囿。"北魏酈道元《水經注·汶水》："蛇水又西南逕鑄城西，《左傳》所謂蛇淵囿也。故京相璠曰：今濟北有蛇丘城，城下有水，魯囿也。"明劉基《公囿成公至自囿成築蛇淵囿》："至明年之夏而有築蛇淵囿之書，則定公之不足與有為也明矣。"

蟎

　　春秋晋國之囿。此稱先秦時期已行用。《國語·晋語九》：“趙簡子田於蟎。”韋昭注：“蟎，晋君之囿。”

具囿

　　春秋秦國之囿。故址在今陝西鳳翔附近。此稱先秦時期已行用。《左傳·僖公三十三年》：“鄭之有原圃，猶秦之有具囿也。”宋楊萬里《不欺堂記》：“蓋將味詩書之芳潤而不知芻豢之悦口，泳仁義之洪瀾而不知江海之沃日，獵道德之具囿而不知雲夢之獲禽，其志未小也。”明倪岳《春秋講章·四年春正月公狩于郎》：“但凡田獵之所，皆擇山林翳密、地土閑曠去處，如魯的大野、鄭國的原圃、秦國的具囿，皆不出郊甸之内，這便是有其地。”漢代亦稱“具圃”。《淮南子·墬形訓》“秦之陽紆”漢高誘注：“一名具圃。”宋佚名《周禮集説》：“田狩之地，如鄭有原圃，秦有具圃，皆常所也。”

【具圃】

　　即具囿。此稱漢代已行用。見該文。

園

　　種植花木、蓄養禽獸等以供觀賞與狩獵的地方。此稱先秦時期已行用，亦稱“園囿”。《詩·鄭風·將仲子》：“將仲子兮，無踰我園，無折我樹檀。”朱熹集傳：“園者圃之藩，其内可種木也。”《孟子·滕文公下》：“棄田以爲園囿，使民不得衣食。”《荀子·成相》：“大其園囿，高其臺。”晋潘岳《閑居賦》：“灌園粥蔬，以供朝夕之膳。”唐韓愈《鎮州初歸》詩：“還有小園桃李在，留花不發待郎歸。”《西游記》第二回：“閑時即掃地鋤園，養花修樹。”晋代起亦稱“天園”。明馮復京《六家詩名物疏》卷二〇引晋韓楊《天文要集》：“天園主果實、菜茹畜儲。”清李鍇《尚史》卷九三：“天園，植果萊之所。”

【園囿】

　　即園。此稱先秦時期已行用。見該文。

【天園】

　　即園。此稱晋代已行用。見該文。

禁

　　蓄養禽獸等以供觀賞與狩獵的處所。此稱先秦時期已行用，亦稱“牢”。《周禮·地官·囿人》：“掌囿游之獸禁。”鄭玄注：“禁者，其蕃衛也。”《管子·五行》：“天子出令，命祝宗選禽獸之禁。”尹知章注：“禁，謂牢。”《詩·大雅·公劉》：“執豕於牢，酌之用匏。”三國魏曹植《求自試表》：“此徒圈牢之養物，非臣之所志也。”

【牢】

　　即禁。此稱先秦時期已行用。見該文。

豢牢

　　蓄養禽獸等以供觀賞與狩獵的處所。此稱漢代已行用。漢劉向《説苑·修文》：“是以古者必有豢牢。”唐于公異《李晟收復西京露布》：“惡木生槎枒之黄，瘦狗吠豢牢之主。”宋晁公遡《寄洪雅令孫良臣》詩：“誰能如羊豕，料揀充豢牢。”元王惲《霍州》詩：“四擁中坳一豢牢，快心唯有霍山高。”明桑悦《北都賦》：“規其豢牢，爲之營域，有司烝烝，焚萊平場。”

圈

　　蓄養禽獸等以供觀賞與狩獵的處所。此稱先秦時期已行用。《莊子·齊物論》：“大木百圍之竅穴，似鼻，似口，似耳，似枅，似圈，似臼，似洼者，似污者。”唐成玄英疏：“木既百圍，穴亦奇衆，故或似人之口鼻，或似獸之闌圈。"《漢書·張釋之傳》："〔釋之〕從行，上登虎圈。"顏師古注："圈，養獸之所也。"漢王充《論衡·佚文》："夫富賈無仁義之行，猶圈中之鹿，欄中之牛也，安得妄載！"唐韓愈《嘲鼾睡》詩："又如圈中虎，號瘡兼吼餒。"明倪謙《母子虎圖爲前人題》詩："馴然拜跪伏闌圈，天子見之心亦喜。"《大清會典則例》卷一二四："馬牛駝羸之類須出闌圈，鷹犬之類須專制在己，乃爲盜。"

【鹿苑】[1]

即鹿囿。此稱晋代已行用。見該文。

騶

古代帝王蓄養禽獸等以供觀賞與狩獵的園地。此稱漢代已行用，亦稱"梁鄒""梁騶"。漢賈誼《新書·禮》："騶者，天子之囿。"漢班固《東都賦》："外則因原野以作苑，填流泉而爲沼，發蘋藻以潛魚，豐圃草以毓獸，制同乎梁鄒，誼合乎靈囿。"李善注："《魯詩》傳曰：'古有梁鄒。梁鄒者，天子之田也。'"《後漢書·班固傳下》作"梁騶"。晋左思《魏都賦》："備法駕，理秋御，顯文武之壯觀，邁梁騶之所著。"張載注："《魯詩傳》曰：古有梁騶。騶，天子田也。"

【梁鄒】

即騶。此稱漢代已行用。見該文。

【梁騶】

即騶。此稱漢代已行用。見該文。

獸圈

蓄養獸類以供觀賞與狩獵的處所。此稱漢代已行用。《漢書·何武王嘉師丹傳》："嘗幸上林後宮，馮貴人從。臨獸圈，猛獸驚出，貴人前當之。"《三輔黃圖·苑囿》："上林苑中有六

池、市郭、宮殿、魚臺、犬臺、獸圈。"陳直校證引《漢舊儀》："上林苑中廣長三百里，置令丞左右尉，苑中養百獸。"《北史·魏紀一·明元帝》："〔永興〕四年春二月癸未，登獸圈，射猛獸。"宋張耒《廣才篇》："雖獸圈嗇夫、養馬牧羊，皆能立功名於時者，何也？"元吳萊《羅浮鳳賦》："忽獸圈之可近，任虵微之長捐。"清吳偉業《田家鐵獅歌》："玉關罷獻獸圈空，刻畫丹青似争力。"

虎圈

蓄養老虎以供觀賞與狩獵的處所。此稱漢代已行用。《史記·孝武本紀》："於是作建章宮……其西則唐中，數十里虎圈。"《漢書·外戚傳下·孝元馮昭儀》："建昭中，上幸虎圈鬥獸，後宮皆坐。"宋蘇軾《省試策問一首》："上林令吏之不才，而虎圈嗇夫才之過人者也。"元郝經《儀真館中暑一百韻》："塹門深虎圈，擊柝鬧魚椰。"明陳繼儒《虎薈》卷三："秦故虎圈，周匝三十五步，西去長安十五里。"清王士禛《樟樹鎮王文成公誓師處》詩："豹房虎圈氣如雲，行在從容露布聞。"

闌

蓄養獸畜等以供觀賞與狩獵的處所。此稱唐代已行用。《晋書·華廙傳》："〔華廙〕與陳勰共造猪闌於宅側。"元柳貫《載酒堂詩》："卝童迎路吹葱葉，門東刺竹西牛闌。"明徐渭《觀浴象》詩："并是生殊域，同來飼一闌。"清汪琬《和諸君子題元龍城東新居圖絕句次韵二首》詩之一："平田一曲恰當門，蝦浦牛闌野趣存。"

豹房

帝王養豹以供觀賞與狩獵的處所。此稱明代已行用。明朱國禎《湧幢小品·司牲所》：

"豹房土豹七雙，日支羊肉十四斤。"又："西苑豹房蓄文豹一隻，役勇士二百四十人，歲廩二千八百餘石，又占地十頃，歲租七百金，此皆供内臣侵牟影射之資。"清王士禛《樟樹鎮王文成公誓師處》詩："豹房虎圈氣如雲，行在從容露布聞。"

長楊宮

秦、漢離宫。宫内有射熊館等，爲游獵之所。故址在今陝西周至東南。此稱漢代已行用，省稱"長楊"。《三輔黄圖·秦宫》："長楊宫在今盩厔縣東南三十里，本秦舊宫，至漢修飾之以備行幸。宫中有垂楊數畝，因爲宫名；門曰射熊館。秦漢游獵之所。"又同書《園囿》："漢上林苑，即秦之舊苑也。《漢書》云：'武帝建元三年，開上林苑，東南至藍田宜春、鼎湖、御宿、昆吾，旁南山而西，至長楊、五柞，北繞黄山，瀕渭水而東，周袤三百里。'離宫七十所，皆容千乘萬騎。"漢揚雄《長楊賦》："振師五柞，習馬長楊。"《漢書·東方朔傳》："北至池陽，西至黄山；南獵長楊，東游宜春。"唐杜牧《杜秋娘》詩："長楊射熊羆，武帳弄啞咿。"宋代起亦稱"長揚"。宋秦觀《韋元成論》："〔元帝〕永元中幸長揚射熊館，布車騎大獵，則是宫室宴享之事，未能如禮也。"明高啓《少年行》之一："官侍長揚拜夕郎，況憑内寵在椒房。"清洪昇《長生殿·禊游》："傳聲報戚里，今日幸長揚。"

【長楊】

"長楊宫"之省稱。此稱漢代已行用。見該文。

【長揚】

即長楊宫。此稱宋代已行用。見該文。

射熊館

漢代長楊宫内蓄養熊羆等猛獸以供觀賞與狩獵的處所。此稱漢代已行用。漢揚雄《長楊賦》："張羅網、罝罘，捕熊羆、豪豬、虎豹、狖玃、狐兔、麋鹿，載以檻車，輸長楊射熊館。"唐胡曾有《射熊館》詩。宋杜範《四聖觀》詩："射熊館暗花侵庢，下鵠池深柳拂舟。"元宋無《寄翰苑所知》詩："弓開射熊館，劍倚化龍陂。"明高啓《羽林郎》詩："纔出鬥雞坊，還過射熊館。"清吳偉業《紀事》詩："秋風講武臨熊館，乙夜橫經勝石渠。"唐代起亦省稱"熊館"。唐李商隱《獻侍郎鉅鹿公啓》："柏臺侍宴，熊館從畋。"宋利登《仙塘即事》詩："獵客驚熊館，行人指鵲池。"明薛蕙《駕幸南海子》詩："列戟圍熊館，分弓射虎城。"清吳偉業《南苑應制》詩："熊館發雲旌，春蒐告禮成。"

【熊館】

"射熊館"之省稱。此稱唐代已行用。見該文。

鷹房

鷹坊内蓄養獵鷹以供觀賞與狩獵的房子。此稱金代已行用。《金史·世宗本紀上》："乙未，幸鷹房，主者以鷹隼置内省堂上，上怒曰：'此宰相廳事，豈置鷹隼處耶！'"《元史·兵志四》："冬夏之交，天子或親幸近郊，縱鷹隼搏擊，以爲游豫之度，謂之飛放。故鷹房捕獵，皆有司存。"明沈德符《野獲編補遺·畿輔·内府畜豹》："世宗初年，革内府鷹房諸鷹犬，令放縱幾盡矣。"清毛奇齡《詔觀西洋國所進獅子因獲遍閱虎圈諸獸敬製長句紀事和高陽相公》詩："虎落時看接上林，鷹房秋到移南苑。"元代亦稱"鷹棚"。《元史·文宗紀四》:"命興和路建雅克特穆爾鷹棚。"參見本章第四節"鷹坊"文。

【鷹棚】

即鷹房。此稱元代已行用。見該文。

牿

蓄養牛馬的柵欄,或用於狩獵。此稱先秦時期已行用。《書·費誓》:"今惟淫舍牿牛馬。"孔傳:"今軍人惟大放舍牿牢之牛馬。言軍所在必放牧也。"孔穎達疏:"此言大舍牿牛馬,則是出之牢閑牧於野澤,今其逐草而牧之,故謂此牢閑之牛馬爲牿牛馬,而知牿即牢閑之謂也。"《史記·魯周公世家》:"無敢傷牿,馬牛其風。"張守節正義:"牿,牛馬牢也。令臣無傷其牢,恐牛馬逸也。"宋代亦稱"馬牛牿"。宋俞德鄰《爲郭元德題和靖探梅圖》詩:"真祠併入梵王家,香月亭前馬牛牿。"明代又稱"牛馬牿"。明吳寬《種竹》詩:"鄰家隙地半畝餘,久矣棄爲牛馬牿。"

【馬牛牿】

即牿。此稱宋代已行用。見該文。

【牛馬牿】

即牿。此稱明代已行用。見該文。

臺

高而上平的方形建築物。供人觀察周邊形勢、欣賞鳥獸魚鱉及狩獵等。此稱先秦時期已行用。《國語·楚語上》:"故先王之爲臺榭也,榭不過講軍實,臺不過望氛祥。故榭度於大卒之居,臺度於臨觀之高。"韋昭注:"積土爲臺。"漢司馬相如《子虛賦》:"於是楚王乃登雲陽之臺。"唐杜甫《登高》詩:"萬里悲秋常作客,百年多病獨登臺。"

晾鷹臺

元代皇家圍獵、習武的場所。在元大都南苑內。人常携鷹休憩於此,故名。後爲各朝皇家沿用,清初皇帝還於每年五月登臨,觀看賽馬和鬥虎。故址在今北京南郊。此稱元代已行用。明劉侗、于奕正《帝京景物略·南海子》:"城南二十里,有囿,曰南海子,方一百六十里。海中殿,瓦爲之……殿傍晾鷹臺。鷹撲逐以汗,而勞之,犯霜雨露以濡,而煦之也。"清吳家騏《聖駕南苑大閱恭紀》詩:"虎旅自諳《司馬法》,鵷班齊侍晾鷹臺。"

石苑

石墻圍成之苑。此稱唐代已行用。唐溫庭筠《雉場歌》:"城頭却望幾含情,青畝春蕪連石苑。"

瓊苑[1]

苑之美稱。此稱宋代已行用。宋晏幾道《木蘭花》詞:"晚紅初減謝池花,新翠已遮瓊苑路。"元王惲《西苑懷古和劉景融韵》:"瓊苑韶華自昔聞,杜鵑聲裏過天津。"清乾隆《上苑初春》詩:"瓊苑初停青帝轡,瑤臺欲綻鼠姑芽。"

野囿

王城郊外之囿。此稱先秦時期已行用。《周禮·地官·委人》:"凡疏材,共野委,兵器,與其野囿財用。"鄭玄注:"野囿之財用者,苑囿藩羅之材。"孫詒讓正義:"六遂之外,亦有苑囿爲田獵之所,對囿人所掌郊內之囿言之,謂之野囿。"宋李覯《贈韓侍禁》詩:"野囿幾年飢虎豹,旱雷何日起龍蛇。"唐代亦稱"野苑"。唐盧照鄰《宴梓州南亭詩序》:"賓階月上,橫聯蜷之桂枝;野苑風歸,動葳蕤之萱草。"唐王建《原上新居十三首》之一一："送經還野苑，移石入幽林。"宋代起又稱"郊囿"。宋何夢桂《和夾谷書隱先生寄題蛟峰石峽書院三十韻》詩："聖哲不出世，郊囿可能馴。"明宋濂《贈劉俊民先輩》詩："黃鬚年少兒，執矢列先後，一發巧中肋，驪聲溢郊囿。"清汪由敦《塞上紀行和張宮贊韻十二首》詩之七："連緜匝郊郭，平遠勝郊囿。"

【野苑】

即野囿。此稱唐代已行用。見該文。

【郊囿】

即野囿。此稱宋代已行用。見該文。

京苑

京城之苑。此稱南北朝時期已行用。南朝梁劉勰《文心雕龍·練字》："多賦京苑，假借形聲。"宋王溥《唐會要》卷六六："時尚方監裴匪，躬檢校京苑。"

北苑 [1]

宮廷北面之苑。此稱南北朝時期已行用。《魏書·太宗紀》："癸丑，穿魚池於北苑。"唐盧綸《春詞》："北苑羅裙帶，塵衢錦繡鞋。醉眠芳樹下，半被落花埋。"宋吳曾《能改齋漫錄·地理》："李氏集有翰林學士陳喬作《北苑侍宴賦詩序》曰：'北苑，皇居之勝概也。掩映丹闕，縈迴綠波，珍禽奇獸充其中，修竹茂林森其後。'"

園沼

設有水池之園。此稱南北朝時期已行用。南朝梁何遜《窮烏賦》："既滅志於雲霄，遂甘心於園沼。"唐孫昌胤《遇旅鶴》詩："中州帝王宅，園沼深且幽。"《資治通鑑·後梁末帝貞明六年》："治府第園沼，極一時之盛。"元袁士元《借韵咏城南書舍呈倚雲樓公》詩："閑種石田供鶴料，旋開園沼買魚栽。"

靈囿 [1]

周文王之囿。此稱先秦時期已行用。《詩·大雅·靈臺》"王在靈囿"毛傳："靈囿，言靈道行於囿也。"《後漢書·班固傳下》："外則因原野以作苑，順流泉而爲沼，發蘋藻以潛魚，豐圃草以毓獸，制同乎梁騶，義合乎靈囿。"李賢注："此言魚獸各得其所，如文王之靈囿也。"唐張説《皇帝馬上射贊》第五："帝入靈囿，數百麀鹿。射其四十，頒諸群后。"宋楊萬里《節使趙忠果謚議》："疾風之勁草，生於文王之靈囿也。"元曹文晦《鵝翎曲》："君不見文王靈囿民同樂，麀鹿白鳥長囂囂。"明張居正《苑田紀》："臣聞設苑以資觀游……有國者所不廢也。然而靈囿之咏，獨歸周文。"清李緻《驪虞解》："且文王之囿曰'靈囿'，以驪爲囿名，他書無所考。"

鹿囿

春秋魯成公十八年（公元前 573）所建飼養麋鹿之囿。此稱先秦時期已行用，晋代起亦稱"鹿苑"。《春秋·成公十八年》"築鹿囿"晋杜預注："築牆爲鹿苑。"南朝宋鮑照《蒜山被始興王命作》詩："鹿苑豈淹睇，兔園不足留。"《藝文類聚》卷三六引南朝梁陸倕《思田賦》："瞻鹿囿而竊高，仰疆臺而慕義。"清二石生《十洲春語·品艷》："猶記其靸輕煙，曳文霧，下六萌油碧，以宮綃扇障鬢，依母向鹿苑中，爲荷花祝生日。"金代亦稱"鹿園"。金趙秉文《同樂園詩》之二："毛飄水面知鵝柵，角出墙頭認鹿園。"

【鹿苑】[2]

即鹿囿。此稱晋代已行用。見該文。

【鹿園】

即鹿囿。此稱金代已行用。見該文。

吳苑

春秋吳王闔閭之苑。故址在今江蘇蘇州西南、太湖以北。此稱漢代已行用，亦稱“長洲之苑”“長洲”。《漢書·枚乘傳》：“修治上林，雜以離宮，積聚玩好，圈守禽獸，不如長洲之苑。”唐顔師古注：“服虔曰：‘吳苑。’孟康曰：‘以江水洲爲苑也。’韋昭曰：‘長洲在吳東。’”漢趙曄《吳越春秋·闔閭内傳》：“射於鷗陂，馳於游臺，興樂石城，走犬長洲。”晋左思《吳都賦》：“造姑蘇之高臺，臨四遠而特建，帶朝夕之濬池，佩長洲之茂苑。”南朝齊起亦稱“長洲苑”。南朝齊謝朓《永明樂》之六：“出車長洲苑，選旅朝夕川。”唐郭良驥《自蘇州至望亭驛有作》詩：“那堪迴首長洲苑，烽火年年報虜塵。”宋蘇頌《謝太傅杜相公惠吳甘》詩：“盛乃長洲苑，傅之大禹經。”元揭傒斯《賦得吳歌送人歸吳中》詩：“花發長洲苑，日照闔閭城。”明楊基《秋霽雜賦》詩之二：“今日長洲苑，秋風列羽旗。”唐代又稱“吳苑園”。唐韋應物《闔門懷古》詩：“獨鳥下高樹，遥知吳苑園。凄凉千古事，日暮倚閶門。”

【長洲之苑】

即吳苑。此稱漢代已行用。見該文。

【長洲】

即吳苑。此稱漢代已行用。見該文。

【長洲苑】

即吳苑。此稱南北朝時期已行用。見該文。

【吳苑園】

即吳苑。此稱唐代已行用。見該文。

麋苑

春秋越國所建飼養麋鹿之苑。此稱先秦時期已行用。北魏亦稱“鹿野山”。北魏酈道元《水經注·漸江水》：“湖北有三小山，謂之鹿野山。在縣南六里。按《吳越春秋》，越之麋苑也。”唐李紳《過吳門二十四韵》：“縫堵荒麋苑，穿巖破虎丘。”北齊又稱“鹿野苑”。《魏書·顯祖紀》：“二月甲辰，幸鹿野苑。”

【鹿野山】

即麋苑。此稱南北朝時期已行用。見該文。

【鹿野苑】

即麋苑。此稱南北朝時期已行用。見該文。

秦苑

秦代之苑。此稱唐代已行用。唐温庭筠《自有扈至京師已後朱櫻之期》詩：“秦苑飛禽諳熟早，杜陵游客恨來遲。”宋周弼《釣臺》詩：“秦苑山河歸故國，越鄉風雨閉荒臺。”元李材《懸瓠城歌》：“山東何啻百少陽，秦苑洛陽隨板蕩。”明朱應登《騰陽元夕》詩：“秦苑煙花三輔夢，梁州風俗隔年身。”清吳綺《玉女搖仙珮》詞：“薦枕楚臺，吹簫秦苑，未似而今稱美，紫袖肩同倚。”

囿臺

古代天子“三臺”之一。爲觀賞鳥獸魚鱉之臺。此稱漢代已行用。《初學記》卷二四引漢許慎《五經异義》：“天子有三臺，靈臺以觀天文，時臺以觀四時施化，囿臺以觀鳥獸魚鱉。”

宜春苑 [1]

秦代之苑。在宜春宮之東。宜春宮，省稱“宜春”，爲秦代離宮，在長安城東南杜縣東，故址在今陝西西安長安區南。《三輔黃圖·甘泉宮》:"宜春宮,本秦之離宮,在長安城東南杜縣東,近下杜。"此稱秦代已行用。《史記·秦始皇本紀》:"以黔首葬二世杜南宜春苑中。"《藝文類聚》卷三引北周庾信《春賦》:"宜春苑中春已歸,披香殿裏作春衣。"《史記·司馬相如列傳》"還過宜春宮"張守節正義引唐李泰等《括地志》:"秦宜春宮在雍州萬年縣西南三十里,宜春苑在宮之東,杜之南。"唐馬懷素《奉和立春游苑迎春應制》詩:"仙輿暫下宜春苑,御醴行開薦壽觴。"

【宜春下苑】

即宜春苑[1]。此稱漢代已行用,唐代亦稱"曲江池",省稱"下苑"。《漢書·元帝紀》:"〔初元二年〕詔罷黃門乘輿狗馬,水衡禁囿、宜春下苑、少府佽飛外池、嚴籞池田假與貧民。"顏師古注:"宜春下苑,即今京城東南隅曲江池是。"《三輔黃圖·宜春下苑》:"宣帝神爵三年春,起宜春下苑,在京城東南隅。"唐唐彥謙《曲江春望》詩:"漢朝冠蓋皆陵墓,十里宜春下苑花。"唐韋應物《嘆楊花》詩:"縹緲下苑曲,稍滿東城路。"

【曲江池】

即宜春下苑。此稱唐代已行用。見該文。

【下苑】

即宜春下苑。此稱唐代已行用。見該文。

【芙蓉園】[1]

即宜春苑[1]。此稱唐代已行用,亦稱"芙蓉苑"。唐杜甫《樂游園歌》:"青春波浪芙蓉園,白日雷霆夾城仗。"唐劉餗《隋唐嘉話》卷上:"京城南隅芙蓉園者,本名曲江園,隋文帝以曲名不正,詔改之。"唐王建《宮中三臺》詞:

"魚藻池邊射鴨,芙蓉苑裏看花。"唐杜牧《長安雜題長句》之五:"六飛南幸芙蓉苑,十里飄香入夾城。"

【芙蓉苑】

即芙蓉園。此稱唐代已行用。見該文。

芙蓉園 [2]

漢代之園,在洛陽。此稱漢代已行用。南朝梁任昉《述異記》卷下:"芙蓉園在洛陽,漢家置之。"明許穀《畫鹿行》:"霜毫豈羨芙蓉園,銅牌未數宜春苑。"

御羞

漢代之苑。此稱漢代已行用。《漢書·百官公卿表上》:"〔水衡都尉〕屬官有上林、均輸、御羞……辯銅九官令丞。"顏師古注引如淳曰:"御羞,地名也,在藍田,其土肥沃,多出御物可近者,《揚雄傳》謂之御宿。《三輔黃圖》御羞、宜春皆苑名也。"按,顏師古謂御宿在長安城南御宿川。羞、宿古音相近,故有二名。何焯以爲非。參閱清何焯《義門讀書記·前漢書二》。宋代亦稱"御羞苑"。宋宋敏求《長安志·藍田縣》:"漢御羞苑、鼎湖宮,皆在縣境。"

【御羞苑】

即御羞。此稱宋代已行用。見該文。

御宿

漢代之苑。此稱漢代已行用,亦稱"御宿苑"。《漢書·揚雄傳上》:"武帝廣開上林,南至宜春、鼎湖、御宿、昆吾。"顏師古注:"御宿在樊川西也。"《三輔黃圖·苑囿》:"御宿苑在長安城南御宿川中,漢武帝爲離宮別館,禁禦人不得入。往來游觀,止宿其中,故名。"南朝陳張正見《重陽殿成金石會竟上詩》:"藻井倒披蓮,雲光開御宿。"

【御宿苑】

即御宿。此稱漢代已行用。見該文。

思賢苑

漢文帝元年（公元前179）爲太子劉啓所建之苑。此稱漢代已行用。漢劉歆撰、晋葛洪輯《西京雜記》卷三："文帝爲太子立思賢苑，以招賓客。苑中有堂隍六所，客館皆廣廡高軒，屏風帷褥甚麗。"宋王益之《西漢年紀》卷五："〔漢文帝元年〕爲太子立思賢苑，以招賓客。"

梁苑

漢文帝子劉武（梁孝王）之苑。方圓三百餘里，故址在今河南開封東南。梁孝王曾於其中廣納賓客，一時名流司馬相如、枚乘、鄒陽等均爲座上客。參閱《史記・梁孝王世家》。此稱南北朝時期已行用。南朝齊王融《奉辭鎮西應教》詩："雷庭參辯奭，梁苑豫才鄒。"唐李白《贈王判官時余歸隱廬山屏風疊》詩："荆門倒屈宋，梁苑傾鄒枚。"宋張元幹《天仙子》詞："少年油壁記尋芳，梁苑路。"元王惲《夢陳節齋》詩："今年寒食客梁苑，追憶往事心彷徨。"明穆文熙《逍遙園賦》："若夫五嶽三江，勝地無垠；梁苑金谷，樂事紛紜。"清鈕琇《〈觚賸〉自序》："入燕都而懷故國，記覽《夢華》；登梁苑而晤名賢，書攜行秘。"

【梁王苑】

即梁苑。此稱唐代已行用。唐儲光羲《登商丘》詩："太息梁王苑，時非牧馬游。"前蜀韋莊《少年行》："揮劍邯鄲市，走馬梁王苑。"宋梅堯臣《次韻和永叔對雪十韻》："冷入梁王苑，清乘衛國軒。"金王碉《雜詩七首》之七："漢梁王苑古臺西，秋思紛紛獨杖藜。"明高啓《白下送錢判官岳》詩："梁王苑裏花飛盡，明

日相思過汴州。"

【梁園】

即梁苑。此稱唐代已行用。唐韋應物《送李十四山東游》詩："梁楚多大蕃，高論動侯伯……立馬望東道，白雲滿梁園。"明沈受先《三元記・祝壽》："歎金谷、梁園，多少繁華一夢中。"清顧炎武《梁園》詩："梁園詞賦想遺音，雕繢風流遂至今。"章炳麟《梁園客》詩："聞道梁園客最豪，山中谷永太蕭條。"

【兔園】

即梁苑。此稱漢代已行用。《西京雜記》卷二："梁孝王好營宮室苑囿之樂，作曜華之宮，築兔園。"南朝宋謝惠連《雪賦》："梁王不悅，游於兔園。"唐黃滔《寄越從事林嵩侍御》詩："莫戀兔園留看雪，已乘驄馬合凌霜。"清陳學泗《紀事》詩："多少兔園詞客老，空依北斗望蓬萊。"

【兔苑】

即梁苑。此稱唐代已行用。唐羅隱《所思》詩："梁王兔苑荆榛裏，煬帝雞臺夢想中。"宋范仲淹《上張侍郎》："兔苑風移，愛甘棠而益茂；龍池天近，著温樹之重芳。"明楊漣《題柏子園青芸閣》詩："繁臺兔苑今禾黍，日暮憑欄思不禁。"明代起亦作"菟苑"。明唐順之《咏天壇梅花》詩："夕伴芝房月，朝承菟苑霜。"又其《趙府奉祀正王君墓志銘》："如王君者，縱不能宦達，然使其得曳裾王門而驂後乘於雁池、菟苑之間，亦未爲不遇也。"

【菟苑】

同"兔苑"。此體明代已行用。見該文。

睢苑

漢代梁孝王之苑。因在睢陽（今河南商丘

東），故稱。此稱南北朝時期已行用。南朝陳
張正見《和衡陽王秋夜》："睢苑凉風舉，章臺
雲氣收。"唐張大安《奉和別越王》："離衿愴
睢苑，分途指鄴城。"宋蔡襄《城南春會》詩：
"睢苑即時栽雪霰，潁川連夜聚星辰。"唐代
亦稱"睢園"。唐王勃《滕王閣詩》序："睢園
綠竹，氣凌彭澤之樽；鄴水朱華，光照臨川之
筆。"

【睢園】

即睢苑。此稱唐代已行用。見該文。

商中

漢武帝所建之苑。位於漢建章宮西。故址
在今陝西西安西北。《漢書·郊祀志下》："於是
作建章宮……其西則商中，數十里虎圈。"顏師
古注："如淳曰：'商中，商庭也。'商，金也。
於序在秋，故謂西方之庭爲商庭。"按，《史記》
之《孝武本紀》《封禪書》均作"唐中"，清王
念孫認爲應作"唐中"，"商"乃"唐"字之訛。
參閲《讀書雜志·漢書五》。

博望苑

漢武帝爲太子劉據所建之苑，供其交接賓
客。故址在今陝西西安。此稱漢代已行用。《漢
書·武五子傳》："又從瑕丘江公受《穀梁》。及
冠，就宮上爲立博望苑。"南朝梁劉孝威《奉
和簡文帝太子應令》："延賢博望苑，視膳長安
城。"唐白居易《與皇甫庶子同游城東》詩：
"博望苑中無職役，建春門外足池臺。"明歸有
光《嘉靖庚子科鄉試對策五道》第二問："武帝
開置博望苑，以通賓客。"南朝梁起省稱"望
苑"。南朝梁庾肩吾《咏桂樹》詩："新叢入望
苑，舊榦別層城。"唐杜甫《寄李十四員外布
十二韵》："名參漢望苑，職述景題輿。"仇兆鰲

注："《漢書》：戾太子冠，武帝爲立博望苑，使
通賓客。唐制，司議郎，東宮官屬，故用之。"

【望苑】

"博望苑"之省稱。此稱南北朝時期已行
用。見該文。

樂游苑 [1]

漢宣帝之苑。由秦宜春苑改建而成。至
唐，成爲長安士女游賞勝地。故址在今陝西西
安南郊。此稱漢代已行用。漢劉歆撰、晋葛洪
輯《西京雜記》卷一："樂游苑自生玫瑰樹，樹
下多苜蓿。"唐代起亦稱"樂游原""樂游園"，
省稱"樂游"。唐李白《憶秦娥》詞："樂游原
上清秋節，咸陽古道音塵絶。"又其《登樂游園
望》詩："獨上樂游園，四望天日曛。"唐韓愈
《酬司門盧四兄云夫院長望秋作》詩："樂游下
矚無遠近，綠槐萍合不可芟。"清吴偉業《畫蘭
曲》："何似杜陵春禊飲，樂游原上采蘭人。"

【樂游原】

即樂游苑 [1]。此稱唐代已行用。見該文。

【樂游園】

即樂游苑 [1]。此稱唐代已行用。見該文。

【樂游】 [1]

"樂游苑 [1]"之省稱。此稱唐代已行用。見
該文。

上林苑 [2]

漢光武帝所建之苑。故址在今河南洛陽東，
漢魏洛陽故城以西。漢明帝永平十五年（72）
冬，車騎曾於此校獵。

廣成囿

漢和帝所建之囿。此稱漢代已行用，省稱
"廣成"。清代亦稱"廣成苑"。《後漢書·和帝
紀》："自京師離宮果園上林、廣成囿悉以假貧

民，恣得采捕，不收其稅。"又同書《安帝紀》："以廣成游獵地及被災郡國公田，假與貧民。"王先謙集解："廣成聚有廣成苑，在今汝州西四十里。"

【廣成】

"廣成囿"之省稱。此稱漢代已行用。見該文。

【廣成苑】

即廣成囿。此稱漢代已行用。見該文。

畢圭

漢靈帝所建之苑。此稱漢代已行用。《後漢書·靈帝紀》："是歲，作畢圭、靈昆苑。"唐杜牧《故洛陽城有感》詩："畢圭苑裏秋風起，平樂館前斜日時。"

西園 [2]

傳爲漢曹操所建之園。故址在今河北臨漳。此稱三國時期已行用。三國魏曹植《公宴詩》："清夜游西園，飛蓋相追隨。"唐張説《鄴都引》："城郭爲墟人代改，但見西園明月在。"

鹿苑 [3]

北魏養鹿之苑。故址在今山西大同。此稱南北朝時期已行用。《魏書·太祖紀》："天興二年二月，以所獲高車衆起鹿苑。"《明一統志》卷二一："鹿苑，在和順縣西二里。相傳爲趙襄子養鹿苑，久廢。"

樂游苑 [2]

南朝宋文帝重建之苑。故址在今江蘇南京江寧。此稱南北朝時期已行用。南朝梁沈約有《應詔樂游苑餞吕僧珍》詩。唐代省稱"樂游"。唐李白《月夜金陵懷古》詩："別殿悲清暑，芳園罷樂游。"王琦注引《六朝事迹》："樂游苑，《輿地志》云，在晋爲藥園，宋元嘉中以其地爲

北苑，更造樓觀，後改爲樂游苑。"

【樂游】 [2]

"樂游苑 [2]"之省稱。此稱唐代已行用。見該文。

上林苑 [3]

南朝宋孝武帝所建之苑。始建於大明三年（459）九月，故址在今江蘇南京玄武湖北。此稱南北朝時期已行用。《宋書·孝武帝紀》："〔大明三年九月〕壬辰，於玄武湖北立上林苑。"

西園 [3]

南朝梁簡文帝所建之園。故址在今湖北武漢。此稱宋代已行用。《資治通鑑·梁簡文帝大寶元年》："辛酉，編集其麾下於西園。"

西苑 [1]

隋煬帝所建之苑。建於大業元年（605）五月，故址在今河南洛陽。此稱隋代已行用，亦稱"會通苑""芳華神都苑"，唐代又稱"東都苑"。唐杜寶《大業雜記》："元年夏五月，築西苑，周二百里。"《佩文韻府》卷四三之二：《兩京新記》：'東都苑，隋曰會通苑，又改爲芳華

西苑圖
（明王圻等《三才圖會·地理》）

神都苑，周迴百二十六里。'"

【會通苑】

即西苑[1]。此稱隋代已行用。見該文。

【芳華神都苑】

即西苑[1]。此稱隋代已行用。見該文。

【東都苑】

即西苑[1]。此稱唐代已行用。見該文。

瓊林苑

宋太祖所建之苑。建於乾德二年（964），在汴京（今河南開封）城西。宋徽宗政和二年（1112）前，曾於此處賜宴新科進士。此稱宋代已行用，省稱"瓊林""瓊苑"。宋徽宗《眼兒媚》詞："玉京曾憶舊繁華。萬里帝王家。瓊林玉殿，朝喧弦管，暮列笙琶。"宋趙抃《次韻程給事寓越廨宇有懷》："言念玉符分鎮日，却思瓊苑拜恩初。"宋葉夢得《石林燕語》卷一："瓊林苑，乾德中置，太平興國中，復鑿金明池於苑北……歲以二月開，命士庶縱觀，謂之開池。至上已，車駕臨幸畢，即閉。歲賜二府從官燕及進士聞喜燕，皆在其間。"《宋史·選舉志一》："〔太平興國九年〕進士始分三甲。自是錫宴就瓊林苑。"明倪謙《瓊林宴歸記》："其以斯宴曰'瓊林'者，宋每宴進士於瓊林苑，盖仍世傳之舊云。"明童冀《題鈎勒竹二首爲程將軍賦》之二："玉帳屯兵渭水湄，瓊林錫宴夜歸遲。"清孫枝蔚《族侄斗槎登第喜而有作》詩："爲人夙昔耻驕矜，宴罷瓊林喜不勝。"

【瓊林】

"瓊林苑"之省稱。此稱宋代已行用。見該文。

【瓊苑】[2]

"瓊林苑"之省稱。此稱宋代已行用。

宜春苑[2]

宋太祖之苑。故址在今河南開封東。此稱宋代已行用。《宋史·太祖紀一》："己酉，幸宜春苑。"

南苑

明成祖永樂年間（1403—1424）始建、沿用至清之苑，故址在今北京南郊。此稱明代已行用，亦稱"南海子""海子"。《清一統志》："南苑在京城永定門外二十里。元爲下馬飛放泊，明永樂中增廣，亦名南海子。周圍繞以短垣，麋鹿雉兔，蕃息其中，時命禁旅行圍，以肆武事。"明劉侗、于奕正《帝京景物略·南海子》："城南二十里，有囿，曰南海子。方一百六十里。"清吳偉業《海户曲》"大紅門前逢海户"靳榮藩注引清高士奇《扈從西巡日錄》："南紅門内海子，元時爲飛放泊。"清趙翼《南苑大閱恭記》詩："雪晴南苑曙光皚，翠輦親臨閱武來。"

【南海子】

即南苑。此稱明代已行用。見該文。

南海子圖
（明王圻等《三才圖會·地理》）

【海子】

即南苑。此稱明代已行用。見該文。

駉

養馬之苑。此稱先秦時期已行用。《説文·馬部》“駉”字下引《詩》：“在駉之野。”今本《詩·魯頌·駉》作“在坰之野”。宋王十朋《和答張徹寄曹夢良》詩序：“鄉校鼓沂瑟，頌章虧魯駉。”清汪懋麟《奉送益都公致政歸里》詩：“野鶩虛投網，龍驤不在駉。”唐代起亦稱“駉牧”。唐張説《常州刺史平貞慎神道碑》：“又駉牧在野，攘竊是繁，耗以歲月，莫之禁禦。”明王世貞《思貽堂記》：“爲駉牧，則稱塞淵。”章炳麟《封建考》：“駉牧不治，犀象突人，戎貉相摔，故中國日削，而文化局于王都，由藩衛素弱也。”

【駉牧】

即駉。此稱唐代已行用。見該文。

【馬苑】

即駉。此稱明代已行用，亦稱“御馬苑”。明王偁有《題馬苑小景》詩。《明一統志》卷一：“御馬苑在京城外鄭村壩等處，牧養御馬。大小二十所，相距各三四里，皆繚以周垣。垣中有廄，垣外地甚平曠。自春至秋，百草繁茂，群馬畜牧其間，生育蕃息。”章炳麟《封建考》：“馬苑，猶圉也。《説文》：‘苑，所以養禽獸。圉，苑有垣也。’”

【御馬苑】

即馬苑。此稱明代已行用。見該文。

西苑 [2]

本爲金代離宮，清代擴建爲苑，故址在今北京舊皇城西華門西。此稱清代已行用。以在大内之西，故稱。清顧祖禹《讀史方輿紀要·直隸·順天府》：“西苑在皇城内，中有太液池、瓊華島。”

西園 [4]

明代始建、清代擴建之園，故址在今江蘇蘇州。

廄

養馬的房子。此稱先秦時期已行用，亦作“厩”“廏”“廐”。《詩·小雅·鴛鴦》：“乘馬在廄，摧之秣之。”《周禮·夏官·校人》：“六繫爲廄，廄一僕夫。”《論語·鄉黨》：“廄焚。子退朝，曰：‘傷人乎？’不問馬。”北周庾信《周太子太保步陸逞神道碑》：“馬不入廄，金不入懷。”唐韓愈《招楊之罘》詩：“柏移就平地，馬羈入廄中。”宋劉仙倫《騮馬行》：“停燈在廄潔水草，恰似騮馬初來時。”元劉詵《天馬歌贈炎陵陳所安》：“吾聞天子之廄十二閑，驥駼并收無棄放。”明何景明《畫馬行》：“今人養馬如養豚，廄下常摧蒺藜刺。”清查慎行《蒙古貢馬》詩：“駒騄廄應房星上，苜蓿園開瀚海隅。”

【厩】

同“廄”。此體先秦時期已行用。見該文。

【廏】

同“廄”。此體先秦時期已行用。見該文。

【馬廄】

即廄。此稱漢代已行用。《漢書·公孫弘傳》：“其後李蔡、嚴青翟、趙周、石慶、公孫賀、劉屈氂繼踵爲丞相。自蔡至慶，丞相府客館丘虛而已，至賀、屈氂時壞以爲馬廄車庫奴婢室矣。”宋王讜《唐語林·補遺二》：“此是分司竇員外宅，所失驢收在馬廄。”晋代起亦作“馬廏”。《晋書·王尼傳》：“尼時以給府養馬，輔之等入，遂坐馬廏下，與尼炙羊飲酒，醉飽而去。”清代又作“廄”。清黄義之《李杲堂先生墓志銘》：“先生亦駆至定海，縛馬廄中七十日。”

【馬廄】

同“馬厩”。此體晋代已行用。見該文。

【馬廄】

同“馬厩”。此體清代已行用。見該文。

【馬欄】

即厩。此稱漢代已行用，亦作“馬蘭”。漢王充《論衡·吉驗》：“北夷橐離國王侍婢有娠……後産子，捐於猪溷中。猪以口氣嘘之，不死。復徙置馬欄中，欲使馬藉殺之，馬復以口氣嘘之，不死。”《後漢書·東夷傳·夫餘國》：“索離國王出行，其侍兒於後娠身……王囚之，後遂生男。王令置於豕牢。豕以口氣嘘之，不死。復徙於馬蘭，馬亦如之。”李賢注：“蘭即欄也。”北朝起亦作“馬闌”。《北史·百濟傳》：“後生男，王置之豕牢，豕以口氣嘘之，不死。後徙於馬闌，亦如之。”清屈大均《廣東新語·人語·盗》：“凡山海盗，皆以捉人爲先，勒金取贖，打票爲約期，期過則拷掠燒鉗，備行慘毒，或投入於豕圈馬闌，或盡屠而肝其肉。”

【馬蘭】

同“馬欄”。此體漢代已行用。見該文。

【馬闌】

同“馬欄”。此體南北朝時期已行用。見該文。

【閑】

即厩。此稱先秦時期已行用。《周禮·夏官·校人》：“天子十有二閑，馬六種。”鄭玄注：“每廄爲一閑。”晋陸機《辨亡論上》：“巨象逸駿，擾於外閑。”宋蘇軾《書韓幹〈牧馬圖〉》

詩：“歲時剪刷供帝閑，柘袍臨池侍三千。”清納蘭性德《擬古》詩之二六：“天閑十萬匹，對此皆凡材。”三國魏亦稱“馬閑”。《三國志·魏書·東夷傳》“而夫餘王其中”裴松之注引三國魏魚豢《魏略》：“昔北方有高離之國者，其王者侍婢有身，王欲殺之，婢云：‘有氣如鷄子來下，我故有身。’後生子，王捐之於溷中，豬以喙嘘之，徙至馬閑，馬以氣嘘之，不死。”

【馬閑】

即厩。此稱三國時期已行用。見該文。

【馬圉】

即厩。此稱漢代已行用。漢劉向《九嘆·思古》：“烏獲戚而驂乘兮，燕公操於馬圉。”王逸注：“養馬曰圉。言與多力烏獲同車驂乘，令仁賢邵公執役養馬，失其宜也。”清代亦稱“牧馬圉”。《皇清開國方略》：“厰南五里許，有牧馬圉。”

【牧馬圉】

即馬圉。此稱清代已行用。見該文。

【馬庌】

即厩。語本《周禮·夏官·圉師》：“夏庌馬。”鄭玄注：“庌，廡也。廡所以庇馬涼也。”此稱宋代已行用。宋宋祁《送王龍圖鎮秦亭》：“甘泉路邇烽樟偃，非子川長馬庌平。”清惲敬《與趙石農》：“敬久官南中，腰脚疲軟，又笨車日行百里，單騎隨車，不必善馬，是以不敢拜惠，能於馬庌中擇一中者見賜，最得力也。”

【馬屋】

即厩。此稱漢代已行用。《後漢書·李燮傳》：“〔甄〕邵當遷爲郡守，會母亡，邵且埋屍於馬屋，先受封，然後發喪。”唐釋寒山《詩三百三首》之一〇：“識者取將來，猶堪柱馬屋。”明代起亦稱“馬房”。《金瓶梅詞話》第二四回：“因他男子漢答應馬房内臣，他在家跟着人走百病兒去了。”《歧路燈》第一二回：“鄧祥在馬房裏哭，兩個爨婦在厨下哭，閻楷在賬房哭。”

【馬房】

即馬屋。此稱明代已行用。見該文。

【馬坊】

即廐。此稱南北朝時期已行用。《魏書·温子昇傳》：“〔温子昇〕在馬坊，教諸奴子書。”宋宋敏求編《唐大詔令集·中宗即位赦》：“殿中諸閑廄馬量支留以外，抽送外州馬坊。”《舊五代史·唐書·莊宗紀》：“癸未，幸小馬坊閱馬。”元劉因《金太子允恭唐人馬》詩：“金源馬坊全盛日，四十萬匹如秦川。”明王世貞《宛委餘編十八》之一七：“扶風獲一石佛，穆公不識，棄馬坊中。”清陳維崧《壽徐健菴先生序》：“温子昇不過馬坊之賤客，段干木居然駔儈之細流。”

【馬號】

即厩。此稱清代已行用，亦稱“馬圈”。《儒林外史》第四三回：“那别莊燕同馮君瑞假扮做一班賽會的，各把短刀藏在身邊，半夜來到北門，看見城門已開，即奔到總兵衙門馬號的牆外。”《紅樓夢》第四〇回：“我們這老婆子，越發該住馬圈去了！”《兒女英雄傳》第二四回：“向南有個箭道，由那一路出去便是馬圈、厨房。”《孽海花》第三五回：“第二喜歡養名馬，所以他的馬號特别大。”

【馬圈】

即馬號。此稱清代已行用。見該文。

馬棚

養馬的簡陋房屋。此稱明代已行用。明王世貞《游太山記》：“崕之爲百丈、爲馬棚、爲鵓鴿。”《紅樓夢》第三九回：“丫環回説，南院馬棚裏走了水，不相干，已經救下去了。”

馬棧[1]

養馬用的栅欄。此稱宋代已行用。宋李新《與馮德夫》：“遣一僕至彼批書，可令託宿馬棧。”明徐弘祖《徐霞客游記·黔游日記一》：“余索炬於炊者，則楹後即猪欄、馬棧。”

馬棧[2]

一種用以防止馬受濕氣侵襲的木製墊子。此稱先秦時期已行用。《管子·小問》：“夷吾嘗爲圉人矣，傅馬棧最難。”尹知章注：“謂編次之。棧，馬所立木也。”《戰國策·齊策一》：“章子之母，得罪其父，其父殺之而埋馬棧之下。”高誘注：“馬棧，床也。”清蒲松齡《聊齋志异·馬介甫》：“髯如戟者如是，膽似斗者何人？固不敢於馬棧下斷絶禍胎，又誰能向蠶室中斬除孽本？”唐代亦稱“馬床”。《莊子·馬蹄》“編之以皁棧”唐成玄英疏：“棧，編木爲椗，安馬脚下，以去其濕，所謂馬床也。”

【馬床】

即馬棧。此稱唐代已行用。見該文。

馬槽

喂馬盛飼料的槽子。多爲木製或石製。以槽飼養畜獸，漢代已見記載。《説文·木部》：“槽，畜獸之食器。”作爲飼馬器具，也已見於同期載籍。《晋書·宣帝紀》：“〔曹操〕又嘗夢三馬同食一槽。”“馬槽”之稱，南北朝時期始見行用。北魏賈思勰《齊民要術》卷六：“凡以猪槽飼馬，以石灰泥馬槽，馬汗繫著門。”《魏書·鄭連山傳》：“父子一時爲奴所害，斷首投馬槽下，乘馬北逝。”宋孫覿《建安掾朱彦寔調同安丞歸莆田枉道過余十日而別》詩之二："但令鉗紙尾，只爲馬槽看。"明李時珍《本草綱目·獸一·馬》："以豬槽飼馬，石灰泥馬槽，馬汗著門，并令馬落駒。"清俞絜《馬草行》："家家并日辦馬槽，辦豆更辦剉草刀。"

馬院

養馬的院子。此稱宋代已行用。宋曹勛有《觀馬院洗馬》詩。《水滸傳》第三一回："當下武松入得城來，徑趨去張都監後花園牆外，却是一個馬院。"

馬牧

牧馬的場所。此稱南北朝時期已行用。南朝梁元帝《玄覽賦》："荊棘生於龍門之下，狐兔穴於馬牧之旁。"《魏書·奚斤傳》："奚斤，代人也，世典馬牧。"《晋書·姚萇載記》："萇懼，奔於渭北，遂如馬牧。"《資治通鑑·晋孝武帝太元九年》引此文，胡三省注云："馬牧，牧馬之地，猶漢之牧苑也。"元耶律楚材《讀唐史有感復繼張敏之韻》："馬牧初蕃息，民編莫校量。"明徐有貞《敕修河道功完之碑》："有貞力奏蠲瀕河州縣之民馬牧庸役，而專事河防。"清查慎行《曲游春》詞："細草離離遠綠，正馬牧荒疇，健閑黃犢。"

【馬場】

即馬牧。此稱南北朝時期已行用。《魏書·宇文福傳》："尋施行，今之馬場是也。"《北史·魏本紀》："夏五月己酉，西魏行臺宮延和陝州刺史宮元慶率戶内屬置之河北馬場振廩，各有差。"明代起亦作"馬廠"。明顧清《固安縣新城記》："而更賦以其旁之隙地，闢馬廠，中爲通衢。"清代又稱"馬廠""牧馬場"。《六部成語注解·戶部》："馬廠餘地，牧馬場所剩之地

也。"

【馬厰】

同"馬場"。此體明代已行用。見該文。

【馬廠】

同"馬場"。此體清代已行用。見該文。

【牧馬場】

即馬場。此稱清代已行用。見該文。

牧地

牧放牲畜的地方。此稱先秦時期已行用。《周禮·夏官·牧師》："牧師，掌牧地，皆有厲禁而頒之。"晋杜預《論水利疏》："人多畜少，可立佃牧地，明其考課。"《新唐書·高宗紀》："九月癸卯，以同州苦泉牧地賜貧民。"宋唐庚《雜興》詩："水過魚村濕，沙寬牧地平。"元吳師道《池陽紀事》詩："上有牧地連元戎，悍卒夜伏蘆葦茸。"明熊過《與黔國公》："而常産皆爲牧地，其勢有不亡去者乎？"清魏源《聖武記》卷三："康熙中，蒙古諸部獻其牧地，規爲圍場。"

【牧場】

即牧地。此稱南北朝時期已行用。《魏書·食貨志》："高祖即位之後，復以河陽爲牧場。"元胡祇遹《方山重修元魏孝文皇帝廟記》："十八年冬，發平城，至洛陽，置牧場于河陽。"明程敏政《功臣廟下作》詩："東南略遣瘡痍息，健兒不敢窺牧場。"清魏源《聖武記》卷三："時科舍圖牧場，當賊來路，距大營遠。"

【牧所】

即牧地。此稱唐代已行用。《法苑珠林》卷一六："我念往昔過無量世，有一群牛在於牧所。"唐陸羽《陸文學自傳》："住於牧所，做青衿小兒，危坐展卷。"明王世貞《楊忠愍公行

狀》:“踰年，從牧所以間往里塾，覩里中兒誦讀揖遜，而心好之。”

牧田

本指授予民衆爲公家放牧的場地，後亦泛指牧放牲畜的地方。此稱先秦時期已行用。《周禮·地官·載師》:“以官田、牛田、賞田、牧田任遠郊之地。”孫詒讓正義:“江永曰：牛田、牧田，兼用先、後鄭之說，皆是授民以田，而爲公家畜牧。”《魏書·楊椿傳》:“椿前爲太僕卿日，招引細人盜種牧田三百四十頃。”唐儲光羲《牧童詞》:“不言牧田遠，不道牧陂深。”宋司馬光《宿石堰聞牧馬者歌》:“太河之曲多寬閒，牧田枕倚長堤灣。”明丘濬《大學衍義補·牧馬之政上》:“古人養馬，處處皆有牧田，即今之草場也。”清查慎行《安溪相國見示紀家難述舊德詩敬題長律五十二韵》:“買劍招莊户，椎牛出牧田。”

牧區

牧放牲畜的地區。此稱唐代已行用。《新唐書·柳冕傳》:“會冕奏閩中本南朝畜牧地，可息羊馬，置牧區於東越，名萬安監。”

牧廠

清代在長城与柳邊外設立的牧馬的場所。清魏源《聖武記》卷三:“布尔尼收潰卒戰，復連敗，以三千騎遁，爲科爾沁兵射死，凡六閱月平空其故地，置牧廠，隸内務府太僕寺。”清龔自珍《擬進上蒙古圖志表文》:“今葱嶺以内，古城郭之國，既有成書，而蒙古獨靈丹呼圖圖滅爲牧廠。”

第四節　魚類育殖及禽獸馴養器具、設施、動物并稱與泛稱考

先秦典籍中關於魚類育殖及禽獸馴養器具、設施、動物并稱與泛稱的記載，從一個側面反映了時人對這項工作的重視，也爲今人發展水産、陸産動物養殖等提供了可資藉鑒的寶貴經驗。本節按魚類育殖、禽獸馴養兩類順序，分別考釋。

鯤鮞

鯤與鮞，均爲魚子，可用於育殖。泛稱魚子。此稱先秦時期已行用。《詩·齊風·敝笱》“其魚魴鰥”孔穎達疏引《國語·魯語》:“魚禁鯤鱬。”按，今本《國語·魯語上》作“魚禁鯤鮞”。《梁書·孝行傳·吉翂》:“凡鯤鮞螻蟻，尚惜其生，况在人斯，豈願齏粉。”唐皮日休《奉和魯望〈漁具〉十五咏·網》詩:“必若遇鯤鮞，從教通一目。”宋劉攽《和羅著作漁翁》詩:“豈知陂池水不深，但有鯤鮞少魴鯉。”明劉基《魚樂軒記》:“鯤鮞登于庖厨，鰋鱻殈于胎卵。”清代亦稱“鮞鯤”。清張衍懿《巴江觀打魚歌》:“吾曹何爲圖快意，一朝饕餮戕鮞鯤。”

【鯤鯤】

即鯤鯤。此稱清代已行用。見該文。

魚鮪

泛指育殖的魚類等。此稱先秦時期已行用。《禮記·禮運》：“龍以爲畜，故魚鮪不淰。”宋方夔《立冬前後大雷電》詩：“雨下如注翻四溟，黑風吹落魚鮪腥。”《林則徐日記·道光二十二年十一月五日》，賽里木湖“東西寬約十里，南北長倍之，波浪湧激，頗似洪澤湖，向無舟檝，亦無魚鮪之利，惟水鳥飛翔其間，人亦不能取也”。

水蟲

泛指育殖的水生動物等。此稱先秦時期已行用。《國語·魯語上》：“鳥獸孕，水蟲成。”唐陸龜蒙《蟹志》：“苟不能捨沮洳而瀆，由瀆以至於海，是人之智反出於水蟲下，能不悲乎！”

水物

泛指育殖的水生動物與藻類等。如具有經濟價值的魚、蝦、蟹、貝類、海帶、石花菜。此稱先秦時期已行用。《左傳·昭公二十九年》：“龍，水物也。”晉左思《蜀都賦》：“水物殊品，鱗介异族，或藏蛟螭，或隱碧玉。”《南史·徐羨之傳》：“城北有陂澤，水物豐盛。”《南史·謝靈運傳》：“會稽東郭有回踵湖，靈運求決以爲田，文帝令州郡履行。此湖去郭近，水物所出，百姓惜之，顗堅執不與。”晉代起又稱“水産”。晉張華《博物志》卷一：“東南之人食水産，西北之人食陸畜。”南朝梁王僧孺《懺悔禮佛文》：“天覆地養，水産陸生，咸降慈悲，悉蒙平等。”宋曾鞏《廣德湖記》：“既成，而田不病旱，舟不病涸，魚雁、茭葦、果蔬、水産之良，皆復其舊。”南朝宋起還稱“水族”。南朝宋鮑照《還都至三山望石頭城》詩：“晨光被水族，曉氣歇林阿。”唐劉餗《隋唐嘉話》卷下：“太平公主於京西市掘池，贖水族之生者置其中，謂之放生池。”清戴名世《與王靜齋先生書》：“水族萬怪爭來吞噬，雖有漁師水工憐而救之，而困於力無所施。”

【水産】

即水物。此稱晉代已行用。見該文。

【水族】

即水物。此稱南北朝時期已行用。見該文。

魚龍

魚與龍。泛指育殖的鱗介類水族等。此稱漢代已行用。《周禮·地官·大司徒》“鱗物”漢鄭玄注：“魚龍之屬。”北周庾信《哀江南賦》：“草木之遇陽春，魚龍之逢風雨。”唐杜甫《秋興》詩之四：“魚龍寂寞秋江冷，故國平居有所思。”明李贄《環陽樓晚眺得碁字》詩：“水底魚龍醒，花間鳥鵲飢。”清吳偉業《黃河》詩：“白浪日崔嵬，魚龍亦壯哉。”

魚族

泛指育殖的魚類等。此稱三國時期已行用。清許續曾《東還紀程·分水厓》：“魏武帝《四時食制》曰：滇池鯽魚，至冬極美；海首有石穴，八九月産油魚，人謂水鹹故肥；河尾産細鱗魚。皆魚族之至美。”

魚蚌

魚與蚌。泛指育殖的鱗介類水族等。此稱晉代已行用。晉周斐《汝南先賢傳》：“〔周燮〕有先人草廬在於東坑，其下有陂，魚蚌生焉。”宋蔡襄《胡雁》詩：“春江沙平净，魚蚌不可數。”

魚蟹

魚與蟹。泛指育殖的魚蟹等。此稱南北朝時期已行用。《北史・魏咸陽王坦傳》：“〔坦〕性好畋漁，無日不出。秋冬獵雉兔，春夏捕魚蟹，鷹犬常數百頭。”唐韓愈《南海神廟碑》：“人厭魚蟹，五穀胥熟。”宋陸游《戒殺》詩：“既畜雞鶩群，復利魚蟹賤。”

魚蠃

魚與螺。泛指育殖的鱗介類水族等。蠃，通“螺”。此稱南北朝時期已行用。北魏酈道元《水經注・比水》：“波陂灌注，竹木成林，六畜放牧，魚蠃梨果，檀棘桑麻，閉門成市。”

魚蝦

魚與蝦。泛指育殖的魚蝦等。此稱唐代已行用。唐韓愈《南山》詩：“魚蝦可俯掇，神物安敢寇。”宋代起亦作“魚鰕”。宋蘇軾《魚蠻子》詩：“魚鰕以爲糧，不耕自有餘。”章炳麟《訄書・原變》：“下觀於深隧，魚鰕皆瞽，非素無目也，至此無所用其目焉。”

【魚鰕】

同“魚蝦”。此體宋代已行用。見該文。

魚婢

泛指可用於育殖的小魚等。此稱宋代已行用。宋陸游《村居書事》詩之二：“春深水暖多魚婢，雨足年豐少麥奴。”清趙翼《青山莊歌》：“跳波魚婢能知樂，挂檻鸚哥解勸餐。”

魚黿

魚與黿。黿，大鱉。泛指育殖的鱗介類水族等。此稱宋代已行用。宋陸游《風雲晝晦夜遂大雪》詩：“山雲如馬牛，水雲如魚黿。”清李必恒《乙丑紀災詩》之四：“皇天吾不怨，幸免作魚黿。”

三牧

泛指牧放戎馬、田馬、駑馬的場所。此稱先秦時期已行用。《逸周書・糴匡》：“年儉穀不足，賓祭以中盛，唯鐘鼓不服美，三牧五庫補攝。”朱右曾校釋引盧文弨曰：“三牧，當謂戎馬、田馬、駑馬三物之牧也。”

苑囿

泛指古代帝王種植花木、蓄養禽獸等以供觀賞與狩獵的園林。此稱漢代已行用，亦稱“囿苑”。漢董仲舒《春秋繁露・王道》：“桀紂皆聖王之後，驕溢妄行。侈宮室，廣苑囿，窮五采之變，極飾材之工。”漢張衡《周天大象賦》：“豢馴獸於囿苑，隸封豕於溝瀆。”唐杜甫《八哀詩・贈太子太師汝陽郡王璡》：“忽思格猛獸，苑囿騰清塵。”宋王溥《唐會要》卷六六：“永淳元年五月十日，置東都，監管諸囿苑。”元馬端臨《文獻通考》卷五二：“後漢光武改民曹，主繕修功，作鹽池、囿苑。”清唐甄《潛書・善游》：“臺榭太高，則不安；苑囿太曠，則不周。”

【囿苑】

即苑囿。此稱漢代已行用。見該文。

別囿

古時專供帝王將相游獵的園林。因與正殿相對而言，故名。此稱漢代已行用。《三輔黃圖》卷四：“廣陵王胥有勇力，常於別囿學格熊。”清陳維崧《滕王閣賦》：“雖有子晉吹笙之館，陳思挾瑟之場，上黃侯之離臺別囿，竟陵王之玉柱金觴，亦復銷沈歇絕，彷彿徬徨。”五代亦稱“別苑”。五代齊己《和李書記》詩：“遠蝶戀香拋別苑，野鶯銜得出深宮。”宋邵博《聞見後錄》卷五：“宣和中所作離宮別苑，宰相不學之羣，非上意也。”明胡廣《春日扈從幸北京》

詩：“陽和布澤初回暖，別苑飛花不動塵。”清
王士禛《雞鳴寺眺後湖二首》詩之一：“恩波連
太液，別苑起昆明。”

【別苑】

即別圃。此稱五代時期已行用。見該文。

籞²

皇宮内的園林。此稱漢代已行用，亦作
“御”“篽”。《漢書·宣帝紀》：“〔宣帝〕又詔
池籞未御幸者，假與貧民。”顏師古注：“蘇林
曰：‘折竹以繩縣連禁御，使人不得往來，律名
為籞。’應劭曰：‘池者，陂池也；籞者，禁苑
也。’”漢揚雄《羽獵賦》：“然至羽獵，甲車戎
馬，器械儲待禁御所營……”《三輔黃圖·上林
苑》：“上林中，池上篽五所。”晋代起亦稱“宮
籞”。《晋書·食貨志》：“魏明帝不恭，淫於宮
籞，百僚編於手役，天下失其躬稼。”清納蘭
性德《蕉園》詩：“宮籞人稀到，詞臣例許窺。”
宋代起又稱“苑籞”。《新唐書·高祖紀》：“高
祖自下邽以西，所經隋行宮、苑籞，悉罷之。”
清顧炎武《感事》詩：“清蹕郊宮寂，春游苑籞
荒。”明代起還稱“籞苑”“籞囿”“囿籞”。明
王鏊《春日應制》詩：“奉天朝罷曉曈曨，勅使
傳宣籞苑東。”明謝肇淛《五雜俎·物部三》：
“此外有夫人李、佛手柑、菩提果，皆籞囿中佳
植也。”明劉球《黃鸚鵡頌》：“脱迹山林，致身
囿籞；栖以雕籠，紓以柔組。”清毛奇齡《任黃
門舊宅齋前新産芝草同友賦贈》詩之二：“籞苑
應同産，仙禽可代耕。”

【御】

同“籞²”。此體漢代已行用。見該文。

【篽】

同“籞²”。此體漢代已行用。見該文。

【宮籞】

即籞²。此稱晋代已行用。見該文。

【苑籞】

即籞²。此稱宋代已行用。見該文。

【籞苑】

即籞²。此稱明代已行用。見該文。

【籞囿】

即籞²。此稱明代已行用。見該文。

【囿籞】

即籞²。此稱明代已行用。見該文。

【禁御】

即籞²。此稱漢代已行用。漢揚雄《羽獵
賦》序：“然至羽獵，甲車戎馬，器械儲偫，禁
御所營，尚泰奢麗誇詡，非堯、舜、成湯、文王
三驅之意。”唐杜甫《冬日洛城北謁玄元皇帝廟》
詩：“配極玄都閟，憑虚禁御長。”一本作“禁
籞”。宋歐陽修《和劉原父從幸後苑觀稻呈經筵
諸公》：“禁御皇居接，香畦鏤檻邊。”唐代起亦
作“禁籞”“禁藥”。唐楊炯《送并州旻上人》詩
序：“風煙淒而禁籞寒，草木落而城隍晚。”宋曾
鞏《橙子》詩：“江湖苦遭俗眼慢，禁藥尚覺凡
木多。”明謝肇淛《五雜俎·物部一》：“然麟鳳為
王者之祥，獅鸇僅禁籞之玩，君子宜何居焉？”

【禁籞】

同“禁御”。此體唐代已行用。見該文。

【禁藥】

同“禁御”。此體宋代已行用。見該文。

【嚴籞】

即籞²。此稱漢代已行用。《漢書·元帝記》：
“詔罷黃門乘輿狗馬，水衡禁囿……嚴籞池田
假與貧民。”顏師古注引晋豹曰：“嚴籞，射苑
也。”宋代亦稱“内籞”。宋岳珂《桯史·殿中

鵰》："徽祖居端邸時，藝文之暇，頗好馴養禽獸……江公望在諫省聞之，亟諫。上大悦，即日詔内藪，盡縱勿復留。"

【内藪】

即嚴藪。此稱宋代已行用。見該文。

【籞宿】

即藪[2]。此稱漢代已行用。《漢書·元后傳》："〔太后〕夏游籞宿，鄂、杜之間。"顏師古注："籞宿苑在長安城内，今之禦宿川是也。"唐代亦作"禦宿"。唐盧照鄰《還赴蜀中貽示京邑游好》詩："禦宿花初滿，章臺柳向飛。"

【禦宿】

同"籞宿"。此體唐代已行用。見該文。

【御苑】

即藪[2]。此稱漢代已行用。《周禮·天官》"閽人：王宫每門四人，囿游亦如之"鄭玄注："囿，御苑也。"唐沈佺期《奉和洛陽玩雪應制》詩："灑瑞天庭裏，驚春御苑中。"宋張孝祥《鷓鴣天》詞："琅函奏號銀臺省，氈筆書名御苑墙。"元薛玄曦《大駕度居庸關》詩："禪宫路轉風煙合，御苑春深草樹閑。"明張居正《賀瑞雪表》："月映彤墀，御苑春回。"清吳偉業《揚州》詩之一："官河新柳誰先種，御苑鶯花豈舊游。"

【禁苑】

即藪[2]。此稱漢代已行用。《史記·平準書》："是時禁苑有白鹿，而少府多銀錫。"漢班固《西都賦》："西郊則有上囿禁苑，林籠藪澤陂池，連乎蜀漢，繚以周墙，四百餘里，離宫别館，三十六所，神池靈沼，往往而在。"李善注："上囿禁苑，即林苑也。"唐盧貞《和白尚書賦永豐柳》序："永豐坊西南角有垂柳一株……近有詔旨取兩枝植於禁苑。"《元史·刑法志一》："諸輒入禁苑，盜殺官獸者，爲首杖八十七，徒二年，爲從減一等，并刺字。"明梅鼎祚《玉合記·標目》："柳夫人章臺名擅，韓君平禁苑詩傳。"清黄宗羲《陳伯美七十壽序》："内侍引入禁苑，徧觀玉堂、神明、漸臺、太液之勝。"

【禁囿】

即藪[2]。此稱漢代已行用。《漢書·元帝紀》："詔罷黄門乘輿狗馬，水衡禁囿、宜春下苑、少府飲飛外池、嚴藪池田假與貧民。"漢馬融《廣成頌》："車弊田罷，旋入禁囿，棲遲乎昭明之觀，休息乎高光之樹。"宋周麟之《飛來峰》詩："當年禁囿山水遠，艮岑一石須人挽。"清湯斌《乾清門奏對記》："上頷之，又擬漢以禁囿假貧民，舉直言極諫之士詔。"

【上囿】

即藪[2]。此稱漢代已行用。漢班固《西都賦》："西郊則有上囿禁苑，林籠藪澤陂池。"唐徐堅《初學記》卷二四："其名：苑有天苑、禁苑、上苑，囿有君囿、靈囿、上囿。"南朝宋起亦稱"君囿"。南朝宋鮑照《野鵝賦》："惟君囿之珍麗，實妙物之所殷。"元馬祖常《送袁伯長歸淛東》詩："麟趾不如牛，終當在君囿。"明王偁《騶虞歌》："殷殷文采樂君囿，濟濟威儀叶聖徵。"明代起亦稱"皇囿"。明王廷陳《神雉》："王屋之鳥，弋人弗射；皇囿之兔，獵子不逐。"明胡應麟《二難雙美詩爲大參張公賦》："森森五丹桂，揚芳贊皇囿。"

【君囿】

即上囿。此稱南北朝時期已行用。見該文。

【皇囿】

即上囿。此稱明代已行用。見該文。

【禁園】

即籞[2]。此稱南北朝時期已行用。南朝宋鮑照《河清頌》序：“青丘之狐，丹穴之鳥，栖阿閣，游禁園。”唐李敬方《太和公主還宮》詩：“應憐禁園柳，相見倍依依。”元張翥《翰林三朝御容戊戌仲冬朔把香前宮》詩：“禁園尚覺餘寒在，未放春紅上小桃。”清朱彝尊《絶句三首》之三：“正值閑庭花放日，便應焚槀禁園西。”

【御園】

即籞[2]。此稱唐代已行用。唐李紳《憶春日曲江後許至芙蓉園》詩：“春風上苑開桃李，詔許看花入御園。”清厲鶚《東城雜記·富景園》：“武林城東曰東園者，宋御園也。”清乾隆有《御園新正書懷》詩。

【御林】

即籞[2]。此稱唐代已行用。唐劉得仁《奉和翰林丁侍郎禁署早春晴望》詩：“御林聞有早鶯聲，玉檻春香九陌晴。”宋胡仲參《和伯氏包山觀桃花韵》詩：“因訪桃花到嶺根，御林春色此平分。”元薩都剌《和馬昂夫賞心亭懷古》詩：“景陽宮井綠燕深，空有楊花暗御林。”清尤侗《瀛臺賜宴詩十二首》詩之五：“御林深處綺筵開，轟飲無煩黄紙催。”

【後苑】

即籞[2]。此稱宋代已行用。《舊五代史·晉書·高祖紀》：“是日，帝習射于後苑。”宋王珪《宮詞》之四：“後苑宴同卿相出，内官金盒送來犖。”《宋史·真宗本紀》：“戊子，召宗室宴射後苑。”清乾隆《清凝齋六韵》：“精藍雅可望，後苑底須增。”

【別籞】

即籞[2]。此稱宋代已行用。《續資治通鑑·宋徽宗宣和四年》：“帝待慶裔等甚厚，屢命貴臣主宴，賜金帛不資，至輟御茗調膏賜之。引登明堂，入龍德宮、蕃衍宅、別籞、離宮，無所不至。”

【清籞】

即籞[2]。此稱宋代已行用。宋司馬光《御筵送李宣徽知真定府口號·作語》：“榮生道路，威動塞垣，駐大旆於近郊，留朱輪於清籞。”

【籞闌】

即籞[2]。此稱清代已行用。清曹寅《暢春苑張燈賜宴歸舍》詩之三：“輦路餘釐敷細草，籞闌分飼及中尊。”

林囿

泛指園林。此稱三國時期已行用。三國魏曹植《龍見賀表》：“將棲鳳於林囿，豢龍於陂池，爲百姓旦夕之所觀。”唐吳筠《逸人賦》：“以道德爲林囿，永逍遥乎其中。”宋陳舜俞《廉溪》詩：“畫圖隨行李，林囿日在目。”明薛蕙《盧郎中》詩：“日夕歷城闉，迴策步林囿。”清毛奇齡《半樓記》：“固將以二室爲奥居，百原爲行唐，蓬丘滄江爲洿池林囿。”

【園林】

即林囿。此稱漢代已行用。漢班固《游居賦》：“瞻淇澳之園林，善綠竹之猗猗。”晋張翰《雜詩》：“暮春和氣應，白日照園林。”唐賈島《郊居即事》詩：“住此園林久，其如未是家。”明劉基《春雨三絶句》之一：“春雨和風細細來，園林取次發枯荄。”清吳偉業《晚眺》詩：“原廟寒泉裏，園林秋草旁。”

菀牧

皇家園林。菀，通"苑"。此稱晋代已行用。晋束晳《廣農議》："田諸菀牧，不樂曠野，貪在人間。"唐代起亦作"苑牧"。唐黄滔《塞上》詩："馬歸秦苑牧，人在虜雲耕。"明歸有光《馬政志》："及吐蕃陷隴右，苑牧馬皆没焉。"清彭孫遹《天象賦》："婁者，苑牧之充。"

【苑牧】

同"菀牧"。此體唐代已行用。見該文。

【禁林】

即菀牧。此稱漢代已行用。漢班固《西都賦》："命荆州使起鳥，詔梁野而驅獸，毛群内闐，飛羽上覆，接翼側足，集禁林而屯聚。"南朝梁何遜《九日侍宴樂游苑》詩："禁林終宴晚，華池物色曛。"唐虞世南《侍宴應詔賦韵得前字》詩："芬芳禁林晚，容與桂舟前。"五代和凝《小重山》詞："禁林鶯語滑，蝶狂飛。"清勵廷儀《恭賦千林葉正肥》詩："夏木千章合，葳蕤滿禁林。"

【上苑】

即菀牧。此稱南北朝時期已行用。南朝梁徐君倩《落日看還》詩："妖姬競早春，上苑逐名辰。"唐沈佺期《三月禁園侍宴》詩："畫鷁中川動，青龍上苑來。"《新唐書·蘇良嗣傳》："帝遣宦者采怪竹江南，將蒔上苑。"元段克己《紅梅用誠之弟韵二首》詩之一："記曾上苑溪頭見，又向前邨雪裏看。"明宋訥《壬子秋過故宫》詩之一："離宫别館樹森森，秋色荒寒上苑深。"清史鶴齡《扈蹕南苑應制》詩："聖主巡游來上苑，天衢雲净馬蹄輕。"

【林苑】

即菀牧。此稱南北朝時期已行用。南朝陳沈炯《幽庭賦》："築山川於户牖，帶林苑於東家。"唐許景先《折柳篇》詩："長楊西連建章路，漢家林苑紛無數。"按，林，一本作"禁"。《新唐書·盧簡求傳》："治園沼林苑，與賓客置酒自娱。"明劉崧《送楊公望得滿字》詩："玉塞繚都城，金河注林苑。"清乾隆《御園新正書懷》詩："郊壇藏娭祀，林苑荅韶春。"唐代亦稱"苑林"。唐瞿曇悉達《唐開元占經》卷一〇五："禮斗威儀曰：君乘土德而王，其政太平，鳳凰集於苑林。"

【苑林】

即林苑。此稱唐代已行用。見該文。

宫苑

宫殿和苑囿。此稱南北朝時期已行用。南朝梁何遜《七召·宫室》："河柳垂葉，山榴發英。翫奇花之春滿，摘甘食於夏成：此實宫苑之壯麗，豈能從我而爲榮！"《北齊書·幼主紀》："乃更增益宫苑，造偃武脩文臺，其嬪嬙諸宫中起鏡殿、寶殿、琦瑁殿，丹青彫刻，妙極當時。"唐黄滔《寄蔣先輩》詩："夫差宫苑悉蒼苔，攜客朝游夜未回。"《元史·百官志六》："上林署，秩從七品。署令、署丞各一員，直長一員。掌宫苑栽植花卉，供進蔬菓，種苜蓿以飼駝馬，備煤炭以給燀膳。"《初刻拍案驚奇》卷七："明日宫苑失物，惟收得馱物的馬。"

【宫囿】

即宫苑。此稱唐代已行用。唐白居易《潯陽三題》詩序："雖宫囿省寺中，未必能盡有。"宋趙眘《題宫内飛來峰冷泉堂》詩："忽聞仿像來宫囿，指顧已驚成列岫。"清彭孫遹《滿宫花·南園》詞："錦衣城，今在否，見説當時宫囿。"

玉苑

泛指苑囿。此稱南北朝時期已行用。南朝梁江淹《靈丘竹賦》："遠亘紫林祕埜，近匝玉苑禁坰。"唐錢起《奉和聖制登朝元閣》詩："山通玉苑迥，河抱紫關明。"明皇甫涍《送楊虞衡之任白下》詩："行瞻北極南江夜，坐憶金陵玉苑秋。"

仙園

古代園林的美稱。此稱南北朝時期已行用。北周庾信《三月三日華林園馬射賦》："皇帝翊四校於仙園，迴六龍於天苑。"宋韓琦《丙午上巳瓊林苑賜筵》詩："仙園雨過花遺靨，御陌風長絮走毬。"元劉詵《鳳墅斜陽》詩："城西仙園不可當，花闌柳榭春風香。"清陳維崧《謝園次賓衣啓》："仙園獨繭，擣須新市清砧；鄴館雙絲，濯用成都粉水。"

秘苑

泛指苑囿。此稱唐代已行用。唐宋之問《嵩山石淙侍宴應制》詩："離宮秘苑勝瀛洲，別有仙人洞壑幽。"宋宋庠《從幸翠芳亭觀橙》詩："祕苑群芳歇，仙橙瑞實黃。"明胡直《西苑恭覩三楊學士錫游之處擬作二首》詩之一："天游秘苑勝蓬瀛，休氣榮光接禁庭。"清柏謙《恭和御製駕幸翰林院賜宴分韻聯句後復得詩四首并示諸臣元韻》之一："宸游信愜來歌意，秘苑先邀翠輦巡。"

苑馬

苑囿與馬厩。此稱漢代已行用。《史記·平準書》："益造苑馬以廣用，而宮室列觀輿馬益增修矣。"司馬貞索隱："謂增益苑囿，造廏而養馬以廣用，則馬是軍國之用也。"

靈囿[2]

泛指苑囿。此稱三國時期已行用。三國吴韋昭《從曆數》詩："鳳凰棲靈囿，神龜游沼池。"晉潘岳《金谷集作詩》："靈囿繁石榴，茂林列芳梨。"南朝梁陸雲《御講般若經序》："歸傾宮之美女，共靈囿於庶人。"宋楊萬里《跋主管乃祖忠節録》："霜松雪竹，生我靈囿。"元鄧文原《題小薛王畫鹿》詩："畫長靈囿觀游後，政暇嘉賓燕集餘。"明朱瞻基《綠竹引賜都督孫忠》詩："九夏繁陰覆靈囿，祥麟瑞鶴相周旋。"清乾隆《新正幸御園即景成什》詩："靈囿又看鹿麂伏，康居恰覩雁臣蕃。"

靈圃

泛指苑囿。此稱晉代已行用。晉潘岳《在懷縣作》詩之二："靈圃耀華果，通衢列高椅。"李善注："靈圃，猶靈囿也。"《舊唐書·張説傳》："如蒙效奇靈圃，角力天場，却鼓怒以作氣，前躑躅以奮擊。"宋蔡襄《泰靈院書事二首》詩之二："上元天仗欸琳房，靈圃遥傳玉殿香。"元馬祖常《都門一百韵用韓文公會合聯句詩韻》："靈圃白獸游，禁籞黄鵠落。"

五坊

指鵰坊、鶻坊、鷂坊、鷹坊、狗坊，本為唐德宗蓄養獵鳥、獵犬以供觀賞與狩獵的處所，後世亦沿用。此稱唐代已行用。《新唐書·百官志二》："閑廐使押五坊，以供時狩：一曰鵰坊，二曰鶻坊，三曰鷂坊，四曰鷹坊，五曰狗坊。"宋廖剛《續秦叔度所書喬君宜治朱氏事》："其横甚于唐之五坊小兒。"《遼史·太祖紀下》："十一月丁酉，幸安國寺，飯僧，赦京師囚，縱五坊鷹鶻。"元馬祖常《次韻王參議寄上京胡安常諸公二首》詩之一："五坊戲馬春旗合，百隊回龍曉仗朝。"明顧清《次韻顧德章冬夜失雞》:"飛入五坊應賜錦,夢回三市已登筵。"清乾隆《白海青歌》:"建屋居之訛可知,五坊小兒戒可想。"

鵰坊

"五坊"之一,爲蓄養獵鵰以供觀賞與狩獵的處所。此稱唐代已行用。見"五坊"文。

鶻坊

"五坊"之一,爲蓄養獵鶻以供觀賞與狩獵的處所。此稱唐代已行用。見"五坊"文。

鷂坊

"五坊"之一,爲蓄養獵鷂以供觀賞與狩獵的處所。此稱唐代已行用。見"五坊"文。

鷹坊

"五坊"之一,爲蓄養獵鷹以供觀賞與狩獵的處所。此稱唐代已行用。元袁桷《次韻瑾子過梁山濼三十韻》:"鷹坊嚴聚屯,漁舍映渚沚。"明朱橚《元宮詞》之一一四:"金風苑樹日光晨,內侍鷹坊出入頻。"清朱彝尊《宣府鎮》:"宮槐御柳今蕭瑟,虎圈鷹坊舊有無。"宋代亦稱"養鷹坊"。宋賀鑄《與張歷陽追懷從禽之樂因賦》:"宜秋門外養鷹坊,好草坡頭射雉場。"金代又稱"馴鶻坊"。《金史·完顏光英傳》:"〔海

陵王完顏亮〕後以英字與鷹隼字聲相近,改鷹坊爲馴鶻坊。"見"五坊"文。

【養鷹坊】

即鷹坊。此稱宋代已行用。見該文。

【馴鶻坊】

即鷹坊。此稱金代已行用。見該文。

狗坊

"五坊"之一,爲蓄養獵狗以供觀賞與狩獵的處所。此稱唐代已行用。見"五坊"文。

北苑 [2]

泛指苑囿。此稱宋代已行用。宋蘇軾《次韻王晉卿奉詔押高麗宴射》:"北苑傳呼陛楯郎,東夷初識令君香。"按,此指北宋的南御苑玉津園,在汴京(今河南開封)南薰門外。明徐賁《謝陳惟寅贈其故弟惟允所畫山水》詩:"南宮北苑皆已仙,此圖與之當并傳。"

上林

泛指苑囿。此稱宋代已行用。宋岳飛《從駕游內苑應制》詩:"敕報游西內,春光靄上林。"元鄧文原《三月廿九日上御流杯亭聽講明日子翬司業有詩因次韻》:"上林花接南薰蚤,流水春涵太液深。"清孔尚任《桃花扇·歸山》:"何處家山,回首上林春老,秣陵城煙雨蕭條。"

附錄：漁獵器具、設施、動物并稱與泛稱考

本卷第二、三、四章的末節，分別對捕撈與狩獵器具、設施、動物和魚類育殖及禽獸馴養器具、設施、動物的并稱與泛稱進行了初步的探索。附錄部分，對部分橫跨捕撈、狩獵、魚類育殖及禽獸馴養三大門類的器具、設施、動物的并稱與泛稱加以考釋。

竿殳

竿與殳。泛指捕撈魚類、獵取禽獸的器具。此稱漢代已行用。漢張衡《西京賦》："觀罝羅之所羂結，竿殳之所揘畢，叉蔟之所攙捔，徒搏之所撞拉。"

弦餌

弦與餌，弓繳與釣餌。泛指捕撈魚類、獵取禽獸的器具。此稱晋代已行用。《晋書·裴頠傳》："欲收重泉之鱗，非偓息之所能獲也；隰高墉之禽，非靜拱之所能捷也；審投弦餌之用，非無知之所能覽也。"

叉蔟

叉與蔟。泛指捕撈魚類、獵取禽獸的器具。此稱漢代已行用，亦作"叉簇"。漢張衡《西京賦》："觀罝羅之所羂結，竿殳之所揘畢，叉蔟之所攙捔，徒搏之所撞拉。"按，一本作"叉簇"。清汪由敦《哨鹿賦》："聖人有作，利用畋漁。網罝矰繳，叉蔟車徒。冥氏穴氏，山虞澤虞。蓋博取以備物，獲三品而充厨。"

【叉簇】

同"叉蔟"。此體漢代已行用。見該文。

罔罟

泛指捕撈魚類、獵取禽獸之網。此稱先秦時期已行用，亦作"網罟"。《易·繫辭下》："〔包犧氏〕作結繩而爲罔罟，以佃以漁。"《莊子·逍遥游》："子獨不見狸狌乎……中於機辟，死於罔罟。"《荀子·王制》："黿、鼉、魚、鱉、鰍、鱣孕別之時，罔罟毒藥不入澤。"《管子·勢》："獸厭走而有伏網罟。"唐杜甫《五盤》詩："地僻無網罟，水清反多魚。"宋蘇軾《上皇帝書》："操罔罟而入江湖，語人曰'我非漁也'，不如捐罔罟而人自信。"《鏡花緣》第八九回："道姑道：'劇憐編網罟，始克奉盤匜。'"

【網罟】[3]

同"罔罟"。此體先秦時期已行用。見該文。

罝筌

罝與筌。罝，捕兔網。筌，捕魚器。泛指捕撈魚類、獵取禽獸的器具。此稱南北朝時期已行用，亦作"罝荃"。南朝宋謝靈運《廬山慧遠法師誄》："仰慕洙泗，俯惲罝筌。"按，一本作"罝荃"。清乾隆《望石經山》詩："詎繫糟粕尋罝筌，更思此或佛說禪，用示即言即非言。"

【罝荃】

同"罝筌"。此體南北朝時期已行用。見該文。

舟車

舟與車。泛指交通工具。此稱先秦時期已

行用，亦稱“舟輿”。《左傳・哀公元年》：“宮室不觀，舟車不飾，衣服財用，擇不取費。”《老子》：“雖有舟輿，無所乘之。”漢司馬相如《難蜀父老》：“夷狄殊俗之國，遼絕異黨之域，舟車不通，人迹罕至。”《史記・司馬相如列傳》：“夷狄殊俗之國，遼絕異黨之地，舟輿不通，人迹罕至，政教未加，流風猶微。”按，《漢書・司馬相如傳下》作“舟車”。晋孫楚《爲石仲容與孫晧書》：“自刳木以來，舟車之用，未有如今日之盛者也。”唐柳宗元《送蕭煉登第後南歸序》：“朋舊之徒，含喜來迎；宗姻之列，加禮以待。舟輿所略，賀聲盈耳。”

【舟輿】

即舟車。此稱先秦時期已行用。見該文。

車船

車與船。泛指交通工具。此稱漢代已行用，亦作“車舩”，亦稱“車航”。《漢書・宣帝紀》：“丞相以下至都官令丞上書入穀，輸長安倉，助貸貧民，民以車船載穀入關者，得毋用傳。”漢荀悦《漢紀・武帝紀三》：“〔安息國〕地方數千里，城郭數百，有車船商賈。”漢揚雄《法言・問道》：“道若塗若川，車航混混，不捨晝夜。”李軌注：“車之由塗，航之由川，混混往來交通。”

【車舩】

同“車船”。此體漢代已行用。見該文。

【車航】

即車船。此稱漢代已行用。見該文。

船乘

船與乘。泛指運輸工具。此稱南北朝時期已行用。《宋書・桂陽王休範傳》：“虜發百姓船乘，使軍隊稱力請受，付以榜解板，合乎裝治，二三日間，便悉整辦。”

生

活物，泛指漁獵所獲。民間所謂“放生”，即釋放所捕獲的活物。此稱先秦時期已行用。《列子・説符》：“正旦放生，示有恩也。”《新五代史・梁太祖紀下》：“〔乾化二年〕五月丁亥，德音降死罪已下囚。罷役徒，禁屠及捕生。”宋陳師道《蠅虎》詩：“物微趣下世不數，隨力捕生得稱虎。”明陳霆《渚山堂詞話》卷一：“元遺山嘗歲試并州，道逢捕生者，旦獲一雁殺之。”

索　引

雕弓 81

雕弧 81

雕翎 92

鵰* 170

鵰鶚* 194

鵰坊* 234

鵰弧 81

鵰翎* 99

鵰翎箭 99

鵰帳* 144

釣¹ 7

釣²* 12

釣榜 42

釣槽* 39

釣查* 69

釣槎 69

釣差 69

釣車* 15

釣舡 37

釣船 36

釣餌 14

釣浮* 11

釣杆 7

釣竿* 7

釣鈎 13

釣鉤 13

釣磯* 54

釣楫* 41

釣檝 41

釣碣* 53

釣具* 64

釣瀨* 51

釣龍臺 56

釣綸¹ 11

釣綸² 16

釣輪 16

釣緡 10

釣緍 10

釣蓬 41

釣篷* 41

釣絲* 9

釣台 53

釣臺* 53

釣壇* 54

釣艇 38

釣筒¹ 12

釣筒² 29

釣緩 10

釣魚車 16

釣魚船 37

釣魚坻* 54

釣魚竿 9

釣魚矼 55

釣魚鈎 13

釣魚磯 54

釣魚輪 16

釣魚臺 53

釣魚灣 51

釣魚舟 37

釣魚渚 51

釣漁灣* 51

釣漁舟 37

釣罩 28

釣舟 36

鋌* 103

東都苑 221

斗回 28

櫝丸 128

韣 126

韇 128

韇丸 128

杜格* 141

短棹 42

椴 32

斷 32

斷場 142

籪 32

躱子 149

E

F

G

J

M

N

P

Q

W

X